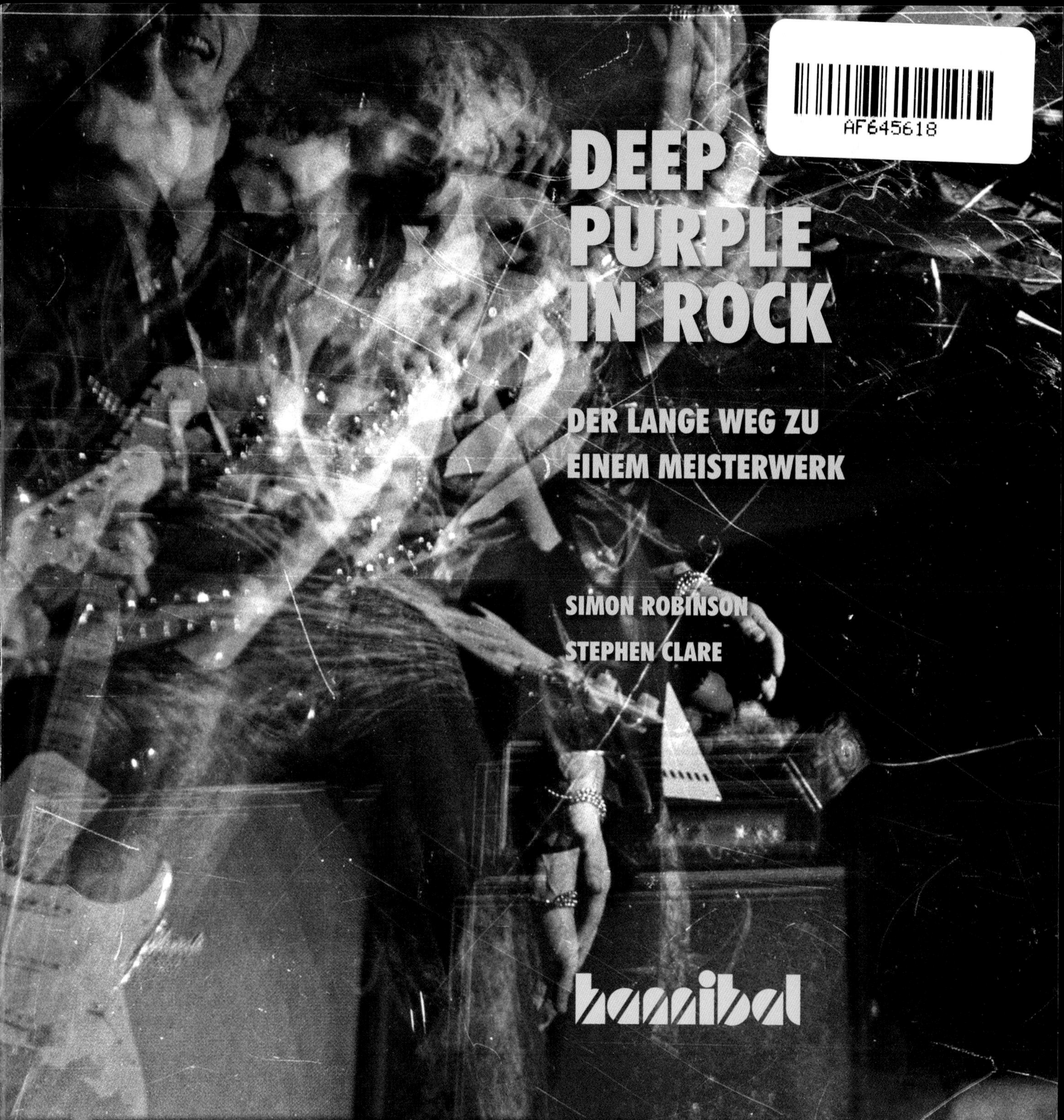

DEEP PURPLE IN ROCK

DER LANGE WEG ZU EINEM MEISTERWERK

SIMON ROBINSON

STEPHEN CLARE

hannibal

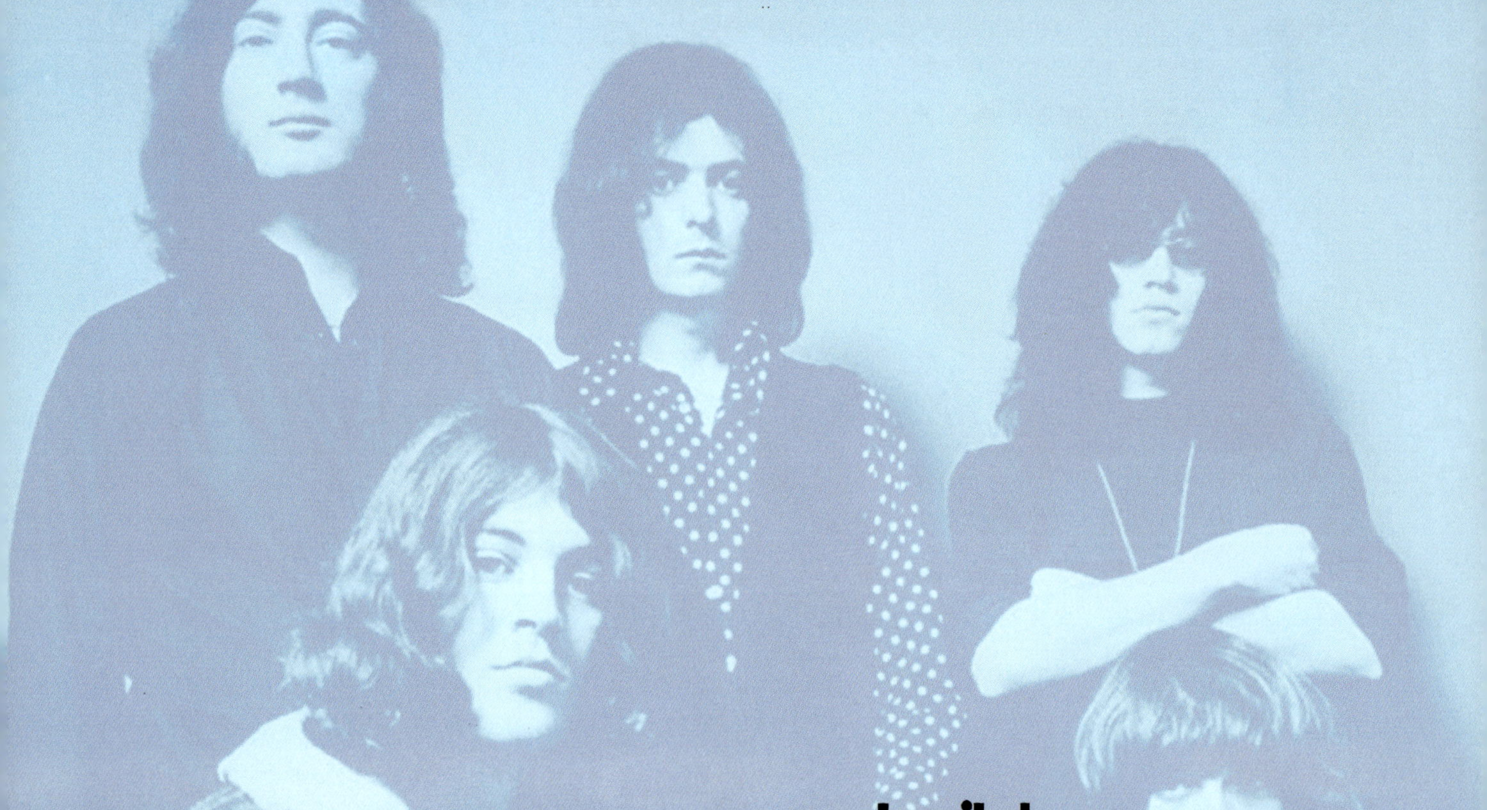

Hannibal Verlag, ein Imprint der KOCH International GmbH, A-6604 Höfen
www.hannibal-verlag.de

ISBN 978-385445-656-8

set in adobe caslon pro

Einleitung

„Obwohl wir für In Rock relativ lange brauchten, war das eine absolut wunderbare Zeit für die Band." Jon Lord

Frühe niederländische Pressung von Speed King, mittlerweile eine der seltensten Singles der Band

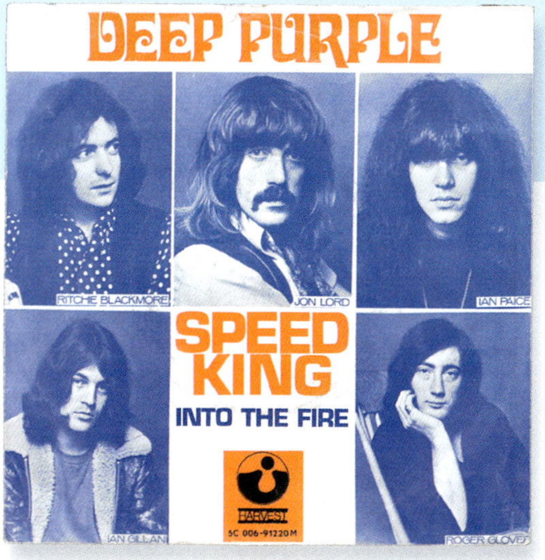

Deep Purple In Rock erwies sich in der Geschichte und Entwicklung der Rockmusik als Meilenstein, der in den vier und mehr Jahrzehnten seit seiner Veröffentlichung zahllose Musiker und Bands beeinflusst hat. Zudem handelt es sich um Deep Purples wichtigstes Album, da es nicht nur einen maßgeblichen Richtungswechsel im Rahmen ihres Stils markierte, sondern den hohen Stellenwert zementierte, den die Gruppe bei einer Generation von Rockfans genoss. Dank einer Hit-Single in Europa erreichte sie mehr Hörer und legte mithilfe des Albums den Grundstein für eine kreativ wie finanziell ertragreiche Phase, die mehrere Jahre lang andauerte.

Dieses Buch zeichnet die Hintergründe der Entstehung des Albums zu einer Zeit voller Spannungen innerhalb der Band nach. Ihr früher – und nicht unerheblicher – Erfolg in Amerika sollte nicht lange währen und ließ sich in Purples Heimat nicht wiederholen, weshalb intern schwere Entscheidungen gefällt werden mussten. Erst durch Besetzungswechsel, monatelanges intensives Proben, Komponieren und Touren wendete sich das Blatt, und zwar auf spektakuläre Weise.

Bis zur Fertigstellung von *Deep Purple In Rock* verging fast ein ganzes Jahr, weil die Studioarbeit gegenüber Konzerten hintanstand. Dennoch bleibt es eine perfekte Momentaufnahme der Band während dieses bedeutenden Abschnitts ihrer Karriere und spiegelt eine außerordentlich schöpferische, fortschrittliche Periode in der Historie des britischen Hardrock insgesamt wider: dem Moment, da die psychedelischen 1960er der aggressiveren, zielgerichteteren Rockmusik der 70er wichen.

Das Album selbst ist allerdings nur die halbe Geschichte. Deep Purple waren (und bleiben) in erster Linie eine Band, die vom Live-Spielen zehrt. So produktiv sie auch im Studio gewesen sein mochte, fand sie doch erst auf der Bühne richtig zu sich selbst. Vermutlich brachte Ian Gillan dies mit einer Aussage auf den Punkt, die für das Verständnis der damaligen Arbeitsweise der Band unerlässlich ist: *„Wir planen nichts. Jemand wie Jon oder Ritchie spielt einfach, was er spielen will. Falls Ritchie ein Solo vorschwebt, das über 150 Takte geht, bringt er es – und niemand hält ihn auf."* (IG im Melody Maker, September 1971)

Dies galt genauso für die übrigen Mitglieder; Improvisieren lag ihnen allen im Blut. Nicht zuletzt dies hob sie von vielen ihrer Zeitgenossen und eigentlich auch ihrer Urbesetzung ab.

Es bedeutete für Deep Purple, dass bei keinem Konzert hundertprozentig sicher war, wie sich dieser oder jener „Song" (ein leicht unzureichendes Wort für Stücke, die länger als eine halbe Stunde dauern konnten) entfalten würde. Dies hielt sie nicht nur auf Trab, sondern setzte die Beteiligten auch in kreativer wie persönlicher Hinsicht unter Druck. Darunter blühten sie aber anscheinend auf und konnten sich auf der Bühne nahezu telepathisch miteinander austauschen. Ebendiese natürliche Gabe machte die Band so besonders und führte unmittelbar zu dem Material, das sie für *In Rock* aufnahm.

Das, wodurch sich die Musiker auf der Bühne auszeichneten, färbte stark auf die Abläufe im Studio ab. Statt stundenlang zu schreiben, improvisierten sie gemeinsam mit Ideen von einem oder mehreren Mitgliedern, wobei ihnen die Konzerterfahrung half, Songs zu strukturieren und auszufeilen, bis sie fertig waren. Bei Auftritten dann gab die Band die Tracks des Albums jedoch nicht sklavisch eins zu eins wieder, sondern betrachtete sie oft lediglich als Ausgangspunkt weiterer Improvisationen, die wiederum in späteren Aufnahmen einflossen. *Deep Purple In Rock* war die Platte, auf der die Gruppe den Geist, der ihre Performance durchdrang, endlich auf Tonband bannte.

Ian Paice versuchte sich über zehn Jahre danach an einer Erklärung: *„Eigentlich konnten Purple gar nicht funktionieren. Im Grunde genommen waren wir fünf Egomanen, bloß dass zwischen uns eine zauberhafte Verbindung bestand, die es möglich machte, gutes Zeug zu fabrizieren. Mir fällt keine andere Band ein, in der alle Mitglieder genau das ausleben durften, wozu sie Lust hatten. Wir hatten einfach das Glück, dass die Chemie stimmte und die Hörer das spürten."* (IP zu Robyn Flans in Modern Drummer, Dezember 1984)

Im Lauf der Jahre wurden verschiedene Aspekte der Entstehung von *In Rock* in Interviews, Artikeln, Büchern, Booklet-Kommentaren und dergleichen beleuchtet. Dieses Buch soll das alles erstmals zusammenfassen und ausweiten, wobei neue Informationen und zusätzliche Rechercheergebnisse zum Tragen kommen, um jenen entscheidenden Abschnitt der Laufbahn von Deep Purple vollständig in allen Einzelheiten zu rekapitulieren. Die Gliederung gestaltet sich gewissermaßen wie ein Prisma; es handelt sich um einen chronologischen Abriss, in dessen Verlauf längere Blöcke der Komposition und Aufnahme jedes Songs gewidmet sind, um

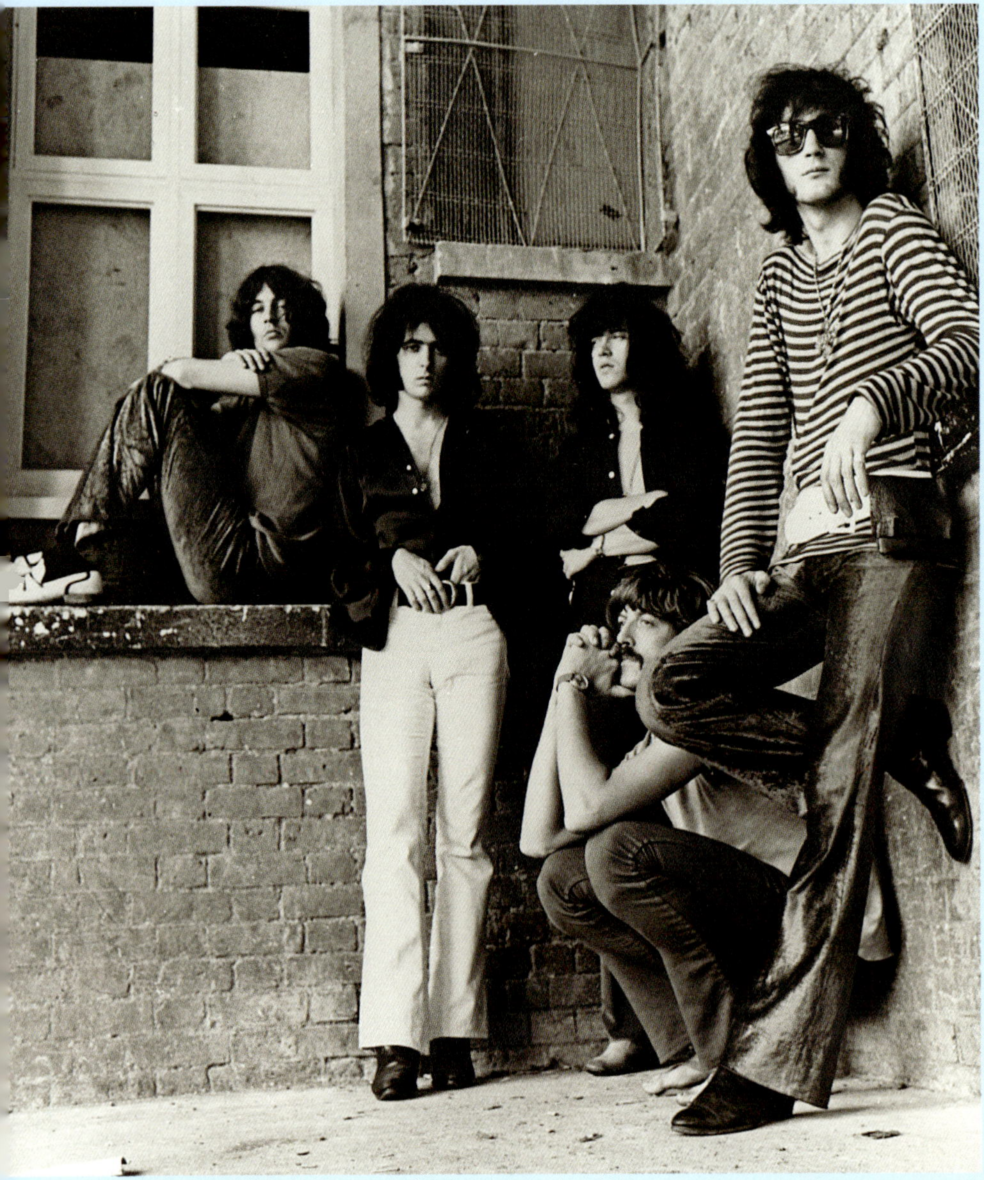

Bandfoto von 1969 vor dem Hanwell Centre. Die Stelle heute, rechts neben dem Säulenvorbau.

künstlerischen Gesichtspunkten noch tragischer ist. Stephen Clare interviewte ihn eigens für dieses Buch, und Jon bemühte sich redlich, die Umstände, unter denen das Album entstand, aus seinem Gedächtnis zu beschreiben. Da er warmherzig liebevoll über alle seine Weggefährten sprach, hielt er jene Tage offensichtlich für ganz besondere in seinem Leben. *„Obwohl wir für In Rock relativ lange brauchten, war das eine absolut wunderbare Zeit für die Band.“* (JL zu SC)

Auch Roger Glover gab bisher unbekannte Einblicke ins Songwriting, und Ian Gillan warf einen frischen Blick auf *Child In Time*.

Die Idee, meine Anmerkungen aus den Booklets mehrerer Deep-Purple-Wiederveröffentlichungen zu sammeln, ging von Stephen Clare aus. Schließlich einigten wir uns darauf, uns auf eine Periode in der langen Karriere der Band zu konzentrieren. Ich bin froh um die Entschlossenheit, die er an den Tag legte, um das Projekt durchzuführen. Weil wir beim Kompilieren all dessen in Bereiche vorgestoßen sind, die bis dato unzureichend (falls überhaupt) dokumentiert waren, ließ sich nicht vermeiden, dass sich teilweise nicht mehr bestimmen lässt, wer was geschrieben hat. Die Schuld für etwaige Fehler nehmen wir also gemeinsam auf uns.

Ich bin kein Musiker (ergo stammen jegliche Verweise auf Akkordtheorie und Ähnliches von Stephen), doch *Deep Purple In Rock* fiel mir 1969 oder ’70 in die Hände, als ich Rockmusik gerade erst entdeckte, und prägte mein Leben auf diese oder jene Art dauerhaft. Jedes Mal, wenn ich etwas über jene Ära schreibe, juckt es mich, von meinem Computer aufzustehen und mich in mein Musikzimmer zurückzuziehen, um mir eine Dröhnung *In Rock* zu verabreichen. Also jetzt erst mal Pause.

Simon Robinson / Stephen Clare

sie detailliert zu analysieren. Im Umgang mit Ereignissen, die mehrere Jahrzehnte zurückliegen, stößt man unweigerlich auf widersprüchliche Aussagen und Erinnerungen, also haben wir in solchen Fällen versucht, beide Seiten wiederzugeben.

Hinzu kommt die bedauerliche Tatsache, dass nicht mehr alle Protagonisten von damals leben. Gestorben sind kürzlich nicht nur die Manager der Band, sondern 2012 auch Jon Lord, was unter

1 • Von Deeves Hall zu Deep Purple

„In den ersten paar Jahren waren Purple völlig orientierungslos. Wir richteten uns danach, was Jon machen wollte, weil sonst niemand Ideen hatte." Ritchie Blackmore

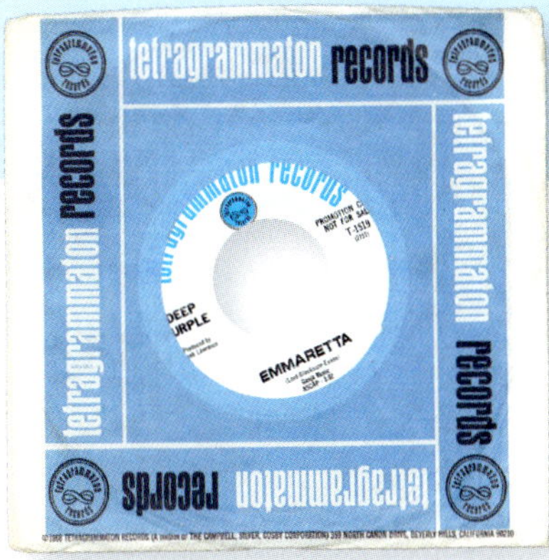

Als Band fanden Deep Purple im Winter 1967 zusammen. Niemand braucht dieses Buch zur weiteren Verklärung jenes Jahrzehnts, doch keine Frage: Es war beispiellos in der Kulturgeschichte Großbritanniens. Der harten Nachkriegszeit folgten Investitionen in den Ausbau der Infrastruktur, des Gesundheits- und Bildungssystems sowie die Kunst, was dazu führte, dass viel mehr Menschen ihre Möglichkeiten ausschöpfen konnten, während sich die Lebensumstände verbesserten und die Einstellung der Gesellschaft änderte.

Auch Tony Edwards wollte etwas aus sich machen, wozu er sich gleichwohl weniger anstrengen musste als andere. Er arbeitete im angesehenen Konfektionsmodegeschäft seiner Eltern, brauchte sich keine allzu großen Sorgen um seinen nächsten Gehaltsscheck zu machen und ließ sich vom rauschhaften Treiben im London der späten 60er mitreißen. Da er seit je eine schauspielerische Ader hatte (kurzzeitig versuchte er sich am Theater) und nach Beschäftigung in der Unterhaltungsbranche suchte, übernahm er das Management der Sängerin Ayshea Brough. Nachdem er sich mit dem ehemaligen Searchers-Mitglied Chris Curtis angefreundet hatte, willigte Tony ein, dessen neue Band zu betreuen. Die Besetzung wechselte ständig, doch Chris holte Ritchie Blackmore und Jon Lord ins Boot. Anfang 1968 hatte sich Bassist Nick Simper angeschlossen. Man verschanzte sich in Deeves Hall (links), einem beschaulichen Bauernhaus auf dem Land an der Autobahn A1, wo sich im Zuge von Anhörungen Rod Evans als Sänger und Ian Paice als Schlagzeuger herauskristallisierten. Dass Deep Purple schon früh einen Fuß in die Tür bekamen und insbesondere in Amerika riesigen Anklang fanden, wo ihr psychedelisches Update des bereits beliebten Clubhits *Hush* im September 1968 Platz 4 der Charts erreichte, verdanken sie größtenteils den guten Beziehungen von Produzent Derek Lawrence im Musikbusiness. Die Band nutzte die Gunst der Stunde, obwohl sie keine klare Linie fuhr, und brachte innerhalb eines halben Jahrs zwei größtenteils aus Coverversionen bestehende Alben heraus, um Kapital aus ihrem Erfolg in Übersee zu schlagen, wo sie auch von Oktober bis Dezember 68 tourte. Erst zu Beginn der Arbeit an ihrer dritten LP konnten Deep Purple eine Atempause einlegen. Sie strengten sich gehörig an, um den Einfluss von Vanilla Fudge zu überwinden, den man ihren frühen Aufnahmen anhörte, und wurden langsam eigenständiger. Das soll nicht heißen, ihre ersten beiden Alben hätten keine individuelle Handschrift getragen, doch damit befand sich die Band noch auf der Suche nach ihrem Stil. Einzelne, stärkere Tracks wie *Wring That Neck* und *Mandrake Root* deuteten eine härtere Gangart an, die man aber häufig inmitten des buntgemischten Ganzen übersah, wo sie sich gegen unverhältnismäßig aufgebauschte Interpretationen von Liedern der Beatles oder Ike & Tina Turner behaupten mussten. Im Gegensatz dazu enthielt ihre dritte Scheibe *Deep Purple* fast ausschließlich Eigenkompositionen, progressives Material wie auch die Vorab-Single *Emmaretta*.

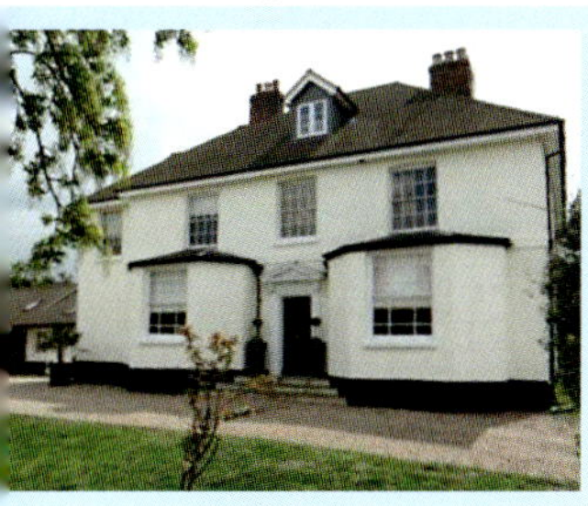

Nick Simper spürte, wohin die Reise der Band führte. *„Ritchie und ich versuchten von Anfang an, Rock zu machen, doch beim Aufnehmen neigte Jon mit seiner Vorliebe für Klassik und sanftere Musik dazu, uns auszubremsen. Auf der Bühne sah es ganz anders aus, denn dort haben wir uns ein ums andere Mal als wahre Hardrock-Pioniere bewährt, die es mit jedermann aufnehmen konnten. Deshalb wurden wir auch während unserer Tournee mit Cream nach Hause geschickt. Ich glaube, dass man den Hardrock in seinen Grundzügen schon auf unserem dritten Album erkannte."* (NS zu Gabriel Gonzalez, Argentinien 2006)

Es gab einen guten Grund dafür, Jon mehr Spielraum zu geben: Außer ihm fiel kaum jemandem etwas anderes ein, wenn es um die Marschroute der Band ging. Deep Purple waren keine Gruppe von Freunden mit ähnlichem musikalischen Background, sondern schlichtweg von ein paar Geschäftsleuten zusammengewürfelt worden. Von daher brauchte jeder naturgemäß eine Weile, um sich darauf einzustellen, wie die anderen tickten. Weil dies im Wesentlichen in aller Eile geschah und das amerikanische Label sie bedrängte, gaben ihnen die Beiträge von Jon Lord zumindest einen Aufhänger für ihre Alben. Und warum die Hektik? Obwohl sie Newcomer waren, hatten sie weltweit vertragliche Verpflichtungen, landeten Hits und tourten unermüdlich (wenn auch fast nur „drüben"). Das Entwickeln neuer Ideen sollte warten, bis sich die Band etablierte, und obwohl Nick bestätigt, dass sie schon früher in der Lage war, sich auf verbindlicheren Heavy Rock zu verlagern, räumt er ein, Lord in jenem ersten Jahr oder etwas länger die Führung zu überlassen sei alles in allem klug gewesen. Ritchie war ähnlicher Ansicht: *„In den ersten paar Jahren waren Purple völlig*

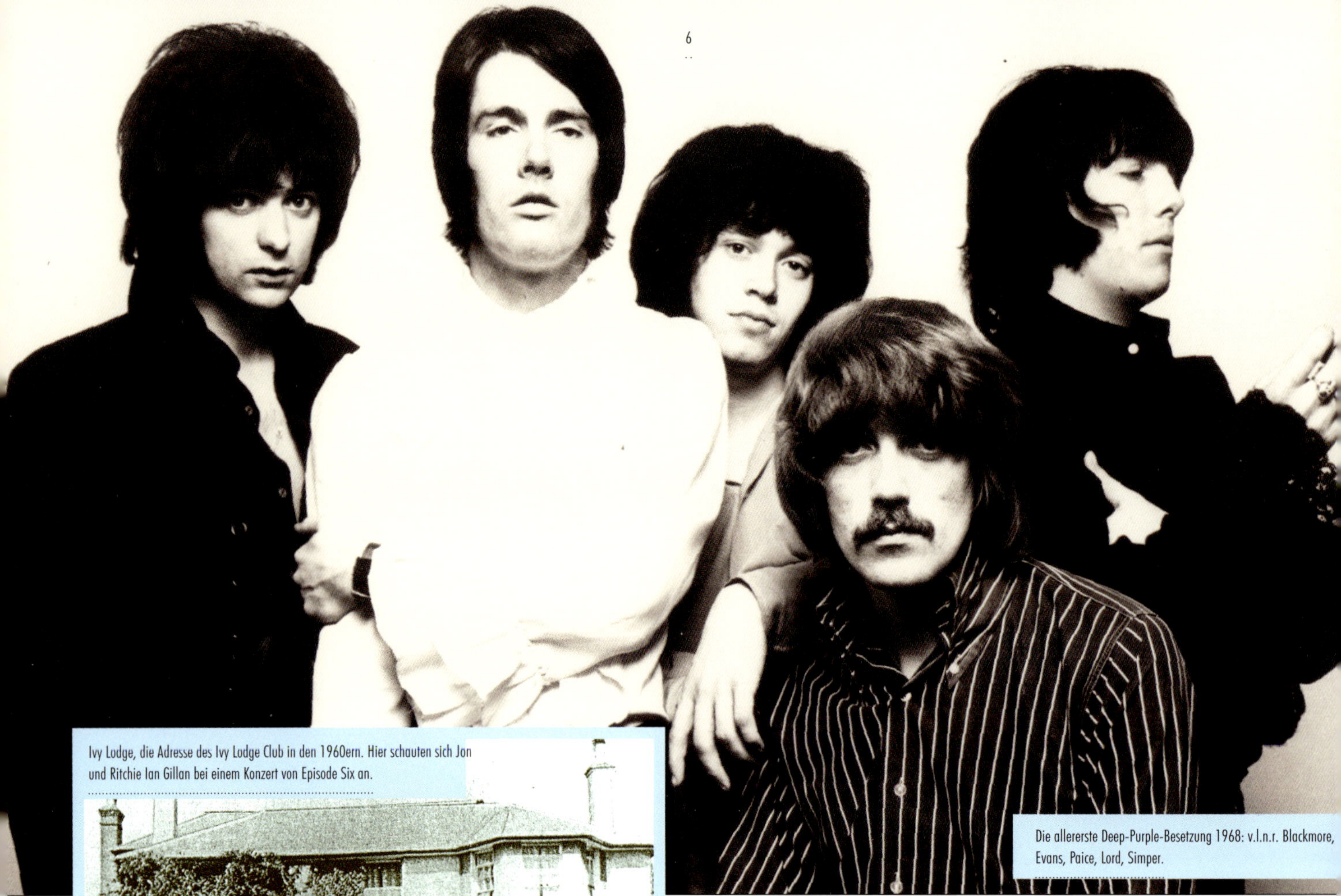

Die allererste Deep-Purple-Besetzung 1968: v.l.n.r. Blackmore, Evans, Paice, Lord, Simper.

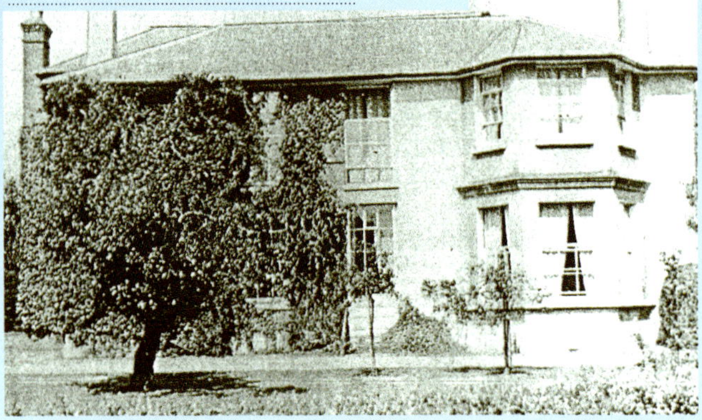

Ivy Lodge, die Adresse des Ivy Lodge Club in den 1960ern. Hier schauten sich Jon und Ritchie Ian Gillan bei einem Konzert von Episode Six an.

orientierungslos. Wir richteten uns danach, was Jon machen wollte, weil sonst niemand Ideen hatte." (RB in Trouser Press, Juli 1978) „*Damals bildeten wir uns ein, mit unseren frühen Ergüssen zufrieden zu sein, aber das war rückblickend ein völlig anderer Stil, eher balladenhaft. Man könnte glauben, da würde jemand anders spielen, was in gewisser Weise auch stimmte.*" (RB in Zigzag, August 1970)

Auch ihr Management wirkte kaum lenkend auf die Musiker ein, zumal es ja selbst nur wenig davon wusste, wie es in der Welt des Rock und Pop zuging, jedenfalls auf diesem Niveau. Hinter vielen seinerzeit großen Bands standen hartgesottene Strippenzieher mit jahrelanger Erfahrung im Musikgeschäft, die imstande waren, sich mit Labels und Promotern anzulegen.

Die zwei hauptsächlichen Förderer von Deep Purple kamen aus anderen Branchen, Tony aus dem Modezirkus, wie wir erfahren haben, und John Coletta, der sich dem Managementteam früh anschloss, von einer Werbeagentur. 1969 bekam die Band außerdem Schwierigkeiten mit ihrer amerikanischen Plattenfirma, die viel Geld in sie hineingesteckt und dabei wenig mehr gewonnen hatte. Wie sich Coletta entsinnt, spitzte sich die Lage gegen Ende des Jahres zu: „*Unser Erfolg dort war überschaubar, doch in Europa konnten wir überhaupt nichts reißen. Kentucky Woman, die Nachfolgesingle, lief relativ gut. Das zweite Album Taliesyn schlug sich relativ gut, Deep Purple im Anschluss auch. Dann ging Tetragrammation, das Label, bankrott,*

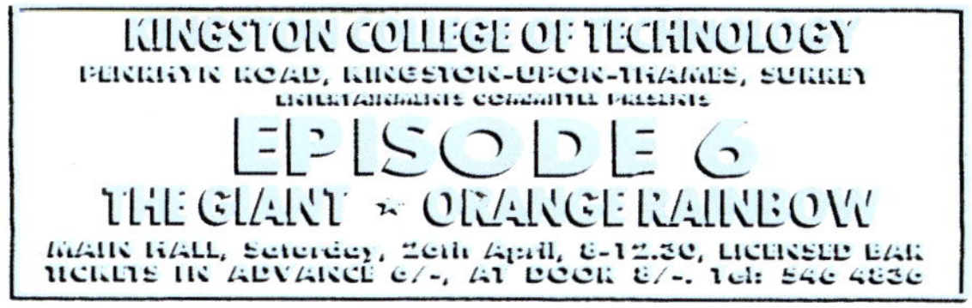

woraufhin natürlich Tantiemen ausstanden, die wir nicht bekommen konnten, und klar, der Markt war tot." (Voxpop, 1972)

Waren die Mitglieder zuvor einigermaßen miteinander ausgekommen, entstanden auf einer weiteren längeren Amerikatour im April und Mai 1969 erstmals Meinungsverschiedenheiten über die weitere stilistische Entwicklung der Gruppe. Derek Lawrence erinnert sich an Diskussionen wegen möglicher Umbesetzungen, die schon während der Sessions zu *The Book Of Taliesyn* geführt worden seien: *„Ritchie wollte den ursprünglichen Bassisten der Hollies [Eric Haydock] hinzuziehen."* (DL zu SR). Sechs Monate später nun nahmen sich Blackmore und Lord vor, die Band in eine zwanglose rockige Richtung zu lotsen, wobei sie nach Rücksprache mit Ian Paice zu dem Schluss kamen, Sänger Rod Evans sei dem lauteren, stärker aufbrausenden Material nicht gewachsen, das sie im Sinn hatten. Ferner hielten sie Nick Simpers musikalische Vorstellungen für leicht antiquiert. Statt das Potenzial ihrer neuen Combo verkümmern zu lassen, erkannten Ritchie, Jon und Ian ihr gemeinsames Ziel, woraufhin die Entscheidung fiel, Nick und Rod, die ihren Ambitionen im Weg standen, den Laufpass zu geben. Genauer gesagt: Sie überließen es ihren Managern, als sie bereit waren. Deep Purple flogen Ende Mai nach England zurück. Drei der Jungs standen nun vor der Aufgabe, einen neuen Sänger und Bassisten zu finden. Ian Paice erläutert ihre Beweggründe: *„Wir drei hatten uns in New York unterhalten. In unseren Augen waren Rod und Nick zu keiner Weiterentwicklung mehr fähig. Wir kamen überein, falls es einen Bruch geben sollte, dann einen grundlegenden, um die Band neu aufzustellen, nach vorne zu schauen und das Gefühl, auf der Stelle zu treten, zu überwinden."* Jon stieß ins gleiche Horn: *„Für Ritchie, Ian und mich stand fest, dass wir mit Rod nicht dort ankommen würden, wohin es uns zog. Wir wollten härter werden und unsere eigenen Lieder schreiben. Rod war ein bisschen wie ein Kabarettsänger, und wir brauchten einen Texter. Die Entscheidung fiel arg kaltherzig. Rod war ein wirklich lieber Kerl und verdiente keine so grobe Behandlung."* (JL und IP zu Kieron Tyler in Mojo, Januar 2003)

„Obwohl wir uns recht gut verstanden, fehlte etwas. Ganz ehrlich: Das galt für Jon, Ian und mich, doch die beiden anderen waren wirklich nur Mitläufer. Wir betrachteten den Sachverhalt also emotionslos und bestimmten, dass sie gehen mussten." (RB in Zigzag, August 1970)

Nachdem sie so lange auf der anderen Seite des Atlantik unterwegs gewesen waren, mussten der Gitarrist, Organist und Drummer erst wieder Anschluss an die heimische Szene finden, die sich gewandelt hatte, und wussten nicht so recht, wo sie mit der Suche nach neuen Mitmusikern anfangen sollten. Ritchie wollte sich mit Sänger Terry Reid in Verbindung setzen, der erst im Vorjahr eine vergleichbare Gelegenheit, den Posten am Mikrofon einer Band ausgeschlagen hatte, aus der letztlich Led Zeppelin hervorging. Wiewohl sich Reid (der zufälligerweise auf Creams 1968er Abschiedstour eröffnet hatte, nachdem Deep Purple „zu gut" gewesen und geschasst worden waren) von der Offerte „geschmeichelt" fühlte, blieb er vertraglich an seinen Produzenten Mickie Most gebunden und setzte stattdessen lieber seine Solokarriere fort.

Nun da diese Möglichkeit ausschied, rief Ritchie seinen alten Kameraden Mick Underwood an (sie hatten zusammen in Joe Meeks Hausband The Outlaws gespielt) und erkundigte sich nach jemandem, der nicht nur zur Verfügung stand, sondern auch zu Purple passen würde. Mick trommelte in jenen Tagen bei Episode Six, und Blackmore war leicht verdutzt, als ihm deren Sänger Ian Gillan nahegelegt wurde. Underwood erzählte, seine Band würde tags darauf live bei einem Radiosender mitgeschnitten, also könne sich Ritchie ein Bild von ihm machen. Sein Interesse war wohl geweckt, denn man beschloss, sich Gillans nächsten Auftritt mit Episode Six anzusehen. Dies entbehrte nicht einer gewissen Ironie, denn Nick Simper weiß noch, wie er Gillans Namen bei der Gründung von Purple selbst zur Sprache gebracht hatte, doch anscheinend war das diesbezügliche Angebot eines gemeinsamen Bekannten abgelehnt worden.

Am Mittwoch, dem 4. Juni 1969, fuhren Ritchie und Jon zum Ivy Lodge Club, einem kleinen, kirchlichen Jugendzentrum in Woodford im Nordosten Londons, um Episode Six live zu begutachten. Mick hatte Blackmore Gillans Telefonnummer gegeben, damit er ihn beschnuppern konnte; der Sänger gestand seinem Freund und Mitmusiker Roger Glover dann am Tag des Konzerts, jemand von Deep Purple habe sich gemeldet und ihm den Einstieg angeboten. Dass Ian der Meinung war, Episode Six kämen nicht voran, war kein Geheimnis, und er hatte bereits angedeutet, eine neue Band mit Mick Underwood, Roger Glover (dem Drummer bzw. Bassisten von Episode Six) sowie Peter Robinson[1] gründen zu wollen.

Der Ivy Lodge Club, den Ortsansässige mit schönen Erinnerungen an viele Bands verbinden, die sie Ende der 60er dort gesehen haben, war ein großes Viktorianisches Haus[2], dessen sich die Träger einer benachbarten Kirche angenommen hatten.

Freiwillige bauten die geräumigen Eingangsbereiche zu einem Jugendzentrum für Discos und seinerzeit Konzerte gebende Bands um. Während der Show bemerkten die anderen Mitglieder von Episode Six, die enge Bande miteinander geknüpft hatten, dass sich etwas anbahnte, als Ritchie die Bühne zum Jammen betrat (was sie im Nachhinein frech fanden). Roger erinnert sich an seine erste

1 Robinson und Underwood gründeten kurz nach Gillans Ausstieg Quatermass.

2 Es wurde mittlerweile abgerissen.

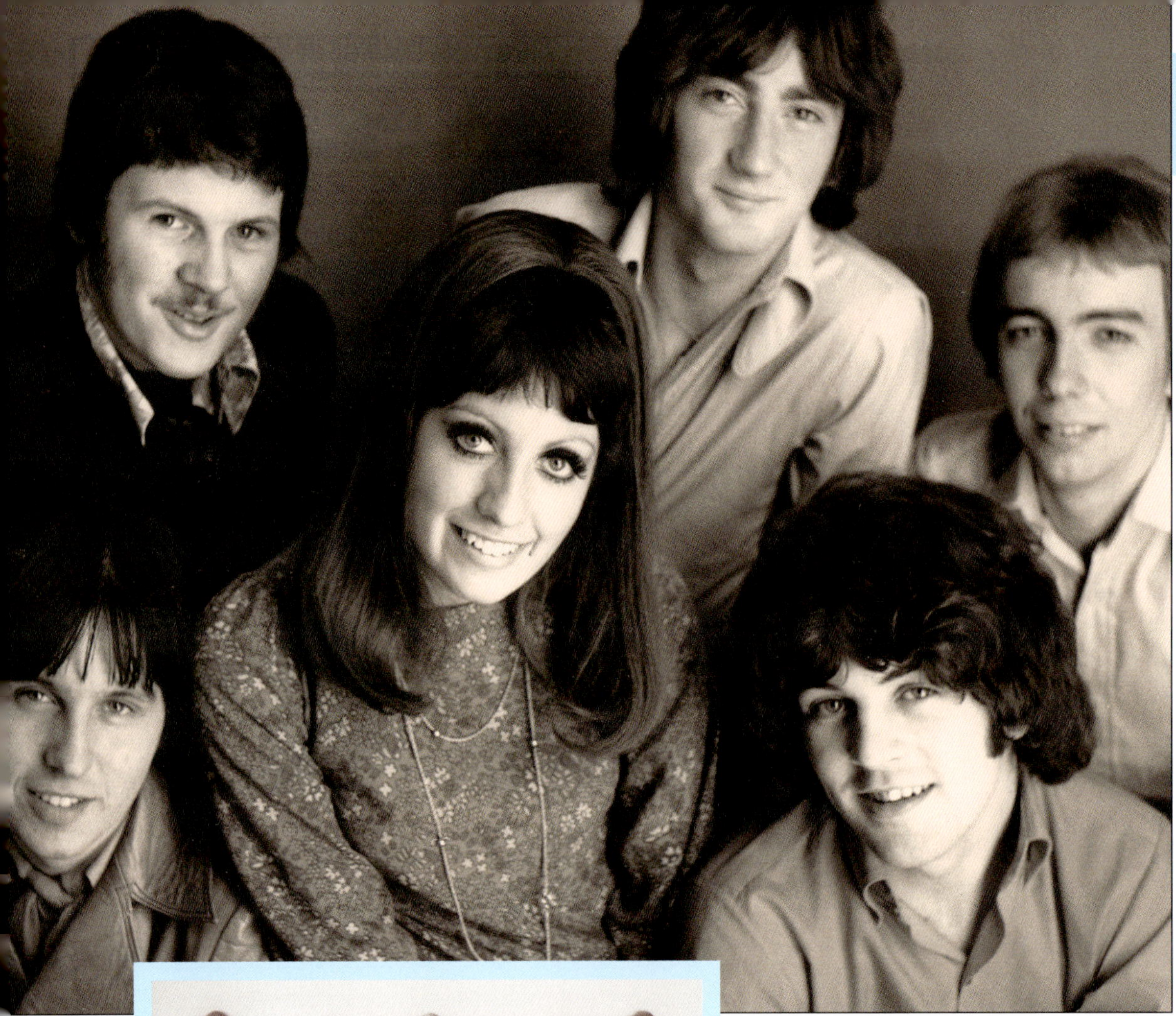

Episode Six 1968: v. unten links im Uhrzeigersinn: Graham Carter, Tony Lander, Roger Glover, Mick Underwood, Ian Gillan, Sheila Carter.

Berührung mit Jon und Ritchie: *„Ich hatte wirklich noch nie etwas von Deep Purple gehört. Das Erste, was ich über sie erfuhr, kam von Roger, der erzählte, sie hätten einen Hit in den Staaten gelandet. Obwohl ich an dem Abend nicht mit ihnen sprach, waren sie mir ganz und gar nicht geheuer. Ritchie stieg zu uns hoch und spielte mit, einen Blues. Er beeindruckte mich durchaus, doch ich konnte nicht darüber hinwegsehen, dass sie alle Schwarz trugen. Sie wirkten geheimnisvoll. Dazu hatten sie schwarz gefärbte, sehr lange Haare."* Ian Gillan gab später zu, sich beinahe unbeliebt gemacht zu haben: *„Das Einzige, was mich davon abhielt, loszuprusten, als Jon und Ritchie dann zum ersten Mal vor mir standen, waren eine fiese Erkältung und die Tatsache, dass ich kein Geld hatte. Es lag an ihren Frisuren! Diese Matten kamen mir außer Mode vor, waren in Hinblick darauf, was gerade in London geschah, überhaupt nicht zeitgemäß."* (RG und IG zu Kieron Tyler, Mojo, Januar 2003)

Auch Jon ist jene erste Begegnung mit Ian in Erinnerung geblieben: *„Er war durchaus ein gutaussehender Kerl, weißt du? Im Publikum gab es offensichtlich keine Frau, die ihm nicht wie verrückt schöne Augen machte, das ist für einen Leadsänger von Vorteil. Groß mit Sinn für Humor und diesem wahnsinnigen Stimmumfang. Was man unter einem großartigen Bluessänger versteht, habe ich nie in ihm gesehen, auch wenn wir uns wohl eher nach einem solchen umschauten, weil Rod fast poppig gesungen hatte. Ian besaß eben diese unheimlich*

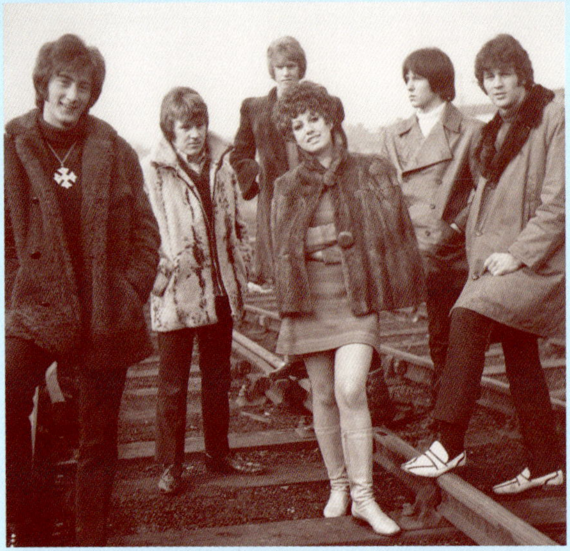

Episode Six mit ihrem früheren Drummer John Kerrison, Mitte hinten; Roger ganz links, Ian ganz rechts

flexible, herrlich klingende Stimme mit viel Kraft und einen markanten Charakter. Stimme und Charakter machten zu gleichen Teilen Eindruck auf mich, würde ich sagen. Ich dachte nur: ‚Mein Gott, er wird super aussehen, wenn er unserer Band vorsteht.' Man möchte keinen Frontmann ohne Ausstrahlung, doch Ian hatte Ausstrahlung ohne Ende. Ritchie ließ ein paar Jahre lang nichts auf Ians Stimme, Stil oder sonst etwas an ihm kommen. Erst später überwarf er sich immer häufiger mit ihm, was mit Ians Persönlichkeit zusammenhing, denke ich. Ritchie fand ihn vermutlich ein bisschen zu übermütig. Ian war ein verrückter Hund; für einen Lacher, einfach nur zum Spaß, tat er alles. Sie (Sänger) müssen diese zupackende, wahnsinnige Art haben, um da oben ohne Instrument, hinter dem man sich verstecken kann, ins Rampenlicht zu treten. Ihr einziges Instrument ist ein gottgegebenes und stammt nicht aus einem Musikgeschäft. Ich habe Riesenrespekt vor Sängern. Im Gegensatz zu Gitarristen behandelte ich sie immer ein bisschen ehrfürchtig, weil sie schlicht diese Chuzpe brauchen; die hatte Ian und war das, was Ritchie mochte." (JL zu SC)

Merkwürdigerweise jedoch meinte Jon, eindeutig zu erkennen, Episode Six würden Gillans Gabe nicht vollständig nutzen. *„Ian war nicht – so seltsam es sich anhört – die Hauptstimme der Band, sondern Sheila (Carter). Er hatte nur vereinzelte Einsätze, beinahe so etwas wie Kabinettstücke, und sang ziemlich häufig zur Begleitung mit. Manchmal spielte er ein wenig Keyboard. Sein großer Moment war ein Lied der Sängerin Lorraine Ellison, Stay With Me Baby; falls du dabei keine Gänsehaupt bekommen hast, stimmte etwas nicht mit dir. Dieses Stück brachte Ian für gewöhnlich. Es steigert sich dramatisch, und die Frauenstimme im Original schlägt sehr hohe Töne an, doch auch er schaffte das.*" (JL zu SC)

Jon war zweifellos hingerissen, doch um Sheila Carter kein Unrecht zu tun, sollte man berichtigen, dass sie den Leadgesang in diesem Song übernahm, während Ian die Zweitstimme sang und Keyboard spielte. Es stimmt aber, er traf die hohen Töne am Ende der Strophen gemeinsam mit Sheila. Nichtsdestoweniger ließ sich nicht leugnen, dass Episode Six musikalisch regelrecht schizophren waren und mit ihrer Show bisweilen eher ins Varietétheater gepasst hätten.

Ritchie beschrieb seinen ersten Eindruck von Gillan so: *„Dass wir glaubten, einen neuen Sänger zu brauchen, war Robert Plant schuld. Wir spielten im Mother's in Birmingham, wo Robert Plant hochkam und mit Terry Reid sang. Uns blieb die Spucke weg, weil er eine so dynamische Stimme hatte. In den darauffolgenden zwei Wochen hielten wir nach jemandem mit einem genauso dynamischen Ansatz wie Robert Ausschau. Er gab also den Auslöser. Ian war toll – seine Stimme, sein Aussehen und auch alles andere. Atemberaubend. Wir haben ihn noch vor Ort genommen.*" (RB in Classic Rock, Februar 2009)

„Ihn genommen" bedeutete, Gillan das Angebot praktisch auf der Bühne gemacht zu haben, wie Jon erklärt. „Wir hatten ein richtig schlechtes Gewissen, weil es um Episode Six und eine ihrer Stimmen ging. Ich wünschte mir, er wäre gleich an Ort und Stelle bei uns eingestiegen!"

Ian Paice schloss sich dem Urteil seiner beiden Mitmusiker bereitwillig an und zitiert Blackmore, der zu ihm gesagt haben soll: *„Ian Gillans gewaltige Stimme hat mich umgehauen.*"

Der Gelobte war Feuer und Flamme, aber ein paar Kleinigkeiten bedurften noch der Klärung. Am nächsten Tag dackelten die Mitglieder von Episode Six zu ihrer Managerin Gloria Bristow, um zu besprechen, was angesichts von Ians Abwerbung zu tun sei. Roger Glover wusste, dass der Weggang des Sängers die Band schwer treffen würde und ihr Aus bedeuten mochte. Trotzdem akzeptierte man Gillans Entscheidung und schickte sich an, einen dauerhaften Ersatz zu finden. Er versicherte, für weitere bestätigten Konzerte bereitzustehen, damit der Gruppe weder Auftrittsmöglichkeiten noch Gagen durch die Lappen gingen.

Kaum dass man sich darüber einig wurde, erfuhr Roger, dass Deep Purple auch einen Bassisten suchten. Er war eng mit Ian befreundet, der ihm empfahl, sich anzubieten. Davon wollte Glover jedoch nichts wissen, denn er hatte das Gefühl, Episode im Stich zu lassen, indem er dies nur in Erwägung zog. Die beiden schlossen einen Kompromiss: Sie hatten gemeinsam Songs geschrieben und diese an andere Interpreten verkaufen wollen; darum schlug Ian vor, Roger solle Purple die eine oder andere Idee zukommen lassen. So machte sich der Bassist am Samstag, dem 7. Juni 1969 (das Datum ist belegt, weil er damals Tagebuch führte), in Begleitung des Sängers zu Jon Lords Wohnung in Gunter's Grove auf, um ihm ein paar Stücke vorzustellen, die sie komponiert hatten. Die zwei trafen erstmals richtig aufeinander, wobei Roger Jon schätzen lernte: *„Er war ganz anders, als ich ihn mir vorgestellt hatte. Seine Genialität machte mich sprachlos. Wir spielten ihm unsere Songs vor – über Affen und Löwen; Affen tauchten in unseren damaligen Texten ständig auf –, doch er fand keinen interessant.*" (RG in Mojo, 2003)

Wer mit den Frühwerken von Episode Six vertraut ist, an denen Gillan und Glover beteiligt waren (manchmal ließ man sie einen B-Seiten-Track schreiben), dürfte sich kaum über Lords höfliches Desinteresse wundern. Zur Erklärung der Affen sei gesagt, dass sie überwiegend grillenhaften Pop schrieben: nett anzuhören, aber relativ seicht. Und das wollten Deep Purple nicht mehr sein. Jon legte im Gegenzug ein Azetat auf, das er zu Hause hatte, und ließ Roger lauschen. *„Er spielte ein Demo von Hallelujah vor und wollte wissen, was* *ich davon hielt. ‚Glaubst du, das könnte ein Hit werden?'"*

Die Wahl dieses Stücks wirkt durchaus ironisch; wegen des mehrstimmigen Gesangs klang es tatsächlich eher wie eine potenzielle Episode-Six-Nummer als nach Purple. Jon erklärte Roger, es aufzunehmen stehe bereits fest, und fragte, ob der Bassist leihweise mitspielen wolle. Weder Ian noch Roger fand das Demo berauschend, und später sagten sie einander im Vertrauen, ausgerechnet *Hallelujah* zu nehmen sei absonderlich. Ian: *„Ich war entsetzt. Für mich klang es völlig …"* Roger: *„Ich fand es ein bisschen lahm."*

Der Song war schon verbindlich als Deep Purples nächste Single in Amerika vorgesehen. Sie hatten das Demo ihrem Produzenten Derek Lawrence mit dem Titel *I Am The Preacher* geschickt und ein Studio für denselben Nachmittag gebucht. Lord, Blackmore und Paice wollten Gillan unbedingt in diesem Stück hören, um abschätzen zu können, wie er sich bei Aufnahmen bewährte. *„Für Ritchie und mich war es der perfekte Track, um Ian Gillan im Studio auf den Zahn zu fühlen, und Roger kam zum Bassspielen mit. Das Arrangement arbeiteten wir innerhalb einer Stunde aus, dieses ganze Hallelujah-Ding. Ich ergänzte einige Akkorde und ließ Ian drei Stimmen einsingen, wobei wir anderen nur mit Gänsehaut dasaßen und dachten: ‚Das ist fantastisch.'"* (JL zu SC)

Die Aufnahmen fand am 7. und 8. Juni 1969 im De Lane Lea Kingsway Studio statt. Als Tontechniker fungierte „BA" (wir gehen davon aus, dass es Barry Ainsworth war, der auch an den Alben der Urbesetzung gearbeitet hatte, es aber nicht bestätigt). Die Band schnitt zehn Anläufe mit, dabei fünfmal das komplette Stück, und pickte den neunten (in der Tonart A) als „mögliche Masterversion" heraus. Obgleich der Song nicht auf *In Rock* hindeutete, zeigte er eine Gruppe, die bereit war, auf eigenen Füßen zu stehen. Manager John Coletta gab später an, gar nicht über die Session im Bilde gewesen zu sein. Ferner war es das erste Mal, das Purple selbst produzierten, was sie mit dem kommenden Album fortsetzten. Ein zweites Tonband vom ersten Tag enthält drei weitere vollständige Instrumentalfassungen, die bei fünf zusätzlichen Mitschnitten zustande gekommen waren. Am zweiten Tag nahm man Take 11 und 12 auf, Letzteren in G, und erkor ihn zum endgültigen Master.

Derek war der Ansicht, das Lied zünde nicht richtig, und sagte der Band, es würde nicht zu ihr passen; später nahm er eine Version für sein eigenes Label auf, die in Richtung Soul und Gospel ging[3].

Nachdem Rogers Songideen Jon in dessen Wohnung nicht überzeugt hatten, schaffte er es definitiv während der Session mit seinem Bassspiel und seinen Anregungen. Er erinnert sich noch genau an die Situation: *„Ich betrat das Studio am frühen Abend. Am meisten imponierten mir ihre Klamotten. Sie alle trugen neue. Solche kaufte ich nie, mir reichten Sachen aus zweiter Hand. Meine Bühnenkleidung war selbstgemacht. Ich hatte keinen Socken an, die Beine meiner Jeans waren unten zerfranst, und ein Seil hielt als Gürtel her. Im Raum standen mehrere Marshall-Verstärkertürme, ein Fender Precision Bass, alles vom Aussehen her wie neu. Ich hatte einen Vorschlag für den Mittelteil des Songs gemacht, das funktionierte, und sie schienen mich zu mögen. Als wir mit dem Aufnehmen fertig waren, kam Jon und sagte: ‚Wir haben uns unterhalten, die Jungs und ich. Hast du Lust, bei uns einzusteigen?' Da war ich platt."* (RG zu Kieron Tyler, Mojo)

In Wirklichkeit hatte Lord den Gedanken bereits anhand dessen mit Paice und Blackmore besprochen, was ihnen während des Episode-Six-Auftritts von Roger zu Ohren gekommen war: *„Als wir uns Ian im Ivy Lodge Club angeschaut hatten, war mir Rogers Spiel aufgefallen. Er ist ein klasse Bassist, rhythmisch sehr sicher, eine absolute Bank an seinem Instrument. Als ich erfuhr, dass er zusammen mit Ian Gillan Stücke schrieb und ihm sehr, sehr nahe stand, bemerkte ich den anderen gegenüber: ‚Wir haben unseren Basskandidaten direkt vor der Nase.' Sie meinten, der Band gleich zwei Mitglieder zu stehlen sei ausgeschlossen."* (JL zu SC)

„Roger Glover in unsere Pläne miteinzubeziehen lag uns fern, doch unser Schlagzeug hörte ihn und erkannte, dass er stilistisch hervorragend zu ihm passte." (JL Oct 1970)

Deep Purple rechneten fest damit, Roger würde die Gelegenheit beim Schopf packen, und Jon fand ihre Offerte gut. *„Wir boten 20 £ wöchentlich – alle Mitglieder bekamen diesen Betrag –, also 1.000 £ jährlich. Ich weiß noch, wie mein Dad Mitte der 60er einmal von der Arbeit kam und meinte: ‚Mein Gehalt ist heute erhöht worden, jetzt verdiene ich 1.000 pro Jahr.'"* (JL zu SC)

Stattdessen erbat sich Glover Bedenkzeit und vermerkte an jenem Abend in seinem Tagebuch: *„Ein sehr bedeutender Tag. Habe die Session im De Lane Lea gemacht. Sie waren beeindruckt und haben mir die Mitgliedschaft angeboten! Ich sagte, ich würde es mir überlegen."* Tatsächlich hatte ihn das Angebot völlig überrascht, und einen Entschluss fassen zu müssen wühlte ihn emotional auf: *„Ich konnte Episode Six nicht verlassen, weil Ian es bereits tat. ‚Kehre auch ich ihnen nach allem den Rücken, was wir gemeinsam durchgemacht haben, bin ich*

3 Das Stück wurde mehrmals gesampelt, u.a. 2013 von einem deutschen Dance-Act.

UNTEN: I Am The Preacher - Bandhülle aus den Sessions im De Lane Lea Kingsway Studio

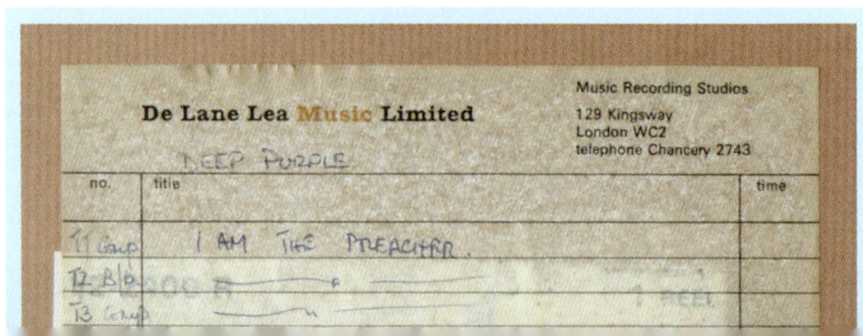

schuld daran, dass sie in der Luft hängen. Damit werde ich nicht fertig.' Das stieß ihn (Jon) ziemlich vor den Kopf."

Falls das ein wenig gefühlsduselig wirkt, sollte man wissen, dass Roger Episode Six mit Schulfreunden gegründet hatte und von Anfang an dabei gewesen war (Ian sollte erst später hinzustoßen). Dennoch handelte es sich um ein verlockendes Angebot. Glover verließ das Studio mit Gillan und begleitete ihn zu dessen Wohnung, wo er übernachtete, aber kaum ein Auge zubekam: „*Die Herausforderung ließ mir keine Ruhe; ich wollte Deep Purple beitreten, die Gelegenheit war zu gut, um sie sausen zu lassen. Warum, das wusste ich im Grunde gar nicht, weil ich ihre Musik nicht gehört hatte, es war bloß so eine Ahnung. Ich sehnte mich nach Veränderung. Als ich morgens um neun Uhr bei Jon anrief, weckte ich ihn.*"

Lord entgegnete, erst mit den anderen sprechen zu müssen. Roger kehrte zu sich nach Hause zurück, wo ihm Ian Gillan eine Nachricht hinterlassen hatte – er bekam den Zuschlag. Glover: „*Damit begann eine dreimonatige Probezeit, was mir damals aber nicht bewusst war.*" Sein Tagebucheintrag vom 8. Juni 1969 brachte es auf den Punkt: „*Ich habe mich nach einer schlaflosen Nacht bereiterklärt, Deep Purples Angebot anzunehmen. Am Telefon meinte Jon, er würde mich zur Bestätigung zurückrufen … schwebe im siebten Himmel.*"

Nun galt es, die Neuigkeit der Managerin von Episode Six beizubringen. Gloria tobte, nachdem ihr schon Gillan abhandengekommen war. Im Lauf der Jahre verlautbarte Roger, er habe sich für den untauglichsten Bassisten gehalten, den Purple einstellen konnten. Mag sein, dass es zu jener Zeit technisch überlegene Tieftöner gab, doch nach über vier Jahren beherrschte Glover das Instrument und brachte mehrere wesentliche Vorzüge mit, zuvorderst als Songwriter, nicht zu vergessen ein natürliches Talent zur Veredlung jener Rockriffs, die einen zentralen Stellenwert in den meisten zukünftigen Stücken der Gruppe einnahmen. Zudem hätten die Mitglieder ungeachtet ihres Angebots nicht absehen können, wie nützlich sich Roger im Studio machen würde. Intern erhielt er bald den Spitznamen „stinkender Hippie", weil er ausländische Zigaretten rauchte, lange Haare hatte und speckige, selten gewaschene Kleider trug (er und Gillan teilten sich eine Knautschsamt-Schlaghose ‚für besondere Anlässe', die der Sänger für das Konzert, zu dem Lord und Blackmore gekommen waren, angezogen hatte).

Die Umbesetzung stellte Deep Purples Manager vor mehrere Probleme, nicht zuletzt weil Nick und Rod mit der Band weiterarbeiteten, also nichts von ihrer bevorstehenden Entlassung wussten. Man hatte Ritchie, Ian und Jon gebeten, es den beiden bis zum Abschluss der Amerikatour vorzuenthalten, und ordnete nun an, noch ein paar Wochen länger dichtzuhalten. Während der verbliebenen Junitage und bis in den Juli hinein wickelten sowohl Episode Six als auch Deep Purple ausstehende Gigs ab. Zufälligerweise fanden die ersten beider Gruppen am 10. Juni '69 anlässlich der Semesterabschlussbälle in Cambridge statt, wohlgemerkt an zwei verschiedenen Colleges. Gloria Bristow fing an, bei Deep Purples Management HEC Druck zu machen, um eine Einigung zu erzielen. Diese war in dieser oder jener Form notwendig, um Ian Gillan und Roger Glover von ihren bestehenden Verträgen zu entbinden. Erpicht darauf, einen Rechtsstreit zu vermeiden, ermahnten HEC die zwei, sich nach Möglichkeit von der Frau fernzuhalten. Roger: „*Zwischen uns und dem Management spielten sich schreckliche Szenen ab. Auf einmal war ich, ein Typ ohne Geld, der mit höchstens 10 £ die Woche hatte auskommen müssen, in ein Gerichtsverfahren verstrickt, bei dem es um etwa 3.000 £ ging!*"

John Coletta erläuterte, woran es haperte: „*Wir mussten ihren Vertrag brechen und ihrer Managerin einen bestimmten Betrag zahlen, um die beiden auszulösen. Ich glaube, die Tage der Band waren ohnehin gezählt, die Mitglieder hatten schon Vorstellungen davon, was sie danach machen würden und so weiter, also passte das der Dame wohl ganz gut in den Kram, um noch ein bisschen Kohle für etwas einzustreichen, das sowieso in Aussicht stand. Weil es für uns wichtig war, löhnten wir. Letzten Endes belief es sich, wenn mich nicht alles täuscht, auf 3.000 £ und umständliche Verhandlungen, doch ich denke, das war es wert; ich würde die 3.000 £ eine gute Investition nennen.*" (Voxpop, 1972)[4].

Am 12. Juni kehrten Deep Purple mit Glover und Gillan ins Studio zurück, um ein wenig mehr Zeit in *Hallelujah* zu stecken, was die ganze Nacht dauerte. Tags darauf traten die zwei mit Episode Six im De La Salle College in Manchester auf, am nächsten dann im Dudley College. Roger fasste sich in seinem Tagebuch sachlich kurz: „*Sind ohne Eile hinuntergefahren. Essen an der Raststätte gratis, weil Neil einen Zigarettenstummel auf dem Teller hatte. Gute Organisation, Ian hatte das schick herausgeputzte Publikum im Griff.*" Während Deep Purple am selben Abend im Mother's Club Birmingham spielten, ahnten Evans und Simper gnädigerweise nicht, was ihnen beschieden war.

Die ganze Situation hatte recht skrupellose Züge angenommen.

Am 16. Juni des Jahres machte die Band mit ihren Neuzugängen Aufnahmen und fing ordnungsgemäß zu proben an, gleichzeitig, da sie weiter in ihrer Urbesetzung Konzerte gab. Ein solches Maß an Kalkül sollte über Jahre hin charakteristisch für das Verhalten von Deep Purple und ihrem Management bleiben. Roger Glover nahm

4 Rogers weiteren Ausführungen zufolge wurde dieser Betrag später mit seinen Tantiemen verrechnet.

E.M.I. launch Harvest Records on the

UNDERGROUND GROOVE

EMI fördert mit Harvest Records den Underground-Groove

es hin, weil er musste, doch sein schlechtes Gewissen wegen Nick und Rod ließ sich nicht abschütteln. Er fand, man habe ihnen reinen Wein einzuschenken, doch HEC mussten die Sache möglichst lang geheim halten, da sie bereits eine Streitsache am Hals hatten und sich keine weitere aufbürden wollten.

„Das war normales Benehmen für Purple", bestätigt Glover. *„Mir wurde bewusst, dass sie Probleme üblicherweise lösen wollten, indem sie sich darüber ausschwiegen. Ein Management ist etwas, worauf man sich verlässt, wenn etwas geklärt werden muss; tendenziell wälzen Musiker ihre Verantwortung als Menschen auf andere ab, sobald sie einer Band angehören. Man ist in seinem Umfeld wie in Watte gepackt."* (RG zu Kieron Tyler)

Schlussendlich unterzeichnete Glover am Freitag, dem 20. Juni 1969, einen Vertrag mit HEC. Dies feierte er, indem er 2 £ für eine Konzertgitarre zurücklegte. Obwohl er und Ian Gillan nun offiziell Mitglieder von Deep Purple waren, standen weitere Konzerte für die alte Besetzung an (die am Tag des Vertragsabschlusses der beiden in Belgien auftrat), so unglaublich das klingen mag, derweil Nick und Rod nach wie vor nicht wussten, dass sie ausgetauscht worden waren. Am 24. Juni (eine Woche nach Beginn der Proben von Mk 2), bezog Mk 1[5] das Maida Vale Studio 5 in der Londoner Paddington Road und schnitt drei Songs mit. Darauf folgten zwei weitere Shows und noch eine BBC-Session am 30. des Monats. Die Aufnahmen wurden am 6. Juli in Chris Grants Sendung „Taste Pop Sundae" ausgestrahlt, als Mk 1 ihren letzten Gig hinter sich hatte und Mk 2 vier Tage vor ihrem Bühnendebüt stand.

Deep Purple hatten es geschafft, die Bombe nicht platzen zu lassen, doch die Londoner Musikszene war klein. Abgesehen von der Band und ihrem Management mochten ihre Zuarbeiter im Studio, bei Konzerten und anderswo geschwätziger sein, was das jüngste Kommen und Gehen betraf. Nick und Rod erfuhren die Wahrheit angeblich aus der Klatschspalte des Untergrundblatts International Times. Nick glaubte dem Artikel nicht, sah ihn jedoch schließlich kurz vor dem letzten Auftritt von Mk 1 bestätigt, der am Freitag, dem 4.7., im Club Top Rank in Cardiff über die Bühne ging. Wie er vor einiger Zeit erzählte, setzte er Rod hinterher darüber in Kenntnis: *„Ich machte mich ziemlich unbeliebt, indem ich vorschlug, uns auf einen kleinen Bus und Motels zu beschränken, statt in Limousinen zu fahren und in Hotels zu schlafen. Jon Lord war zum Sprachrohr der Band geworden, doch ich wurde immer zum Gespräch mit dem Management verdonnert, wenn es Schlechtes zu berichten gab. Zuletzt kam es so: Jon rief mich an und meinte, wir könnten dann und dann nicht proben, weil es Probleme mit dem Equipment gebe. Ich erwiderte: ‚Super, dann hab ich einen freien Abend und geh ins Kino.' Dann erzählte mir ein Bekannter, er habe sie mit einem neuen Sänger und Bassisten gesehen, Ian Gillan und Roger Glover, also setzte ich mich mit unserer amerikanischen Plattenfirma in Verbindung, die mitteilte, Deep Purple hätten eine Single eingereicht, Hallelujah, die mit einem Aushilfssänger und -bassisten aufgenommen worden waren."*

Verständlicherweise war Nick sprachlos. *„Ich erzählte Rod, was passiert war, woraufhin er ausflippte. Ich kann gar nicht sagen, was er ihnen antun wollte. Wir fuhren zu John Colettas Haus nach Brighton. Er erkannte, dass wir wussten, was gespielt wurde, und lud uns zum Abendessen auswärts ein, wobei er erklärte, wir würden nicht mehr zur Band gehören, aber eine finanzielle Abfindung erhalten, wenn wir am nächsten Montag in sein Büro kämen."* (Record Collector, Dezember 2004)

Als Nick jedoch an jenem Tag vorstellig wurde, ließ man ihn schlicht wissen: *„Ihr seid raus. Tschüss. Keine Abfindung, nicht einen Penny."* Auf diese Weise versuchte Coletta in der Regel, einzuschüchtern und zum Nachgeben zu zwingen. Letzten Endes verklagte Nick HEC und erhielt per Gerichtsbeschluss *„ungefähr 20 Riesen, was damals ein gehöriger Batzen Geld war."* Er hatte das Gefühl, zum Schluss als Buhmann dagestanden zu haben, also waren die Manager froh, ihn loszuwerden.

Mk 2 gab ihr erstes Konzert am 10. Juli im Londoner Speakeasy. Nun war der Besetzungswechsel wenigstens öffentlich bekannt. Wie versprochen rissen Gillan und Glover noch ausstehende Auftritte mit Episode Six ab. Dies zog ein mehrere Wochen andauerndes Doppelleben nach sich: zuerst ein Gig im Douglas House am 13. Juli für Episode Six, dann umdenken, um am 18. des Monats mit Deep Purple im Redcar Jazz Club und zwei Tage später im Mothers' in Birmingham zu spielen. Episode Six letztes Konzert mit den beiden fand am 26. im Barn Club in Little Bardfield statt. Nach sechs gemeinsamen Jahren war dies für alle Beteiligten ein bewegendes Ereignis, vor allem Roger als Mitbegründer, der die meisten Mitglieder seit seiner Kindheit kannte.

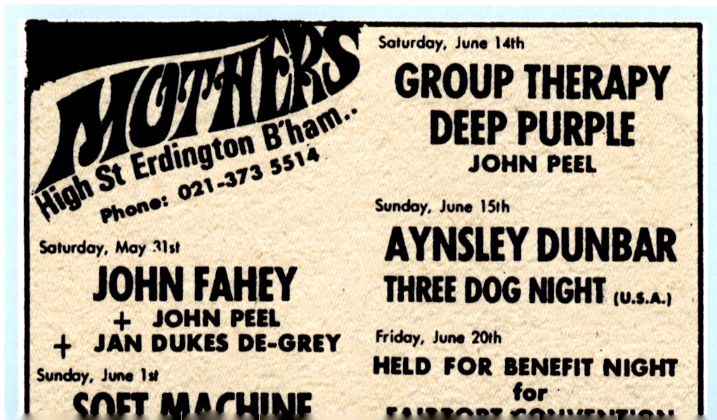

5 Rockhistoriker verwenden die Kürzel Mk (Mark) 1, Mk 2 usw. zur Benennung der unterschiedlichen Besetzungen.

2 • Hanwell Community Centre

„Innerhalb einer kurzen Zeitspanne von allenfalls drei, vier Wochen stellten wir fest, dass alles möglich war und in uns selbst steckte." Ian Paice

Während sich HEC und Anwälte mit den Nachwehen des Ausscheidens von Simper und Evans herumschlagen mussten, konnten Deep Purple den Blick allmählich nach vorne richten. Die vier Hauptbereiche, denen es sich zu widmen galt, waren klar; sie mussten live spielen, proben, neue Songs schreiben und ein weiteres Album aufnehmen. Diese Notwendigkeiten bedingten sich gegenseitig: Neue Songs entstanden beim Proben, ließen sich live ausprobieren und für ein Album verfeinern.

Müsste man einen Ort als Geburtsstätte von *Deep Purple In Rock* nennen, würde diese weihevolle Bezeichnung zweifelsohne dem Hanwell Community Centre in Westcott Crescent in London zuteil. In der Tat ließe es sich mit Recht als der Ort angeben, an dem Deep Purple zu ihrer eigentlichen Form fanden, so wie man sie heute kennt.

Die Central London District Poor Law School in Hanwell beherbergte und unterrichtete seit ihrer Eröffnung 1856 Armenkinder und Waisen aus der Gegend. Ihr berühmtester Bewohner war ab 1896 zwei Jahre lang der elternlose Charlie Chaplin. Heutzutage erstreckt sich dort ein dichtbevölkerter Vorort im Westteil der Stadt, doch damals stand die Einrichtung mitten in freier Natur. 1930 übernahm die Ratsbehörde London County Council die Aufsicht der Gebäude und Ländereien. Erstere wurden größtenteils abgerissen, bis nur der zentrale Verwaltungsblock übrig blieb. Das umgebende Gelände wurde als amtliches Siedlungsgebiet erschlossen, woraufhin man den Verwaltungsblock 1945 zum Stadtteilzentrum Hanwell machte, dem ein Teil des Landes als Park- und Sportanlage erhalten blieb. Lokale Gruppen, Vereine und Sportclubs konnten die Räumlichkeiten anmieten. In Bezug auf Erstere ist nicht sicher, ob die Verwalter der Nachkriegszeit je vorsahen, dass Acts wie Deep Purple, The Who, Uriah Heep, The Alan Bown Set (ein Teil der Band gründete später Supertramp), Rod Stewart & The Faces, Marsha Hunt, Geno Washington oder Led Zeppelin dort lärmten.

Wann das Zentrum erstmals Proberäume für Musikgruppen bereitstellte, ist nicht geschichtlich verbrieft. Anscheinend begannen örtliche Skiffle- und Jazzbands in den 1950ern damit, als „der Teenager" gesellschaftliche Bedeutung gewann, und Hanwell wurde als Anlaufstelle für Laienmusiker bekannt, wo man Krach machen konnte, ohne sich mit der Nachbarschaft anzulegen. Und mehr Krach als The Who machte niemand. Die Band studierte das Material für *Tommy* in der Hauptturnhalle im Erdgeschoss ein, Spice (Uriah Heep vor ihrer Umbenennung) probten manchmal in einem Raum neben Deep Purple (obgleich beide nur einmal gleichzeitig dort waren, als Heep an ihrem Song *Gypsy* arbeiteten), und Led Zeppelin bereiteten sich zur Zeit ihres Debütalbums vor Ort auf ihre vierte Tour durchs Königreich vor. Wenn eine Einrichtung eine Ehrentafel wegen ihres

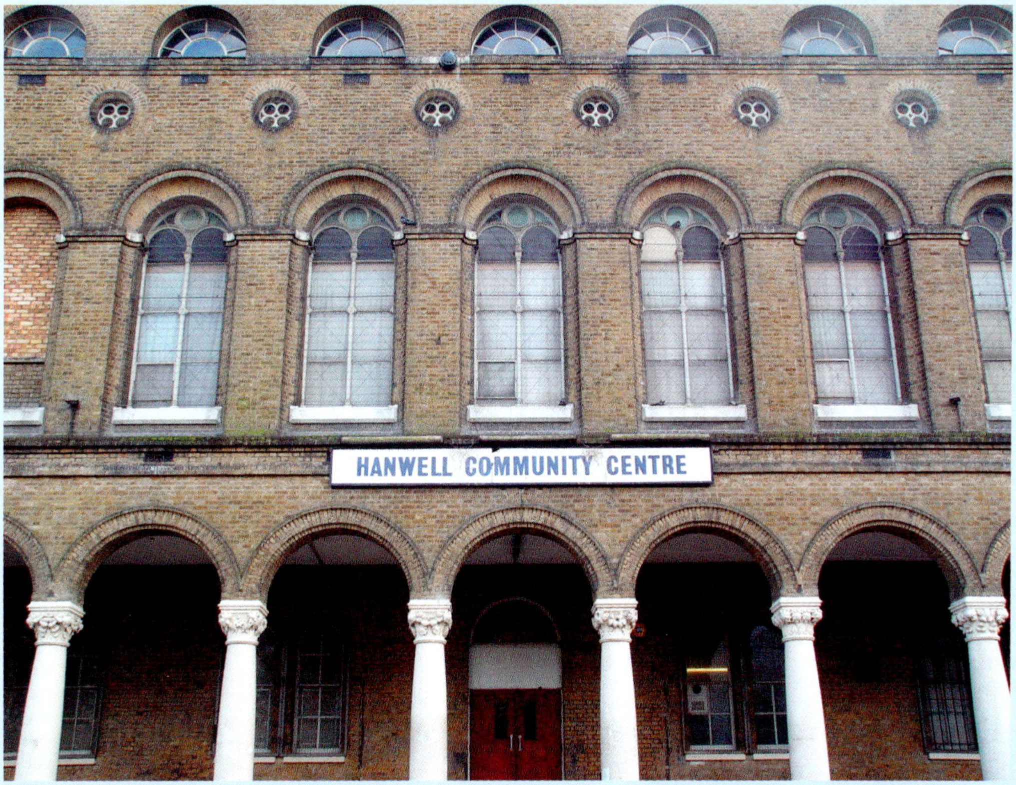

Deep Purple trennen sich

DEEP PURPLE SPLIT

Nutzens für die Populärmusik verdient, dann sicherlich diese.

Deep Purple selbst konnte man im Juni 1969 definitiv im Centre antreffen. Die Räume wurden wöchentlich oder längerfristig vermietet, weshalb Bands ihre Gerätschaften zwischen Konzerten dort lagern konnten, statt sie ständig hinein- und herauszuschleppen. Auf Fotos sieht man sie in einer der kleineren Zellen an der Vorderseite des Gebäudes, doch sie durften auch die Halle benutzen, falls sie frei war. Dank Rogers verlässlichem Tagebuch wissen wir, dass sich Deep Purple erstmals am Montag, dem 16. Juni, dort breitmachten. Bis dahin hatte Mk 2 noch nicht gemeinsam geprobt. *„Habe Ian auf dem Weg zu seiner Wohnung in Hounslow getroffen, wir fuhren mit einem Taxi zum Hanwell Community Centre, wo Deep Purple proben. Jon verspätete sich und . Er gab uns jeweils 10 £.“*

Lord war notorischer Langschläfer (*„Ich kam zu jeder Probe zu spät“*), also jammten die restlichen Mitglieder einfach, um einander besser kennenzulernen, bevor sie am folgenden Tag richtig probten. Jon: *„Deep Purples Proben begannen immer mit einem Jam. Offen gestanden entstand dabei der Großteil unserer Songs.“* (JL zu SC)

Roger, der nie zuvor einen Roadie für sich hatte arbeiten lassen, sorgte am Ende des ersten Tages für einen denkwürdigen Moment, als er sich anschickte, seine Sachen abzubauen. *„Ian Hansford, ihr Roadie, kam herangestürzt und herrschte mich an, das sei seine Aufgabe, murmelte etwas von Arbeitssicherheit und lachte schließlich!“*

Hansford packte zusammen mit Mick Angus an, wozu sich später noch Ron Quinton gesellte – er gehörte spätestens ab November 1970 dazu –, womit der Kern von Deep Purples Hilfstrupp komplett war. Hansford verabschiedete sich nach einem Gig in Liverpool am 28.2.1973, Angus bereits gegen Ende 1970, und Quinton war bis 1975 Ritchies Techniker, bevor er einen tödlichen Verkehrsunfall hatte. Da nun drei Ians zur Band und ihrem Umfeld gehörten, waren Spitznamen vonnöten; Gillan hörte auf seinen Vornamen, Paice wurde zu „Little E“, und Hansford „Big E“, später „Bige“.

Deep Purples zweiter Probetag wurde produktiver. (*„Haben wieder im Centre geprobt. Diesmal kam mehr dabei heraus. Bin sehr zufrieden damit, wie es vorangeht“*, schrieb Roger.) Hinterher fuhr man zum De Lane Lea, um die Produktion von *Hallelujah* abzuschließen. Paice sagt über ihren Aufenthalt im Stadtteilzentrum: *„Dort war immer etwas frei, es kostete nicht viel und ließ sich von unseren damaligen Wohnungen aus schnell erreichen. Innerhalb einer kurzen Zeitspanne von allenfalls drei, vier Wochen stellten wir fest, dass alles möglich war und in uns selbst steckte. Wir brauchten uns nicht von außerhalb anregen zu lassen, sehr aufregend.“*

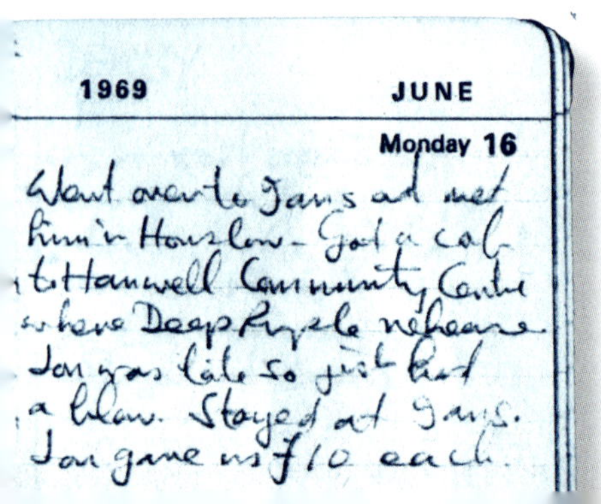

Zum ersten Mal blieb ihm und den anderen das Nachspielen fremder Kompositionen erspart. So etwas wollte keine progressive Rockband tun, die etwas auf sich hielt. Ian Gillan, der nicht vollständig auf der Höhe war, was die Geschehnisse ringsum anging, erkannte das Potenzial ebenfalls rasch: *„Zunächst einmal verstand jeder etwas von seinem Handwerk. Unser Verhältnis zueinander war gut, eine gesunde Mischung aus Exzentrik und gesundem Menschenverstand.“*

„Als ich bei Deep Purple einstieg, hatten die Mitglieder sehr verschiedene Einflüsse. Der eine liebte klassische Musik, der andere Rock'n' Roll, ein dritter Instrumentalkram, und der vierte Blues. Unsere Vorbilder reichten von Beethoven über Buddy Rich und Bob Dylan zu Ella Fitzgerald, Sonny Boy Williamson oder Chuck Berry und vielen anderen. Diese Vielfalt kam in den Songs zum Tragen, die wir schrieben. Im Gegensatz dazu sind heutige Bands nur von Deep Purple, Black Sabbath und ein paar anderen Gruppen beeinflusst. Deswegen hören sich auch alle mehr oder minder gleich an.“ (IG in Bombay Midday, 2002)

Während ihrer Kaffeepausen im Centre saßen die beiden Neulinge da und hörten sich oft fassungslos Anekdoten aus dem Alltag ihrer erfahreneren Mitmusiker auf Tournee in den Vereinigten Staaten an. Roger erinnert sich: *„Wir erfuhren von ihren Erlebnissen auf Reisen in Amerika, den Mädchen dort, von Krankheiten, Clubs, Bettgrößen, wie die Hotels und Menschen, die Musik und die Bands so sind.“*

Dave Pring, der zu jener Zeit manchmal im Hanwell Centre arbeitete, kann uns etwas von der vorherrschenden Atmosphäre vermitteln: *„Ich war ein 14-jähriger Wicht, der noch zur Schule ging und gelegentlich dort herumlungerte. Bei Gelegenheit half ich dem Hausmeister und dergleichen. Einmal hielt ich mich vor dem Raum auf, den die Bands am häufigsten benutzten – Raum A auf der linken Seite, wenn man vorne hineinkam –, als ihr Roadie Ian Hansford mich bat, ihm zur Hand zu gehen, weil er allein war und ihr Zeug in einen Kleinlaster laden musste. Der andere Roadie ließ sich nur selten blicken. Nachdem ich mich nützlich gemacht hatte, wurde ich quasi Ehrenmitglied ihrer Crew und bereitete oft alles mit Ian vor, ehe die Band probte, wobei ich im Raum sitzen blieb. Ich erinnre mich auch, ihn im Wagen zur Verstärkerwerkstatt von Marshall am Ealing Broadway begleitet zu haben. Mitunter wurde ich aufgefordert, den Raum zu verlassen, weil die Mitglieder etwas besprechen wollten, und wenn Ritchie hin und wieder spurlos verschwand, telefonierten sie hektisch herum, bis sie ihn ausfindig machten und zum Kommen drängten. Ein* *paarmal half ich zudem Uriah Heep, doch dann schaffte ich es irgendwie, einen Teil des Deckels ihrer Orgel abzubrechen!*" (DP zu SR)

Als die Musiker ihre ersten Proben absolviert hatten, folgten turbulente Wochen voller geschäftlicher Meetings sowie Shows mit Deep Purple Mk 1 respektive Episode Six. Erst gegen Ende Juni konnten sie sich im Hanwell Centre einnisten und probten mit Unterbrechungen vier Tage, bevor die ungeheuer wichtigen Konzertpremieren von Mk 2 anstanden. Unterdessen wurde ein Teil der Zeit für Songs aus der Anfangszeit der Band veranschlagt, die man noch brauchbar fand, solange es an neuem Stoff fehlte. Roger gibt an, man habe sich an dem *Help*-Cover von ihrem ersten Album, *And The Address, This Bird Has Flown, Hey Joe* und *Hush* versucht, während drei überwiegend instrumentale Stücke den Hauptteil ihres Bühnenprogramms ausmachten: *Wring That Neck* und *Mandrake Root* von früher sowie *Paint It Black.* Gab man auch *Hallelujah* zum Besten? *„Möglicherweise, aber falls überhaupt, nur vorübergehend.*" (RG zu Tonny Steenhagen)

Gillan hatte gewiss nicht viel zu tun, wenn diese Songs dargeboten wurden, doch Glover kam auf keinen Fall umhin, sich insbesondere auf Paice einzupendeln, um Purples Gepflogenheit Folge zu leisten, live innerhalb von Kompositionen zu improvisieren. *„Nach unserem Einstieg standen bei den ersten paar Gigs logischerweise Nummern der Urbesetzung wie Hush und andere von den bisherigen Alben auf dem Plan. Ich schätze, Ian und ich lernten eine Menge dazu, da wir vorher bestimmt nicht mit so herausragenden Musikern gearbeitet hatten, die alles zockten, was man sich vorstellen konnte. Das beflügelte unserer Fantasie schlagartig, weil wir spielen durften, was wir wollten, und sie darauf ansprangen.*" (RG, Ultimate Guitar)

„Einer der Leitsätze, ein Kernmotto der Band, lautete, als wir hinzustießen: Falls uns die Zuschauer lieben, toll; falls nicht, auch gut. Es gibt immer sowohl Leute, die auf dich stehen, als auch solche, die dich hassen." (RG zu Martin Popoff)

Dass Gillan und Glover Deep Purple gemeinsam beitraten, vereinfachte vieles. Sie mussten sich nicht einzeln als Sänger und Bassist zurechtfinden, sondern waren ein Songwriting-Team und Freunde.

Die Band probte zwar in erster Linie im Hanwell Centre, testete aber einmal auch eine andere Umgebung. Nach einem Interview mit einem Reporter von Radio Prag am 27. August fuhr sie zur St. Anselms Church Hall in Hatch End in Harrow. Roger hielt in seinem Tagebuch fest: *„Haben St. Louis (Blues) gestrichen und versucht, etwas Neues zu schreiben.*" Da es sich um ein Wohngebiet handelte, durften die Musiker wahrscheinlich selbst bei Tag nicht allzu laut aufdrehen. Niemand weiß mehr, weshalb sie dorthin auswichen, auch wenn Glover und Gillan die Räumlichkeiten kannten, weil sie in der Vergangenheit mit Episode Six darin aufgetreten waren.

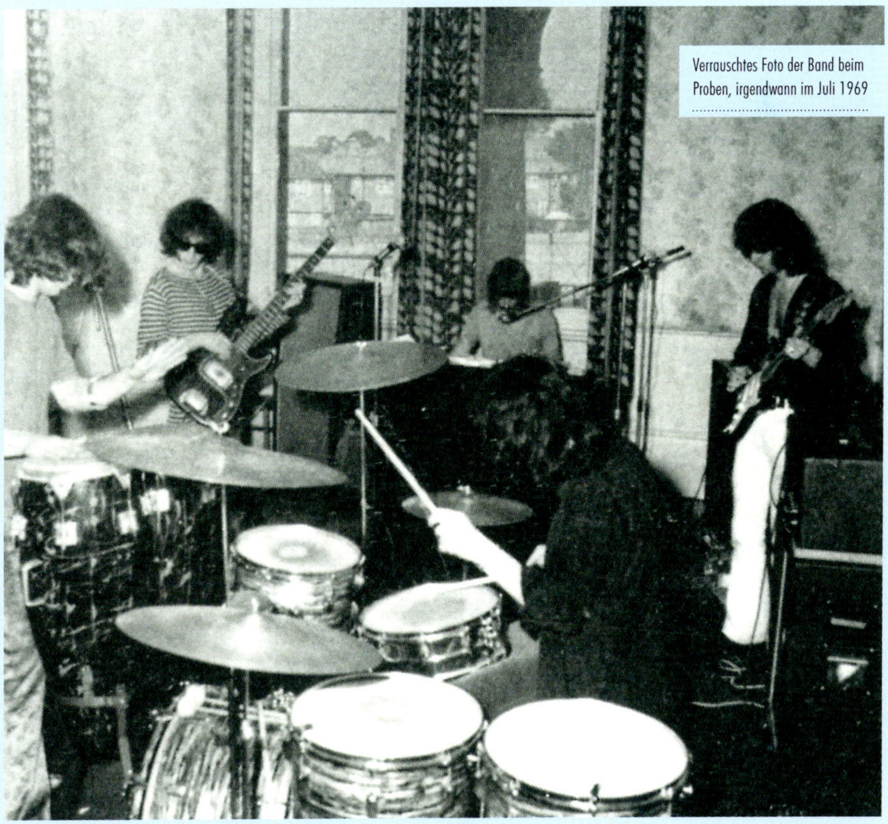

Verrauschtes Foto der Band beim Proben, irgendwann im Juli 1969

3 • Das Songwriting für *In Rock*

„Wir verwerfen eine Menge. es reicht schon, dass einem Mitglied ein Stück nicht gefällt. Dann wandert es in die Tonne.“ Ian Gillan

In Hanwell stand zuallererst die Erarbeitung eines Programms für ihr Konzertdebüt an. Komponieren und Aufnehmen von *Deep Purple In Rock* stellte sich als sehr langwierig heraus, denn obzwar weitere Proben im Hanwell Centre vier neue Songs abwarfen, beanspruchten Konzerte immer mehr Zeit, weshalb das restliche Material entweder bei gelegentlichen Songwriting-Sessions oder aus im Studio zusammengeführten Ideen entstand. Das Geld war schlichtweg zu knapp, um über eine festgelegte Zeit hinweg nicht live aufzutreten und mit einem Album aus dem Quark zu kommen. Was der Überseeerfolg eingebracht hatte, schwand zusehends, derweil es der Plattenfirma finanziell immer schlechter ging. Gigs gewährleisteten zumindest Bares, womit die Musiker entlohnt werden konnten.

„Deep Purples Methoden beim Komponieren sind recht ungewöhnlich und chaotisch. Das funktioniert jedoch gut und umso besser, da alle fünf Mitglieder gleich viel beitragen. Ein neues Stück kann sich aus einem Bassriff oder simplen Motiv entwickeln und nimmt deutlicher Gestalt an, während jeder seine Vorstellungen einbringt. Oft steht das instrumentale Arrangement an sich fest, bevor Texte und Melodien ausgeschrieben wurden. Dadurch gleichen sich die Worte dem Sound an, statt dass die Band versuchen würde, einen angemessenen Sound für feststehende Lyrics zu finden.“ (Notenbuch zu In Rock, 1971)

Diese dürftige Erläuterung des Schaffensprozesses in bemühter, aber braver Musikjournalistensprache (enthalten ohne Urheberangabe in später erschienenen Partituren zu diesem und dem nachfolgenden Studioalbum) hätte man ebenso gut in den 60ern auf der Rückseite der Hülle irgendeiner LP lesen können, auch wenn der Schreiber faktisch nicht ganz falsch liegt. Die Band jammte und strukturierte das Ergebnis, ehe Ian Gillan es mit ansprechenden Texten auskleidete. Er selbst nennt seine Herangehensweise dabei *„Total spontan. Daran hat sich bis heute nichts geändert. Während die anderen herumprobieren, singe ich irgendetwas Sinnfreies, um mich auf die Phrasierung, Intonation et cetera zu konzentrieren. Meistens habe ich dabei ein, zwei verwertbare Ideen, anhand derer ich später Texte ausfeile.“*

Wenngleich so der Eindruck entsteht, alle Mitglieder seien zu gleichen Teilen für die Stücke verantwortlich, traf dies nicht immer zu. Üblicherweise führte man die Idee eines Einzelnen beim Jammen (manchmal auch auf der Bühne) fort, sodass sie zur Grundlage eines Songs wurde. Die anderen Musiker gaben im Zuge dessen mal mehr, mal weniger dazu, was sich auf den endgültigen Gesamtsound auswirkte. Als das Album fertig war, wurde als Komponist die gesamte Band angegeben (eine nahezu beispiellose Entscheidung), egal von wem der ursprüngliche Impuls ausging. Man fand dies in Hinblick auf den einzigartigen Entwicklungsvorgang gerecht. Die Fünfteilung wurde in jenen hitzigen Tagen 1969 getroffen und hatte zur Zeit der Urbesetzung noch nicht gegolten. Trotzdem bot sie ein paar Jahre später Anlass zu Streitigkeiten, als die Plattenverkäufe anzogen. Angesichts der Erträge meinte der eine oder andere, ihm stünde ein höherer Anteil zu, weil er mehr beisteuerte. Schlussendlich sah man von der Gleichbehandlung ab und kehrte zu der Gewohnheit zurück, die Hauptkomponisten hervorzuheben, doch bis es dazu kam, musste sich das Besetzungskarussell abermals drehen.

„Wir haben alles auf der neuen LP selbst geschrieben. Anders geht es im Grunde gar nicht, weil es bei unserer Musik eher auf die Arrangements und das Spielen ankommt als aufs Komponieren; jeder legt sich dafür mehr oder minder gleichstark ins Zeug. Im Normalfall ist es so, dass einem von uns ein Riff einfällt, aus dem sich durch Zusammenarbeit alles Weitere ergibt. Die Melodie kommt zum Schluss, und dann muss sich Ian, der Arme, etwas Gescheites dazu texten.“ (RB in Zigzag, August 1970)

Für Jon Lord war jene anfängliche Verfahrensweise von hoher Wertigkeit: *„80 Prozent des Materials auf unseren Alben entstand aus der Idee eines Mitglieds, mit der wir herumspielten, oder indem Ian Paice, wenn niemand eine hatte, zu trommeln anfing und einfach ‚steigt ein' sagte. Ritchie wusste aber immer irgendetwas und sprudelte über vor Einfällen, wir anderen auch. Paicey hat in seinem Leben keine einzige Note der Musik geschrieben. Wäre er aber nicht dabei gewesen, hätte uns sein Input gefehlt, gäbe es das eine oder andere Stück nicht. Manchmal steckte mehr von dieser Person drin, manchmal mehr von jener. Es war einfach richtig so – korrekt, meine ich, wie es geregelt wurde. Ian und Roger haben gesagt, die meisten Geistesblitze seien*

Deep Purple trennen sich.
Zwei Mitglieder von Deep Purple haben die Gruppe in dieser Woche verlassen. Es sind Rod Evans und Nicky Simper, die durch Sänger Ian Gillan und Bassist Roger Glover (beide 24) ersetzt wurden.
Gründe für den Wechsel: „gegensätzliche musikalische Vorstellungen.“ Zudem zieht es Rod Evans angeblich nach Amerika, um zu heiraten.
Die weiteren Musiker von Deep Purple heißen Jon Lord (Orgel), Ritchie Blackmore (Gitarre) und Ian Paice (Schlagzeug).
Am 25. Juli erscheint über Harvest ihre neue Single Hallelujah, eine Komposition von Greenaway und Cook, mit der B-Seite April, Part I.
Die Gruppe tritt morgen (Freitag) im Redcar Jazz Club und am 20. im Mothers in Birmingham auf. Am 25. spielt sie im Londoner Lyceum.
Geplant ist für September auch ein Konzert mit Sinfonieorchester in London, worauf eine Amerikatournee folgen soll.

DEEP PURPLE SPLIT

TWO MEMBERS of Deep Purple quit the group this week. They are Rod Evans and Nicky Simper, who have been replaced by vocalist Ian Gillan (24) and bassist Roger Glover (24).

Reasons for the split — "diversity of musical ideas within the group." Rod Evans is also expected to go to America to be married.

Other members of Deep Purple are Jon Lord (organ), Ritchie Blackmore (lead guitar) and Ian Paice (drums).

They have a new single released on July 25 on Harvest called "Hallelujah" written by Greenaway and Cook, coupled with "April Part I."

The group appear tomorrow (Friday) at Redcar Jazz Club and at Mothers, Birmingham, (20). They will be at the Lyceum, London on July 25.

Plans are in hand for them to perform in concert with a symphony orchestra in London in September, and later in the month they tour America.

uns während langer Jams auf der Bühne gekommen, und das stimmt. Diesbezüglich war Wring That Neck bei Konzerten klasse, sozusagen Nährboden für Ideen." (JL zu SC)

Vor allem Roger Glover steckte eine Menge in das Album, war jedoch der Meinung, die Gleichberechtigung habe dem Zeitgeist kreativer Grenzenlosigkeit und ungeahnter Möglichkeiten entsprochen. *„In Rock ging uns so leicht von der Hand. Es war eine neue Band, wir mussten uns erst noch richtig kennenlernen, und ich war von einem Umfeld, das mein Songwriting nicht sonderlich ernst genommen hatte, in ein anderes gelangt, wo man es sehr schätzte. Womit auch immer ich aufwartete: Sie konnten es umsetzen und taten das im Allgemeinen auch! Darum schrieb ich für In Rock vermutlich so viel wie für keines der späteren Alben. Ich hatte mehr Input, weil sich bei Episode Six jahrelang manches angesammelt hatte, und danach suchten Purple, die man ja im Grunde wegen ihrer Coverversionen kannte. Obwohl sie auch eigene Stücke spielten, hatte sich dies zu dem Zeitpunkt noch nicht eingeschleift, also ging es bei der Arbeit an In Rock auf kreativer Ebene hoch her. Deshalb wirkten alle Stücke sehr frisch, strotzten vor Hingabe und hatten Biss.*" (RG zu SR)

„Wir komponierten nicht, sondern spielten. Songs entwickelten sich, ohne dass wir darüber nachdachten. Jemand warf einfach ein Riff in den Raum, damals meistens entweder Ritchie oder ich, woraufhin die anderen mitzogen. Dann hieß es: ‚Ach, wir brauchen einen Refrain, wo setzen wir damit an? Tonart Bb, was meint ihr? In Ordnung.' So simpel und unmittelbar war das. In gewisser Weise spielte keine Rolle, worauf alles hinauslief, weil es auf das Feeling der Musik ankam. Jedes jener frühen Stücke hätte hier einen leicht unterschiedlichen Refrain oder dort ein anderes Riff enthalten können, ohne dass es großartig etwas ausgemacht hätte. Das war nämlich eine Zeit, in der Musik quasi noch für ihre Macher gesprochen hat." (RG, Ultimate Guitar)

Ritchie durchschaute, wie ihm die anderen beim Ausgestalten seiner Vorschläge helfen konnten, und erkannte seine Schwächen an. *„Beim Komponieren hapert es; ich bin ein sehr schlechter Komponist. Mir Riffs ausdenken und improvisieren, das kann ich, aber das Zusammenfügen eines Songs fällt mir ziemlich schwer.*" (Trouser Press, 1978) Des Weiteren erklärte er, wie sich das Songwriting für dieses Album gegenüber den drei vorigen verändert hatte, wofür er noch Ideen mit Jon ausgearbeitet hatte. *„Wir schreiben jetzt nicht mehr so zusammen wie früher, driften aber musikalisch auch nicht auseinander. Jeder mag die Sachen des anderen. Er ist zufrieden, nun da er sein Concerto gemacht hat, und begnügt sich damit, lediglich mit der Band zu spielen.*" (RB in Disc, Juni 1970)

„Von mir kommen weder Texte noch Melodien. Ich biete nur Rhythmen oder Arrangements an. Und Arrangements sind in jeder Form von Musik von Bedeutung. Wir schreiben unsere Songs immer zu fünft." (IP, 1971)

Im Frühjahr 1970 während der Aufnahmen fürs Album wurde Ian Gillan über Deep Purples Ansatz beim Komponieren gefragt, woraufhin er antwortete, die Struktur der ersten drei LPs sei sehr klassisch gewesen. *„Seit ihrer Veröffentlichung hat sich die Gruppe verändert. Die Musik ist jetzt wesentlich härter, und unser kommendes Album beruht auf einem unverfälschten Bandsound. Das klingt aggressiver und rauer als zuvor, hat sich aber überraschenderweise natürlich ergeben. Ich schätze, es geschah infolge des Besetzungswechsels, als Roger und ich hinzustießen. Wir zwei haben neue Einflüsse mitgebracht, und die anderen zog es wohl auch allmählich in eine andere Richtung.*"

„Um uns aneinander zu gewöhnen, half vielleicht nichts so sehr wie das Schreiben. Wir haben alle unseren Beitrag zu dem Album geleistet, und wenn man etwas gemeinsam schafft, dringt man nach und nach zu seinen Mitmusikern vor. Wir verwerfen eine Menge. es reicht schon, dass einem Mitglied ein Stück nicht gefällt. Dann wandert es in die Tonne. Jon komponiert schon lange, obwohl andererseits … Vermutlich gilt das für uns alle. Vor unserer Mitgliedschaft in der Gruppe hatten Roger und ich bereits ungefähr 75 Lieder veröffentlicht. (Music Now, 3. Januar 1970)

Ian Paice stimmt dahingehend zu, dass ihnen die Tourneen, zu denen sie sich genötigt sahen, bei der Arbeit entgegenkamen: *„Für gewöhnlich probierten wir etwas zuerst auf der Bühne aus, bevor ein richtiger Song daraus wurde. Ging man dann ins Studio, wusste man nicht genau, wie das Endergebnis klingen würde, hatte aber eine sehr genaue Vorstellung davon. Und weil man es live testete, änderte man es ab, falls es nicht funktionierte, sodass man vor dem Aufnehmen sicher sein durfte, dass es das Bestmögliche war. Im Laufe der Zeit wurde es schwierig, weil wir nicht mehr ständig abwechselnd aufnahmen und Konzerte gaben, doch damals war das eine große Hilfe dabei, jene Stücke zu verinnerlichen, bevor wir sie auf Tonband festhielten.*" Über 40 Jahre später lässt sich unmöglich nachzeichnen, in welcher Reihenfolge die Tracks geschrieben wurden, aber anhand von Dokumenten, Interviews und Livemitschnitten aus jenen Tagen können wir unsere Mutmaßungen gut begründen.

Child In Time • Roger glaubt, *Speed King* sei als erster Song fertiggestellt worden, wohingegen die vorhandenen Indizien (darunter sein eigenes Tagebuch) darauf hindeuten, dass *Child In Time* ein paar Tage früher entstanden war, wiewohl man auch einfach gleichzeitig an beiden gearbeitet haben mochte. Das Stück avancierte rasch zu einem Bandklassiker. Durch seine Länge wurde es auf der Bühne zu einem energetischen Programmhöhepunkt, sowohl für die Instrumentalisten als auch ihren Sänger und brachte das Ethos der Rockmusik zu jener Zeit als Abschluss der ersten LP-Seite vielleicht so genau auf den Punkt wie kein anderer Track – dank

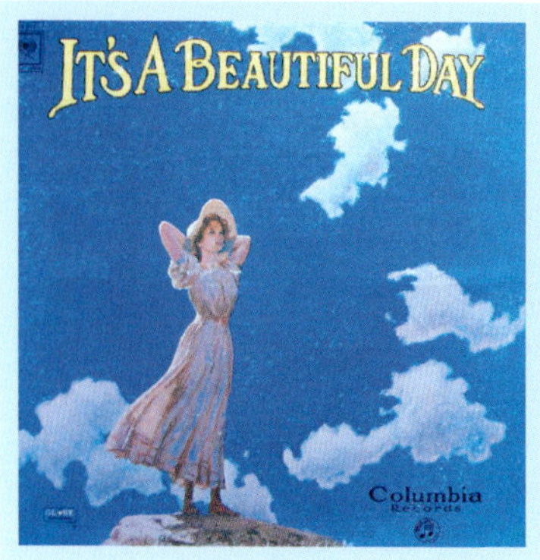

des leicht abgehobenen Texts, sanfter Parts ohne Gesang, flammender Solos und der Steigerung zum Ende hin. Es war eine Blaupause für die progressiven 1970er, wenngleich sich Deep Purple dafür schamlos bei einer' ganz anderen Gruppe bedienten: It's A Beautiful Day, wie Roger Glover bestätigt: *„Zu meinen ersten Unternehmungen nach unserem Einstieg gehörte ein gemeinsamer Ausflug mit Ian Paice und Ritchie. Wir fuhren mit einem Boot auf der Themse und hörten viele Alben von Bands, die uns seinerzeit gefielen."* Darunter befand sich auch It's A Beautiful Day von den gleichnamigen Amerikanern. Diese hatten aufgrund juristischer Verstrickungen erst Mitte 1969 ein Album einspielen können. Das Label Columbia nahm sich ihrer an, und im September des Jahres stand die Scheibe ganz oben auf den Playlists von US-Radiosendern (in Großbritannien stieg es erst im Mai 1970 in die Charts ein, und dann auch „nur" auf Platz 58).

Jon gibt an, das Album in den Staaten kennengelernt zu haben und von den Streichern im Song *Bombay Calling* begeistert gewesen zu sein. Nick Simper entsinnt sich, Mk 1 habe mit dem Riff des Stücks „herumgespielt", als die Band Ende 1968 gemeinsam mit It's A Beautiful Day in den USA auf Tour gewesen und im Fillmore West in San Francisco aufgetreten war, wo sie es vermutlich zum ersten Mal gehört hatten. Im darauffolgenden April bestritten It's A Beautiful Day erneut das Vorprogramm mehrerer Deep-Purple-Gigs in den USA. Mag sein, dass sie den Briten sogar ein Exemplar ihrer neuen Platte schenkten, die dort wohl im Mai auf den Markt kam.

Als man bei einer Probe am 15. Juli 1969 im Hanwell Centre eine Pause einlegte, brachte Blackmore dieses besondere Stück zur Sprache. Glover dazu: *„Beim Jammen herrschte Flaute, und jemand fragte: ‚Habt ihr noch Bombay Calling von It's A Beautiful Day im Ohr?' Jon stimmte das Stück an. Wir stiegen alle ein und spielten langsamer, woraufhin Ian etwas dazu sang. So wie es sich anhörte, konnte es interessant werden."* Die Weichen für *Child In Time* waren gestellt. Oder wie es Roger in seinem Tagebuch ausdrückte: *„Haben Bombay Calling auf unseren eigenen Stil übertragen."*

Vergleicht man die beiden Studioversionen heute, lässt sich deutlich erkennen, dass sowohl die Akkordfolge als auch ungefähr 20 Sekunden der Melodie, die Lord spielt, von *Bombay Calling* entlehnt sind. Das Original dauert 4:25 Minuten und kommt ohne Gesang aus. Die Geige ist das hervorstechende Soloinstrument, die Hauptmelodie wird mehrmals wiederholt, und im Mittelteil soliert auch kurz die Gitarre. Deep Purple ließen sich zwar von dem Track inspirieren und übernahmen neben den einleitenden Akkorden auch die Melodie (nicht zu vergessen teilweise auch die Gesamtatmosphäre), überführten diese Elemente aber in gänzlich neue Qualitätssphären und schufen etwas Eigenständiges, voller Gefühl und Erhabenheit mit durchgängigem, beinahe orchestralem Spannungsbogen.

Dieser Tage sähe sich eine Plattenfirma in Anbetracht einer so unverhohlenen Quellenverwertung freilich versucht, vor Gericht zu ziehen, doch in der Rockszene von einst befruchteten sich die Musiker oft gegenseitig kreativ, griffen bereits Verwendetes auf, entwickelten es weiter oder arbeiteten es um. Die Haltung war generell viel experimenteller und offener, Ideenpingpong und den Entlehnungen oder Querverweisen nicht unähnlich, durch die sich klassische Musik seit je auszeichnet. Seien wir ehrlich: Auf Led Zeppelins Debüt wimmelte es dermaßen vor originalgetreuen Zitaten der Blues-Pioniere, dass die Band nach langem Versäumnis auf den Trichter kam, die Urheber auch als solche anzugeben. Dennoch würde niemand bestreiten, dass sie einen völlig neuen Ansatz im Umgang mit dem Material fand.

Und statt hier zu streng mit Deep Purple umzuspringen, sollte nicht unerwähnt bleiben, dass nach wie vor strittig ist, wer eigentlich *Bombay Calling* geschrieben hat. Jazzsaxofonist Vince Wallace behauptet, er habe das Stück 1962 komponiert und David LaFlamme beigebracht, dem Sänger und Geiger von It's A Beautiful Day. Dieser interpretierte es mit dem kurzlebigen, experimentellen Projekt The Orkustra, das 1966 und '67 die Verschmelzung sinfonischer Musik mit psychedelischem Rock anstrebte, aber nie ein Album veröffentlichte. LaFlamme war dann an der Gründung von It's A Beautiful Day beteiligt, und obgleich diese Wallace als Coautor von *Bombay Calling* nannten, ließ sich nicht vermeiden, dass der Song in erster Linie mit ihnen in Verbindung gebracht wurde. Eigentlich beziehen sich nur ein paar Sekunden der den Mittelteil einleitenden Melodie auf die Urfassung, wohingegen der Rest nichts damit gemein hat.

Abschließend sei zu diesem Thema gesagt, dass sich It's A Beautiful Day durchaus über Deep Purples Verwendung ihres Motivs wunderten, aber später selbst bei den Kollegen bedienten, indem sie *Wring That Neck* als Vorlage für eines ihrer Stücke verwendeten.

Jon erzählt von dem Tag, als die Band *Child In Time* in Angriff nahm: *„In der neuen Besetzung ließen wir unseren Gedanken etwas häufiger freien Lauf und manches einfach geschehen, um herauszufinden,* *was daraus wurde. Ich fing an, mich mit diesem Teil aus Bombay Calling zu beschäftigen, spielte ihn aber viel langsamer, und dann sang Ian Gillan. Zuerst machte er nur ‚Oh' und ‚Ah', dann folgte der Schrei lange vor der Strophe. Nachdem wir losgelegt hatten, ging es einfach eine Weile so weiter, wobei wir immer lauter wurden. Schließlich bugsierten wir uns in eine Sackgasse, aus der wir nicht mehr herausgekommen wären, hätte sich dieser Bolero-Part nicht ergeben. Ich glaube, Ian Paice, der wie gewohnt umsichtig und einfühlsam war, gab den Anstoß dazu. ‚Das reicht mir jetzt', sagte er und wechselte zu einem Shuffle-Groove, den man auf den Bolero zurückführen kann, wenn man genau hinhört. Er ähnelt diesem Tanz rhythmisch, so wie Ian ihn spielt, und wir hielten es schlicht für angemessen, an dieser Stelle unvermittelt abzubrechen und wieder ganz vorne anzusetzen.*" (JL zu SC)

Ian Gillan hat seinen Beitrag zur Entwicklung des Songs ebenfalls zusammengefasst: „*Jon Lord dudelte auf einer Melodie von It's A Beautiful Days neuem Album herum (oder „wandelte ein Thema ab", wie die Musikwissenschaft sagen würde – der Autor). Ich fing zu singen an und fand schnell passende Worte, weil wir uns Gedanken über die atomare Bedrohung machten, die zu jener Zeit, als der Kalte Krieg wahrscheinlich seinen Siedepunkt erreicht hatte, alles überschattete. Durch Sender wie Radio Free Europe fand sowohl dieses Lied als auch eine Vielzahl anderer bei Gleichgesinnten hinter dem Eisernen Vorhang Gehör und Anklang. Wie ich Jahre später herausfand, schöpften sie Hoffnung daraus, weil es ihnen zeigte, dass es irgendwo dort draußen mehr friedensliebende Menschen gab.*" (IG auf seiner Webseite)

Der Sänger war das einzige Bandmitglied, das den Ursprung des Eingangsriffs nicht kannte. „*Es klang prima, und wir dachten uns, dass wir es beibehalten, ein wenig damit jonglieren könnten, um etwas Neues daraus zu machen. Ich hatte das Original Bombay Calling damals aber noch nicht gehört. Alles in allem drückt der Song die Stimmung eines Augenblicks aus und wurde aus dem Grund so beliebt.*" (IG, 2002)

Glover konnte sich nicht so recht erklären, wie Gillan genau darauf kam, sich einen so beseelten Text auszudenken: „*Ich habe keine Ahnung, wie Ian diese wundervollen Worte fand; die Sachen, die wir vor unserem Einstieg bei Deep Purple geschrieben hatten, waren nicht besonders tiefsinnig gewesen, sondern eher poppig, auch wenn uns das Zeug, das während der zweiten Hälfte der 60er vor allem an der US-Westküste entstand, zu anspruchsvolleren, besseren Liedern anspornte. Das war eine sehr aufregende Zeit für Musik.*" (RG zu SC)

„*Der Kalte Krieg wurde zum Aufhänger für das Stück. Der Reim ‚Sweet child in time, you'll see the line' stand am Anfang. Daraufhin hatten Jon und Ritchie rasch ihre Orgel- und Gitarrenpassagen parat.*" (Interview mit IG, Bombay Midday, 2002)

„*Ich kann verstehen, dass man das Stück in Amerika als gesellschaftlichen oder politischen Kommentar wahrnimmt. Ian gibt darin seine Sicht auf die Welt und die vielen geistig Verblendeten wieder, die in ihr leben. Jeder kann es aber interpretieren, wie er möchte. Ob der Text eine tiefere Bedeutung gewinnt oder nicht, hängt vom Hörer ab. Uns liegt er sehr am Herzen.*" (IP in NME, Juni 1970)

Nachdem die Mitglieder den Hauptteil mit der plötzlichen Zäsur in der Mitte grob umrissen hatten, hielten sie ein episches Finale für angebracht, wie Jon erklärte: „*Das überlegten wir uns im Bandbus. Wir wussten nicht, wie wir zu einem Ende kommen und es anpacken sollten, zumal Ian noch Textpassagen fehlten. Ritchie war derjenige, der vorschlug: ‚Kehren wir zum Grundton zurück, gehen runter auf E und sehen zu, dass es sich einfach immerzu hochschraubt.' Auf der Bühne geschah das völlig ungezwungen, wir wurden stetig schneller, während Ian unsinniges Zeug aus dem Stegreif heulte und schrie wie ein Besessener.*" (JL zu SC)

Die letzten Sekunden des Stücks auf dem Album verweisen außerdem auf A Day In The Life von den Beatles. Dessen chromatische Aufwärtsbewegung und insbesondere Schlussakkord ähnelt der abschließenden Steigerung von *Child In Time* stark. Jon Lord gibt zu, dass dies nicht dem Zufall geschuldet war: „*Uns gefiel der Klang, also kann man sagen, dass wir uns ein Beispiel daran genommen haben.*" (JL zu SC)

Wann genau das Stück zum ersten Mal live gespielt wurde, lässt sich nicht bestimmen, doch beim Konzert im Club Paradiso in Amsterdam am 24. August 1969 stand es ohne Zweifel auf dem Programm. Zur Uraufführung war es vermutlich bei einer der Handvoll Shows kurz zuvor gelangt. Für die Bühnendramatik der Gruppe wurde es bald zu einer tragenden Säule.

Unabhängig davon, dass die Musiker die Struktur im Hanwell Centre mehr oder weniger verbindlich festgelegt hatten, bringt die Paradiso-Version experimentelle Ansätze zu Gehör, die sie in mehreren Punkten einmalig machen. Jon klingt im Intro außerordentlich inspiriert und deutlich anders als in späteren Konzertmitschnitten, die ihn ziemlich tief in sich selbst versunken wirken lassen, wohingegen Ian Gillan sehr hingebungsvoll und voller Überzeugung singt. Andererseits gestaltet sich die Begleitung der anderen arg zweckmäßig und nicht so dynamisch wie bei darauffolgenden Darbietungen. Daran erkennt man wohl, dass es sich um eine recht frühe Fassung handelte. Die erwähnten „Ohs" und „Ahs" wurden auch anders intoniert, genauso wie der letzte Stimmeinsatz in der Schlusssektion; der Sänger schreit hier nicht rundheraus, aber das funktioniert eigentlich klaglos.

Nach der ersten Strophe folgt jener Bolero-artige Teil, wobei anders als in fast allen zukünftigen Live-Aufnahmen nicht Jon, sondern Ritchie das überleitende Solo spielt. Das geschieht auf hinsichtlich seines damaligen Stils ungewohnte Weise, gespickt mit Halbtonverschiebungen und rasch wiederholten Melodiebögen. Anschließend kommen wir zum Hauptsolo, in dem Blackmore anscheinend unterschiedliche Läufe, Licks und Stile ausprobiert, statt sich an vorbereiteten Strukturen zu orientieren. Als er irgendwann einfach abbricht, springt Lord in die Bresche, bis der Gitarrist wieder einsteigt, stürmisch phrasierend und somit weit näher an nachfolgenden Aufführungen des Songs. Abermals stoppt er kurz, ehe er ein paar Takte lang noch mehr Sperenzchen versucht. Dem Solo fehlt noch ein nachvollziehbarer Aufbau, doch Ritchie lehnt sich fraglos weit aus dem Fenster, um zu erkennen, was passt. Die Arpeggien schließen sich an, und Jon läutet die zweite, kürzere Strophe ein.

Vier Wochen später performten Deep Purple *Child In Time* vor ihrem bislang größten Publikum. Der Song fungierte als Einstimmung auf Jon Lords erstes innovatives Werk für Rockband und Orchester, vorgestellt am 24.9.1969 in der Royal Albert Hall, London. Dieses bahnbrechende Stück Musik weckte großes Interesse seitens der Medien und gehörigen Werberummel, losgetreten von Manager Tony Edwards, der den Keyboarder praktisch in Zugzwang brachte, indem er den Saal mietete und ihm dadurch eine Frist zur Fertigstellung setzte. Das Abendprogramm war sorgfältig ausgestaltet, beginnend mit einer klassischen Komposition unter Dirigent Malcolm Arnold, woraufhin sich Deep Purple kurz die Ehre gaben. Dann folgte die Hauptattraktion, das *Concerto* selbst.

Die Band spielte ohne Orchester drei Nummern, als Letztes ein zwölfminütiges *Child In Time*. Sie klang nervös, ja nachgerade gehemmt, hörbar eingeschüchtert durch den Anlass und vor allem Zuschauer, die sich in keiner Weise mit einer gewöhnlichen Rockmeute vergleichen ließen. Ian Gillan bildete vielleicht die Ausnahme, an seinem Gesang konnte man nichts beanstanden. Er verlieh dem Auftritt Schwung, seine Schreie drangen durch Mark und Bein. Jon dehnte sein Solo bis zum Gitarreneinsatz aus, derweil Ritchies dreieinhalbminütiges Solo zurückhaltend begann, aber flugs Fahrt aufnahm, bloß dass sich weder eine konkrete Richtung noch wiederkehrende Muster ausmachen ließen (er wirkte allerdings planvoller als während des Gigs im Paradiso). Erneut versuchte er verschiedene Phrasen und schnelle Läufe, doch man meint, er müsste sich noch auf eine geeignete Reihenfolge festlegen. Nach etwa der Hälfte des Solos tat sich Ian Paice durch Drum-Kapriolen hervor, doch keiner hatte das Selbstvertrauen zum Mitziehen, also kehrte er bald zu normaler Begleitung zurück.

In der zweiten Strophe lag es wieder an Ian Gillan, für Maulsperren zu sorgen. Die Band schwingt sich mit misstönenden Halbtonschritten auf und poltert in den Schlussteil des Songs, wo Ritchie eine schöne, kurze Melodie spielt, deren Lautstärke er am entsprechenden Regler seines Instruments verringert, um sie gemeinsam mit einem Orgelton verklingen zu lassen.

Vor seiner Aufnahme fürs Album wurde das Stück noch ein weiteres Mal live festgehalten, und zwar im Kasino von Montreux (genau, *dem* Kasino) in der Schweiz am 4. Oktober 1969 zu Beginn einer Kurztournee. Nur zehn Tage nach dem Konzert in der Royal Albert Hall zeigte die Band ein ganz anderes Gesicht, wirkte viel gelöster und selbstsicherer. Sie fing an, die instrumentale Einleitung und Strophen dynamischer zu gestalten, was die Gesamtatmosphäre unheimlich aufwertet und Ian Gillans Stimme den Rückhalt gibt, der ihr zusteht. *„Sofort weg mit dem Mann"*, ruft der Sänger, bevor es losgeht, wohl wegen eines Störenfrieds auf der Bühne. Die Orgel leitet wieder zum Solo über, und Jon ist eindeutig Herr der Lage. Ritchies Alleingang klingt zunächst vielversprechend, doch eine seiner Saiten ist verstimmt, und egal was er versucht, das Problem lässt sich nicht beheben. Er reagiert schnell, indem er in eine andere Lage auf dem Griffbrett wechselt, und reißt vier Minuten ab, die zusehends an Struktur gewinnen.

Die zweite Hälfte gelingt, und obwohl die Verstimmung das Finale ein wenig hinunterzieht, zeigt dieser Mitschnitt, wie sich das allgemeine An- und Abschwellen innerhalb des Songs in einer Live-Situation entwickelte. Mit der Zeit sollte sich dies ändern. *„Im Zuge der zahllosen Aufführungen von Child In Time im Lauf der Jahre ist leider ein Teil der Energie und des Flairs, die man hier hörte, zugunsten offensichtlicherer Kraftmeierei verlorengegangen, doch '69 konnte Gillan noch schreien, und die Instrumentalisten zügelten sich, statt mit stark übersteuerter Gitarre und roher Gewalt zu überwältigen. Dies hier kann man Deep Purple in Vollendung nennen, eine Demonstration bemessener Ruhe und Vertrauen in ihre Musik einerseits, andererseits ein Gefühl vom ‚Wandeln am Rande des Abgrunds', wenn sie im Mittelteil aus sich herausgehen und vor Eifer Funken sprühen, bis die vertraute triolische Sequenz das abrupte Ende, die Rückkehr zu beinahe vollkommener Stille ankündigt. Jon fährt ein paar Takte lang fort, als ob er in seiner eigenen Welt schweben würde, wohingegen die anderen ausgesetzt haben, ehe er einen Gang zurückschaltet, um den Schluss des Songs einzuläuten."* (Martin Ashberry, CD-Rezension)

Vier Wochen später spielte die Gruppe *Child In Time* im

Studio ein. Sie hatte diesen Klassiker ungefähr ein Dutzendmal live dargeboten, bevor sie ihn auf Tonband verewigte – mit „Bühnenfeinschliff“, wie es Roger einmal ausdrückte. Die Musiker waren bereit zum Aufnehmen, was teilweise auch die erstklassige Leistung erklärt, die man auf dem Album hört. Alle standen den Möglichkeiten des Machbaren offen gegenüber.

Speed King (Arbeitstitel Kneel And Pray und Ricochet) • Dieses Stück kam ohne viel Federlesen zustande, während Ritchie sich einen wuchtig schnörkellosen, geradlinigen neuen Opener für Konzerte wünschte, wie Ian Paice erklärte: *„Wir wollten eine rasante Nummer, die so richtig rockte, also haben wir alle Klischee-Register gezogen. Wie sich herausstellte, mit äußerst durchschlagender Wirkung.“* (IP in NME, Juni 1970)

Form nahm *Speed King* beim Proben am 24. Juli an. Dies belegt Rogers Tagebuch, und er entsinnt sich auch, wie das Lied entstand: *„Wenn mich nicht alles täuscht, war Kneel And Pray der erste Song, den wir geschrieben haben. Ritchie hatte die Idee, wir könnten einen Rock 'n' Roll versuchen, der ständig abbricht, so ähnlich wie Fire von Jimi Hendrix. Darauf spielte ich das erstbeste Riff, das mir einfiel, und die anderen stiegen überraschenderweise mit ein. Wir nannten es in Anlehnung an eine Textzeile bei mehreren Gigs noch Kneel And Pray, bevor es zu Speed King wurde.“* (RG zu SC) *„Ich weiß noch, wie ich in der großen, verhallten Turnhalle stand. Es fiel mir ganz spontan ein. Das war aufputschend.“* (RG zu SR)

Im Tagebuch steht zudem, das Stück *„erinnert an ‚I'm A Man'“*, den Spencer-Davies-Hit. Allerdings erkennt man beim Hören von Hendrix' *Fire* unschwerer, warum sich Blackmore und Glover davon inspirieren ließen. Beide haben in der Vergangenheit angegeben, sie seien auf etwas aus gewesen, das *„ein vergleichbares Feeling“* vermittelt. Die endgültige Fassung von *Speed King* gleicht Jimis Nummer kaum, wenn man davon absieht, dass die Band ihre Energie damit genauso rotzig eingefangen hat. Weiterhin nannte Ritchie auch den Hendrix-Track *Stone Free* als Einfluss, doch falls das stimmt, hört man es noch weniger heraus[1].

Man muss sich vor Augen halten, was die Ankunft des legendären Amerikaners in England im September 1966 für die Musikszene bedeutete. Da er in London wohnte und im Frühjahr 1967 im dortigen Marquee auftrat, ist es nicht vermessen, seinen Einfluss auf werdende Gitarristen im Land als enorm zu bewerten. Sicherlich gab es eine Menge Talente vor Ort, doch Hendrix diente zweifellos in vielerlei Hinsicht als Beschleuniger, der ihre Entwicklung vorantrieb. Ritchie erzählt, Freunde hätten ihm geraten, sich diesen neuen Zocker anzuschauen, der mit den Zähnen Melodien aus seiner Strat kitzelte, doch er habe dies zunächst als Übertreibung abgetan. Im Übrigen handelte es sich weiß Gott nicht um einseitige Beeinflussung, denn Hendrix war angeblich bereits mit Ritchies Schaffen vertraut, nachdem er dessen berüchtigt extravagante Solos auf der überdrehten The Outlaws' Single *Keep A Knockin'* (mancher nennt sie die allererste Heavy-Metal-Platte der Welt) gehört hatte.

Deep Purples früherer Produzent Derek Lawrence erklärt, Blackmore habe ungern Komplimente entgegengenommen, doch eines sei ihm runtergegangen wie Öl: Auf eine Party 1968 nach einem Konzert in Kalifornien im Rahmen jener Cream-Tour, aus der sich das Quintett dann vorzeitig ausklinken musste, war auch Hendrix eingeladen worden, der Purple beglückwünschte, ehe er zu Eric Clapton ging und ihm sagte (in Hörweite), Ritchie hätte ihn an dem Abend von der Bühne geblasen …

Die frühste bekannte Aufnahme von *Speed King* entstand am 11.8.1969, einem Montag, im Studio 2 der BBC, der sogenannten Aeolin Hall. Über den Äther ging sie sechs Tage später in Dave Symonds' Sendung „Symonds On Sunday“. BBC-Sessions, die in erster Linie der Umgehung von Laufzeitbeschränkungen für Songs im Radio dienten, stellten sich zu der Zeit als bedeutendes Sprungbrett für neue Bands heraus, mit dem sich ein breites Publikum erreichen ließ. Ein paar Produzenten und DJs des Senders betreuten die Reihe, und nahezu alle Bands jener Ära, ob groß oder klein, nahmen teil. Aufnahmen, die überlebt haben (die BBC überspielte viele der Tonbänder), sind wertvolle Schätze, was seltene Livemitschnitte betrifft. Nebenbei bemerkt

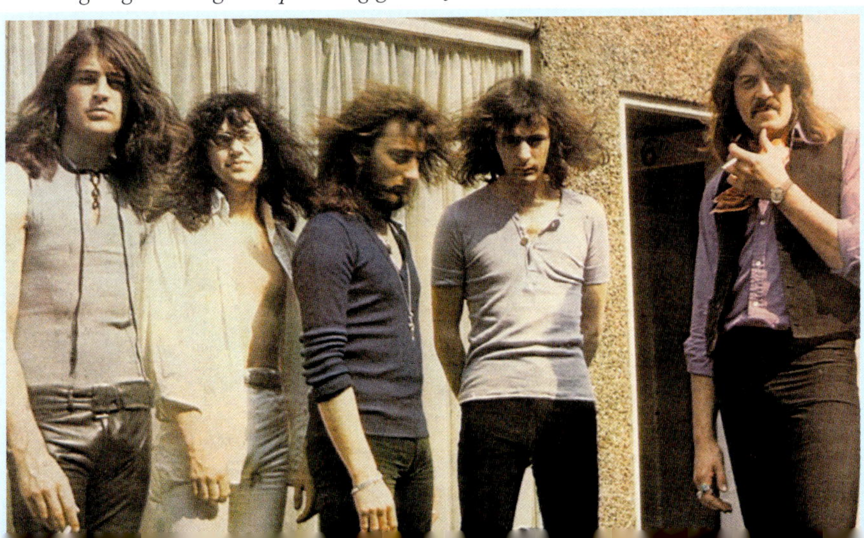

1 Mit seiner Band Rainbow zollte Blackmore Hendrix ungenierter Tribut. Mehrere ihrer Songs aus den frühen 1980ern ähneln Fire viel (viel!) stärker, und seinerzeit spielte man live als Zugabe sogar eine Coverversion.

bekamen Deep Purple für ihr Engagement 40 £.

Bei der Gelegenheit hieß *Speed King* wiederum Ricochet, einfach weil sich der für die Dokumentation zuständige BBC-Angestellte bei der Nennung des Titels *Kneel And Pray* verhörte[2]; das Wort „ricochet“ taucht jedenfalls nicht im Songtext auf.

Zwischen den ersten Ideen zum Lied und seiner Einspielung für den Sender lagen nur drei Gigs, doch die Band war sich ihres Fortschritts klarerweise sicher genug, um es so früh fürs Radio bereitzustellen (zumal sie wohl mindestens einen neuen Track vorstellen wollte). Es ist deutlich kürzer als spätere Versionen, gespielt in A statt einen Ganzton tiefer in G wie schließlich auf dem Album. Der Track beginnt mit einem einzelnen, gehaltenen Akkord auf dem Keyboard, ehe Paice seine Trommelstöcke zweimal zum Anzählen klicken lässt und auf die Snare schlägt. Schon sind wir in der ersten Strophe.

Der Refrain und die zweite Strophe folgen, dann wieder der Refrain, verbunden jeweils mit einem simplen Arrangement aus vier Akkorden statt der komplexeren Folge, die später ersonnen wurde.

Das leicht orientalisch anmutende Gitarrensolo spielt Blackmore mittels Violining, der Veränderung der Lautstärke am Regler der Gitarre, über eine einfache Bassfigur, wozu die Orgel erst gegen Ende erklingt. Das Solo mündet in Gillans Textzeile *„You'd better turn around, look at the ground“* und einer manisch aufsteigenden Akkordfrequenz. An dieser Stelle wird der Ablauf des Songs verkürzt. Statt wie auf dem Album eine weitere Strophe folgen zu lassen, wiederholt sich der Refrain erneut und gleich dreimal, zuletzt mit einem vorausgehenden Break und Schrei, ehe der Song unversehens endet.

Der Text hatte fast gar nichts mit dem der Fassung auf In Rock gemein, auch wenn die Gruppe einige Zeilen einstweilen beibehielt. Diese überarbeitete Variante wählte sie als Konzerteröffnung, möglicherweise auch am 8. August im Revolution Club. Die frühste erhaltene Aufnahme, noch unter dem Titel Kneel And Pray, stammt jedoch vom 24.8.1969 aus dem bereits genannten Paradiso.

Nachdem die Urbesetzung Großbritannien und Zentraleuropa weitgehend in der fälschlichen Annahme ignoriert hatte, der Erfolg in Amerika würde ihr die Schweißarbeit zu Hause ersparen (von wegen sie könne bei ihrer Rückkehr gleich in die großen Publikumssäle marschieren), schlug sich Mk 2 diese Einstellung flugs aus dem Kopf, um ihren Hörerkreis auszuweiten. Der Club in Amsterdam bot ideale Voraussetzungen, um von sich reden zu machen.

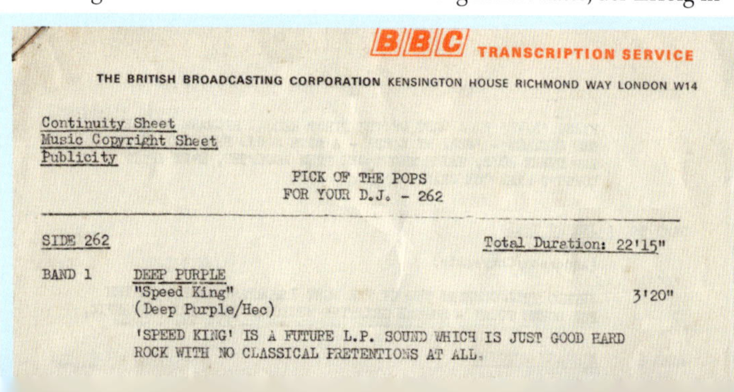
BBC TRANSCRIPTION SERVICE
THE BRITISH BROADCASTING CORPORATION KENSINGTON HOUSE RICHMOND WAY LONDON W14

Continuity Sheet
Music Copyright Sheet
Publicity

PICK OF THE POPS
FOR YOUR D.J. - 262

SIDE 262 Total Duration: 22'15"

BAND 1 DEEP PURPLE
"Speed King" 3'20"
(Deep Purple/Hec)

'SPEED KING' IS A FUTURE L.P. SOUND WHICH IS JUST GOOD HARD ROCK WITH NO CLASSICAL PRETENTIONS AT ALL.

Der Song, nach wie vor in der Tonart A, beginnt mit Lords Orgel, die zur ersten Strophe hinführt. Der Refrain folgt, und dass die Band technische Probleme hat, wird schnell offenbar. Nach der zweiten Strophe und Wiederholung des Refrains kommt der Soloteil, doch Ian Gillan muss eine Weile mit seiner Stimme improvisieren, während die Equipment-Schwierigkeiten behoben werden. Die Roadies finden den Fehler, woraufhin die Gitarre plötzlich hörbar wird; die Band setzt zu dem Crescendo an, mit dem das Solo endet, und bringt danach sofort noch einmal den Refrain. Statt nun abzuschließen, wechselt sie die Tonart und hängt einen zweiten Solopart an. Während sich die anderen zurückhalten, bearbeitet Blackmore den Vibrato-Hebel seines Instruments mit Wonne, ehe Jon das Solo fortführt. Als es der Gitarrist dann wieder kurz aufgreift, nimmt er deutlich vorweg, was er später im Studio verewigen wird, obwohl man anders als auf dem Album noch nichts von dem Zusammenspiel von Gitarre und Orgel hört. Schließlich ackern sich die Mitglieder wieder gemeinsam durch die Akkorde des Crescendos, bevor Gillan anscheinend eine weitere Strophe aus dem Stegreif intoniert. Dann Refrain, ein Break für den Schrei, wieder Refrain und aus. Das Arrangement ist erstaunlich aufwendig und verfehlt seine Wirkung auf die entspannte, Gras rauchende Menge gewiss nicht.

Fünf Tage später, am 29. August, spielten Deep Purple *Kneel And Pray* bei einer zweiten BBC-Session ein. Die Aufnahme, die bis heute verschollen bleibt, wurde am 7. September in der „Stuart Henry Show“ ausgestrahlt. Diese Radioproduktionen halfen sicherlich dabei, bekannter zu werden und Musikfans auf bevorstehende Konzerte einer Gruppe einzustimmen, die sie andernfalls eventuell nicht wahrgenommen hätten.

Der nächste noch existente Livemitschnitt des Stücks ist jener von 1969 aus dem Kasino in Montreux. Die Tonart bleibt A, doch mittlerweile dauert es knapp sechs Minuten, fast die doppelte Spielzeit der ersten BBC-Fassung. Nach *„fast 45 Sekunden lang an- und abschwellenden Orgelklängen, die an Soundtracks für Horrorfilme aus der Filmschmiede Hammer erinnern“*, wie es Martin Ashberry in der Besprechung des Tonbands beschreibt, steigt der Rest der Band mit vier Akkorden ein, die sie bisher als Intro des Mk-1-Songs *And The Address* benutzt hat (bei Gigs der ersten Besetzung oft der Opener).

Unabhängig von der Tonart ähnelt die grundlegende Struktur

2 Die erhaltenen Aufnahmen sind auf The BBC Sessions zu hören, 2011 veröffentlicht von EMI.

nunmehr der Studioversion, der auch die erste Strophe entspricht. Der Text scheint in der zweiten wie der letzten noch teilweise improvisiert zu sein, und die Worte *„speed king"* fallen noch nicht im Refrain.

Die Tonart im Soloteil verändert sich im Gegensatz zur Album-Fassung. Immer noch fehlt der Schlagabtausch zwischen Gitarre und Orgel; stattdessen folgt dem melodischen Motiv, dessen sich Ritchie später im Studio entsinnen wird, mehr Stegreif-Gesang, woraus sich ein Duett zwischen Blackmore und Gillan entwickelt. Die Orgel leitet mit einer kurzen, aufsteigenden Tonfolge aus dem Solo über zur letzten Strophe, in die sich die Band mit Gepolter stürzt. Nach zwei Refrains, dem Break mit spitzem Schrei und einem letzten improvisierten Refrain kommt das drastische Ende. Danach stellt der Frontmann den Song als *Kneel And Pray* vor.

Martin Ashberry hat diese Darbietung so mit späteren Versionen verglichen: *„Textlich wirkt einiges vertraut, und das lässt sich auch von der Musik sagen. Anspielungen auf ‚Miss Molly' oder ‚Lucille' sind vorhanden, doch was im Refrain gesungen wird, ist noch nicht klar formuliert worden. Das Break nach dem ersten erzeugt keine so große Wucht wie später, um an die folgenden Strophen anzuknüpfen. Während der zweiten schreit Gillan fast nur, dann kommt der Mittelteil mit der Zeile ‚You've got to kneel down, turn around, tell me what I found …' Der Aufbau unterscheidet sich weiterhin erheblich von der endgültigen Gewaltdemonstration auf In Rock, doch das Ende ist ein Paradebeispiel für gezügelte Kraft, gedrungen und auf den Punkt gespielt."*

Die Band begab sich letztlich ins Studio, um das Lied zum ersten Mal einzuspielen. Sie transponierte es endgültig einen Ganzton tiefer nach G, und Jon Lord benutzte ein Klavier, während er mit Roger im Hintergrund sang. Diese Version erschien Anfang 1970 in den Niederlanden unter dem finalen Titel *Speed King* auf der A-Seite einer Single. Hintendrauf stand mit *Into The Fire* ein weiterer fertiggestellter Track. Die Platte mit dieser alternativen Fassung verkaufte sich in so geringer Stückzahl, dass sie jahrelang vergessen blieb und die meisten Hörer sie für so weit unveröffentlicht hielten, als sie in den 80ern aufgrund eines Irrtums des Labels EMI auf einer ansonsten unerheblichen Compilation landete. Nur wenige Wochen nach jener ersten Studioaufnahme spielte die Band es zum jetzt vierten Mal für die BBC ein, am 31. Oktober '69 als Speed King in Maida Vale Studio 4 für eine weitere Folge der „Stuart Henry Show" (gesendet am 9. November).

Das Stück war nun drei Monate alt, und für den Titel hatte Roger einfach das Geschlecht im Namen einer Wäscherei-Kette gewechselt. Die Speed Queen Company existiert immer noch (es ist das weltgrößte Unternehmen in seiner Branche, falls es jemanden interessiert) und ist auf große Industriegeräte spezialisiert, wie man sie in Waschsalons findet. Gut möglich, dass der Bassist seiner Knautschsamt-Schlaghose die Pflege angedeihen ließ, die sie dringend benötigte.

Die letzte bekannte Aufnahme vor der definitiven Studioversion ergab sich bei einer Sondersendung im niederländischen Fernsehen, die am 15. und 16. Januar 1970 produziert wurde, jedoch erst im Juli des Jahres gezeigt wurde. Als Vorlage diente die Klavierfassung, die Länge beträgt etwas weniger als vier Minuten, und die Struktur wurde beibehalten, bloß dass nun die Orgel zum Einsatz kommt. Im Intro rauscht sie langsam immer lauter, ehe die vier geläufigen Akkorde folgen. Der Text steht größtenteils fest, obwohl die Harmonisierung von Gillans „see me fly" durch Lord und Glover noch genauso schlecht gelingt wie in der Version mit Klavier. Live klang der Moment ebenfalls merkwürdig, aber er sollte sowieso bald verschwinden.

Ritchies Solo besteht nur aus den Phrasen, die er im Studio für das Ende dieser Passsage beibehalten wird, und Gillan folgt seiner Melodie mit der Stimme. Das Hin und Her zwischen Gitarre und Orgel fehlt weiterhin, doch da nichts darauf hindeutet, dass es je auf einer Bühne versucht wurde, kann man davon ausgehen, dass die Idee erst während der Arbeit im Studio aufkam.

Die Anregung zu den eröffnenden Takten von *Speed King* – sie wurden zuallerletzt festgelegt – erhielten Deep Purple bei ihren Konzerten. Diese läutete die Band seinerzeit oft mit einem Geholper ein, das man am treffendsten einen heillosen Lärm elektrisch verstärkter Art (das Schlagzeug inbegriffen) nennen konnte. Mit diesem explosionsartigen Krach hatte es zweierlei Bewandtnis: Erstens machte er der Menge unmissverständlich klar, dass es losging, zweitens und umso wichtiger trieb er die Geräte des Tontechnikers an ihre Grenzen, was ihm ein paar Minuten lang die Gelegenheit gab, die Pegel für ein ausgewogenes Klangbild anzupassen, falls die Gruppe auf einen Soundcheck hatte verzichten müssen. Nach und nach wurde dieser Brauch zu einer Konstante mit einem Eigenleben, die den Album-Opener *Speed King* bedingte. *„Das taten wir für gewöhnlich, wenn wir ohne Soundcheck auf die Bühne traten. Trudelte man beispielsweise um 20 Uhr ein und sollte bereits eine halbe Stunde später anfangen, beeilten sich die Roadies mit dem Ankarren unseres Equipments, woraufhin unser Fahrer alles verkabelte und sich mit seinem Mischpult vor oder neben die Bühne stellte. Dann konnten wir natürlich nichts mehr einpegeln und mussten einen Kaltstart hinlegen. Indem wir also einen Heidenlärm veranstalteten, hatte er Zeit, das nachzuholen."* (JL zu SC)

Das schleifte sich dergestalt als Vorspiel zu *Speed King* ein, dass im Studio bei der Einspielung des Stücks im November 1969 die Idee aufkam, die Situation zu simulieren oder etwas Ähnliches aufzunehmen.

Living Wreck • Roger und Jon haben bestätigt, dass dieser kurze wie wuchtige Track während ihrer Proben im Hanwell Centre zu Tage trat und kurz darauf bei mehreren Gigs ausprobiert wurde. Jon: *„Ich weiß noch, dass wir es in einem abgetrennten Saal eines Pubs im Osten von Essex oder London spielten, bevor der Titel feststand. Da bin ich mir ziemlich sicher, weil uns das Riff im Hanwell eingefallen war und ich mir diese heftigen Orgel-Einwürfe ausgedacht hatte, die einem Aufschrei gleichkommen sollten. Ich glaube, Ian Gillans Text war kurz vorher spontan entstanden.“*

Lord erinnert sich außerdem daran, dass ihr neuer Sänger an jenem Abend einem von Blackmores Streichen aufsaß. *„Unser Umkleideraum war hinter der Bühne, und man erreichte ihn nur, indem man quer hinüberging. Er war winzig klein; während wir uns vorbereiteten, machte sich Gillan wie üblich ganz nackig, um seine anderen Klamotten anzuziehen, als ihn Ritchie hinaus auf die Bühne drängte, weil er meinte, das sei witzig! Jedenfalls stand Gillan dann nackt bis auf ein Halstuch oben vor dem wartenden Publikum. Nachdem er sich tief verbeugt hatte, kam er zurück und wollte auf Ritchie losgehen, sah aber dann dessen breites Grinsen, woraufhin die Sache wieder gegessen war.“* (JL zu SC)

Anhand dieser verständlicherweise schwammigen Beschreibung des Auftrittsorts kommt in Hinblick auf die wenigen Shows, die vor der Aufnahme des Songs stattfanden, nur ein Pub infrage, der einen solchen Hintersaal hatte: Klooks Kleek in Hampstead, also keineswegs „Ostlondon“. Es handelte sich um eine Rocknacht, ausgerichtet in einem Veranstaltungsraum im Obergeschoss des Railway Hotels, West End Lane 100 in West Hampstead. Klooks Kleek war 1966 als Jazzclub eröffnet worden, passte sich aber der Ende der 60er Fahrt aufnehmenden Rhythm-'n'-Blues- (Lord hatte auch mit The Artwoods dort gespielt) und Progressive-Rock-Szene an. Praktisch jede Band aus jener Ära trat bis 1970 in dieser Gaststätte auf; dann fanden darin keine Konzerte mehr statt, doch er existiert bis heute. Deep Purple waren für den 26. August

Mk 2 bei ihrem wahrscheinlich ersten Fototermin am 14. Juli 1969.

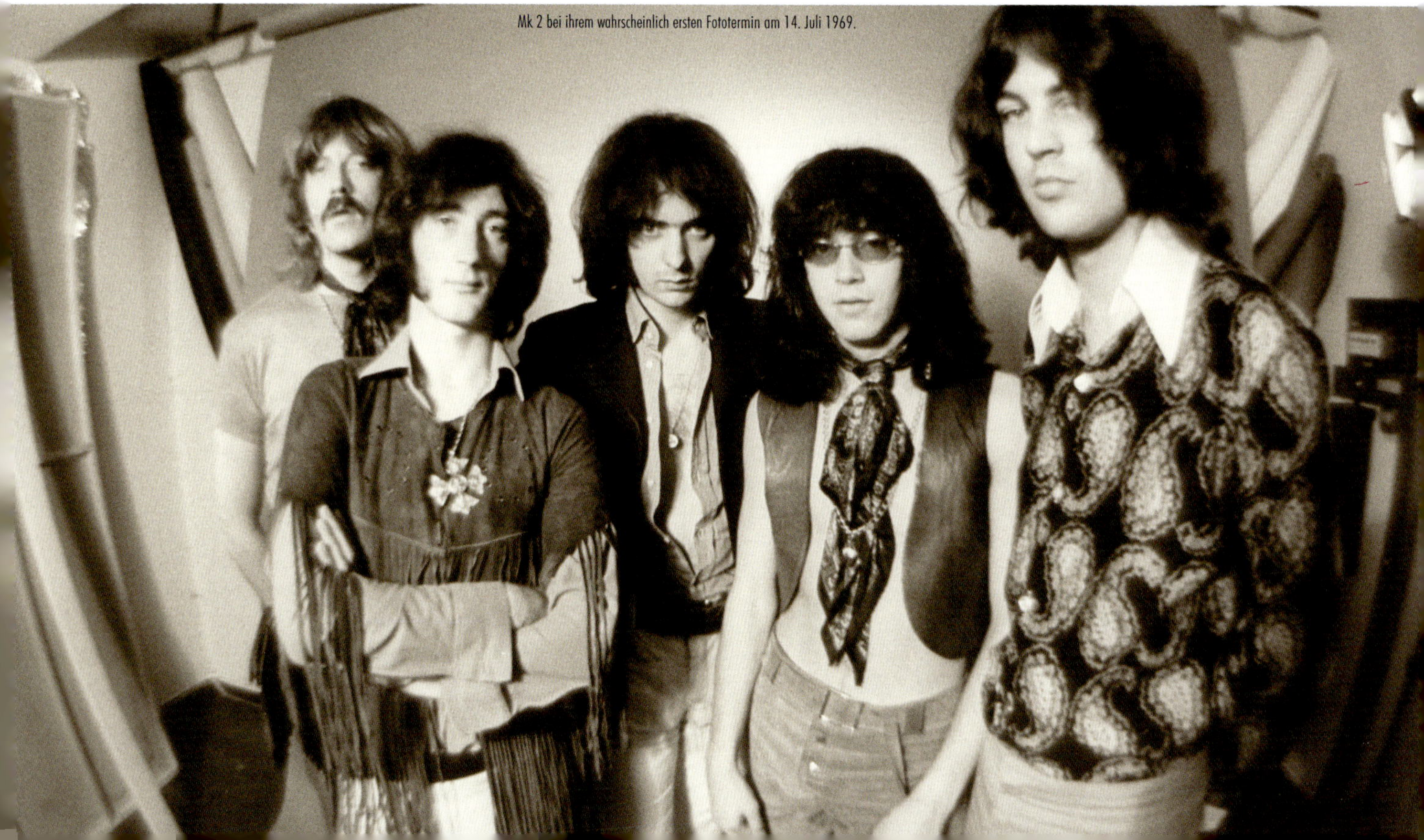

1969 gebucht (siehe die Ankündigung S. 26), und falls es wirklich dieser Pub gewesen ist, lässt sich daraus schließen, dass der Song irgendwann in der erste Hälfte des Monats geschrieben wurde.

Zum Text inspirierten Ian Gillan Begegnungen mit dem anderen Geschlecht. *„Beim Baggern wendete sich das Blatt ausnahmsweise gegen ihn, als sich eine junge Freundin von ihm als übelstes Groupie überhaupt herausstellte!“* (IP in NME, Juni 1970)

Into The Fire • Die Ursprünge dieses Stücks führen uns erneut ins Hanwell Centre und zu Jimi Hendrix, abgerundet von einer Prise King Crimson. Es handelt sich zudem um die letzte Komposition, von der wir mit Gewissheit sagen können, dass es die letzte war, die in dem Zentrum entstand (weitere Titel könnten sich dort allerdings zumindest angedeutet haben). Den Anstoß dazu gab eine Unterhaltung zwischen Glover und Blackmore: *„Ritchie erwähnte ein Riff, das er aufgeschnappt hatte und das auf der chromatischen Tonleiter beruhte. Ich spielte einfach, was mir gerade in den Kopf kam, fast als ob ich mir vorstellen konnte, was er meinte, und die Band stieg mit ein, was großartig klang. Ich liebte den Song, er war unheimlich heavy. Der Text spricht eine vage Warnung vor Drogen aus.“* (RG zu SC)

Jon glaubt, das Riff, auf das sich der Gitarrist bezog, stamme von King Crimson, deren atemberaubendes Debüt es allen Mitgliedern angetan hatte. *„Ich denke, 21st Century Schizoid Man diente hier als Inspiration, nicht zu vergessen Hendrix natürlich; diese dramatischen Läufe erinnern ein wenig an ihn. Ich erinnre mich noch gut ans Songwriting, denn als wir in der Strophe die Tonart beibehielten, also B-Moll, schlug ich einen Wechsel vor, den üblichen Trick: eine Quinte runter bzw. eine Quarte hoch für die Strophe oder wie auch immer man es nennen möchte. So wurde E daraus. Das ging wieder sehr schnell. Wenn ich mich nicht irre, schrieb Ian den Text über Nacht, und tags darauf probten wir das Stück.“* (JL zu SC)

21st Century Schizoid Man befand sich auf *In The Court Of The Crimson King*, erschienen am 10.10.1969. Da *Into The Fire* nur wenige Wochen später aufgenommen wurde, mussten sich die Purple-Musiker das Album schon früh zugelegt haben. Eventuell sahen sie auch, wie die Kollegen die Nummer bei einem Konzert zum Besten gaben, was im Speakeasy geschehen sein könnte, wo King Crimson mehrere Monate lang regelmäßig auftraten. In einem Artikel aus jenen Tagen bekannte sich Jon ausdrücklich als Fan, von wegen er habe die Scheibe unzählige Male gehört, nur um den Sound auf sich wirken zu lassen.

Ian Paice erzählte, dass Sendeanstalten bei der Veröffentlichung von *Into The Fire* darauf ansprangen. *„Die Geschichte eines Menschen, der einen Fehler begeht, sich verrennt. Dieses Stück wird am häufigsten im Radio gespielt, wahrscheinlich weil es nur drei Minuten dauert.“* (IP in NME, Juni 1970) Möglicherweise überzeugte dies die Band davon, das Lied live zu bringen.

Jam Stew • Deep Purples frühste Aufnahme dieses unvollendet gebliebenen Stücks fand am 31. Oktober '69 für die „Stuart Henry Show“ der BBC (Maida Vale Studio 4) statt, wo auch *Speed King* und *Living Wreck* mitgeschnitten wurden. Mk 2 spielte vor *In Rock* insgesamt fünf BBC-Sessions (außerdem einmal ihr komplettes Programm für „In Concert“) und dabei mehr oder weniger ihr gesamtes neues Material.

Die BBC-Version erhielt den Titel *John Stew*, weil sich (siehe *Ricochet*) jemand bei dessen Nennung entweder verhörte oder die Band noch keinen hatte und das Stück spontan so nannte.

Mit seinen 4:02 Minuten hört es sich aber sehr deutlich nach einem Jam an, weshalb man sich fragt, warum sie dem Sender nichts weiter Ausgearbeitetes boten. *Jam Stew* beginnt mit Ritchie allein (sein Zupfen klingt nach einem gackernden Huhn) und einem Gitarren-Overdub, ehe der Rest der Band loslegt, wobei der simple Grundrhythmus beibehalten wird. Man erkennt unschwer, dass der Text provisorisch ist und etwas von einer ‚mean eyed woman' erzählt. Ein Orgelsolo kommt zuerst, geradlinig und bluesig, dann geleitet Jon mit einem Lauf zur zweiten Strophe über, die praktisch nur eine Variation auf die erste darstellt. Das darauffolgende Gitarrensolo steht beispielhaft für Blackmores Stil zur Zeit von *In Rock*. Schließlich spielt er unisono mit Jon, doch das Stück endet nur mit der Orgel. Tonart und Rhythmus bleiben durchweg gleich, eine richtige Struktur gibt es nicht, und weder der Gesang noch die Solos ragen im Vergleich mit anderen Tracks der Gruppe aus jener Zeit in irgendeiner Weise heraus. Gut möglich, dass sie im Begriff war, die Komposition bis zum Ende auszufeilen, als diese Session anstand, und hinterher weiter daran arbeiten wollte, doch letztlich blieb es unfertig, obwohl sie sich während der Einspielung des Albums noch einmal daran versuchte.

Jons Verhältnis zur Erstveröffentlichung dieses Fragments als Bonus der erweiterten CD-Edition von *In Rock* von 1995 blieb gespalten. *„Es war schlicht und ergreifend ein Jam, mehr nicht. Interessant nur für Leute, die alles von uns haben müssen. Ich würde es nicht auf einem Album herausbringen. Was die Veröffentlichung von Zeug betrifft, das zur Zeit seiner Entstehung verworfen wurde, bin ich immer etwas skeptisch gewesen. Okay, so etwas heute zu hören kann ganz nett sein, aber man hat es damals nicht grundlos verworfen, sondern weil es nicht gut genug war.“ Lord schnitt hiermit das alte Streitthema Bonustracks an, fügte jedoch hinzu: „Ich höre sehr gern, wie beispielsweise die Beatles*

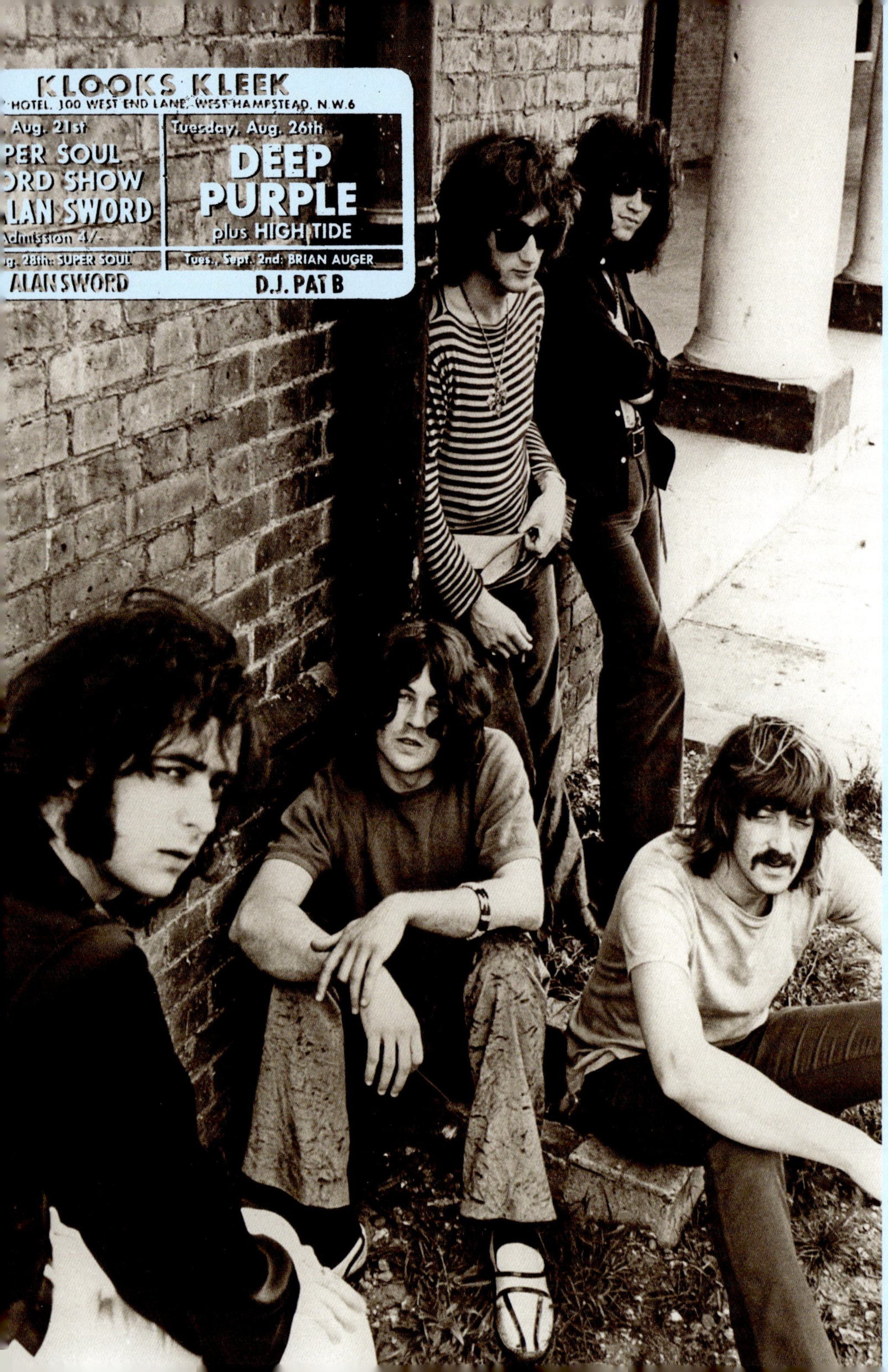

Ein weiteres Foto von der Front des Hanwell Centre, 1969.

oder Brian Wilson Songs entwickelten, denn das waren meine Idole. Wie sie Ideen miteinander verbanden, finde ich interessant, aber man erkennt, warum Jam Stew nicht verwendet wurde; es war nur eine Improvisation.“ (JL zu SC)[3]

Hard Lovin' Man • *„Aus Ians Leben abseits des Musikmachens gegriffen. Astreine Nummer!“* (IP in NME, Juni 1970) *Hard Lovin' Man* ist vermutlich der intensivste Track auf dem Album und entstand im De Lane Dea, doch wie genau, diesbezüglich sind sich zwei Mitglieder uneinig. Roger behauptet, es habe mit einem Riff von ihm begonnen, die anderen seien darauf angesprungen und hätten es umgestaltet. *„Zu der Zeit wurden unsere Konzerte immer wilder, und ich denke oft, dass diese Wildheit Hard Lovin' Man stark geprägt hat, so wie sie auch zu einem bestimmenden Merkmal der Band wurde.“* (RG zu SC)

Jon Lord hatte die Entstehung anders in Erinnerung: *„Ritchie fing an. Er spielte schlicht gleichmäßig im Viervierteltakt, während ich diesen fiesen, harten Sound ausprobierte, auf den ich mich mittlerweile festgelegt hatte, und dachte mir eine Einleitung aus. Die anderen meinten dann: ‚Das klang toll, was war es?‘ Ich antwortete: ‚Weiß nicht mehr.‘ Für gewöhnlich tat ich das, was gelernte Musiker tun – Ideen ganz schnöde notieren. Ein Blatt Papier lag immer griffbereit, um etwas niederzuschreiben und nicht zu vergessen. 1969 gab es keine Kompaktbandgeräte.“* (JL zu SC)

Ungeachtet der Tatsache, dass die ersten Kassettenrekorder 1964 auf den Markt gekommen waren, wäre

3 Vor einigen Jahren hatte ich das Glück, Jon während einer Aufnahme beim Orgelspielen zusehen zu dürfen. Nach ein paar Mitschnitten legte er sich auf einen fest und bat den Tontechniker, die übrigen zu löschen, „damit niemand auf die Idee kommt, sie eines Tages öffentlich zu machen“, ehe er sich grinsend zu mir umdrehte. (SR)

es interessant zu wissen, ob Jon seine handschriftlichen Notizen archivierte.

Cry Free • Die Hintergründe zu dieser verschollenen Komposition von *In Rock* bleiben rätselhaft, wiewohl Lord bestätigte, sie sei fertig und fürs Album vorgesehen gewesen. Gegen Ende der Aufnahmen strich die Band das Stück aber von der Liste, und danach geriet es in Vergessenheit. Über ihre Inspiration dafür erzählte der Organist: *„Es gab eine englische Rockband – ich meine Rock 'n' Roll –, die My Baby Left Me spielte, ein Lied von Elvis, nicht wahr? Jedenfalls benutzten wir es zum Jammen, wobei ich mir einen kleinen Kniff ausdachte. Die Tonart war E, doch ich fing mit G an und arbeitete mich bis zu dem Teil hoch, wo zur Quinte gewechselt wird. Das gleiche geschah in Cry Free, und ich bin mir ziemlich sicher, dass es sich auf der Bühne entwickelt hat.“* (JL zu SC)

Jon fiel nicht mehr ein, wie die besagte Band hieß. Elvis hatte jenes Lied tatsächlich gecovert, obgleich es bereits in den 1940ern von Arthur Crudup komponiert worden war. Dave Berry & The Cruisers landeten Mitte der 60er einen Hit damit, als könnten sie es gewesen sein. Tondokumente, die beweisen würden, dass *Cry Free* je live dargeboten wurde, gibt es nicht. Allerdings finden sich mehrere Bühnenmitschnitte langer Instrumentalpassagen, in denen Jon den beschriebenen Kniff anwendet, also steht anzunehmen, dass es sich um eine Kombination dessen mit der Coverversion handelte, die den Impuls dafür gab. Blackmore mochte sich aus seiner Zeit mit Neil Christian & The Crusaders daran erinnert haben (und sollte es etwas später selbst für ein Album von *Green Bullfrog* covern).

Flight Of The Rat • Roger gibt an, dies sei neben *Hard Lovin' Man* der einzige im De Lane Lea geschriebene Song gewesen. Er habe das Riff vorgeschlagen und damit den Kompositionsprozess in Gang gesetzt. Es wurde weder jemals live noch bei einer Session gespielt, und der Titel verwies auf den musikalischen Humor des Keyboarders, der gern den *Hummelflug* aus Rimsky-Korsakows Oper zitierte. *„Das war so ein Scherz, den ich mir bei Soundchecks erlaubte. Ich raste durch dieses Stück, so schnell ich konnte, und brach unvermittelt mit einem Schlag auf die Tasten ab. Damals fanden wir das natürlich alle lustig. Ich glaube, ich dudelte so vor mich hin, Ritchie brachte das Gitarrenriff, und du weißt ja, wie es eben so läuft. Man steigert sich in etwas hinein und wartet ab, was geschieht. Ich glaube, der Titel rührte daher, und stand schon vor dem eigentlichen Song fest. Gillan alberte bloß wieder herum, doch andererseits kam er dadurch auf die Idee zum Text.* (JL zu SC)

Der Titel stammte aber von Ian Paice. *„Ich kam darauf, als wir beim Proben Quatsch machten und Ritchie den Hummelflug spielte, den ich dann Rattenflug nannte. Alles weitere kam dann von Ian. Der Text richtet sich gegen Drogen – oder Alkohol, Kippen, Jähzorn, irgendein beliebiges Laster. Es ist ein Song gegen Schlechtigkeit, übers Loswerden aller Charakterschwächen.“* (IP in NME, Juni 1970) Der *Hummelflug* gehört fest zu Blackmores Repertoire, während er sich 1965 mit seinem kurzlebigen wie legendären Trio The Three Musketeers in Deutschland verdingte. Er spielte ihn gerne sehr schnell, was dem Publikum, das schlicht zum Tanzen gekommen war, nicht annähernd so gut gefiel wie ihm selbst.

Bloodsucker • Dies war das letzte Stück, das für *In Rock* geschrieben wurde, und zwar irgendwann Anfang April 1970 gegen Ende der Aufnahmen. Das Ungewöhnliche daran: Im Gegensatz zu den meisten anderen Songs arbeiteten Glover und Blackmore diesen weder in einem Proberaum noch im Studio aus. Roger: *„Bloodsucker kam eines Abends zustande, als wir, was selten geschah, in Ritchies Wohnung in Acton waren. Wir arbeiteten es gemeinsam auf Akustikgitarren aus und schlossen es später mit dem Rest der Band in den Abbey Road Studios ab.“*

Auch Jons Aussage deutet darauf hin, dass der Track unter anderen Umständen entstand als das Gros von In Rock. „Wenn ich mich recht entsinne, entwickelte sich Bloodsucker im Studio. Wir bauten es wohl einfach vor Ort zusammen, denn ich wüsste nicht, dass wir es zuvor je im Hanwell gespielt hätten. Sehr wahrscheinlich war es so, dass Ritchie und Roger mit einem Riff ankamen, das wir dann ein paarmal bei Soundchecks versuchten, also nicht während Konzerten, sondern davor.“ (JL zu SC)

In der ersten Aprilhälfte traten Deep Purple in Köln, Wien und Chatham auf, ehe sie ins Studio gingen, also mochte *Bloodsucker* in einer jener Städte ausprobiert worden sein.

Im Text schlug sich der erste (und beileibe nicht letzte) Konflikt zwischen Ian Gillan und dem Management der Gruppe nieder. Wenn man weiß, worum es ging, ergibt sich eine neue Interpretationsmöglichkeit. *„Irgendwann Anfang 1970 stritt sich Gillan zum ersten Mal mit John Coletta, wobei es konkret darum ging, dass er sich ungerecht behandelt fühlte. Als ich ins Abbey Road kam, meinten alle, sie seien bereit zum Einspielen, also fragten wir Ian: ‚Hast du den Text parat?‘ Er bejahte, also fügten wir alles im Studio zusammen und nahmen es auf.“* (JL zu SC)

Schuld an dem Streit war der Sänger selbst, der sich erdreistet hatte, John Coletta um einen Vorschuss von 20 £ zu bitten. Seinem Groll verschaffte er in den Lyrics Luft: *„Maybe in a while, and when I've moved around, I can find a way to pay you back your twenty pounds.“* *Ian Paice legte den Text etwas prosaischer aus: „Das nennt man wohl Auskotzen. Ian musste das loswerden. Es geht um das ganze Gehabe beim Angraben von Girls.“* (IP in NME, Juni 1970)

4 • Unterwegs – Juli bis September 1969

„Das ist es, Mann. Darauf haben wir gewartet …“ Ian Gillan

Wie bereits erörtert, färbte Deep Purples Bühnenperformance äußerst stark aufs Songwriting ab. Eine Betrachtung der Konzerte während der Zeit, als die Band an *In Rock* arbeitete, verdeutlicht den Druck, dem sie ausgesetzt war, und den starken Einfluss der Show auf das Material, sowohl im Vorfeld als auch nach der Fertigstellung des Albums.

Juli/August 1969 • Mk 2 trat erstmals am 10. Juli 1969 im berühmten (im positiven wie auch negativen Sinn) Speakeasy Club in der Margaret Street nahe Oxford Circus in London auf, nur einen kurzen Fußweg weit vom Büro des Bandmanagements entfernt. Beworben wurde der Gig in Musikzeitschriften mit dem Spruch „Zurückgekehrt von ihrer zweiten erfolgreichen USA-Tour“, womit man verhehlte, dass nur drei Fünftel der jetzigen Besetzung auf jener Reise, die bis Ende Mai gedauert hatte, dabei gewesen waren.

Das Speakeasy, eine beliebte Tränke mit später Sperrstunde, wo sich seit seiner Eröffnung 1966 Mucker, Konzertveranstalter, Talentsucher von Labels und leichte Mädchen tummelten, gehörte zu jenen Etablissements, in denen sich Menschen aus der Musikbranche bequem auf Augenhöhe begegnen konnten. Mitglieder der Beatles waren regelmäßige Gäste, und The Who erwähnten es 1967 auf ihrem Album *Sell Out,* wobei sie die Vorzüge des Lokals ihrer Wichtigkeit nach aufzählten: Volllaufen lassen, Bräute abgreifen. Deep Purple befanden sich in bester Gesellschaft, denn The Jimi Hendrix Experience, King Crimson, Yes und Black Sabbath waren nur ein paar jener Acts, die seinerzeit dort auftraten.

Roger: *„Meine erste Show mit Deep Purple fand im Speakeasy statt. Das war ein bekannter Club unter Musikern und in der Tat ein klasse Schuppen – Konzerte jeden Abend, und die ganzen Gesichter aus dem Business trafen sich dort, also kam es zu spontanen Jams. Ich ging oft dorthin und verwandelte mich von einem netten, unbeleckten Burschen aus einer cleveren Band – Episode Six – sehr schnell zu einem Tagedieb.“*

Jon stand jener Auftritt auch später noch eindrücklich vor Augen: *„Ich fürchtete mich, weil wir viel zu wenig geprobt hatten und Gillan vor die Leute gedrängt wurde, bevor er bereit war. Natürlich kamen viele unserer Bekannten ins Speakeasy und erwarteten etwas, so nach dem Motto: ‚Los, lasst hören, was ihr zu bieten habt, und wer ist nun dieser neue Sänger?‘ Die Bühne war nur sechs Zoll hoch, weshalb das Publikum direkt vor dir stand und dich*

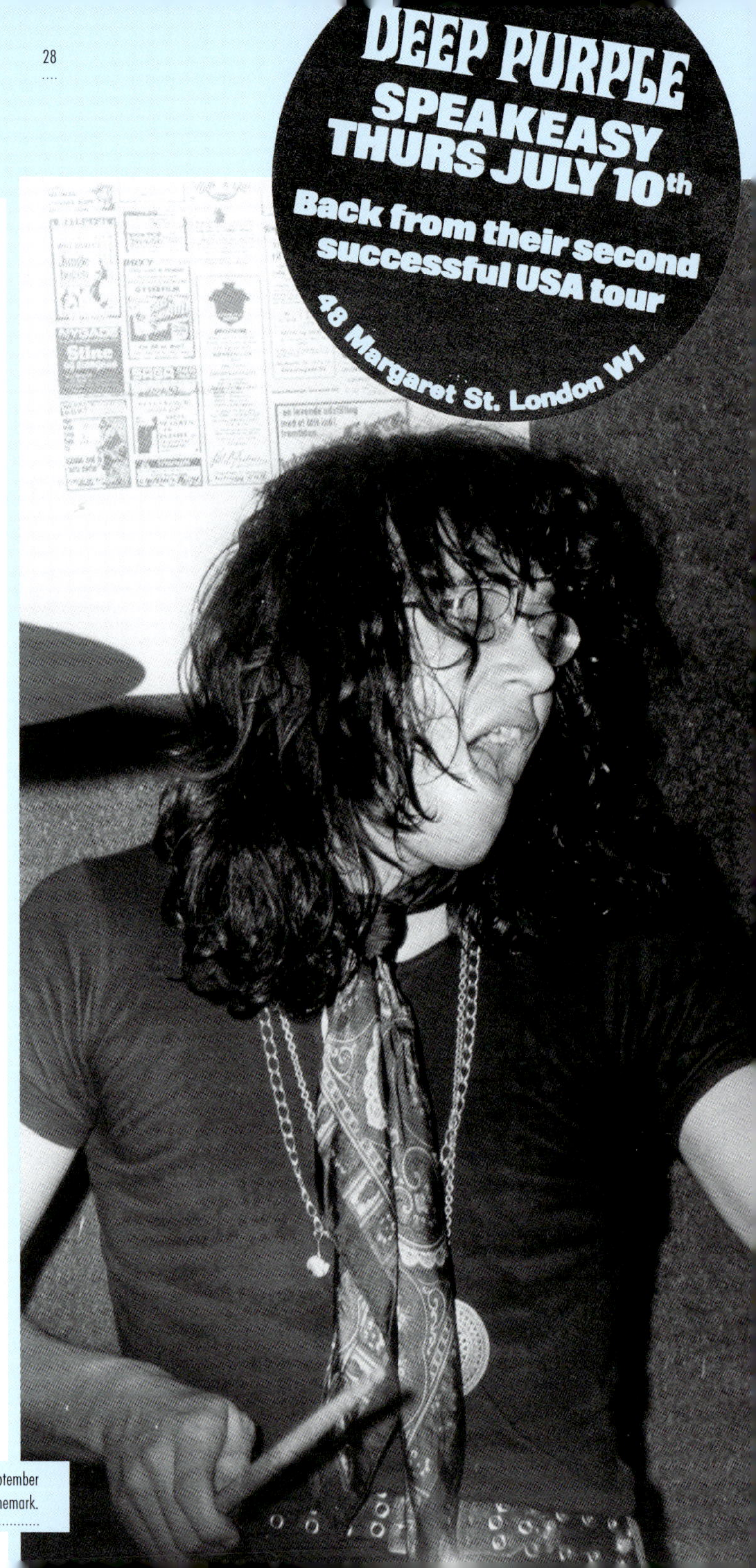

Ian Paice Anfang September 1969 live in Dänemark.

einschüchterte. Ich weiß aber noch, dass ich vor Begeisterung darüber, was geschah, hätte aus der Haut fahren können, als wir loslegten. Wir wussten, dass es super und das einzig Richtige war.“ (JL zu SC)

Wen wundert's, dass sich Ian Gillan auch gut an die Show erinnert. *„Ich werde sie nie vergessen. Dabei war es ein kleines Publikum, nur 35 Personen oder so. Kaum zu fassen, aber ich war zu Tränen gerührt. Ich benutzte zum ersten Mal die Congas. Irgendetwas musste ich ja tun und wollte während der besonders langen Instrumentalpassagen nicht von der Bühne dackeln.“*

Der Frontmann hatte sich schon erläutern lassen, wie sich die Wechselbeziehung zwischen ihnen Blackmores Meinung nach entwickelte. *„Ich liebe es, mit Leuten zu arbeiten, die mich anspornen, denn das setzte eine Menge Energie in mir frei. Nimm etwa Ritchie … Ich meine bei Konzerten, wenn er sich bemüht, alle anderen von der Bühne zu blasen. Das ist eine Art Wettbewerb. Als ich bei Deep Purple einstieg, sagte er zu mir: ‚Denk daran, es ist nicht böse gemeint, aber ich werde bei jedem Gig versuchen, dich auszustechen.‘ Ich erwiderte: „Na, wenn das so ist, versuche ich das Gleiche mit dir.‘ Er fand das prima und entgegnete: „Dadurch werden wir eine gute Band.‘“*

„Das war und bleibt ein Höhepunkt in meinem Leben. Ich meinte noch am selben Abend zu Roger: ‚Das ist es, Mann. Darauf haben wir gewartet.‘“ (IG zu Chris Epting, März 2013)

Die Stimmung war unter den überschaubaren Zuschauern und den Bandmitgliedern gut, zumal es wohl einer Erleichterung gleichkam, die Katze endlich aus dem Sack gelassen zu haben, wenn man die Gerüchte und das böse Blut wegen Simpers und Evans' Entlassung mit in Betracht zog (und das, obwohl Gillan und Glover noch mehrere Konzerte mit Episode Six abwickeln mussten).

Die Gruppe hatte vorläufig ein vorzeigbares Bühnenprogramm zusammengestellt. Da es noch kein neues Material gab (abgesehen von *Hallelujah*, das eventuell dargeboten wurde, wenngleich keine mitgeschnittenen Beweise dafür existieren), musste sie größtenteils auf Standards von Mk 1 zurückgreifen, also lernte Ian Gillan *Hush*, *Wring That Neck* und *Mandrake Root*. Wohingegen sich diese Nummern eine Weile hielten, spielte Mk 2 andere Stücke der Urbesetzung allenfalls fünfmal, bevor diese durch frischen Stoff ersetzt wurden. Live-Aufnahmen jener Titel mit den neuen Mitgliedern finden sich so gut wie gar nicht. An der Coverversion von *Paint It Black* hielt die Band ebenfalls fest. Die Altlasten waren zumindest insofern relevant, als man sie auf Tonträger erwerben konnte, weshalb es sinnvoll erschien, das Interesse daran zu schüren. Bei weiteren Shows in jenem Monat – am 18. im Redcar Jazz Club im Coatham Bowl Hotel Redcar (Thunderclap Newman traten mit Purple auf) und am 20. im Mother's Club Erdington in Birmingham (mit Caravan) – kam möglicherweise das jüngst fertiggestellte *Child In Time* zur Geltung, doch sicher können wir uns dessen nicht sein.

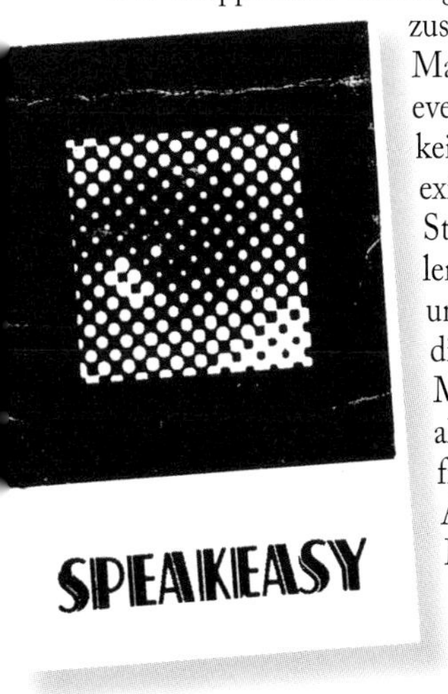

Hallelujah, die erste Single von Mk 2, erschien am Freitag, dem 25. Juli, floppte aber auf ganzer Linie, obwohl sich NME wohlwollend darüber ausließ: *„Deep Purple haben zwar mehrere Hits in den Staaten gelandet, müssen sich hierzulande aber erst noch bewähren, und das könnte just hiermit gelingen – es ist eine jener Nummern, die entweder steil durch die Decke gehen oder sich als gewaltiger Reinfall erweisen! Die Komposition des Songwriting-Teams Greenaway-Cook schreitet gemächlich mit ausgeprägtem Gospel-Revival-Flair einher. Ian Gillan überzeugt in seiner Rolle als Prediger, auch wenn er sich die Schreie hätte verkneifen können, während die bluesige Orgel und eine durchdringende Gitarre stimmungsvoll das Feld bestellen. Eine Platte mit mystischem Charakter, die fesselt und – in ihren beseelten Momenten – rockigen Schmiss entwickelt.“*

Die Band kam sogar dazu, den Song bei mehreren Fernsehauftritten zu spielen, doch wir wissen auch hier nicht hundertprozentig sicher, ob sie sie ihn in jenen Tagen in ihr Programm aufnahmen. Harvest machten durchaus Werbung dafür, sowohl in Form von Flyern, die bei Gigs verteilt wurden, als auch in Anzeigen in der Musikpresse und mit einer gesonderten Promo-Version, deren Hülle sich von der regulären unterschied. All dies diente zudem der Einstimmung auf das bevorstehende *Concerto*. Weil die Gruppe nichts für die B-Seite eingespielt hatte, presste man einen instrumentalen Ausschnitt von *April* darauf, das vom dritten Mk-1-Album stammte (eine sehr eigenartige Wahl).

Nach den ersten Konzerten war Roger krank, weshalb er von 4. bis zum 16.8. im Krankenhaus lag. Die wenigen Shows, die noch anstanden (in Newcastle, Birmingham und London), wurden abgesagt, was Jon Zeit zum Vorantreiben seines *Concerto*-Projekts gab, derweil Ritchie und die beiden Ians auf der Themse Boot fuhren. Glover durfte die Klinik am 11. des Monats verlassen, um eine BBC-Session wahrzunehmen, wobei *Ricochet* (bzw. *Kneel And Pray*, siehe oben) und *Bird Has Flown*, ein Stück der Urbesetzung, aufgenommen wurden. Der Sender präsentierte beide am 17. in „Symonds On Sunday“ und zahlte Purple fürstliche 40 £ dafür, nicht ohne sich das

Werbeflyer für Hallelujah, die erste Veröffentlichung von Mk 2, und eine der wenigen Rezensionen der Single.

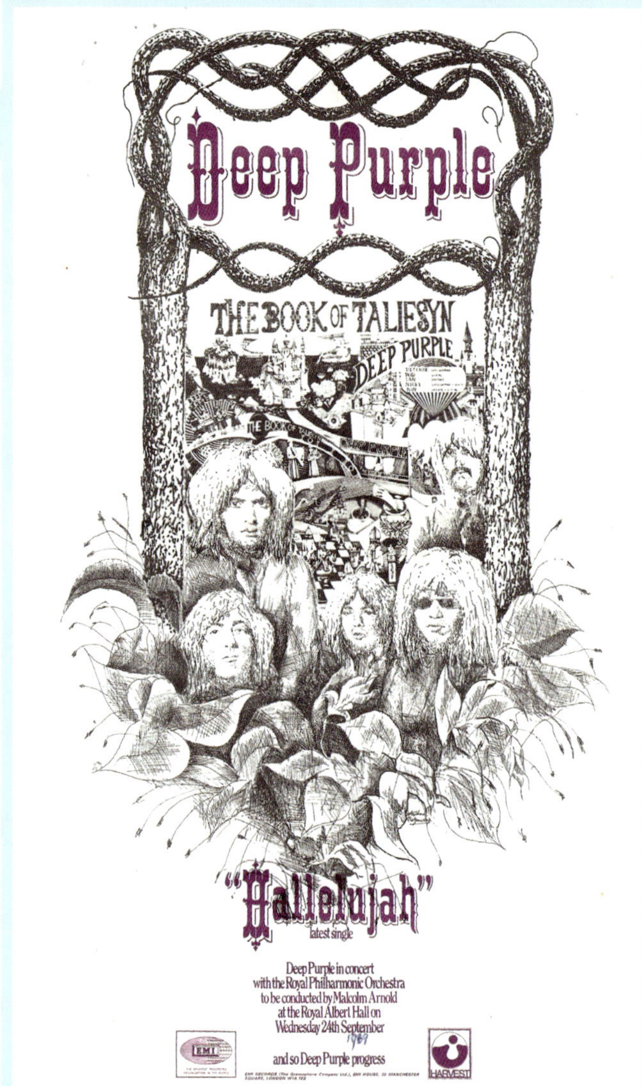

unbefristete Ausstrahlungsrecht an den Tracks vorzubehalten.

Einen Termin holte die Band in dem Monat definitiv nach, und zwar im angesagten Londoner Revolution Club am 20. August, wo progressive Acts ebenfalls regelmäßig spielten. Dennoch schrieb Roger dazu nur in sein Tagebuch, das Publikum sei *„miserabel"* gewesen (und sparte sich leider so wesentliche Infos wie die Setlist!). Auch das ausgefallene Konzert in Newcastle könnte später gegeben worden sein.

Kein Zweifel, wo Mk 1 Auftrittsmöglichkeiten in Großbritannien und Kontinentaleuropa nur selektiv ausgeschöpft hatte, beackerte Mk 2 das Gebiet flächendeckend. Der erste Gig dieser Tour fand am 22. August 1969 statt, als Deep Purple zu einem Dutzend Kapellen gehörten, die sich beim Bilzen Jazz Festival in Belgien die Ehre gaben (*„Wir haben alle anderen weggeputzt"*, schrieb Glover). Kurioserweise filmte das Fernsehen fast alle Darbietungen und schnitt die Höhepunkte zusammen, um sie einige Zeit später in „Tienerklanken" zu zeigen, einer Sendung für Teenager, die wöchentlich ausgestrahlt wurde. Auszüge von *Wring That Neck* und *Mandrake Root* haben ebenso wie ein Teil des Schlagzeugsolos in *Paint It Black* überlebt, die frühsten Live-Zeugnisse der Besetzung. Trotz der Schnitte ist genug von der Festivalperformance erhalten geblieben, um Zeugnis davon abzulegen, wie stark die Band bereits in spielerischer Hinsicht war – ein ausgezeichneter Beleg ihres improvisatorischen Selbstverständnisses. Wer ab Juli 1969 bis Ende '71 ein Deep-Purple-Konzert besuchte, erlebte die drei genannten Stücke als Kern eines 50- bis 60-minütigen Programms. Man hört eine Gruppe, die mit ihrer Musik Wagnisse einging, technische Brillanz hervorkehrte – leicht angeberisch, ja nachgerade überheblich – und nichtsdestoweniger eine Show bot, der sich die Menge nur schwerlich entziehen konnte. *In Rock* sollte erst noch kommen, aber bis dahin zehrte die Gruppe in ihrem Einfallsreichtum vor allem von diesen Tracks.

Der Ausschnitt von *Wring That Neck* beginnt mit einem Orgelsolo. Jon betreibt Schwerstarbeit, ehe Ritchie mit einer verblüffend schnellen Tonfolge übernimmt, sich aber schließlich ein wenig am Riemen reißt (für diesen Song mikrofonierte er noch seinen Vox-AC30-Verstärker). Nachdem er sich auf ein kurzes Frage-Antwort-Spiel zwischen Gitarre und Keyboard eingelassen hat, betreibt er noch mehr Griffbrettakrobatik. Schließlich stößt auch der Rest der Band wieder hinzu, und Lord ist gefragt: Er pendelt zwischen Akkordspiel und Läufen hin und her, tänzelt mühelos über die Tasten und lässt klassische Wendungen anklingen, denen ein jazziger Teil folgt, bevor er einen dichteren, düstereren Soundteppich webt und zum Hauptmotiv zurückkehrt.

Auch die Aufnahme von *Mandrake Root* fängt mittendrin an – kurz vor Jons Solo, weshalb wir auf Ian Gillans erste Strophen verzichten müssen. Der Organist reiht mehrere kurze Phrasen aneinander, bis er sich zurechtfindet und sich wieder ganz lässig über die Manuale bewegt. Die Regie blendet daraufhin direkt in Blackmores orientalisch klingendes Segment über, das sehr heavy klingt. Er besinnt sich zu klarer strukturierten Melodien und setzt den Vibrato-Hebel so ein, wie er ihn sich später für *Into The Fire* zunutze machte. Man erkennt bereits, dass die Mitglieder bei dieser Gelegenheit neue Ideen testeten, ob gezielt oder einfach aufs Geratewohl, um zu erfahren, was beim Improvisieren auf der Bühne zu Tage treten mochte.

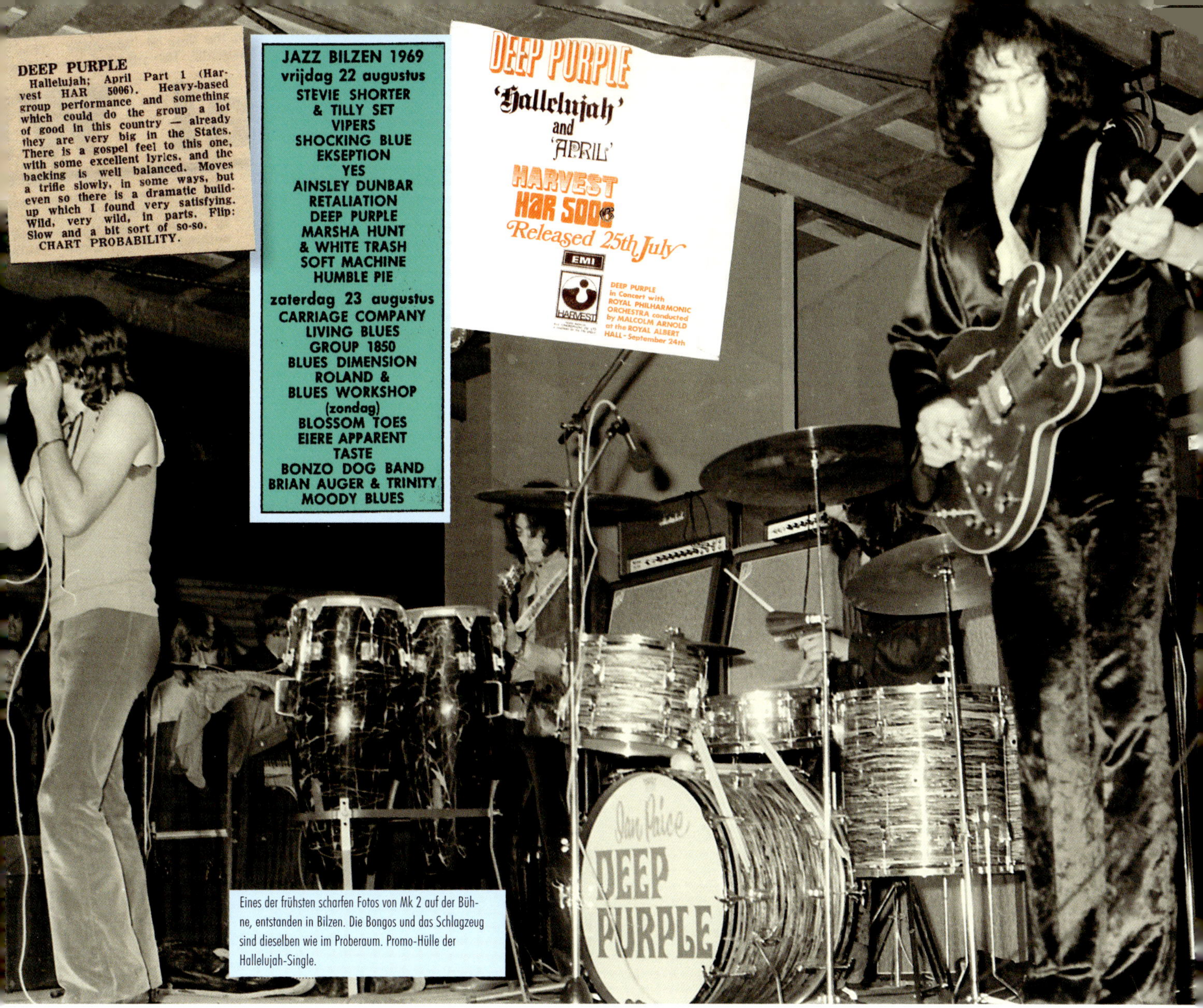

Eines der frühsten scharfen Fotos von Mk 2 auf der Bühne, entstanden in Bilzen. Die Bongos und das Schlagzeug sind dieselben wie im Proberaum. Promo-Hülle der Hallelujah-Single.

Von Belgien fuhr die Band in die Niederlande und schlug im Amsterdamer Paradiso auf. Der Club beeindruckte Roger, insbesondere im Verhältnis zu den kleinen Sälen, die sie zu Hause beschallt hatten, genauso wie die Atmosphäre, die einem Hallenfestival gleichkam. *„Ein fantastischer Laden. ‚Rauchen' ist hier legal. Haben ein paar vorzügliche Bands kennengelernt. Wieder eine reife Leistung!"* (RGs Tagebuch)

Das Paradiso war eine umgebaute Kirche in der Nähe des Leidseplein, die ungefähr 800 Personen fasste. Mit seiner in Regenbogenfarben gestrichenen Fassade mauserte es sich bald zur Hippie-Hochburg Amsterdams (gemeinsam mit De Melkweg, übersetzt „Milchstraße"). Als Bastion vieler einheimischer Bands wurde es mit der Zeit zur ersten Adresse für aufstrebende britische und amerikanische Künstler, die sich in den Niederlanden präsentieren wollten. Deep Purple sollten ursprünglich nur am 24. des Monats dort auftreten, doch als sie zu ihrem vorangehenden Gig

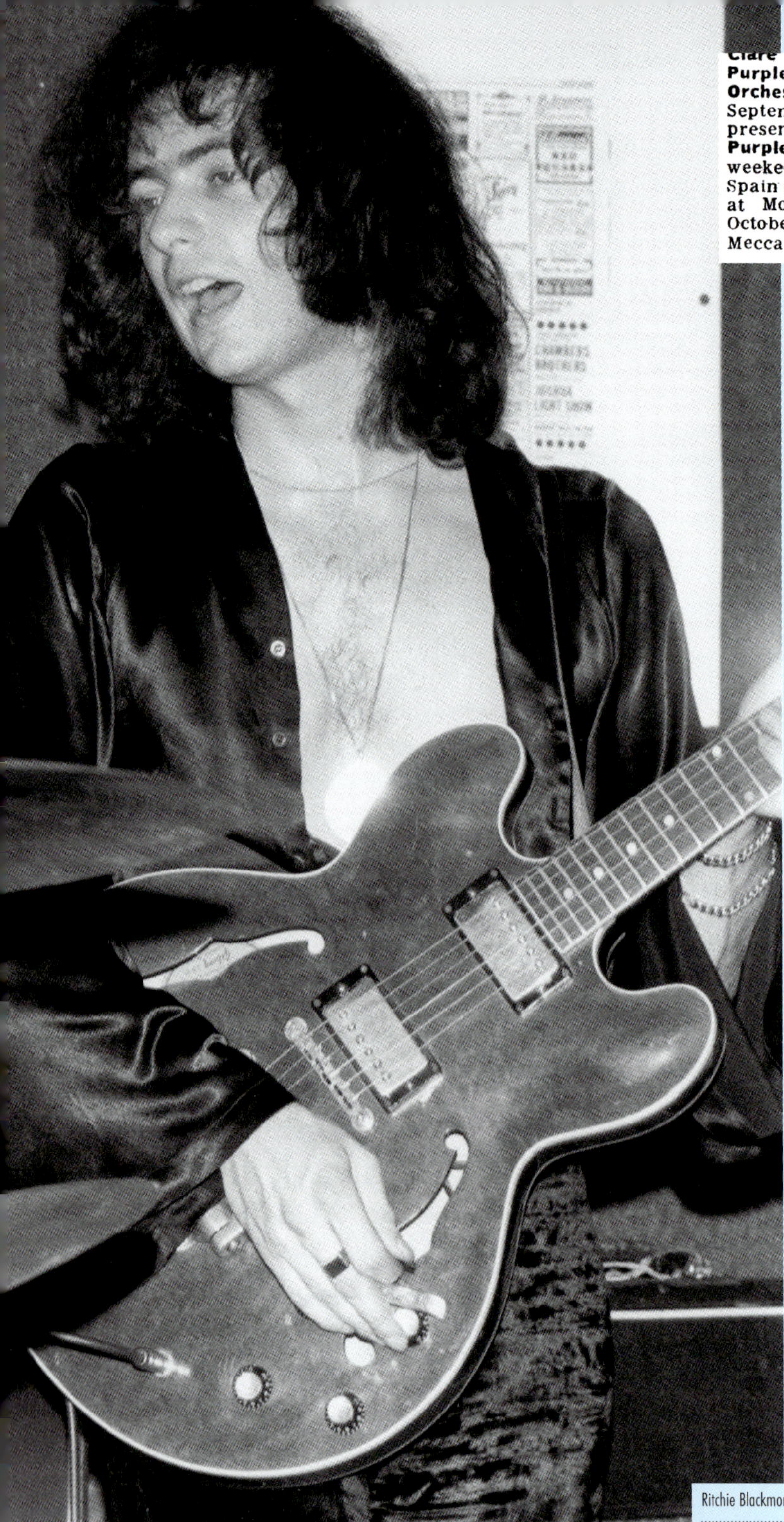

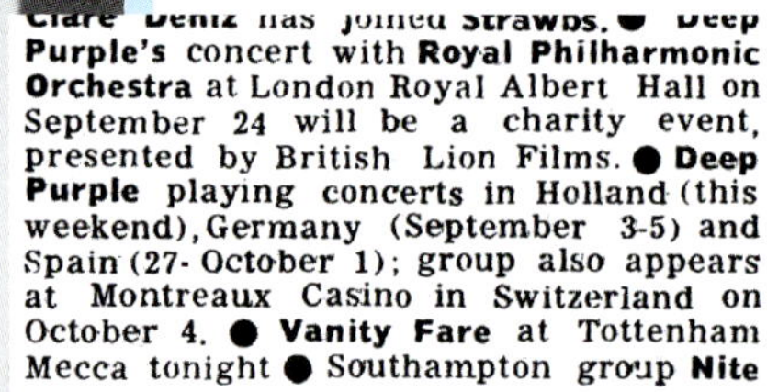

Clare Deniz has joined Strawbs. ● Deep Purple's concert with Royal Philharmonic Orchestra at London Royal Albert Hall on September 24 will be a charity event, presented by British Lion Films. ● Deep Purple playing concerts in Holland (this weekend), Germany (September 3-5) and Spain (27- October 1); group also appears at Montreaux Casino in Switzerland on October 4. ● Vanity Fare at Tottenham Mecca tonight ● Southampton group Nite

Deep Purples Konzert mit dem Royal Philharmonic Orchestra am 24.9. in der Royal Albert Hall dient wohltätigen Zwecken und wird von British Lions Films präsentiert. Deep Purple geben Konzerte in den Niederlanden (dieses Wochende), Deutschland (3.-5.9.) und Spanien (27.9.-1.10.); die Band tritt zudem am 4.10. im Kasino Montreux in der Schweiz auf.

in Rotterdam ankamen, war der dortige Club geschlossen. Drum fuhren sie einen Tag früher nach Amsterdam und überredeten die Betreiber des Paradiso zu einem Zusatzkonzert am Abend vor dem eigentlichen.

„Ich sah Deep Purple zum ersten Mal bei einem der vielen schlecht organisierten Festivals damals. George Cash, ein längst vergessener Act aus den Niederlanden, baute sein Zeug mindestens fünfmal auf und musste dann alles wieder verschwinden lassen, um einer ausländischen Band, die sich verspätet hatte, Platz zu machen. Eine davon waren Purple, und ganz ehrlich: Sie kamen von allen am besten an. Die 20-minütigen Solos von Jon Lord und Ritchie Blackmore verstörten die Leute wahrscheinlich zutiefst, vor allem diejenigen, die am Ende völlig stoned (wohl 90 Prozent von ihnen) rücklings auf dem Holzboden lagen.“ (Jip Goldsteijn, niederländischer Journalist, 1974)

Ein Teil der Show wurde im Lokalradio gesendet, sehr nützliche Werbung für die Band. Die daraus entstandenen Bootlegs gewähren einen faszinierenden Einblick ins Wirken der neuen Besetzung sowie die frühsten bekannten Fassungen der beiden frischen Tracks *Kneel And Pray* und *Child In Time*. Die Klangqualität schwankt, was Roger unsportlich ihren Roadies in die Schuhe schob. *„Kneel And Pray hört sich total matschig an. Man nimmt ihn [Ritchie] kaum wahr, erst im letzten Drittel, und der Bass ist an manchen Stellen zu laut, sodass er dröhnt, an anderen wiederum zu leise. Danach wird es besser. Das war gar nicht ungewöhnlich; seinerzeit kümmerte sich einer unserer zwei Roadies – Ian Hansford oder Mick Angus – um den Sound vor der Bühne, und keiner von ihnen verstand etwas davon. Der erste Song klang immer grässlich, während sie noch herumfummelten. Wir konnte nicht fassen, was nach dem Opener von den Leuten rüberkam, nämlich so gut wie nichts. Ian ließ darum beim Anblick des Publikums eine Bemerkung, als wir gegen das Scheinwerferlicht hineinschauten. Alle hockten auf dem Boden, ein ziemlich seltenes, wenn auch nicht gänzlich undenkbares Bild, denn von Shows mit Episode Six waren wir es gewohnt, dass sich die Fans während der ruhigen Passagen niederließen. Das eigentlich Auffällige war der Geruch, der uns entgegenwehte. Uns wurde bewusst, dass wir die Menge nicht großartig hätten aus der Reserve locken können, weil sie völlig breit war. Umso erfreulicher dann, dass man sie nach ein paar Songs zu Wring That Neck austicken hörte. Der Song brachte sie richtig in Wallung.“*

Ritchie Blackmore während einer kurzen Clubtour durch Skandinavien, September 1969.

Die Niederländer schlossen die Gruppe ins Herz (die Presse kürte sie 1974 zur „beliebtesten Band"), und *Child In Time* hielt sich viele Jahre lang an der Spitze der Top 100 von Radio Veronica.

Was Zentraleuropa anging, so erhielt sie auch den Zuschlag für einen werbewirksamen Auftritt einer Folge der beliebten deutschen Musiksendung „Beat Club", die am 25. August in Bremen gedreht wurde. Ganz verdrießlich sahen sie in Schwarzweiß aus, während sie sich zum Playback von *Hallelujah* bewegten, das auch in Deutschland als Single herausgekommen war. Roger schrieb in sein Tagebuch: *„Eine fabelhafte Angelegenheit. Danach mit Carl Wayne, Ritchie und Ian Paice in einem Club abgestürzt."* Gesendet wurde die Episode am 30.8., doch *Bird Has Flown*, das man auch gefilmt hatte, bleibt bis heute unveröffentlicht.

Im Anschluss kehrten Purple ins Königreich zurück, wo sie am 26. im Klook's Kleek spielten. „Zuschauerrekord", steht dazu in Glovers Büchlein. „Viele bekannte Gesichter. Sind blendend angekommen." Den gesamten 29. August, einen Freitag, vertrieb sich die Band in London. Roger und Ritchie kauften gemeinsam mit Roadie Mick Angus ein Blitzgerät für ihre Lichtanlage, ehe eine zweite Aufnahme für die BBC anstand, erneut von *Kneel And Pray* und erstmals *Child In Time*. Jon erachtete diese Radiomitschnitte als praktische Testläufe für die Gruppe. *„Overdubs waren nicht erlaubt. Ich fand die Sessions sinnvoll und fordernd, weil sie live auf Tonband festgehalten wurden."* Jene Aufnahme (bis heute unauffindbar) wurde am 7. September in der „Stuart Henry Show" ausgestrahlt. Hinterher schlug man sich die Nacht im Londoner Lyceum um die Ohren. Die Band stand als zweite vor Atomic Rooster auf dem Programm, nachdem Label-Kollege Pete Brown den Reigen eröffnet hatte. Glovers Tagebuch sagt: *„Wir haben alle anderen ausgestochen. Ein genialer Abend. Marquee Martin schäumten vor Wut. Bin um sechs in der Früh heimgekommen."*

Am 30. August nahm das Quintett am Kent Pop Festival teil, wozu der Bassist lediglich „Gar nicht so übel" vermerkte. Das Event fand im städtischen Fußballstadion statt. Die Veranstalter erwarteten eine Menge und hatten wenig Erfahrung, weshalb sie weitgehend unbekannte Lokalkapellen buchten. Deep Purple ließen sich zu der Zeit kaum als Zugpferd bezeichnen, und nur Freddy Mac Experience hatten ein gewisses Renommee. Die Macher schrieben rote Zahlen, die eine zweite Ausgabe des Festivals ausschlossen.

September/Oktober 1969 • In diesen zwei Monaten bereisten Deep Purple sechs Länder, womit sie ihr Konzertpensum abermals erhöhten. Die Aufführung des *Concerto* war zweifelsohne die Krönung, doch den Anfang machte ein Abstecher für drei Shows nach Skandinavien, wo die Band im April 1968 ihren allerersten Auftritt bestritten hatte. Laut Melody Maker waren auch drei Termine in Deutschland im Gespräch, woraus jedoch anscheinend nichts wurde). Zwei Shows an einem Abend zu spielen konnte vorkommen. Am 6. September boten sie beispielsweise ein dreiviertelstündiges Programm in Schweden, das um 20 Uhr begann, und legten danach 70 Meilen bis nach Dänemark zurück, um dort gegen Mitternacht aufzutreten. Für ein paar weitere Einzelkonzerte kehrte die Gruppe in ihre Heimat zurück, u.a. als Support für Rory Gallaghers Taste im Winter Gardens in Malvern. EMI brachten nun auch verspätet das dritte Mk-1-Album heraus, zu dessen Bewerbung sie den relativ einprägsamen Spruch „Und so schreiten Deep Purple voran …" ebenso verwendeten wie für jene der *Concerto*-Aufführung.

Oft fielen die Kritiken dazu auch positiv aus (*„Eine gute Platte, die deutlich zeigt, wie talentiert diese wenig beachtete Band ist"*), doch die Mk 2 schien das Album live verbissen ignoriert zu haben, was insofern schade ist, als einige enthaltene Tracks der neuen Besetzung gut gestanden hätten. Stattdessen bestand ihr Programm fürs Erste vor allem aus *Kneel And Pray, Child In Time, Wring That Neck, Paint It Black* und *Mandrake Root*. Im Zugabeteil pflügten sie durch den Cover-Garten, indem sie *Good Golly Miss Molly* (vielleicht Rogers Vorschlag, da dieses Stück, als es veröffentlicht worden war, sein Interesse an Popmusik geweckt hatte) und/oder *Lucille* spielten.

4B • Concerto For Group & Orchestra

„Auf unseren Blättern standen nur Bemerkungen wie ‚auf die blöde Melodie warten, Malcolm im Auge behalten und bis vier zählen'." Roger Glover

Obgleich *Concerto For Group And Orchestra* ein von der neuen Richtung, die MK 2 einschlug, unabhängiges Projekt war, könnte man einwenden, dass progressive Rockbands *genau* so etwas – Möglichkeiten abseits des Konsens erkunden – versuchen sollten. Die damit verbundene Arbeit griff tatsächlich auch auf die Proben und Aufnahmen zu *In Rock* über, aber was vielleicht noch wichtiger war: Sie zog Probleme innerhalb der Gruppe nach sich, was ihre Selbstwahrnehmung betraf. Das Projekt war zweifellos Jons Steckenpferd. Mit seinen Musikkenntnissen hatten Deep Purple Songs ihres ersten Albums mit klassischen Themen verbrämt, Streicher auf ihrem zweiten spielen lassen und auf dem dritten schließlich das längere *April* präsentiert, das einen für ein kleines Orchester komponierten Satz enthielt; fest stand, dass Lord einen musikalischen Weg eingeschlagen hatte, auf dem er sich auskannte und dem er folgen musste.

Selbst sagte er: *„Ich hatte gerade das Album Brubeck Plays Bernstein gehört. Darauf spielt das Dave Brubeck Quartet mit den New Yorker Philharmonikern unter Dirigent Leonard Bernstein. Überragend fand ich es nicht, sondern nur spannend, obwohl ich Paul Desmonds Saxofon liebte und ein Freund von Brubecks Klavierspiel war, doch auch das beeinflusste mich nicht sonderlich stark."* (JL in Modern Keyboard, Januar 1989)

Das Album, dessen vollständiger Titel *Bernstein Plays Brubeck Plays Bernstein* lautet, erschien 1960. Es handelte sich um eine Aufnahme des Quartetts von Dave Brubeck mit dem New York Philharmonic Orchestra, die Howard Brubecks (Daves Bruder) *Komposition Dialogue For Jazz Combo And Ork* darboten.

„Dadurch kam ich lediglich auf eine Idee: Wie wär's, so etwas mit einer Rockband zu probieren? Warum versuchen wir nicht, die Grenzen zwischen Populärmusik und dieser sogenannten ‚ernsten' Musik aufzuweichen – von beiden Seiten her? Das fiel mir noch zu der Zeit ein, als ich bei The Artwoods (Die Band von Art Wood, Ron Woods älterem Bruder) spielte. Mit einer solchen Band hätte ich so etwas nicht umsetzen können; ein paar Jahre später jedoch, als ich zu Purple gehörte, erinnerte ich mich daran, und ihre beiden Manager hatten wirklich einen dicken Batzen Geld in irgendeiner alten Socke stecken, um das Orchester zu bezahlen. Ich dachte:

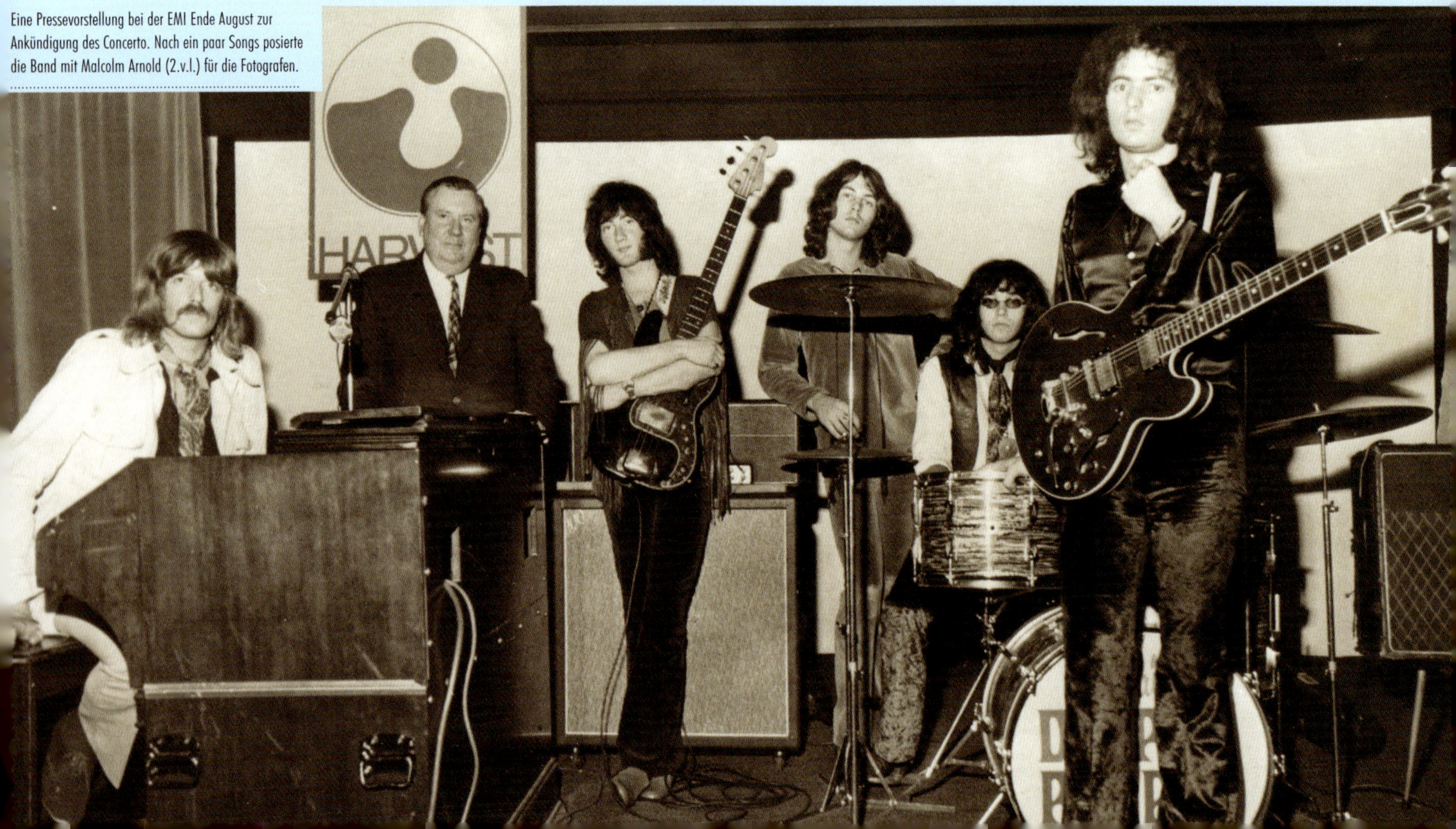

Eine Pressevorstellung bei der EMI Ende August zur Ankündigung des Concerto. Nach ein paar Songs posierte die Band mit Malcolm Arnold (2.v.l.) für die Fotografen.

‚Hier ist die Band, da das Geld, und ich habe die Idee!'"

„Ich spielte ihm [Manager Tony Edwards] das Album von Brubeck vor, woraufhin er fragte: Er wollte wissen, was das sei, und ich antwortete: ‚Eine Jazz-Combo, die mit einem Sinfonieorchester spielt. Ich hingegen will eine Rock 'n' Roll Band mit einem Orchester zusammenführen!' Er fragte: ‚Du meinst Deep Purple, nicht wahr?', Wen sonst?', erwiderte ich. Als er wissen wollte, ob ich mich mit Orchesterkomposition auskannte, gestand ich: ‚Nein, aber ich werde es lernen.'" (JL zu Kieron Tyler, Mojo, Januar 2003)

Tony Edwards: *„Jon Lord erzählte mir nach ihrer Amerikatour, er würde schon lange davon träumen, ein Stück zu schreiben, das eine Rockband gemeinsam mit einem Sinfonieorchester aufführen könnte. Ich fragte bloß: ‚Wie lange würde das dauern?' Als wir nach Hause zurückkehrten, buchte ich die Royal Albert Hall, was ihn entsetzte. Nach dem ersten Schrecken fand er das aber wunderbar."*

John Coletta: *„Wir brauchten etwas, um auf die Band aufmerksam zu machen, und hielten dies für ein gutes Mittel. Ich meine, im Grunde sträubten sich die anderen Mitglieder dagegen, weil sie es für kontrovers hielten, weil es sich zu weit vom Rockkontext wegbewegen würde, was gewissermaßen auch stimmte, doch ich glaube nicht, dass es ihnen irgendwie geschadet hat. Auf lange Sicht hin half es ihnen sehr."* (Voxpop, 1972)

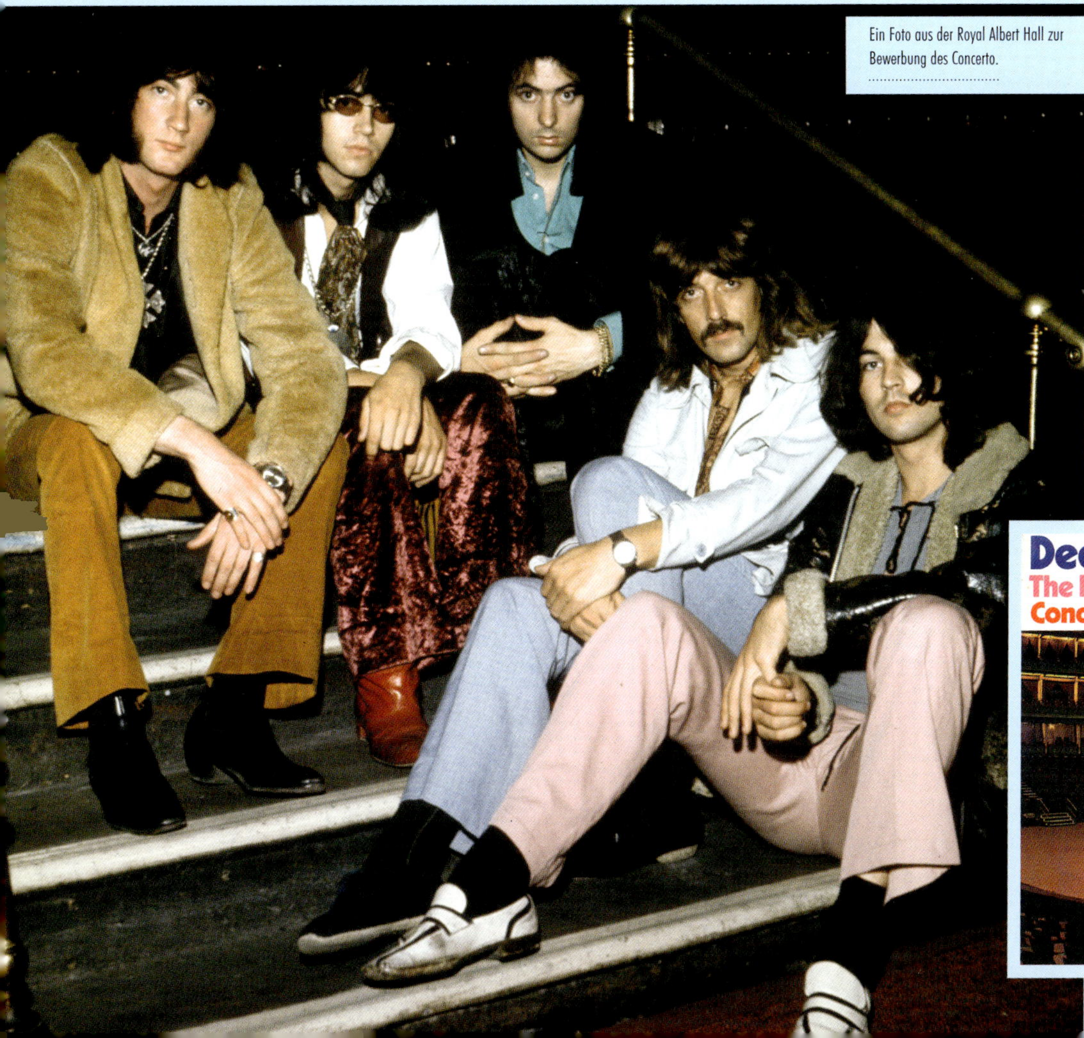

Ein Foto aus der Royal Albert Hall zur Bewerbung des Concerto.

Nachdem er grünes Licht erhalten hatte, arbeitete Jon emsig an seinem Werk. Die meisten Einfälle schrieb er direkt aus dem Gedächtnis nieder, statt sie an einem Tasteninstrument zu rekapitulieren, was ihn hemmte, wie er später zugab. *„Das Komponieren war nicht leicht, machte aber so viel Spaß, dass ich nicht behaupten kann, es hätte mich angestrengt. Dass es nicht völlig einzigartig klingt, ließ sich kaum vermeiden, aber*

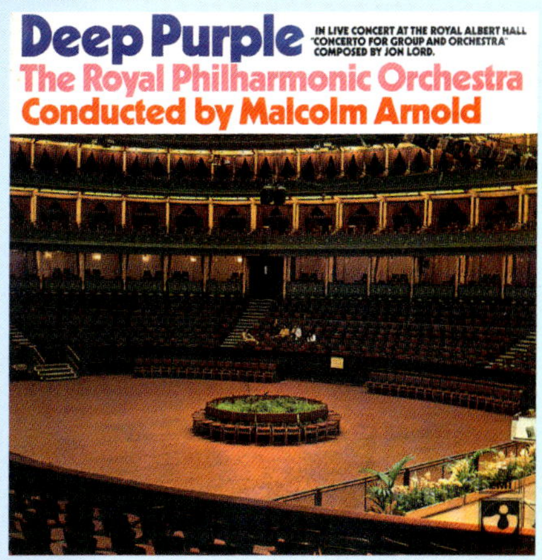

hoffentlich erkennt man meine eigene Handschrift darin. Auf jeden Fall enthält es alles, wovon ich beeinflusst wurde.“

Tony Edwards besprach sich mit Ben Nisbet von Deep Purples Verlag. Mit seiner Hilfe sicherte man sich die Dienste des Dirigenten und Komponisten Malcolm Arnold, der dem Unterfangen erheblich auf die Sprünge half. Er konnte Lord auf praktischerer Ebene unterstützen: beim Schreiben von Partituren, indem er zu bedenken gab, was sich mit den jeweiligen Instrumenten umsetzen ließ bzw. nicht.

Der Druck, diese ambitionierte, experimentelle Fusion aus Klassik und Rock zu vollenden, war gewaltig und beeinträchtigte das Songwriting zu *In Rock*, da Jon mehrere Proben im Hanwell Centre versäumte, was besonders Blackmore gegen den Strich ging (obgleich er sich in dieser Hinsicht selbst an die Nase fassen durfte).

Die Neulinge Ian Gillan und Roger Glover wurden im Zuge des Projekts ins kalte Wasser geworfen; Roger: *„Jon war sehr zuvorkommend, denn niemand von uns konnte Noten lesen. Auf unseren Blättern standen nur Bemerkungen wie ‚auf die blöde Melodie warten, Malcolm im Auge behalten und bis vier zählen‘.“ Bei dem ganzen Treiben wurde man ehrfürchtig. Nie zuvor hatte ich so viele Musiker in einem Saal gesehen. Es hat mir ganz gut gefallen, war ein richtiges Abenteuer und bescherte uns viele Schlagzeilen. So erlebte ich zum ersten Mal, was es bedeutet, im Mittelpunkt des allgemeinen Interesses zu stehen.“* Inzwischen wurde das Mk-1-Album Deep Purple bei Gewinnspielen verschenkt. Gillan und Glover waren leicht verwirrt, wenn sie gebeten wurden, es mit Autogrammen zu versehen (Roger hatte sich schon *The Book Of Taliesyn* gekauft, um sich zu vergewissern, welche Besetzung darauf verzeichnet war).

Es gab stehende Ovationen seitens des Publikums, die eine Viertelstunde dauerten, und durch die Veranstaltung fanden Deep Purple eine bis dahin ungekannte öffentliche Beachtung. Den meisten Zeitungen entging die Tatsache, dass es Liebhaberei gewesen war, worüber sich Jon ärgerte. Geduldig erklärte er: *„Wir wollten die Grenzen zwischen Pop und Klassik nicht einreißen. Hätten wir das versucht, wäre es zu einer Katastrophe gekommen. Mir schwebte eine Annäherung vor, bei der zwei relative Gegensätze dennoch miteinander harmonierten, und das klappte letztendlich auch.“*

Ohnehin stand er mit seiner Vision nicht alleine da; wenige Wochen später nahmen The Nice ihre *Five Bridges Suite* auf, geschrieben größtenteils von Keith Emerson, der damit ein Orchester mit Blechbläsern und Jazzrock zu verschmelzen suchte. Die sinfonischen Parts waren recht einfach gehalten, aber reizvoll, obgleich das Ganze im Vergleich zu Lords Werk den Kürzeren zieht. Bei der Gelegenheit rockten The Nice auch gemeinsam mit Orchester zu mehreren klassischen Kompositionen. Dass Jon und Keith nie dazu kamen, etwas zusammen zu schreiben, aufzuführen oder einzuspielen, obwohl sie ebendies nach ihren jeweiligen Alleingängen andachten, ist sehr bedauernswert.

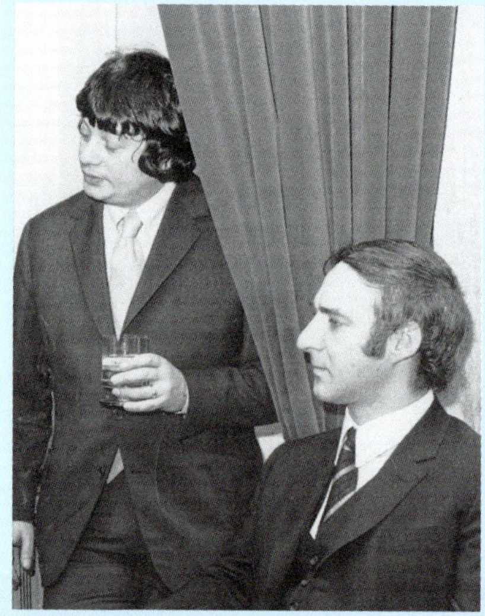

Deep Purples Manager John Coletta (l.) und Tony Edwards 1969.

Das Vinyl *Concerto For Group And Orchestra* erschien im Dezember ’69 in den USA und im Januar ’70 in Großbritannien. Dort stieg es am 18. des Monats auf Platz 26 der Charts ein, den es eine Woche lang hielt, ehe es abstieg. Das Ereignis wurde auch gefilmt, jedoch erst im April im britischen Fernsehen gezeigt, und leider war niemand so umsichtig gewesen, die Kameras bei Deep Purples Songs ohne Orchester laufenzulassen. Mochte das eine oder andere Mitglied seinerzeit gemurrt haben, wurde ihnen im Nachhinein bewusst, wie wichtig das Event war, um die Allgemeinheit an die Band heranzuführen. Ian Gillan gehörte zu denjenigen, die dies erkannten. *„Ich hatte mich völlig darin getäuscht. Die Leute beschäftigten sich danach eingehender mit uns, wodurch sie auch auf den anderen Kram stießen, den wir spielten.“*

Roger: *„Die Folge des Concerto war ein gewaltiger Bekanntheitsschub, aber bei uns intern kam es nicht so gut an. Jon wurde als Anführer bejubelt, was Ritchie überhaupt nicht schmeckte. Ian Gillan sah es mehr oder weniger genauso. Die Kluft zwischen Jons Neigung zum Sinfonischen und Ritchies rauerer Art wurde unüberbrückbar, als wir nach der Orchestersache weitere Gigs spielten. Auch wenn die Band dadurch bekannter wurde, tat es ihr musikalisch nicht gut.“*

Ritchie: *„Mit In Rock lehnte ich mich gegen gewisse klassische Tendenzen innerhalb der Gruppe auf. Ian Gillan, Roger Glover und ich wollten harten Rock spielen – Rock 'n' Roll, sonst nichts. Deshalb drängten wir in ebendiese Richtung.“* (RB in Guitar World, Februar 1991)

Um genau zu sein, hatte die Band schon begonnen, rockiger zu werden, und das Album entstand nicht aus unmittelbarem Trotz, wie Jon bekräftigte: *„Ja, so wird es zwar wahrgenommen, doch in Wirklichkeit war es nicht so einfach. Wir entwickelten uns eigentlich bereits dorthin [zum Hardrock], hatten kurz vorher Ian [Gillan] und Roger Glover hinzugenommen, mit denen wir Songs schrieben, die dann zu In Rock wurden.“*

„Das war eine schwierige Phase beim Komponieren und Arrangieren für das Concerto. Ich kam morgens um zwei Uhr nach Hause, kochte mir eine Kanne Kaffee und arbeitete, bis es hell wurde. Fakt ist, wir hatten uns schon entschieden, und zwar im gegenseitigen Einvernehmen, wie ich betonen möchte. Das Album war nicht bloß Ritchies Reaktion auf meinen Klassik-Ausflug.“ (JL in der Oper Sydney, Januar 2003)

Gemunkelt wurde ferner von interpersonellen Spannungen im Lager der Band. Jon wirkte nach außen hin zusehends wie der Leitwolf von Deep Purple und zog Berichten zufolge den Groll der anderen Mitglieder auf sich. Seine Bemerkungen dazu: *„Man warf uns vor, [mit dem Concerto] dem Trend zu folgen, Klassik und Rock miteinander zu verbinden. Es sollte nie zu einem stilprägenden Element von Deep Purple werden. Für uns markierte es einen Wendepunkt in unserem Heimatland, spaltete die Band aber auch. Die anderen fürchteten sich vor etwas, das ich nicht zur Kenntnis genommen hatte, nämlich dass die Leute nicht so recht wüssten, was sie von uns halten sollten. Sie glaubten, ich würde sie nicht mehr berücksichtigen, und man zwinge uns, Hunderte von Concertos zu spielen, von wegen ich hätte keine Lust mehr auf Rock 'n' Roll.“*

Die Lage spitzte sich dermaßen zu, dass irgendwann Gemauschel aufkam, Jon habe beschlossen, die Gruppe zu verlassen. Im Januar 1970 stand in der wöchentlichen Melody-Maker-Rubrik „Raver's Tonic“: *„Jon Lord weist wilde Gerüchte von einer bevorstehenden Trennung Deep Purples vehement zurück.“* Er versicherte seinen Mitmusikern, dass er Deep Purple verbunden bleibe, doch ein paar Baustellen gab es noch, u.a. eine weitere Aufführung des Concerto in Amerika, zu der sie sich bereiterklärt hatten. Zudem war Jon mit dem Komponieren eines zweiten orchestralen Werks mit Rockbegleitung beauftragt worden (daraus wurde die *Gemini Suite*). Die restlichen Mitglieder ließen sich unter der Voraussetzung darauf ein, dass möglichst wenig Aufhebens darum gemacht würde und dies Deep Purples letzter Ausflug in solche Gefilde sei.

Zum Glück schaffte man die Probleme vom Tisch. Wie die Band ohne Lord hätte fortfahren und *In Rock* fertigstellen sollen, ist kaum vorstellbar, denn damals reichten ihm nur wenige Keyboarder mit ihren Fertigkeiten das Wasser. Sein Input war für den Sound der Gruppe entscheidend, und ihre neue Ausrichtung ergab sich aus der musikalischen Interaktion zwischen allen Mitgliedern. Außerdem: Wäre das Management noch an einer weiteren Zusammenarbeit interessiert gewesen, wenn sich Jon ausgeklinkt hätte?

Die Aufführung des *Concerto* in Übersee sollte von Bob Dylans Manager Albert Grossman eingefädelt werden. Das Royal Philharmonic Orchestra plante einen Besuch in den Vereinigten Staaten und gedachte, sich im Zuge dessen (unentgeltlich) daran zu beteiligen. Alles deutete darauf hin, dass es in der Carnegie Hall geschehen würde. *„Wir fliegen nur für zwei Tage hinüber, um zu spielen, doch wie wir erfahren haben, ist die Carnegie Hall schon für eine andere Veranstaltung ausgebucht.“* (JL in Beat Instrumental, September 1969)

Schließlich zog die Band das Konzert im August 1970 mit den Philharmonikern von Los Angeles im Hollywood Bowl durch. Wie in der Royal Albert Hall spielte sie auch Stücke ohne Orchester[2], namentlich *Wring That Neck* und *Child In Time*.

Das Vorhaben, das Concerto auch in Japan zu präsentieren, wurde verworfen. Wiederholt wurde die Aufführung in der Royal Albert Hall zu ihrem 30. Jubiläum 1999. Im Anschluss tourte die Band mit einem Orchester, heute interpretieren andere Ensembles und Musiker das Werk. 2011 überarbeitete Jon die Komposition für ihre erstmalige Studioaufnahme.

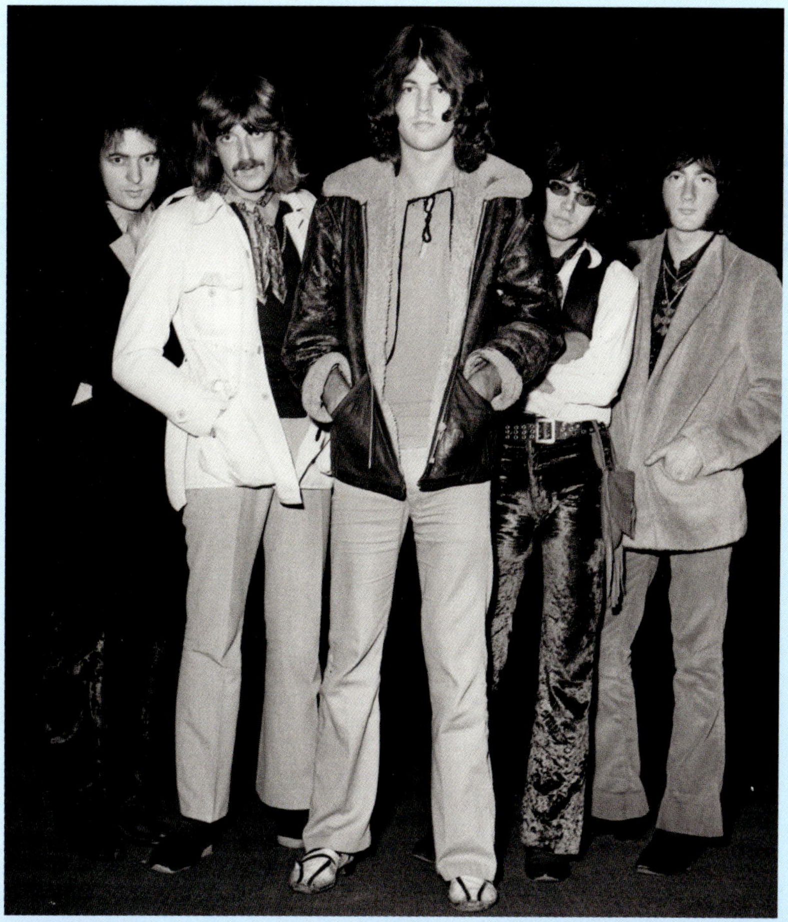

4C • Unterwegs – Oktober/November 1969

„Man entwickelt sozusagen telepathische Fähigkeiten, ein stilles Verständnis füreinander." Ian Gillan

Nach ihrem großen Moment in der Royal Albert Hall am 24. September prüfte die Band die Kassen, wie Roger sich entsinnt: *„Wir standen nach dem Concerto vor einem Schuldenberg, weshalb wir dringend Geld mit Auftritten verdienen mussten und nur vereinzelt etwas aufnehmen konnten."*

Der Monat endete also mit einigen weiteren regulären Gigs, beispielsweise am 27. im Nottingham College, und ein wenig mehr Zeit zum Proben, bevor Anfang Oktober ein halbes Dutzend Shows in Mitteleuropa anstanden, hauptsächlich als Headliner in Deutschland, aber auch im Vorprogramm von The Nice in Amsterdam. Live kam die Gruppe gut genug an, um sich wiederholter Verpflichtungen sicher sein zu dürfen.

Deep Purples erstes Konzert im Kasino von Montreux in der Schweiz am 4. Oktober 1969 wurde mitgeschnitten, obwohl sich niemand an die Gründe dafür erinnert. Möglicherweise waren Aufnahmen dort von Haus aus obligatorisch, und die Briten bekamen die Bänder hinterher schlichtweg ausgehändigt; später gewöhnte sich Claude Nobs, der vor Ort viele Musikevents ausrichtete, auf jeden Fall an, diese in Ton und Bild festhalten zu lassen. Vielleicht wollten Band und Management auch einen Headliner-Auftritt dokumentieren und ein vollständiges Programm dahingehend auswerten, wie die neue Besetzung live funktionierte. So oder so, die Aufnahme wurde gleich im Anschluss in Verwahrung genommen und nicht gebootleggt[1]. An jenem Abend spielte die Gruppe eine bis dahin fast zum Standard gewordene Reihenfolge von Songs: *Speed King, Hush, Child In Time, Wring That Neck, Paint It Black, Mandrake Root* und *Kentucky Woman.*

„Kneel And Pray beginnt mit einer der wahrscheinlich letzten Darbietungen von Speed King ohne dessen endgültigen Text. Die Zweizeiler der ersten Strophe kennt man, doch der Rest der Worte ist anders. Instrumental ist das Stück späteren Live-Fassungen, die sich der Studioversion annähern, relativ ähnlich, obwohl der Wechsel zwischen Gitarre und Gesangsstimme fehlt, der während der darauffolgenden Monate zu einem tragenden Element werden sollte." (Rezension von Matthew Kean)

Hush wurde als möglicher Bezugspunkt für Gäste berücksichtigt, welche die Single gehört haben mochten, denn die Schweiz gehörte

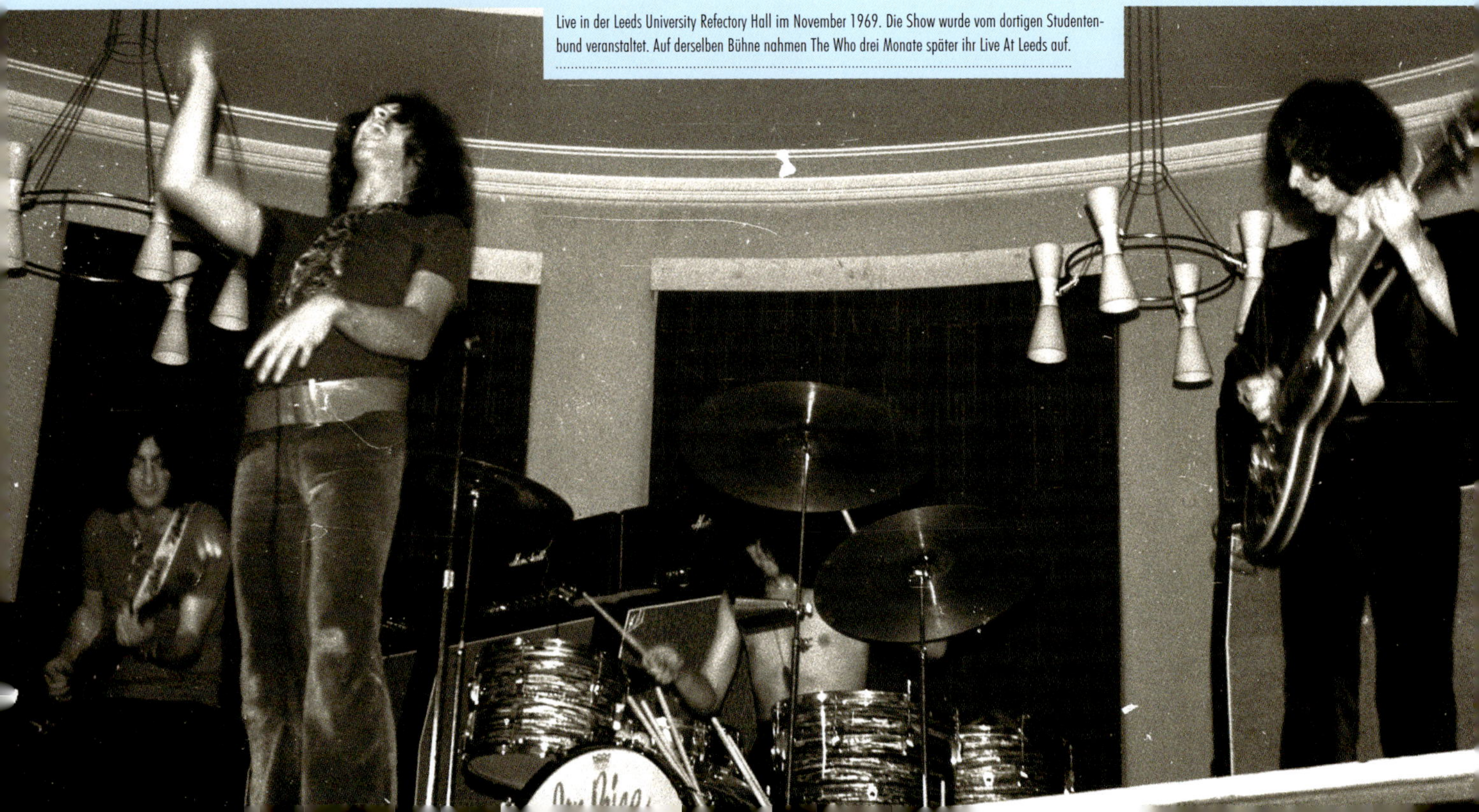

Live in der Leeds University Refectory Hall im November 1969. Die Show wurde vom dortigen Studentenbund veranstaltet. Auf derselben Bühne nahmen The Who drei Monate später ihr Live At Leeds auf.

zu den Ländern, in denen sie gut angekommen war; sie hatte am 29. Oktober 1968 auf Rang 7 der nationalen Radiocharts gestanden. Ian Gillan bemerkte später, die Gründungsmitglieder hätten den Song ungern gespielt, weil es sich um ein Cover handelte. Es wurde eine kurze Zeit lang durch *Into The Fire* und schließlich *Black Night* ersetzt. Wie Matthew Kean allerdings in den Liner Notes schreibt, war dies insofern bedauerlich, als der Track eine spannende Entwicklung durchmachte (viel spannender, als bei der Wiedervereinigung jener Besetzung in den 1980ern kolportiert wurde).

Child In Time haben wir auf S. 19/20 besprochen, wohingegen *Wring That Neck* durch herausragende Orgelarbeit glänzt, mit der Jon allen die Show stichlt. „*Blackmore und Lord (wie damals üblich) wetteifern um die Vorherrschaft und versuchen, sich gegenseitig zu übertrumpfen, wobei sie mühelos zwischen Jazzakkorden und simplem Rhythmusspiel vor allem von Ritchie pendeln, bevor sie mit kreischenden Solos in höhere Sphären abheben. Kaum auszudenken, wie aufregend es gewesen sein mag, hautnah dabei zu sein. Nach knapp sechs Minuten geht es gedämpfter zu, während Paices Shuffle und Glovers pulsierender Bass ein paar charmante Fingerübungen von Blackmore unterfüttern. Dann drückt die Band wieder auf die Tube, und mit wirklich haarsträubenden Gitarreneskapaden bahnt sich eines der vielen Crescendi des Songs an. Schließlich zügelt sich Blackmore, sodass sich Lord ohne Begleitung austoben kann, was er mit seinen klassischen Anwandlungen tut. Er zieht alle Register, ehe er die Staffel wieder an den Mann in Schwarz übergibt, der dann ebenfalls seinen Solospot bekommt.*“ (Rezension von Martin Ashberry)

Die Performance von *Mandrake Root* ist besonders hörenswert. Jon Lord zitiert in seinem Solo sogar die Beatles, und mancher

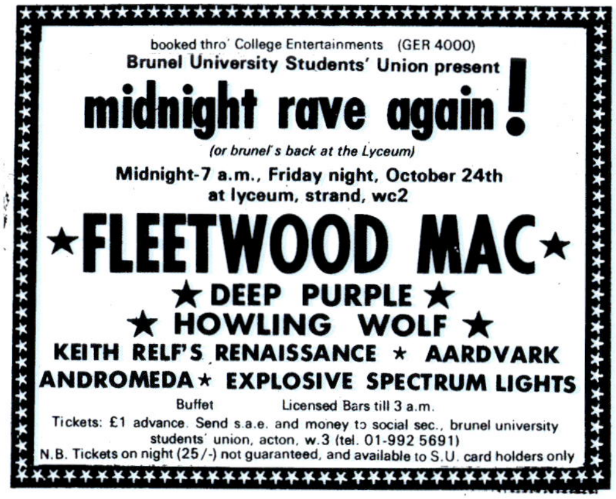

Fan macht im Verlauf des Tracks Anspielungen sowohl auf *The Mule* als auch *Grabsplatter* aus. Matthew Kean wieder: „*Kritiker verdrängen Augenblicke wie diesen, wenn sie die Band als von Lautstärke besessene Idioten abkanzeln. Das ist der ‚Jazzrock', von dem Roger Glover in Gedenken an seine Anfangszeit bei Deep Purple spricht. Miles Davis näherte sich diesem Punkt übrigens bekanntermaßen aus einer anderen Richtung, als er im August und November 1969 Material für sein wegweisendes Album Bitches Brew sichtete. Der kanadische Radiomoderator Chris Meloche hat in seiner Sendung ‚Wired For Sound' nacheinander Platten von Davis und Purple gespielt, womit er diese Einschätzung praktisch bestätigte.*“

Als Zugabe wird dem Publikum die heute einzige erhalten gebliebene Mk-2-Version von *Kentucky Woman* kredenzt, das im Original von Neil Diamond stammt und auf *Book Of Taliesyn* enthalten war. Falls es dem Hörer ein wenig unrund vorkommt, liegt das vermutlich daran, dass die Band es nicht oft gespielt hatte, denn wenn sie für andere einheizte, fielen Zugaben weg. Jons Keyboardsolo tauchte angeblich sogar in mehr oder weniger jüngerer Zeit, den späten 1990ern, als Einleitung zu *Lazy* wieder auf.

Denkwürdig machte diesen Kurztrip ins Herz Europas der unleugbar sonderbarste Ausflug der Gruppe in cineastische Gefilde, der avantgardistische Streifen P2. Werner Schretzmeier, ein deutscher Filmemacher, wollte damit offensichtlich Kritik am Kapitalismus üben, und das Ergebnis zu beschreiben ist nahezu unmöglich; gesehen haben sollte man aber auf jeden Fall eine subtil homoerotische Szene, in der die Band in einem Bett durch die Landschaft kutschiert wird, während sich die Mitglieder (Manager John Coletta huscht in einem weißen Nachthemd herum) gegenseitig die Arme streicheln. Außerdem gab es drei Mk-1-Stücke im Playback zu bewundern.

Das Quintett trat auch erstmals bei einer deutschen Großveranstaltung auf. Es stand auf dem vollgepackten Spielplan des dreitägigen Es-

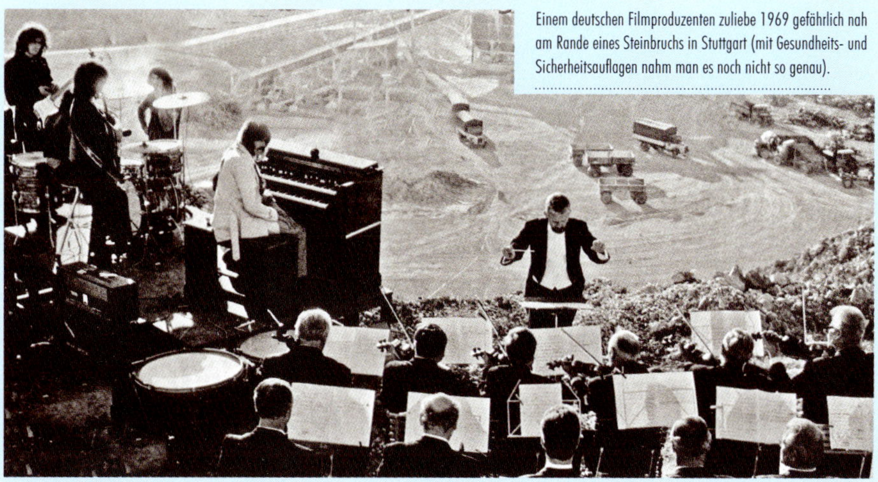

Einem deutschen Filmproduzenten zuliebe 1969 gefährlich nah am Rande eines Steinbruchs in Stuttgart (mit Gesundheits- und Sicherheitsauflagen nahm man es noch nicht so genau).

1 Das Label Sonic Zoom veröffentlichte sie 2003 offiziell unter dem Titel Kneel And Pray.

sen Pop Festivals, wo auch Yes, Pink Floyd, The Nice und Taste zu Gast waren. Wie in Bilzen wurden einige Künstler gefilmt, doch von Purple gibt es nur verrauschte Schwarzweißclips, erneut von den beiden Instrumentalsongs.

Nach dieser ereignisreichen Tour kehrten sie am 18. Oktober nach Großbritannien zurück und begannen endlich mit der Produktion des Albums, indem sie *Kneel And Pray* (die Frühfassung mit Klavier) und *Living Wreck* aufnahmen. Abgesehen davon, dass die Gruppe den Ärmelkanal hin und wieder überquerte, um weiteren Konzertverpflichtungen nachzukommen, klotzte sie nun wirklich ran und blieb in erster Linie zu Hause, um *In Rock* unter Dach und Fach zu bringen. Während der Aufnahmen wickelten sie nichtsdestoweniger mehr als 70 Shows ab. Als die Bandmitglieder zu einem dieser Termine auf der Matte standen, stellten sie verdutzt fest, dass der Veranstalter eine Bläserkapelle engagiert hatte, weil ihm zu Ohren gekommen war, seine Gäste würden mit Orchester auftreten, und er sei außerstande gewesen, ein solches aufzutreiben …

Nach einem Gig als Hauptact in Weston-super-Mare am 25. des Monats machten sich die Musiker auf den Weg nach Leeds, wo am 30. ein Auftritt als Vorgruppe in der Universität anstand. Nach dem Concerto hatte sich ihre Gage praktisch verdoppelt, weshalb sie selbst als Support wie bei dieser Gelegenheit ungefähr 150 £ bekamen, wo sie zuvor nur knapp die Hälfte verdient hätten. Ab und an erlaubte HEC, dass sie für das gleiche Geld wie früher Konzerte in kleinen Londoner Clubs gaben, die mit geringem Reiseaufwand verbunden waren, doch diese Zeiten sollten bald der Vergangenheit angehören. Ende des Monats zog die Gruppe ihre vierte BBC-Session für die „Stuart Henry Show“ durch (ausgestrahlt am 9. November ’69), wobei sie *Speed King* in fast vollendeter Form, erstmals Living Wreck (fehlt auf dem erhaltenen BBC-Tonband) und *Jam Stew* einspielten. Das war eine günstige Gelegenheit

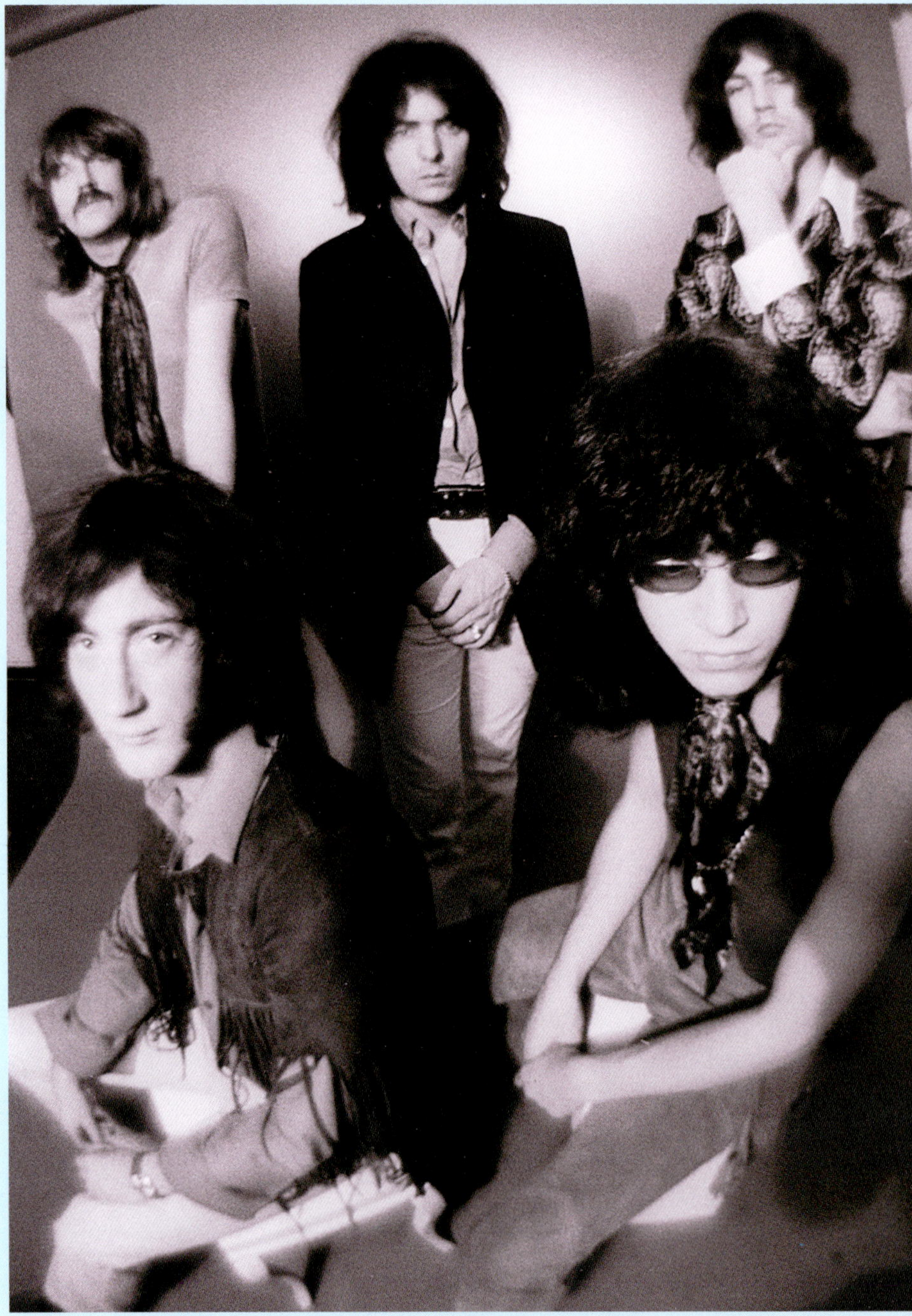

für Eigenwerbung und ein Vorgeschmack auf *In Rock*, statt dass sie wie zuvor auf Material der Urbesetzung hätten zurückgreifen müssen.

November/Dezember 1969 • Gegen Jahresende bürdeten sich Deep Purple noch mehr Arbeit auf und spielten im Schnitt alle zwei Tage live, bisweilen fünfmal hintereinander ohne Ruhetag. Dieser Aufwand war nötig, um den Laden am Laufen zu halten und die Butter aufs Brot zu bringen. Auf Fotos, die bei Presseevents gemacht wurden, sieht die Band aus, als hätte sie sich aus einem Altkleidercontainer bedient, und im Lauf der letzten beiden Monate des Jahres legte sie im Königreich über 3.500 Meilen zurück.

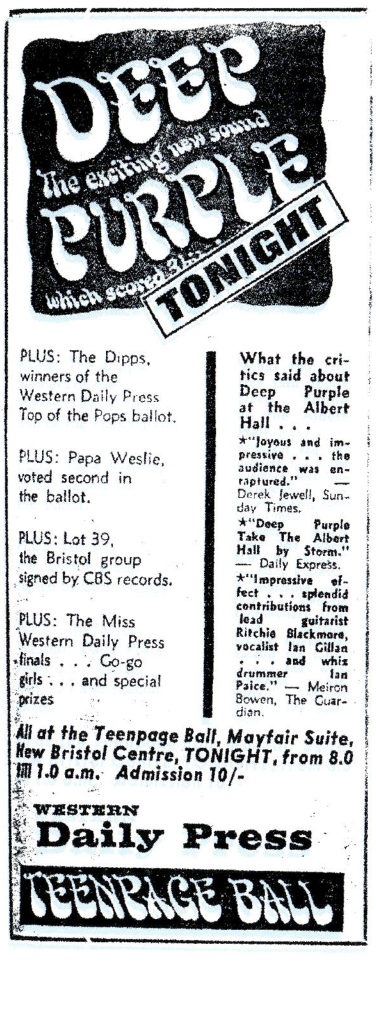

Dass sie fähig gewesen wäre, binnen weniger Wochen ein Album aufzunehmen, wenn sie nach dem *Concerto* Zeit dazu gefunden hätte, ist offensichtlich. Beim Komponieren und Proben war sie sehr produktiv gewesen, nicht zu vergessen die Tatsache, dass Mk 1 ihre ersten beiden Langspieler jeweils innerhalb von ein paar Tagen im Kasten hatte, das Debüt sogar nach einem langen Wochenende. Ihr Management HEC stand jedoch mit etwas mehr als 19.000 £ (heute wären es ungefähr 25.000 £) im Soll. Hinzu kam, dass die beiden Köpfe Probleme klären mussten, die durch das Ende des Labels Tetragrammaton in Amerika entstanden waren. Dass sie sich auf wesentlich mehr Verluste eingelassen hätten, steht zu bezweifeln, also scheinen die finanziellen Einschränkungen der Hauptgrund dafür gewesen zu sein, wie viel Zeit zwischen den einzelnen Studioterminen verstrich. Ob die Platte auch denn ein Kracher geworden wäre, wenn die Musiker zügiger gearbeitet hätten, bleibt ungewiss; rückblickend sieht es so aus, als habe sie sich, da sie nur langsam vorankam, jeweils stärker auf die einzelnen Songs konzentrieren können. Ein zweiter Vorteil bestand darin, dass die zusätzlichen Monate auf Tour das Profil der Gruppe weiter schärften, was wiederum den Erfolg des fertigen Albums begünstigte. Der November begann mit dem Teenpage Ball, einem von der Zeitschrift Western Daily gesponserten und weiträumig beworbenen Rockkonzert am 1. des Monats in Bristol, zu dem sich etwa 600 Jugendlichen einfanden. Deep Purple wurden zwischen Lokalbands gezwängt, welche die junge Leserschaft des Blatts gewählt hatte, und musste die Bühne zudem für einen Schönheitswettbewerb räumen, bei dem der Presse zufolge „zwölf reizende Herzchen" gegeneinander antraten. „Duftes Publikum, Baby", will der Berichterstatter des Heftchens hinterher aus Ritchies Mund gehört haben.

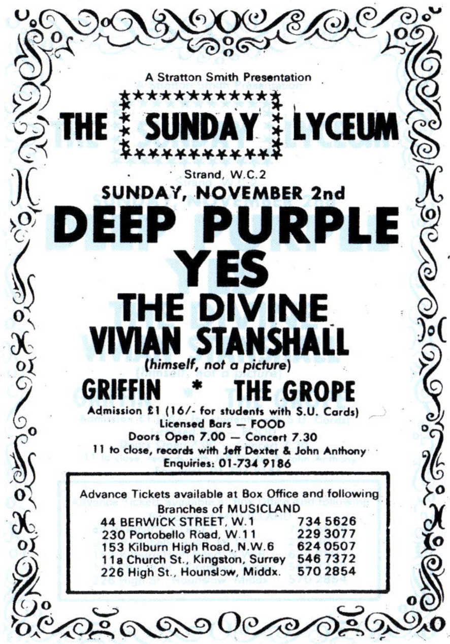

Nach einem Gig im Londoner Lyceum (mit Yes) am 2.11. und bevor sie am 7. im etwas bescheideneren King's Head in Romford spielten, fand die erste von zwei Aufnahmesitzungen jenes Novembers statt. So viel zu tun wie in diesem Monat hatte die Gruppe während der Entstehung von In Rock in keinem anderen zu tun. Sie stellte neben dem Intro zu *Speed King* am 4.11. auch weite Teile von *Child In Time* im IBC fertig.

Ian Gillan erlebte während des Konzerts im King's Head den Moment, da sich alles ineinanderzufügen schien. Im Interview mit dem Magazin Now äußerte er sich sehr positiv über die Beziehung, diie sich zwischen den Mitgliedern entwickelte, und erwähnte jenen besonderen Abend: *„Unsere Musik ist deutlich freier geworden – und so*

Und Reisefreudige dürfen nächste Woche nach Essen in Deutschland pilgern, wo es vom 9. bis zum 11. Oktober hoch hergeht … beim Internationalen Pop- und Blues-Festival 1969. Zu den Teilnehmern gehören Fleetwood Mac, Pretty Things, Spooky Tooth, Free, Aynsley Dunbar, Deep Purple, Pink Floyd, Nice, Taste und Champion Jack Dupree. Wie wäre es mit einer Woche Urlaub dort?

And if you feel like travelling to **Essen** in Germany next month, there's a great treat in store from October 9-11 . . . The International Pop and Blues Festival 1969. Among those taking part are **Fleetwood Mac, Pretty Things, Spooky Tooth, Free, Aynsley Dunbar, Deep Purple, Pink Floyd, Nice, Taste** and **Champion Jack Dupree.** Why not take a week's holiday there?

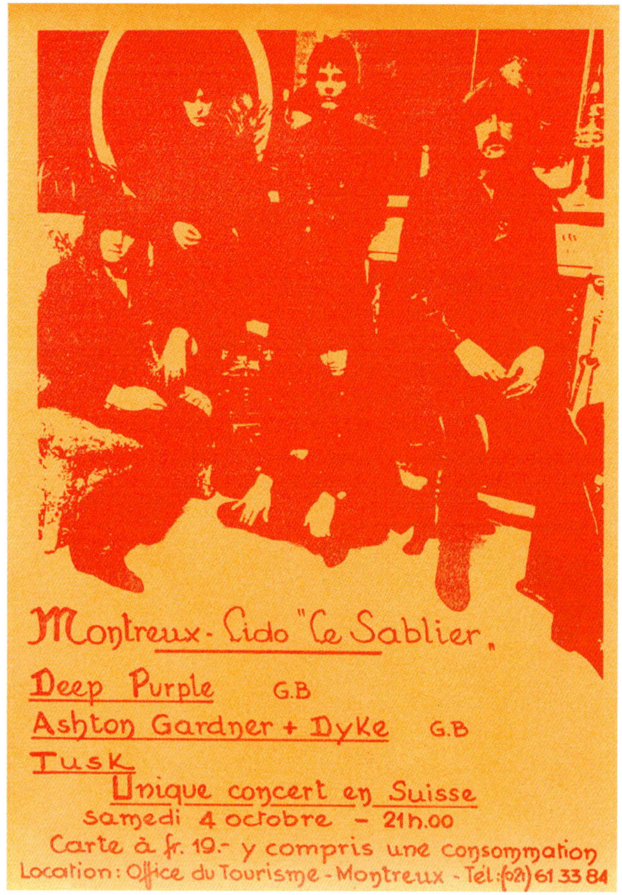

Flyer für die Deep Purple-Show im Montreux Lido, das zum Vergnügungskomplex des Kasinos gehörte, im Oktober 1969. Die Veranstalter hatten noch keine Fotos der neuen Besetzung erhalten.

fühlen wir uns auch alle. Wir lassen uns nicht mehr von festgelegten Songstrukturen einschränken, denn klar, die verhindern lediglich Improvisation und Unbekümmertheit. Außerdem wird es öde, wenn man jede Nummer bei jedem Gig mit demselben Arrangement abspult.

Ich gehöre ja schon seit Juni oder Juli zur Band (hat er das bereits vergessen? – Anm. d. Red.), aber wir sind erst jetzt dazu gekommen, uns England ein wenig zu widmen. Wir nehmen im Augenblick ein Album auf und haben uns auch etwas Zeit für Konzerte im Land genommen. Darauf freue ich mich. Egal wie erfolgreich man auswärts ist, gibt es nichts Schöneres, als den Durchbruch zu Hause zu schaffen. Der Punkt ist: Das englische Publikum stellt besonders hohe Ansprüche, weshalb man sich anstrengen muss. Vielleicht war es ein Irrtum, dass sich Deep Purple auf die Vereinigten Staaten versteiften, obwohl sie andererseits wegen Hush dazu genötigt war, das dort zu einem Hit wurde.

Obwohl wir verstärkt auf Spontaneität setzen, steigen wir nicht einfach so auf die Bühne und legen los. Sechs ausgearbeitete Stücke stehen auf unserem Programm, das anderthalb Stunden dauert. Einige Teile davon sind fix – man darf nicht nur improvisieren, sonst versumpft alles im Chaos –, doch wir gewähren einander großzügige Freiräume während der vielen Solos, und das klappt, nun da wir uns allmählich besser kennen.

Eigenartig, aber man spielt eine Weile in einer Band, ohne sich durchweg zurechtzufinden, und dann plötzlich macht es klick. Ich weiß noch, wie es mir bei Deep Purple passierte, eines Abends in Romford. Alles lief wie geschmiert, und ich fing an, mit den anderen zu kommunizieren. Man entwickelt sozusagen telepathische Fähigkeiten, ein stilles Verständnis füreinander. Bis zu jenem Auftritt war ich wohl zu stark von der Band eingeschüchtert gewesen und musste dieses Gefühl erst ablegen, damit das geschah. Vor meinem Einstieg hatte ich sie hoch angesehen – meines Erachtens stach Ritchie jeden anderen Gitarristen aus. Das tut er immer noch. Jedenfalls musste ich mich erst als Teil der Gruppe wahrnehmen, um mich gehenlassen zu können.

Ich schätze, so läuft es überall, wo man neu hinzustößt, auch auf der Arbeit in einem Büro. Während der ersten Monate geht man übertrieben förmlich mit den Kollegen um, bis man sich nach und nach eingelebt hat. Das Schöne bei Deep Purple ist der Umstand, dass wir einander alle mögen, als Menschen wie Musiker. Ich kann ohne rot zu werden sagen, dass sie Mordskerle sind und ich sehr froh bin, dazuzugehören.“ (IG in Music Now, Januar 1970)

In jüngerer Zeit äußerte sich Roger zur Musikalität und frühen Improvisationsfreude der Band, womit er zu wiederholen schien, was Gillan mehr als 30 Jahre zuvor gesagt hatte: *„Die Band legte von Anfang an Wert auf musikalische Qualität. Es ging in erster Linie um die Musik selbst, dargeboten von hervorragenden Musikern. Als ich einstieg, hätten sie keinen unwürdigeren Bassisten finden können, denn Ritchie, Jon Lord und Ian Paice spielten auf wahnsinnig hohem Niveau zusammen. So etwas hatte ich noch nie gehört. Ich war vom alten Schlag – jemand, der zur Gitarre griff, ein paar Akkorde lernte und sich langsam durchwurstelte. Sie hingegen durften sich Musiker im wahrsten Sinn des Wortes nennen, und ebendies stand seit je im Mittelpunkt der Band: Musik. Ernsthafte Musiker zocken meistens wie Jazzer, nicht wie eine Kabarett-Truppe. Darum erlebte man besonders mit Jon und Ritchie ständig etwas anderes. Meine Wurzeln lagen eher im Pop, weshalb ich jeden Abend glaubte, sie würden sich verspielen. Natürlich sah ich irgendwann ein, dass sie improvisierten und sich ein bisschen gehen ließen. Die Grundstruktur der Songs blieb größtenteils erhalten, damit die Fans sie erkannten. Genau das garantiert auch, dass sie lebendig bleiben.“* (RG zu Dennis Cook, JamBase, Juni 2007)

More shades of Deep Purple

Live hatten Purple immer spontan erfunden oder improvisiert, doch als Gillan und Roger fest integriert waren, gab es auch beim Songwriting kein Halten mehr. Die Art, wie die Gruppe Lieder der Urbesetzung auf der Bühne uminterpretierte, nahm ihre Arbeitsweise für die nächsten Jahre vorweg. Dieser Ansatz wurde oft von Hörern missverstanden, die überhaupt nicht verstanden, worum es in der Anfangszeit des Progressive Rock ging. Ian Gillan: *„Andere Bands kaschieren mit dieser Bezeichnung gern ihre eigenen Unzulänglichkeiten, aber für uns war sie eigentlich ziemlich treffend. Wir pflegten damals einen abstrakten, sehr radikalen Umgang mit Musik. Man kann ihn sogar als unser Markenzeichen von Deep Purple sehen, denn Led Zeppelin, Jethro Tull und Black Sabbath arbeiteten völlig anders. Die Strukturen, die Stimmung, die aufeinanderfolgenden Tonartwechsel, die Riffs, die Arrangements, die Dynamik – eine unglaublich hohe Dynamik, in ihrer Beschaffenheit war die Musik anderen um Lichtjahre voraus oder zumindest ein deutlicher Gegensatz zu dem, was Bands ansonsten taten. Durch die einzelnen Leistungen der Mitglieder wurden Purple zu einem Ungetüm.“* Dies zeigte sich gerade in den langen Instrumentalparts. Glover: *„In den Anfangstagen war es fast Jazz – rockiger Jazz, es zeichnete sich durch die gleiche Freiheit aus.“*

Jons Reaktion auf die Aussagen der beiden bezüglich Improvisation als Grundeinstellung liest sich interessant: *„Mir fiel das vermutlich leichter, weil ich mich harmonisch nicht einschränken musste, und auch Ritchie tat sich gewiss keinerlei Zwang an, was ihn ja auch ausgemacht hat, nicht wahr? ‚Wart mal, Ritchie, in welcher Tonart sind wir?‘, du verstehst schon … Ich glaube, ich genoss extrem viele Freiheiten, weil ich ein Gründungsmitglied war. Meiner Ansicht nach haben wir quasi den Ton angegeben, jedenfalls bis ich aussetzte. Und in frühen Videoaufnahmen kann man beobachten, wie Ritchie zu mir kommt, woraufhin ich nach unten schaue und schnell erkenne, wo wir gerade sind. Für mich war das eine der schönsten Erfahrungen, weil ich vor den Artwoods und teilweise auch noch dort mit Leuten gearbeitet hatte, die toll improvisieren konnten. Gelegentlich versuchte ich mich an Jazz, den ich liebe, auch heute die modernen Sachen, das funky Zeug. Improvisation bedeutete mir viel, weshalb sie praktisch überall zum Tragen kam, wo ich spielte. Ich reizte die Gelegenheit dazu aus, so gut ich konnte und wann immer sie sich auftat.*

Der Wert des Improvisierens besteht darin, dass man auf die eigene Vorstellungskraft zurückgreift, wie es Psychologen nennen; das ist die wissenschaftliche Erklärung dafür. Man nutzt einen Bereich des Gehirns, der nicht für erlernte Musikkenntnisse zuständig ist, sondern für die Fantasie. Sie aber schöpft aus deinen Fähigkeiten als Instrumentalist, und dadurch entstehen all diese wunderbaren Momente. Je besser man nämlich in dem ist, was man tut – das heißt: technisch –, desto besser improvisiert man. Trotzdem kann man Improvisieren nicht lernen, sondern muss sich gehenlassen und geistig offen sein, sich auf jenen Teil des Gehirns verlassen. An manchen Abenden schaute ich währenddessen auf meine rechte Hand und dachte: ‚Wow!‘ Fast schien es so, als hätte ich nicht gewusst, was sie machte, doch es war etwas Cooles. Wie dem auch sei, in den Anfangstagen hatten wir alle ein ziemlich gutes Gedächtnis und erinnerten uns an das, was auf der Bühne passierte, sodass wir mitunter beim Proben darauf zurückkamen, um zu sehen, ob es sich verwenden ließ.

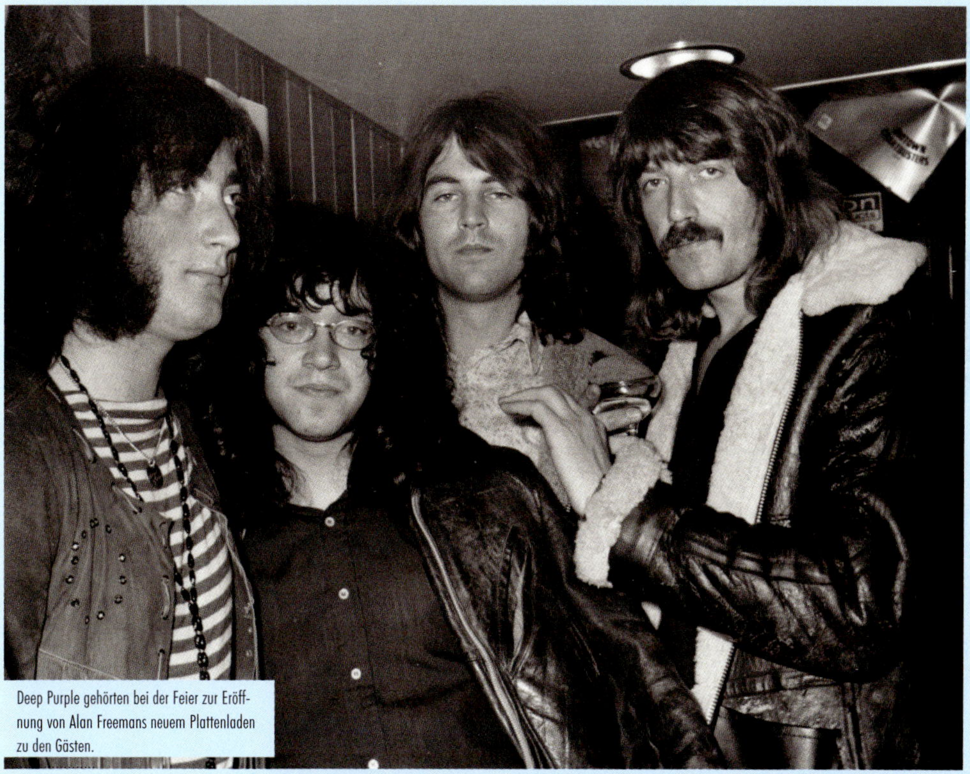

Deep Purple gehörten bei der Feier zur Eröffnung von Alan Freemans neuem Plattenladen zu den Gästen.

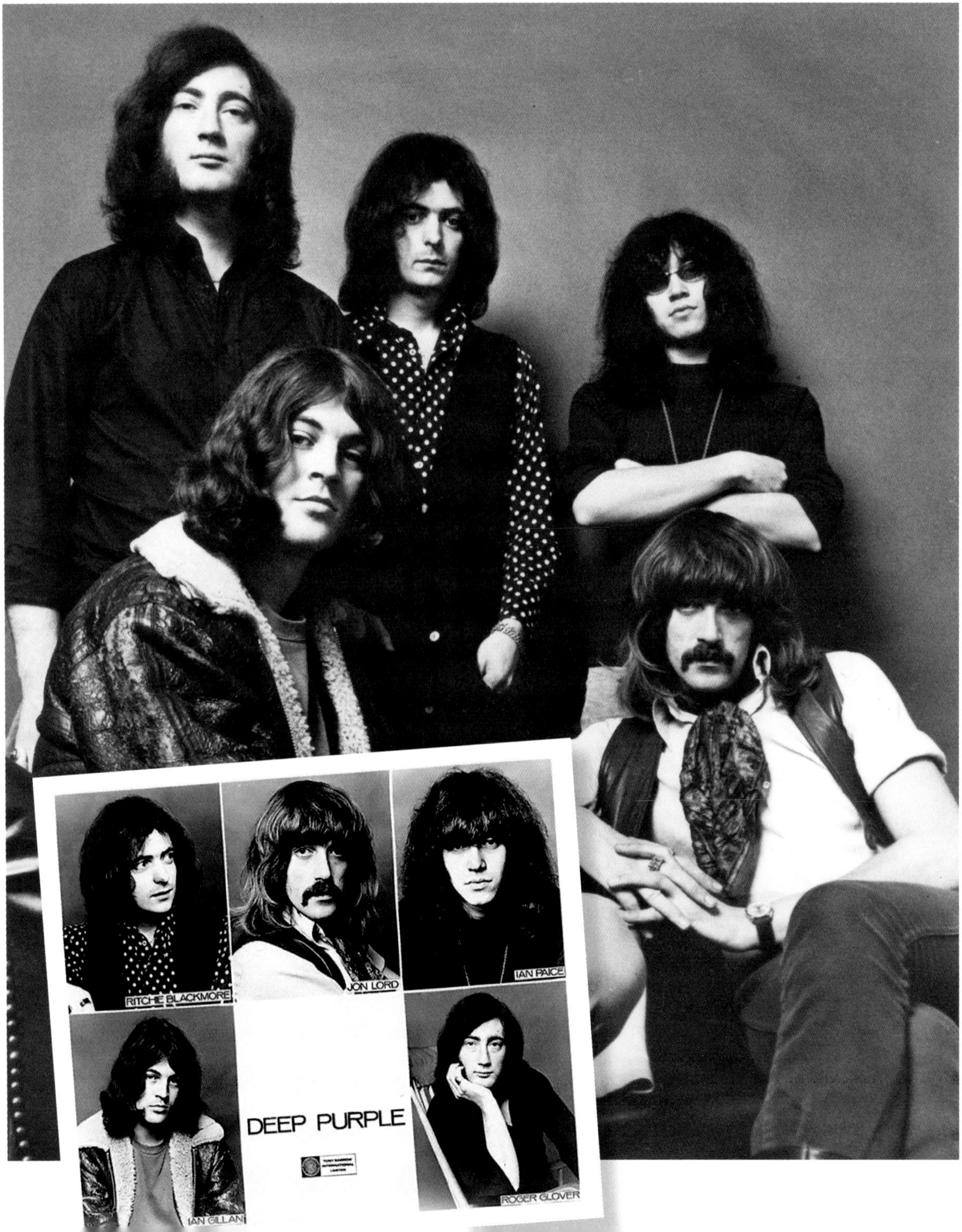

Weißt du, was unvergleichlich ist? Wenn jemand mit glänzenden Augen vor dir steht und sagt: ‚Ihr habt mein Leben verändert.' Damit trägt man eine große Verantwortung, doch sie gehört auch zu den größten Freuden aller, die mit einer Band bleibenden Eindruck hinterlassen haben, denn so etwas beweist, welche Macht Musik auf Menschen ausübt. Sie verknüpfen Erinnerungen an Augenblicke aus ihrer Vergangenheit damit.“ (JL zu SC)

Nachdem Deep Purple ihre Bühnenerfahrungen in der Aufnahme von *Child In Time* verarbeitet hatten, gaben sie fieberhaft weitere Konzerte, zuerst in Leas Cliff Hall in Folkestone am 8. November. Danach ging es über Bath, Wales und Birmingham Richtung Norden, wo sie am 15. nach Leeds zurückkehrten, ehe es sie als Vorgruppe einer Band namens The Shadettes (die bald darauf als Nazareth berühmt wurden) nach Schottland verschlug.

ONE-NIGHTERS..
● Booked for Croydon Greyhound are Yes (this Sunday), Liverpool Scene (December 14), Keef Hartley Band (21) and Deep Purple (28).

Konzertabende …
Im Croyden Greyhound spielen Yes (diesen Sonntag), Liverpool Scene (14. Dezember), die Keef Hartley Band (21.) und Deep Purple (28.).

Am 22. spielten sie an der Bradford University. Dort eröffneten The Government, eine halbprofessionelle Combo aus dem Nordosten des Königreichs, bei der ein gewisser David Coverdale sang. Er hatte in der Presse von den Besetzungswechseln bei Purple gelesen und gab Jon Lord seine Telefonnummer für den Fall, dass es mit ihrem neuen Frontmann nicht klappte; seine Band coverte bei Shows im darauffolgenden Jahr *Black Night*, Black Sabbaths *Paranoid* und mehrere T.Rex-Nummern.

Mit diesen und anderen Gigs wärmte man sich für die nächste Studiosession am 27. auf, wo *Into The Fire* und *Jam Stew* in trockene Tücher gelegt wurden. Im Dezember ging es nicht weniger geschäftig zu. Am University Of Manchester Institute Of Science And Technology erlebte sie Steve Peackock vom Melody Maker, ein ausgewiesener Fan und Verfasser eines längeren Artikels über sie im Underground-Monatsmagazin Zigzag. Falls er sich nicht vertat, spielte die Gruppe an dem Abend *Speed King, Hush, Child In Time, Wring That Neck, Paint It Black* und *Mandrake Root*. Letzteres haute ihn buchstäblich aus den Socken, seinem Bericht zufolge ein Finale, *„das die Band auf ein Niveau hievt, von dem die meisten anderen in diesem Land träumen. Lord stand gebeugt hinter seiner Orgel wie ein böser Zauberer, entrang ihm so einige schmerzhaft schöne Klänge und malträtierte sie schließlich wie ein Besessener. Er trat dagegen, schlug darauf ein und rüttelte daran herum, bis sie ächzte und brüllte wie angeschossenes Vieh, übertönt nur von Blackmores teuflischer Gitarrenarbeit. Er tanzte im Blitzlicht, wirbelte über die Bühne und schwang sein Instrument nach allen Seiten. Es war ohrenbetäubend laut und ein Spektakel, bei dem man Angst bekommen konnte.“*

Man ahnt, was er ausdrücken wollte, doch der damalige Musikjournalismus tat sich schwer, die Extreme in Worte zu fassen, die im Rockbereich aufkamen.

Erwähnen sollte man auch, dass sich die Gage der Gruppe in jenem Monat abermals erhöhte. Sie erhielt für einen regulären Auftritt 225 £ oder ein wenig mehr, wenn John Coletta glaubte, noch etwas herausschlagen zu können. Später führte er dies auf Purples höheres Ansehen infolge des *Concerto* zurück. Der Dezember klang nach einem neuerlichen Besuch im Mother's Club Birmingham und einer Woche Weihnachtspause am 28. mit einer Show im Greyhound Croydon aus.

1969 war ein ziemlich bewegtes Jahr gewesen. Spätestens gegen Ende hatte die Band alles geregelt. Sie war zwar knapp bei Kasse, doch es gab keine weiteren Studioaufnahmen von Mk 1, die das Bild hätten verwässern können, und neues Material bereicherte ihr Bühnenprogramm, wohingegen die verbliebenen Oldies dergestalt aufgemotzt wurden, dass man die Urfassungen kaum mehr dahinter erkannte. Roger hatte nachdrücklich bewiesen, was er wert war, und auch der neue Sänger machte sich prächtig. Gillan nahm viel später Bestand auf, indem er für *Abandon*, eines der stärksten Purple-Alben in jüngerer Zeit, ein Stück mit dem Titel '69 schrieb. Darin ließ er das Jahr so Revue passieren, wie es einem Texter von seinem Kaliber entspricht – mit einer nostalgischen Aufzählung der Namen jener Clubs, in denen er mehr als drei Jahrzehnte vorher aufgetreten oder als Gast eingekehrt war: *„Black Cat Woolwich, The Tiger's Head, the Café des Artistes, the Revolution and the Bag O'Nails, I'll see you down the Speak.“*

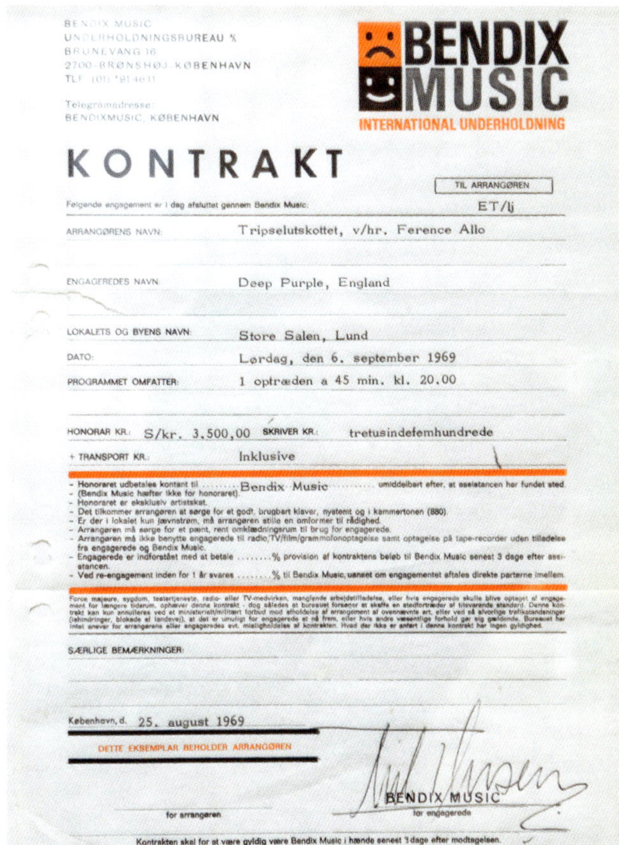

BENDIX MUSIC
UNDERHOLDNINGSBUREAU
BRUNEVANG 16
2700-BRØNSHØJ KØBENHAVN
TLF. (01) *81 46 11

Telegramadresse:
BENDIXMUSIC, KØBENHAVN

BENDIX MUSIC
INTERNATIONAL UNDERHOLDNING

KONTRAKT

TIL ARRANGØREN

Følgende engagement er i dag afsluttet gennem Bendix Music: ET/lj

ARRANGØRENS NAVN: Tripselutskottet, v/hr. Ference Allo

ENGAGEREDES NAVN: Deep Purple, England

LOKALETS OG BYENS NAVN: Store Salen, Lund

DATO: Lørdag, den 6. september 1969

PROGRAMMET OMFATTER: 1 optræden a 45 min. kl. 20.00

HONORAR KR.: S/kr. 3.500,00 SKRIVER KR.: tretusindefemhundrede

+ TRANSPORT KR.: Inklusive

- Honoraret udbetales kontant til .... Bendix Music .... umiddelbart efter, at assistancen har fundet sted
- (Bendix Music hæfter ikke for honoraret).
- Honoraret er eksklusiv artistskat.
- Det tilkommer arrangøren at sørge for et godt, brugbart klaver, nystemt og i kammertonen (880).
- Er der i lokalet kun jævnstrøm, må arrangøren stille en omformer til rådighed.
- Arrangøren må sørge for et pænt, rent omklædningsrum til brug for engagerede.
- Arrangøren må ikke benytte engagerede til radio/TV/film/grammofonoptagelse samt optagelse på tape-recorder uden tilladelse fra engagerede og Bendix Music.
- Engagerede er indforstået med at betale ....% provision af kontraktens beløb til Bendix Music senest 3 dage efter assistancen.
- Ved re-engagement inden for 1 år svares ....% til Bendix Music, uanset om engagementet aftales direkte parterne imellem.

Force majeure, sygdom, testertjeneste, radio- eller TV-medvirken, manglende arbejdstilladelse, eller hvis engagerede skulle blive optaget af engagement for længere tidsrum, ophæver denne kontrakt - dog således at bureauet forsøger at skaffe en stedfortræder af tilsvarende standard. Denne kontrakt kan kun annulleres ved et ministerielt/militært forbud mod afholdelse af arrangement af ovennævnte art, eller ved så alvorlige trafikstandsninger (ishindringer, blokade af landeveje), at det er umuligt for engagerede at nå frem, eller hvis andre væsentlige forhold gør sig gældende. Bureauet har intet ansvar for arrangørens eller engageredes evt. misligholdelse af kontrakten. Hvad der ikke er anført i denne kontrakt har ingen gyldighed.

SÆRLIGE BEMÆRKNINGER:

København, d. 25. august 1969

DETTE EKSEMPLAR BEHOLDER ARRANGØREN

for arrangøren

BENDIX MUSIC
for engagerede

Kontrakten skal for at være gyldig være Bendix Music i hænde senest 3 dage efter modtagelsen.

5 • Technik und Vision

„Ich weiß, dass ich die meisten anderen Gitarristen an die Wand spiele. Ich bin der typische junge Wilde, das ist mir klar …" Ritchie Blackmore

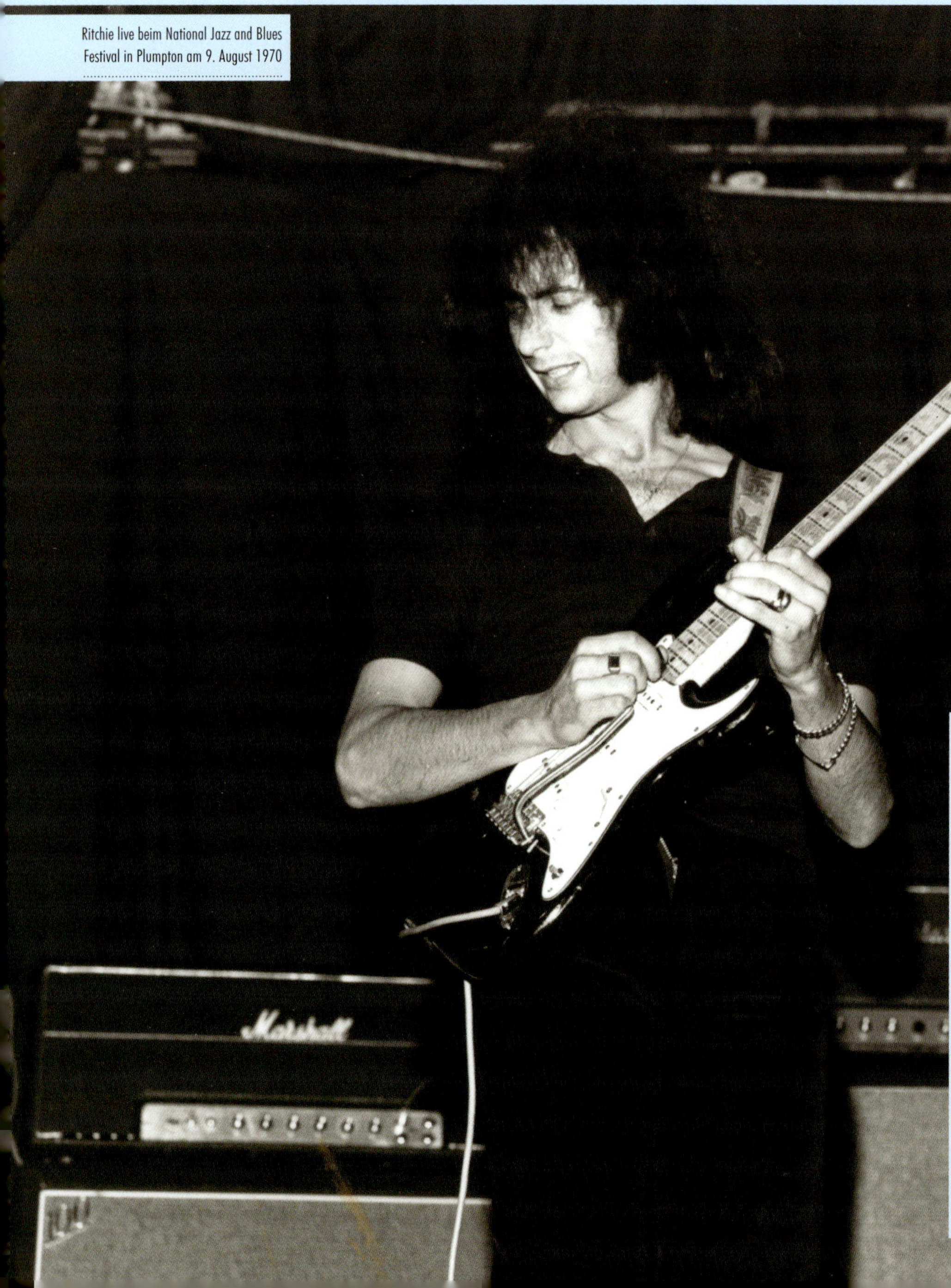

Ritchie live beim National Jazz and Blues Festival in Plumpton am 9. August 1970

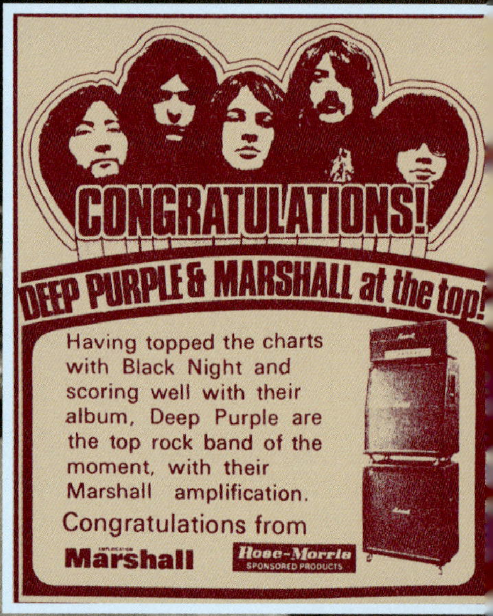

Nach so langer Zeit gestaltet sich eine in allen Aspekten präzise Dokumentation der Abläufe schwierig, aber es lohnt sich, einen Blick auf die sicheren Fakten zu den Aufnahmen von *Deep Purple In Rock* zu werfen, auf die benutzten Instrumente und einige Methoden, die zur Anwendung kamen.

Schlagzeug - Nick Lauro arbeitet im Liverpooler Geschäft The Drum Shop, ist Schlagzeuglehrer und hat nicht nur Ian Paices Stil studiert, sondern sich auch mehrmals persönlich mit ihm getroffen. Er weiht uns in seine Einschätzung jener Tage ein …

„Ian Paice wuchs während einer Phase der Musikgeschichte auf, in der amerikanischer Rock 'n' Roll das nächste große Ding war, das die alten Stars, Big-Band- und Easy-Listening-Crooner aus den Staaten oder England, zu überrollen drohte. Er brachte sich das Trommeln selbst bei, indem er Drummern der Swing-Ära wie Gene Grupa oder Buddy Rich zuhörte und dies mit den im wahrsten Sinn des Wortes bahnbrechenden Beats der Rock 'n' Roll Pioniere Earl Palmer und Charkes Conner aus New Orleans verband. Diese Einflüsse sind in Paices Entwicklung mit Deep Purple immer deutlich erkennbar geblieben, und zwar bis heute. Aufgrund des Musikklimas während der Jahre, die ihn als Trommler prägten, ähnelt er stilistisch vielen seiner britischen Zeitgenossen: John Bonham, Simon Kirke, Roger Taylor, und vor allem Keith Moon. An heutigen Standards gemessen könnte man sein Schlagzeugspiel im Vergleich zu Technikern wie Thomas Lang, den mancher vielleicht von seinen vielen Lehrkursen her kennt, oder Death-Metal-Derwisch Derek Roddy recht primitiv nennen, doch das ändert nichts daran, dass nur wenige moderne Drummer – sollte es überhaupt welche geben – diesen Stil so authentisch und gefühlvoll nachempfinden können wie jemand, der in jener Zeit heranwuchs, als Populärmusik, wie wir sie heute kennen, definiert wurde."

Nick setzte sich mit Ian in Verbindung, um ihn zu fragen, welches Kit er bei der Produktion von *In Rock* benutzte. Der Drummer nannte *„ein Standardkit von Pearl Ludwig, das ‚Super Classic' in der Farbe Black Oyster, bekannt auch durch die Beatles, mit einer zusätzlichen Stand-Tom. Es hatte eine Bassdrum von 22 auf 14 Zoll (ungefähr 1971 verwendete er eine 26er-Bassdrum, allerdings nur live), eine 13x9-Hänge-Tom, die beiden 16x16-Stand-Toms, eine 14x5-Supraphonic-Snare, 14-Zoll-Hi-Hats sowie je ein 20er-Crash- und Ride-Becken, alle von Zildjian." Nick fügt hinzu: „Dieses Kit entspricht der Zusammenstellung, die sich in der Hochzeit des Swing bei Big-Band-Schlagzeugern durchsetzte. Eine Hänge- und zwei Boden-Toms sind eine Verbeugung vor den großen Meistern in jenem Bereich.*

Wie genau die Drums aufgenommen wurden, lässt sich auf keinen Fall mehr nachzeichnen. Paice schwor wie Bonham auf einen Sound, der dem auf der Bühne nahekam, also steht anzunehmen, dass er sich gegen etwaige Versuche von Tontechnikern wehrte, die Böden der Kessel abzumontieren und Klebeband zum Dämpfen anzubringen. Sein Klang auf dem Album – er verändert sich von Song zu Song – deutet darauf hin, dass die Mikrofone anders als etwa bei John Bonham, der lieber die Raumakustik mit einfing, dicht am Kit standen [der damalige Toningenieur bestätigt dies – siehe unten]. Allerdings mag der Eindruck auch bei der Postproduktion durchs Mastering entstanden sein, um es so wirken zu lassen, als seien alle Schlagzeugspuren im selben Studio eingespielt worden.

Da die Aufnahmen aber in verschiedenen Studios stattfanden, wo die Akustik jeweils unterschiedlich war, konnte man mit Raummikrofonen im Grunde keinen einheitlichen Sound erzielen. Selbst beim Vergleich der Songs, die im selben Studio eingespielt wurden, bemerkt man Schwankungen, etwa zwischen Speed King und Living Wreck, die beide im IBC entstanden; im Ersten setzt sich das Schlagzeug nicht richtig durch, im Zweiten klingt es klar und in der Abmischung ausgewogen.

Man sollte auch beachten, dass Drummer während Studioproduktionen zu jener Zeit nicht genötigt wurden, zu einem Metronom zu spielen, die das Tempo der Lieder vorgaben. Darum hört man in Aufnahmen von damals im Verhältnis zu

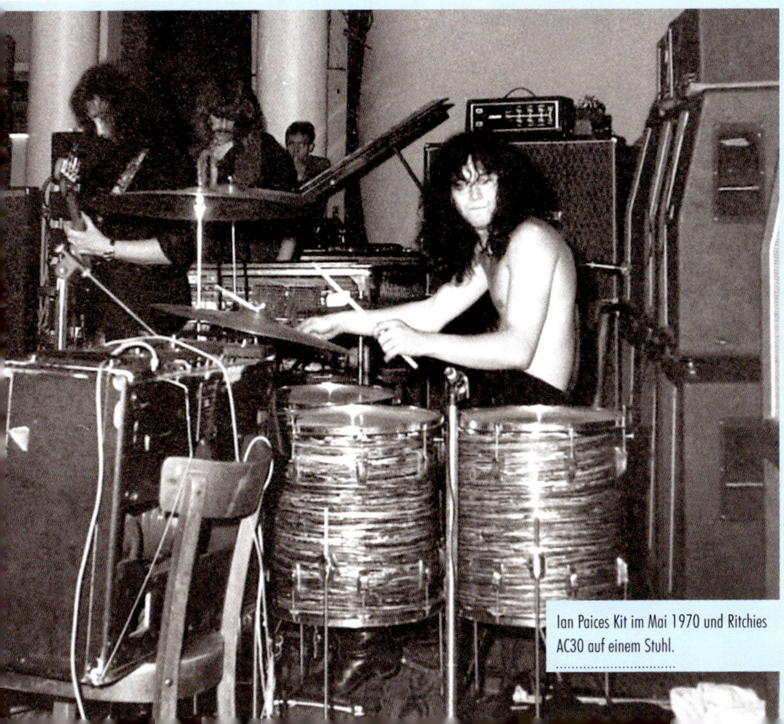

Ian Paices Kit im Mai 1970 und Ritchies AC30 auf einem Stuhl.

DEAR DAVID J. MACHAM. I BOUGHT IT SO I'LL BLUDDY WELL BOOT IT – IAN PAICE OF DEEP PURPLE

Sehr geehrter David J. Macham. Da ich es gekauft habe, darf ich auch verdammt noch mal darauf einprügeln – Ian Paice von Deep Purple.

heute oft ziemlich viele Ungenauigkeiten, die gewiss nichts Schlechtes sind, aber definitiv eine Eigenheit, die bis zu den frühen 1980ern ausgemerzt wurde. Schlagzeuger, die etwa 1983 nicht zu einem Klick trommeln konnten, mussten entweder lernen, den neuen Anforderungen gerecht zu werden, oder akzeptieren, dass Studioarbeit für sie passé war. Ian Paice muss man hoch anrechnen, dass sein Timing für einen Spieler unfehlbar ist, der sich seine ersten Sporen mit Aufnahmetechniken der alten Schule verdient hat, und bei ihm selten Tempoungleichmäßigkeiten auffallen. Er ist mehr oder weniger exakt wie ein Uhrwerk.

In puncto Feeling und Musikverständnis nimmt er anderen aus seiner Generation praktisch nichts. Er tut sich nie hervor, sondern zeigt Hochachtung vor der Liedform und spielt nicht mehr als das Notwendige, statt der Versuchung zu erliegen, sie als Vehikel für Drum-Kunststücke zu missbrauchen. Insgesamt eine sehr reife Einstellung. Andererseits bedeutet

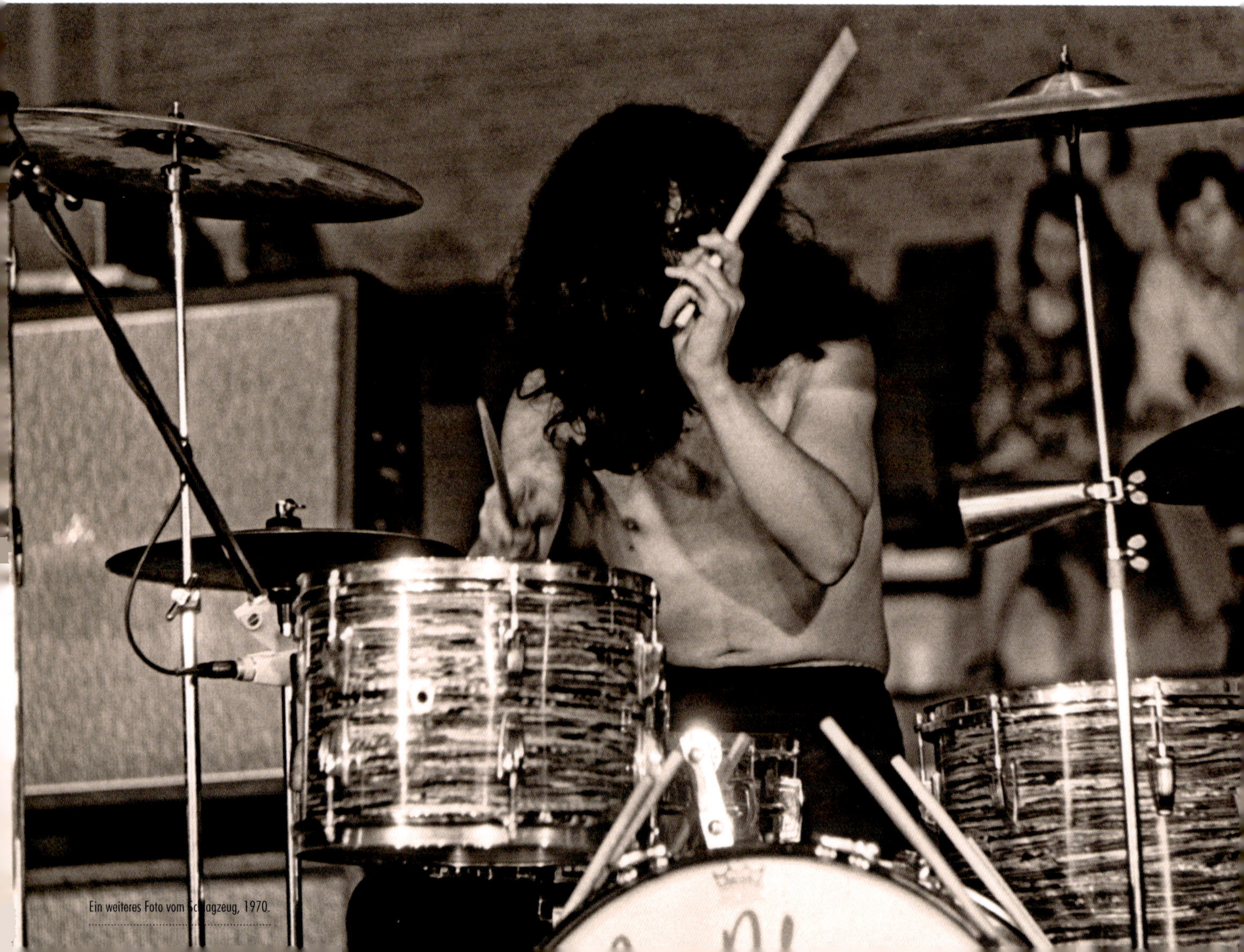

Ein weiteres Foto vom Schlagzeug, 1970.

das aber nicht, dass er mit seiner Darbietung auf Nummer sicher ging, im Gegenteil. Sein Stil gleicht einem Schmelztiegel, wobei er zahlreiche Single-Stroke-Wirbel Marke Buddy Rich einstreut, die wie MG-Salven klingen, oder verschmitzt flink wie Bonham Triolen mit Hand-Fuß-Kombination spielt. Hätte er sich, wie es heute strikt verlangt wird, beim Aufnehmen an einem Klick orientieren müssen, wären vermutlich einige dieser Performance-Elemente flachgefallen, um steril sauber einzuspielen. Zum Glück ließ der Zeitgeist zu, dass sich seine Persönlichkeit auf natürliche Weise in der Musik ausdrücken konnte, was Drum-Produktionen heutzutage leider abgeht."

Interessanterweise rechtfertigte sich Ian einmal, als ein Reporter ihn darauf ansprach, weshalb er sein Kit an manchen Abenden so grob behandelte. „*Von Zerstören kann eigentlich keine Rede sein. Ich habe dieses Kit mit 17 gekauft und spiele es seit sieben Jahren.*" (IP zu Richard Green in NME, Sept. 1970). Echauffierten sich andere in den Leserbriefen des Record Mirror über seine Zerstörungswut, konnte er nicht an sich halten, sondern stellte unumwunden klar: „*Ich benutze das Kit, das ich Berichten zufolge schon mehrmals demoliert habe, nach wie vor. Es ist nicht bloß Schau. Das Publikum darf sein Geld behalten und daheimbleiben, falls es das glaubt.*" (IP zu Lon Goddard, Record Mirror, November 1970)

Gitarre: Ritchie Blackmore verwendete auf *In Rock* zwei Instrumente, eine kirschrote Gibson ES Thinline 335TDC für *Child In Time* (und möglicherweise auch *Jam Stew*) sowie eine Fender Stratocaster für den Rest.

Die Gibson (Seriennummer 26457) gehörte ihm seit 1961, als er sie gebraucht in Jim Marshalls Laden im Londoner Stadtteil Hanwell gekauft hatte. Er erzählte, damals auf eine Gretsch versessen hineingegangen zu sein, doch man habe ihm eingeredet, an ihrer Stelle die Gibson zu nehmen. Es war eine Halbakustik mit einem Korpus aus einem soliden Holzblock und zwei Hohlkammern an den Seiten. Bei der Farbe des Bodys handelte es sich um ein kräftiges Cherry Red, und der Mahagoni-Hals hatte ein Rosenholzgriffbrett mit Punktmarkierungen. Ursprünglich verfügte die Gitarre auch über ein schwarzes Schlagbrett, das Ritchie jedoch irgendwann Mitte der 60er abschraubte. Die Mechaniken stammten von Kluson, die Bridge war eine Tune-o-matic. Des weiteren besaß sie ein klobiges Vibrato vom Typ Bigsby B5, das nicht serienmäßig dazugehörte (ob er sie so erstanden hatte oder später damit ausstattete, wissen wir nicht). Blackmore drehte die Magnetstücke der Humbucker-Tonabnehmer für gewöhnlich weiter heraus, um seinem Sound etwas mehr Biss zu verleihen. Ihre Bedienung erfolgte über vier Drehregler und einen Wahlschalter.

Laut seiner eigenen Aussage hatte er seine erste Stratocaster aus zweiter Hand von Eric Clapton bekommen, doch sie sei mit einem Telecaster-Hals versehen und wegen Intonationsproblemen, die sich nicht lösen ließen, nahezu unspielbar gewesen. Dennoch sieht man ihn damit in dem Video von *Wring That Neck*, das zu Zeiten der Urbesetzung entstand, und er setzt sie neben der 335 auf dem dritten Deep-Purple-Album ein. Die Strat mit dem schwarz-weißen Ahorngriffbrett legte er sich 1968 zu (Seriennummer 221737), vermutlich in den USA. Während sich Ritchie auf einen härteren Rockstil verlagerte, modifizierte er das Instrument mit dickeren Bünden im Stile Gibsons und zusehends wuchtigeren Vibrato-Hebeln. Er spielte nur mit den Brücken- und Halstonabnehmern, wohingegen jener in der Mitte tiefer in den Korpus geschraubt war, um nicht hinderlich zu werden. Die Tonregler blieben stets bis zum Anschlag aufgedreht (seinen charakteristischen Sound erzielte er auf andere Weise). Um den Klang in seinen Solos zu variieren, schaltete er regelmäßig zwischen den Tonabnehmern um. Wie man sich denken kann, wurden alle Stücke von *In Rock* auch mit maximaler Lautstärke aufgenommen. Für die Bühne galt dies aber nicht; dort regelte er sie für ruhigere Passagen herunter und spielte manchmal fast flüsternd leise.

Die Unterschiede zwischen der Gibson und der Fender beschrieb er selbst so: „*Ich bevorzuge die Stratocaster, weil sie sich besser durchsetzt. Zuerst musste mich an sie gewöhnen, nachdem ich zeitweilig die Gibson benutzt hatte. Die Hälse unterscheiden sich recht stark voneinander, aber heute kann ich mich nicht wieder an die Gibson gewöhnen. Im Gegensatz zu ihr ist eine Stratocaster auch schwieriger zu spielen. Ich weiß nicht wieso, wahrscheinlich wegen des Griffbretts, auf dem man die Finger nicht so flink bewegen kann. Auf einer Gibson neigt man dazu, sich gehenzulassen. Das Rauf und Runter fällt so leicht, dass man schließlich mechanisch Skalen abspult, statt sich um einen eigenständigen Stil zu bemühen.*" (RB zu Martin K. Webb)

Darüber hinaus besaß Ritchie von ungefähr 1968 bis 71 eine ebenfalls kirschrote 68er Gibson SG (Seriennummer 524696). Unseres Wissens nach verwendete er sie weder live noch für jegliche Aufnahmen. Seine Exfrau Babs versteigerte beide Gibsons 1995 im Rahmen einer Auktion.

In den Jahren vor *In Rock* hatte Blackmore sein Finger-Vibrato so weit entwickelt, dass er es sich neben dem Hebel ausgiebig bei Einspielungen zunutze machte. „*Mir gefiel, wie Hendrix seinen Hebel einsetzte, obwohl ich nicht sagen würde, dass ich es ihm nachmache. Viele Gitarristen denken, ein Vibrato sei etwas für Leute, die den Ton nicht mit den Fingern modulieren können, doch mit dem Hebel klingt es völlig anders. Er wirkt sich auf ganze Akkorde aus. Ich beherrsche das klassische Finger-Vibrato einwandfrei, quäle aber gerne die Saiten, um diese*

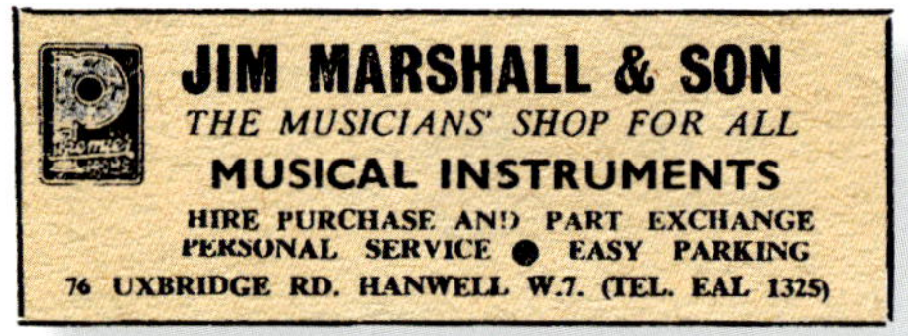

Soundvielfalt zu erzeugen. An so einem Hebel kann man prima Aggressionen auslassen. Meine Gibson ist mit einem Bigsby ausgestattet, das zu nichts taugt, weil es zu viel Spiel hat. Man muss es anderthalb Zoll weit hochziehen, bevor sich etwas tut, wohingegen der Hebel meiner Strat sofort anspricht. Sobald man ihn anhebt, erhöht sich der Ton der Saiten. Ein Freund von mir hat das System justiert. Er löste ganz vorne am Saitenhalter die Schrauben und veränderte den Winkel der gesamten Konstruktion so, dass es perfekt ausbalanciert ist. Kaum zu fassen, aber es verstimmt sich praktisch gar nicht. Ich hätte nie geglaubt, das würde klappen. Darum fixierte ich das Vibrato einfach immer, um mir keine weiteren Sorgen mehr machen zu müssen. Nun darf ich ziehen und drücken, wie ich will – beim Drücken komme ich bis zu einer ganzen Oktave tiefer.

Ich verwende Plektren aus Schildpatt mit je einem spitzen und abgekanteten Ende. Das sind Spezialanfertigungen für mich, weil sich so etwas überhaupt nicht im Handel auftreiben lässt. Das Material muss sein, weil die aus Kunststoff zu weich sind und ich sie steinhart mag. Diese Form habe ich schon benutzt, als ich elf war, und diese runden Dinger, mit denen heute alle spielen, sind einfach nichts für mich, denn wenn ich eine Saite überspringen will, bleibe ich damit oft daran hängen. Mit dieser Art von Plektrum ist man flinker. (RB zu Martin K. Webb)

Ferner erläuterte Blackmore, wie es dazu kam, dass er ein Vibrato-System verwendete: *„Ich war bei einem Konzert der James Cotton Blues Band im Fillmore East, und deren Gitarrist hatte mit Hebel gespielt und die irrsten Sounds erzeugt. Gleich danach fing ich an, mich damit zu beschäftigen. Auch Hendrix inspirierte mich dazu.*

Ich übertrieb es damit. Weil ich die gängigen Hebel abbrach, ließ ich mir solche anfertigen, die einen Viertelzoll dick waren. Mein Reparateur schaute mich oft schief an und fragte: ‚Wie bringst du das bloß fertig?' Zuletzt montierte er mir dieses Riesending aus massivem Eisen mit einem Durchmesser von einem halben Zoll [siehe Foto S. 51] und meinte: ‚Hier, falls du das kaputtkriegst, will ich es gar nicht erst erfahren!'"

Ungefähr drei Wochen später kehrte ich in die Werkstatt zurück. Er sah mich an und begann: ‚Nein, du hast doch nicht etwa …'. Ich antwortete: ‚Und ob!' Dann erklärte ich ihm in allen Einzelheiten, wie ich die Gitarre am Hebel festgehalten und herumgewirbelt, auf den Boden geworfen und meinen Fuß daraufgestellt hatte, um ihn beidhändig abzureißen. Der Mann war ein bisschen puristisch veranlagt und fand das nicht lustig." (RB in Guitar World, Februar 1991)

Zur Zeit von *In Rock* hatte Ritchie seine Technik in vielerlei Hinsicht bereits perfektioniert und besaß genau die Instrumente, die er wollte. Schließlich war er schon seit knapp zehn Jahren Gitarrist und agierte fast seit je professionell. Von allen Bandmitgliedern brachte er den größten Erfahrungsschatz im Einspielen mit, weil er ab 1963 Hunderte von Aufnahmen für Joe Meeks Studio getätigt und dabei viel gelernt hatte. Bei Deep Purple war er handwerklich allerdings deutlich stärker gefordert.

Außerdem reihte er sich in die wachsende Schar jener Rockgitarristen ein, die selten vollständige Dreiklänge verwendeten, und übernahm für seinen Teil nicht einmal durchgängig die Aufgabe der rhythmischen Begleitung. Er und seinesgleichen hatten festgestellt, dass Dreiklänge dem aggressiven Sound, den sie anstrebten, abträglich waren. Indem sie sich auf den Akkordgrundton beschränkten, schufen sie den „Power Chord". Blackmores Songs auf *In Rock* erkennt man generell an Zweiton-Riffs, derweil Jon Lord das Akkordgeschlecht und den harmonischen Ablauf nach seinen Vorstellungen auf der Orgel bestimmte. Diese modalen („Power"-) Akkorde bestehen eben nur aus zwei Noten, dem Grundton mit Quarte oder Quinte, und sind weder Dur noch Moll. Dadurch lassen sich sowohl Dur- als auch Molltonleitern anwenden, ohne dass Dissonanzen entstehen.

Offen bleibt, was genau den „Blackmore-Sound" auszeichnete, der mehr oder minder während der Ära *In Rock* zur Vollendung reifte. Maßgeblich waren im Grunde zwei simple Faktoren, ein Overdrive-Effekt und ein übersteuerter Verstärker. Die Bassfrequenzen dämpfte Ritchie, Mitten und Höhen wurden dezent hervorgehoben.

„Mit einem einstellbaren Treble-Booster gewinne ich mehr Sustain. Der Hersteller heißt Hornby-Skewes, aber ich habe ein paar kleine Anpassungen vornehmen lassen, nachdem mir bei einigen Konzerten aufgefallen war, dass die Töne entweder zu lange oder nicht lange genug ausklangen. Deshalb der Regler zum Verändern des Sustains. Im Grunde brauche ich mit der Stratocaster keine Höhenverstärkung, also benutze ich den Booster meistens für mehr Sustain." (RB in Guitar World, Februar 1991)

„Ich habe noch einen (Treble-Booster), den Bill Hough entwickelt hat, ein Fachmann für Orgeln und Elektronik generell. Der Hornby-Skewes übersteuert das Eingangssignal und erzeugt die Verzerrung. Der Presence-Regler meines Verstärkers steht auf Null, für die Bassfrequenzen wähle ich vier, für die Mitten fünf und für die Höhen meistens plus-minus sechs." (RB im Melody Maker, Oktober 1970)

Ritchie behielt seinen Vox AC30, schwor aber lange Zeit auch auf Marshall-Verstärker. Jim Marshall hatte 1960 einen Schlagzeughandel (Jim Marshall & Son) in Hanwell eröffnet und bot dort Unterricht an. Man schätzte die Hilfsbereitschaft des Personals, und mit der Zeit erkundigten sich immer mehr Gitarristen nach Gitarren respektive Verstärkern, die auch die Anforderungen des Rock 'n' Roll erfüllten. Marshalls potenzielle Kundschaft wusste, was ein Amp ihnen bieten musste: einen dreckigeren, angriffslustigeren

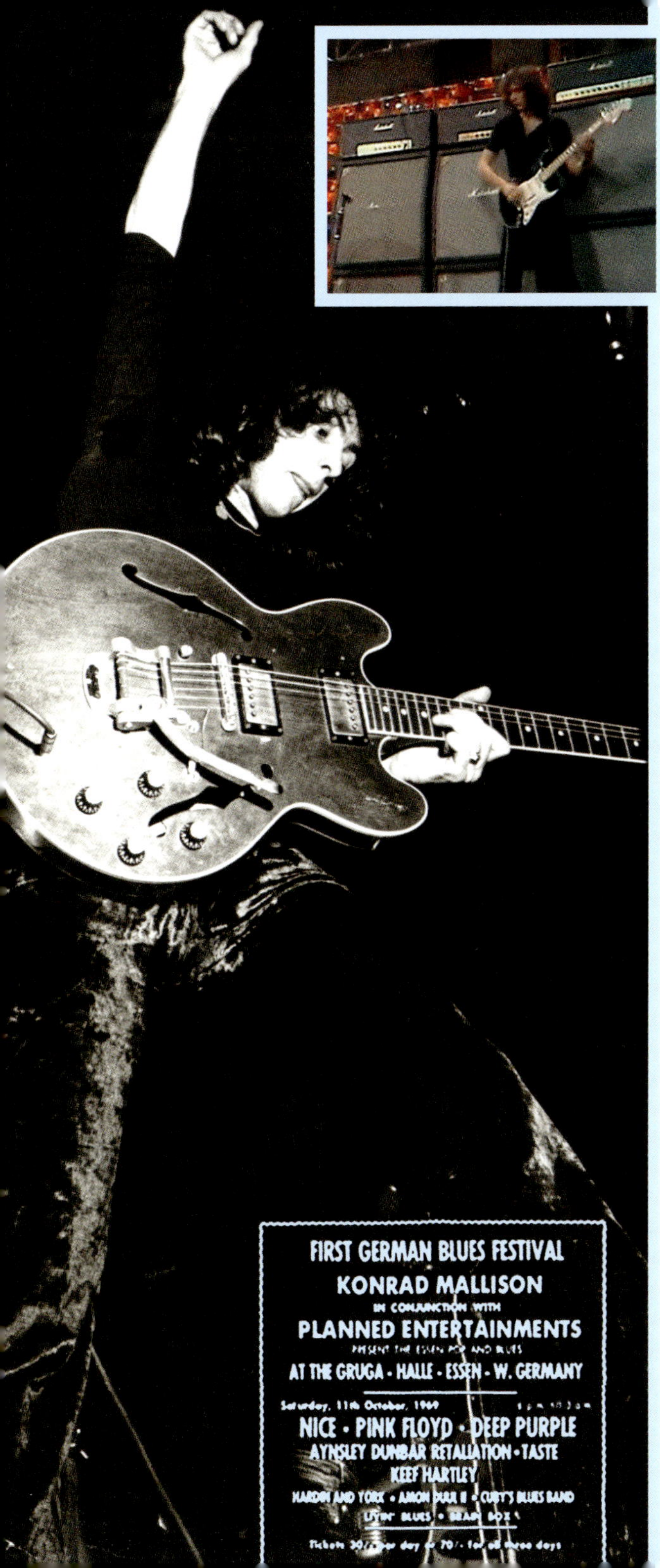

Sound und mehr Lautstärke. Blackmore besuchte das Lokal regelmäßig, Pete Townshend und Jim Sullivan ebenfalls.

Marshall selbst wusste nicht so recht, ob seine Kenntnisse über Verstärker ausreichten, nahm sich aber vor, es darauf ankommen zu lassen, und wandte sich an seinen Mechaniker Ken Bran, der zusehen sollte, was sich machen ließ. Da sich Ken nicht zutraute, eine grundlegend neue Art von Verstärker zu bauen, empfahl er einen Jungspund namens Dudley Crave, der für EMI arbeitete. Dieser erhielt von Jim ein Angebot für zu einer Anstellung bei Marshall, das er nicht ablehnen konnte. Erst der sechste Prototyp (nach dem Vorbild des Fender Bassman, jedoch mit einigen unterschiedlichen Bauteilen wie einem ultralinearen Ausgangswandler) entsprach annähernd ihren Vorstellungen. Das Gerät – vorerst noch ein Wust aus verlöteten Komponenten in einem Gehäuse, wurde 1964 eines Samstags im Laden zum Ausprobieren aufgestellt. Noch am selben Tag bestellten 23 Personen ein Modell, darunter Townshend, Blackmore und Sullivan. 1965 wurde davon ausgehend ein 100-Watt-Verstärker entwickelt.

Ritche war stets darauf bedacht, seinen Sound zu optimieren, und da Marshall seine ersten 100-Watt-Modelle modifiziert hatte, lag es nahe, dass er sich erneut an das Unternehmen wandte, als er noch mehr Leistung wollte. Er wünschte sich einen Amp, der wie sein Vox AC30 bei Höchstlautstärke klang, bloß mit mehr Höhen. Ken Flegg, der leitende Techniker in Milton Keynes, dem neuen Sitz von Marshall ab 1967, zeichnete für die Elektronik verantwortlich. Er nahm die Anpassungen im engen Austausch mit Blackmore vor. *„Ritchie wollte die Höhen immerzu weiter hervorheben, nicht den Bass, und mehr Power. Um ihm diesen Wunsch zu erfüllen, versuchten wir uns an einem 200-Watt-Amp. Statt gründlich darüber nachdenken und uns Zeit nehmen zu dürfen, wurden wir gedrängt, quasi den Schaltkreis mit 100 Watt Ausgangsleistung zu übernehmen, jedoch mit KT88-Röhren und einer den tonalen Bedürfnissen entsprechend völlig anderen Verdrahtung. Wie sich herausstellte, war das Ding unzuverlässlich, ließ sich nur bis zu einem gewissen Grad modifizieren und bot nicht den Sound, auf den Leute wie Blackmore pochten. Darum gaben wir dem Verstärker, der offiziell Marshall 200 hieß, den Spitznamen ‚The Pig'. Trotzdem verlangte Ritchie von uns oder genauer gesagt von mir weiterhin etwas Lauteres mit ‚mehr Höhen', also suchte ich Rat bei Mr. Field, der bei unserem Lieferanten für Spannungswandler arbeitete. Gemeinsam entwarfen wir eine komplett neue 200-Watt-Endstufe, die nicht mehr störungsanfällig war. Hinzu fügten wir unseren standardmäßigen Vorverstärker, und 1968 wurde daraus der Marshall Major. Für Ritchie verbauten wir eine zusätzliche Röhrenvorstufe mit einer Elektronik zur Dämpfung der tiefen Frequenzen und – klar – noch mehr Leistung. Die anderen Mitglieder der Band waren im Verhältnis zu ihm weniger anspruchsvoll und gaben sich mit unseren Serienmodellen zufrieden."*

Blackmore war seinerzeit buchstäblich zur Geheimhaltung der einzelnen Veränderungen verpflichtet und durfte sicher sein, dass dieser Dienst niemandem außer ihm zuteilwurde. Ein paar Jahre später ließ man sich aber ein Stück weit in die Karten schauen. *„Als ich die Marshall-Anlagen sah, gefielen sie mir. Ich mochte das Design, doch sie hörten sich schrecklich an, also wandte ich mich an die Fertigungsstelle und erklärte Jim, den ich kannte, dass ich mir dies und das anders vorstellte. Ich spielte den Angestellten immer etwas vor – da waren auch Frauen, die Sachen zusammenbauten – und ließ die Verstärkerleistung erhöhen. Während ich vor diesen Leuten lärmte, versuchten sie, sich weiter auf ihre Arbeit zu konzentrieren. Wenn ich etwa sagte: ‚Das ist nicht das Richtige, mehr Höhen', wurde ein Widerstand herausgenommen. Ich musste das Gerät voll aufdrehen, andernfalls hätte ich nicht erfahren, wie es wirklich klang. Das Personal hasste mich."* Auch Kenn erinnerte sich an jene Tests: *„Nachdem wir begriffen hatten, was genau Ritchie wollte, schickten wir ihn weg, um es umzusetzen. Als er wiederkam, schien er zufrieden zu sein. Das, was wir ihm gebaut hatten, benutzte er jahrelang."*

„Das sind für sich genommen die lautesten Verstärker der Welt. Das bedeutet nicht, dass niemand lauter spielt als ich, denn das hängt davon ab, wie viele man miteinander verkoppelt. In jedem Fall handelt es sich um den lautesten Einzelverstärker, den es gibt. Ich halte nichts davon, viele Boxen zu verwenden. Zwei reichen meiner Meinung nach; ansonsten kann man sich der Klanggewalt nicht entziehen, doch das tue ich für gewöhnlich. Darum bleibe ich auf der linken Bühnenseite und richte die Anlage in die andre Richtung aus. Auf diese Weise behalte ich den Überblick; würde ich es nicht so halten, könnte ich nicht hören, was ich spiele. Davon abgesehen handelt man sich ungewollte Rückkopplungen und Obertöne ein." (RB)

Als Deep Purple ihre ersten Marshalls bekamen, bat Blackmore den Firmenchef angeblich darum, einen Lautsprecher zu entnehmen und gegen einen AC30 einzutauschen. Dennoch belegen Fotos (siehe S. 47), dass jenes Vox-Modell Ende 1969 vor den Marshall-Amps stand. Ungeachtet dieses nicht bestätigten AC30-Experiments setzte Ritchie meistens zwei Marshall-Türme ein, einen 1982 und einen 1982B. Diese waren in keiner Weise abgewandelt. Er behielt die Lautsprecher, egal welche darin verbaut waren, und probierte nie andere Typen aus, weil sie ihren Zweck für ihn erfüllten (beim Auftritt der Gruppe im Londoner Roundhouse im September 69 hatte er nur einen Turm, eventuell zwangsweise wegen der kleinen Bühne, siehe S. 53). 1970 wechselte er zu 1960- und 1960a-Boxen, die mit vier 25-Watt-Kalotten von Celestion bestückt waren.

Irgendwann im Frühling jenes Jahres ergänzte er seine Anlage um einen dritten Turm. Er stellte eine Erweiterung dar, die wegen eines größeren, älteren Lautsprechers unten etwas höher war als die beiden anderen. Ebenfalls tauchte auf der Bühne häufig ein Marshall 2020 auf, ein Halbleiter-Halleffekt für Hammondorgel auf einem Stuhl. Filmaufnahmen im Juli 1970 in der Royal Festival Hall zeigen Blackmores Dreieranlage, und obzwar mancher unterstellte, sie habe nur optischen Zwecken gedient, beantwortete Ritchie 1970 im Melody Maker technische Fragen dazu und betonte, sie wirklich einzusetzen. *„[Ich habe] sechs Lautsprecher, benutze aber nur diese vier, außer es wird richtig laut."*

Fachleute meinen, der Verstärkerpegel muss niedrig eingestellt gewesen sein. Mikrofoniert wurde nur eine Box, weil der Tontechniker für den Sound im Publikum nicht mehr brauchte. Die Türme waren notwendig, um die Lautstärke und den Klang auf der Bühne anzupassen. Neil Priddy, der in der mittlerweile aufgelösten Tribut-Band Deepest Purple Gitarre spielte, probierte das Verstärkertrio aus. *„Wenn Bass, Orgel und Gesang auf den Monitorboxen liegen, muss die Klampfe ziemlich laut sein. Bei drei in Reihe geschalteten Verstärkern auf der Bühne kann man einen relativ weit hochfahren und die andren mit ihren Boxen für ein breiteres Klangbild sorgen lassen. Wie gezielt man den Sound mit den Lautsprechern lenken kann, ist erstaunlich. Stellt man sich in Schallrichtung auf, dröhnt es ordentlich, doch tritt man zur Seite, kann es schnell undifferenziert werden. Indem man also eine ‚Wand' aus Boxen aufbaut, streut man den Schall auf der Bühne weiter und hört besser, was man spielt."* Ritchie verließ sich nicht lange auf diese Anlage, sondern beschränkte sich Ende 1970 wieder auf zwei Verstärker.

Im selben Jahr zierten Deep Purple zudem Marshalls Werbeanzeigen, wie man auf S. 46 sieht. Nebenbei bemerkt heißt es, The Who hätten den Verstärkerturm des Herstellers 1965 „erfunden", indem sie einen Amp auf eine 8x12-Box (eigens für Pete Townshend gebaut) stellten; allerdings war diese Lautsprecherkombination zu schwer, weshalb die Band zu zwei 4x12ern wechselte, deren obere der Tiefe der Endstufe entsprechend abgeschrägt war.

Im November '70 konnte man Ritchie vorübergehend mit einer weißen Fender Strat sehen, die einen Telecaster-Hals hatte, einem offiziellen Hybridmodell zu jener Zeit. Womöglich huldigte er auf diese Weise einem seiner wenigen Zeitgenossen, die er bewunderte – Jimi Hendrix, der eine ähnlich umgemodelte Gitarre besaß.

Auf den frühen Alben schien Blackmore freizügig im Studio zu experimentieren; teils glückten ihm diese Exkurse, teils erschloss sich ihre Bewandtnis nicht, aber man darf nicht vergessen, dass die Zeit beim Aufnehmen arg drängte. Nichtsdestoweniger ergab sich nach und nach ein homogenes Bild, sodass der Mann auf *In Rock* uneingeschränkt zum Ausdruck bringen konnte, was er sich klan-

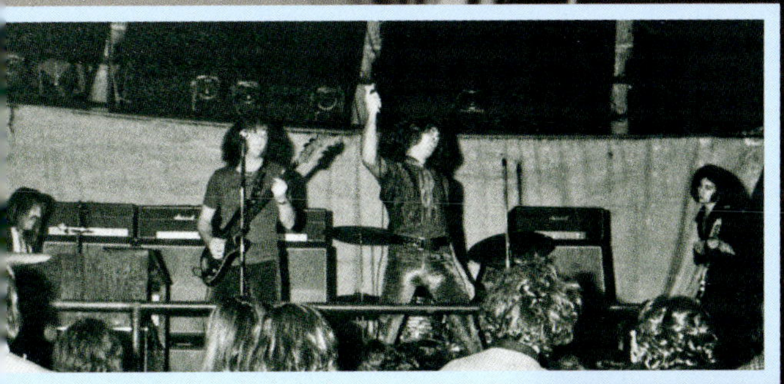

leines Foto: Die Band bei ihrem ersten Gig im Roundhouse London im September 969 (2013 kehrte sie wieder dort ein) und im Mai 1970 in Kiel, gesehen von inten an Ritchies Verstärkern.

Jon Lord live beim NJF am 9. August 1970. Die WEM-Boxen gehörten zur Bühnenausstattung der Veranstalter, und der Marshall-Hornlautsprecher des Organisten steht hinter seiner Hammond.

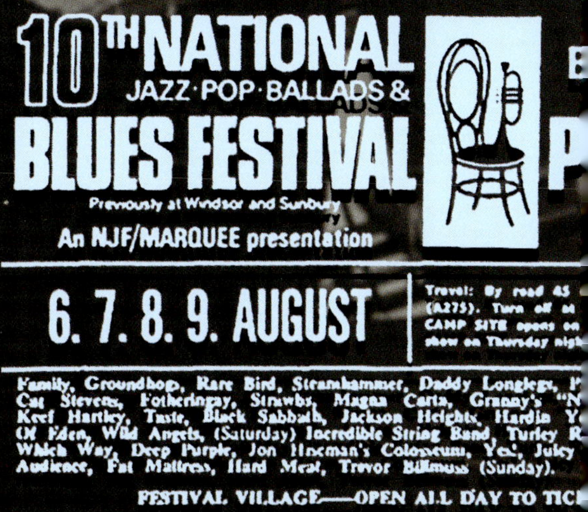

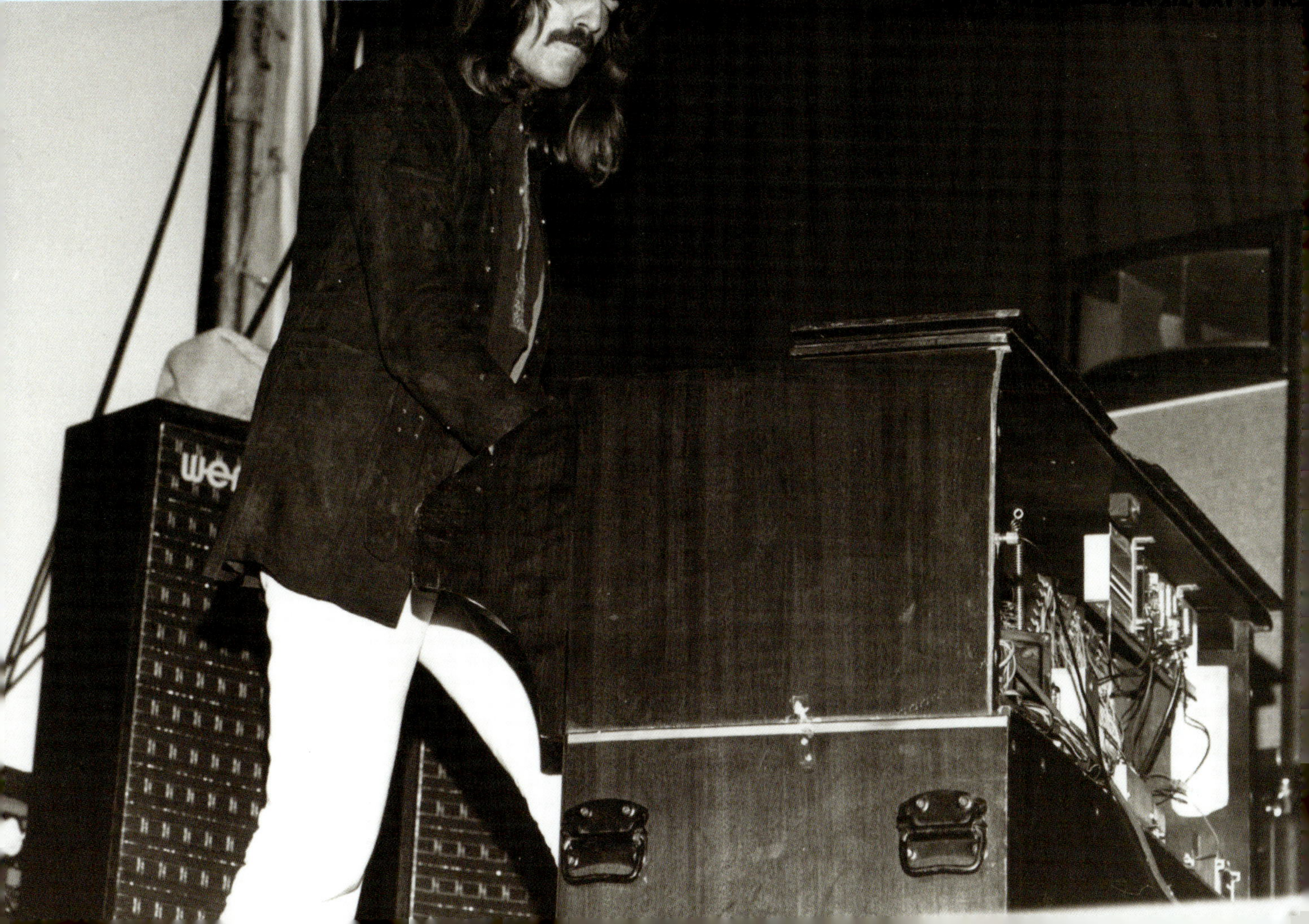

glich für sein Instrument vorstellte und inwieweit es Song für Song zum Tragen kommen sollte. Während der Produktion spielte Ritchie genauso wie bei Konzerten (dies galt für die gesamte Band), also bei maximaler Lautstärke mit allen Verstärkerreglern auf zehn und hemmungslos in Bezug auf seine Ideen.

„Ich weiß, dass ich die meisten anderen Gitarristen an die Wand spiele. Ich bin der typische junge Wilde, das ist mir klar. An und für sich liegt das daran, dass ich stinksauer werde, wenn ich es nicht schaffe, etwas zu vermitteln, das ich mir vorgenommen habe …" (RB in Melody Maker, September 1970)

Orgel: Als die Band noch in ihrer Erstbesetzung performt hatte, war Jon Lord rasch zu der Einsicht gelangt, dass er einen Sound brauchte, der dem der Gitarre Paroli bieten konnte, also musste er seine Orgel quasi frisieren. Über diese Herausforderung sagte er: *„Ab '68 arbeitete ich zwei, drei Jahre lang intensiv gemeinsam mit Ritchie daran, Keyboards und Gitarre miteinander in Einklang zu bringen. Wir zwei hatten die Band gegründet und praktisch eine Synthese der beiden Instrumente anvisiert – einen fiesen Zwitter! Ungefähr zur Zeit von In Rock war es bei mir so weit; ich bekam langsam das Gefühl, mir würde klar, wie ich das ergänzen konnte, was Ritchie machte. Wenn du mich fragst, ist es häufig so, dass man seine und meine Spur nicht unterscheiden kann."* (JL in Mordern Keyboard, 1989)

„Bezüglich meines Stils – der Art und Weise, wie ich spielen wollte – kam es damals vor allem auf eines an: Ich wusste, dass ich als Instrumentalist weder an erster Stelle stehen noch lediglich ein Nebenbuhler sein sollte. Ich fasste die Orgel als Rockinstrument auf und war sowohl erstaunt als auch unheimlich froh, als ich bemerkte, dass man den Klang der Hammond direkt an der Gehäuserückseite abnehmen konnte statt erst an der Leslie-Box. Das veränderte mein Leben, weil dabei ein Sound entstand, der Deep Purples Stil mitprägte. Die Orgel röhrte unbändig wie ein Monster am Rande der Übersteuerung, was aber insofern wie die Faust aufs Auge passte, als Ritchies Gitarre immer lauter wurde, während er seinen eigenen Ton fand. Allmählich kristallisierte sich sein typisch runder, tieffrequenter Klang heraus, den an ein Cello denken ließ. Ich musste mich gehörig anstrengen, um mitzuhalten, und das entsprach meiner Vorstellung von der Band. In solchen Momenten erkannte man fast nicht mehr, wer was spielte.

Ich benutzte die Leslies sehr selten [im Studio], meistens den Marshall 200. Sie blieben während der Aufnahmen eingeschaltet und durch die Direktausgangsbuchse mit dem Marshall verbunden, sodass ich sie einfach leiser drehen konnte, falls ich nur ihn hören wollte.

Ich strebte keinen jazzigen Klang an, sondern wünschte mir die Orgel mittendrin im Getümmel. Dazu probierten wir sehr viel auf der Bühne aus, und das waren Situationen, aus denen wir lernten. Bei Konzerten, nicht unbedingt im Proberaum, fand die Gruppe zu sich selbst." (JL zu SC)

„Ich hatte eine Aufgabe, nämlich diesem Ungetüm Blackmore etwas entgegenzusetzen. Sein großer Vorzug bestand darin, dass er auch als gelernter Musiker nichts davon hielt, sich beim Spielen von den Konventionen der Harmonielehre einschränken zu lassen. Deshalb klangen manche Solos von ihm so abgefahren … Ich glaube, als er Hendrix zum ersten Mal hörte, war das eine Erleuchtung für ihn. Das war bestimmt ein einschneidender Moment für ihn: ‚Wow, selbstverständlich kann man so etwas machen', ebendiese Erkenntnis. Er wurde immer lauter und besser. Trotzdem ist er ein fauler Gitarrist. So sehr er eine geradlinige Rhythmik wie in Highway Star schätzte, brach er mitunter Knall auf Fall ab und meinte, Rückkopplungen sollten alles Weitere richten. Dann war es mit dem Rhythmus nicht mehr weit her und ich meinerseits gefragt. Man muss sich das so vorstellen, dass die Orgel die Rolle der Rhythmusgitarre übernahm, und klanglich hatte ich dabei natürlich keinen Stich gegen Ritchie. Darum fragte ich unseren Roadie, ob es möglich sei, die Hammond direkt über den Amp durch die Marshalls und nicht den Leslie-Lautsprecher zu jagen. Nach mehreren Stromschlägen gelang uns das." (JL-Interview, November 2010)

„Dass sich Ritchie nicht sonderlich oft auf die rhythmische Begleitung beschränkte, war maßgeblich für die Entwicklung von Jons Sound verantwortlich – der fing an, die Orgel wie ein Rhythmusinstrument einzusetzen. Weil er Ritchies Spiel dabei nachempfinden wollte, schrieb er die Leslies ab und jagte sein Signal durch eine Marshall-Box, wobei dieser derbe, unangenehme Sound entstand." (RG zu Steven Rosen, Ultimate Guitar, 2011)

Jon nahm seine Hammond C3, die er seit dem 12. Februar 1968 besaß, über einen 200 Watt starken Marshall-Major-Amp ab, und diese Kombination verlieh dem Purple-Sound seinen Charakter. Er gab an, in einem Musikgeschäft in Cambridge, wo sie als Ausstellungsstück in Gebrauch gewesen war, 850 £ dafür bezahlt zu haben (der Neupreis betrug etwa 1.400 £). Neben der Orgel spielte er das Studio-eigene Klavier in *Kneel And Pray* und beim Schlussakkord von *Child In Time*. Marshall ließen ihre neuen Boxen von Deep Purple testen, und Lord war der Erste, der Horn-Lautsprecher einsetzte.

Bass: Roger spielte *In Rock* mit einem Fender Precision über einen Marshall Major mit 200 Watt Leistung und einen 4x12-Lautsprecherturm des Herstellers ein. Das Instrument verkaufte er dann Anfang der 70er, und seine Anlage wurde zusammen mit Jons zu einer Wand aus sechs Boxen aufgestellt. Glover fand seinen Platz innerhalb der Gruppe schnell und wusste anscheinend nahezu instinktmäßig, was er wo spielen musste. *„Es gibt kaum jemanden, der die Bassgitarre wie ein Melodieinstrument einzusetzen versteht. Paul McCartney und Jack Bruce zählen dazu, obwohl dem Bassisten eine Vermittlerrolle zufällt, weshalb er sich zurückhalten und anderen das Schlaglicht überlassen sollte. Bass bei Deep Purple zu spielen gestaltet sich insofern schwierig, als es ständig hoch hergeht. Ich muss genau darauf achten, was ich tue, um niemandem ins Solo zu pfuschen."* (RG, 1971)

Beschallung: Obgleich die PA fürs Studio unerheblich war, darf man ruhig wissen, dass sie seinerzeit laut Melody Maker aus zehn parallel als Slave-Verstärker geschalteten 100-Watt-Marshalls bestand, die also eine Gesamtleistung von 1.000 Watt erbrachten und über ein Achtkanalmischpult des Herstellers gesteuert wurden. In den Boxen handelte es sich um vier Doppelhörner zu je 15 Zoll, zwei Zwölfzoll-Doppelhörner und vier 4x12-Säulen mit abmontierten Rückwänden.

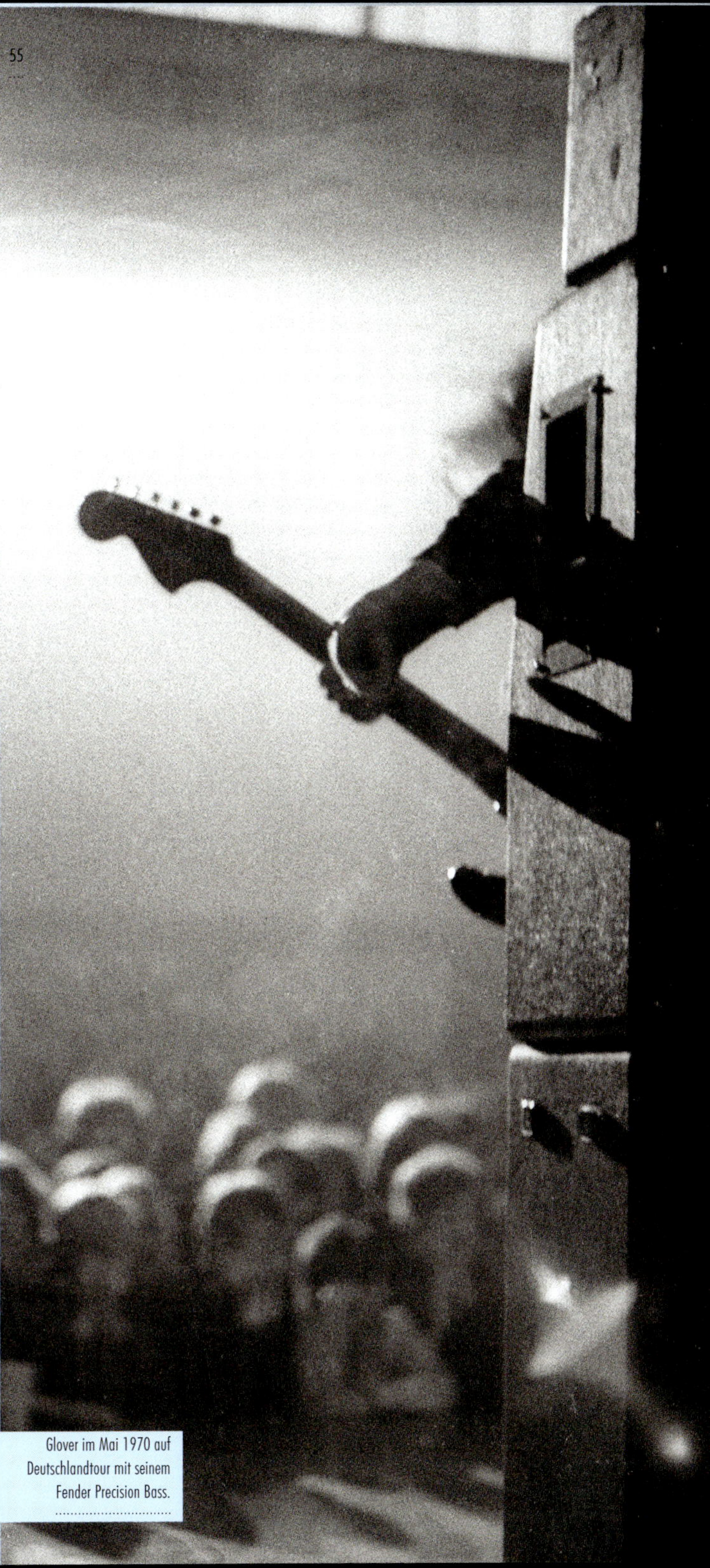

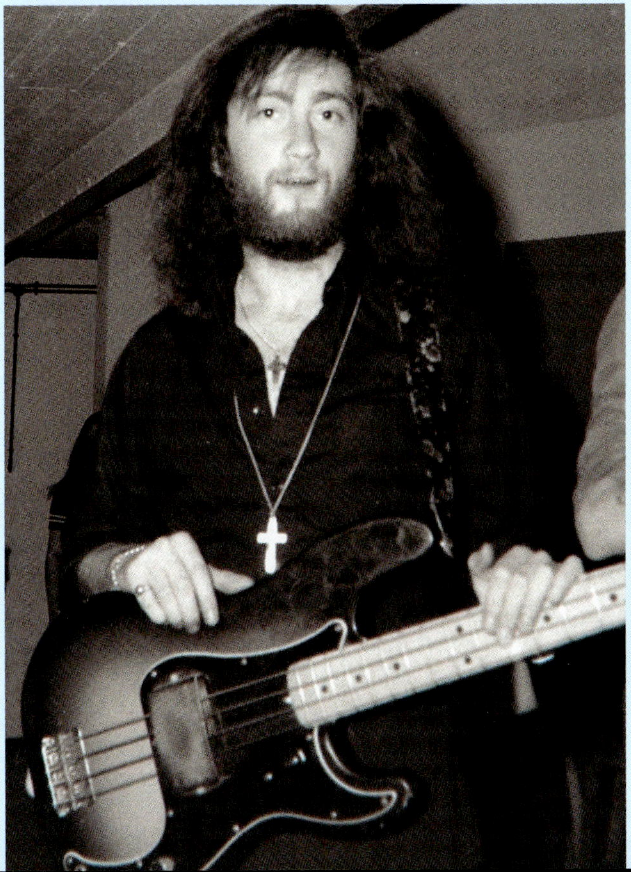

Glover im Mai 1970 auf Deutschlandtour mit seinem Fender Precision Bass.

Purple: Speed Kings

Eine Richtschnur für die Produktion hatte Ritchie schon sehr früh gegeben, nämlich mit den Worten: *„Was weder dramatisch noch anderweitig aufregend klingt, hat auf diesem Album nichts verloren."* Diese für ihn charakteristisch kompromisslose Maxime blieb während der folgenden Monate das Mantra der Band. Es war die erste Deep-Purple-LP, auf deren Ausrichtung die Mitglieder sich geschlossen einigten, statt wie zuvor so oft grundverschiedene Ideen zusammenzuwerfen. Als sie mit den Aufnahmen begannen, hatten sie sich vorgenommen, jedes Stück so einzuspielen, als sei im Studio ein Publikum zugegen. Die Herzstücke ihrer Bühnenanlage kamen voll aufgedreht zum Einsatz (die Boxen allerdings einzeln, nicht paarweise), um eine Liveatmosphäre zu erzeugen. In Anbetracht des Umstands, dass Produzenten die dahingehenden Möglichkeiten seinerzeit noch ausloteten, kam die Gruppe ihrem Ziel so nah wie möglich.

Nicht allzu weit vorausplanen zu können bedeutete, dass die Band ihre Termine so legen musste, wie sie sich gerade ergaben. Während sie sich hier und dort ein paar Tage dafür reservierte, kam es vor, dass die Räumlichkeiten, in denen sie zuvor aufgenommen hatte, von jemand anderem gemietet worden waren, weshalb sie sich nach Alternativen umschauen musste. Die Sitzungen fanden letzten Endes in drei verschiedenen Studios statt.

Des weiteren einigte man sich darauf, keinen außenstehenden Produzenten hinzuzuziehen. Die Musiker teilten sich diese Arbeit und nahmen Tontechniker zur Hilfe, um alles auf Band festzuhalten. Die Urbesetzung hatte ihre Alben klanglich von Derek Lawrence in Szene setzen lassen, und später sollten auch wieder Produzenten dazustoßen, doch vorerst stand der Gruppe der Sinn nach mehr Kontrolle. Die Entscheidung führte zu einigem Durcheinander in den Abhörräumen, wie sich Ian Gillan erinnert: *„Jeder stand übers Mischpult gebeugt da, von wegen dies oder das sei zu leise, und Blackmore fragte mich, als ich sagte, dass ich meine Stimme nicht hörte: ‚Für wen hältst du dich, Mann – Tom Jones?'"*

Ian Paice bestätigt, es habe Zank gegeben: *„Alle wollten an den Reglern fummeln, wir hatten jeweils nur Ohren für unser eigenes Instrument. Wenn ich irgendwo eine Verzierung spielte und die andren darauf hinweisen wollte, machte ich die Spur lauter, und an Stellen, wo ich hätte besser sein können, eben leiser!"*

Dass die Band auf diese Weise kein einziges Rauschen produzierte, grenzt an ein Wunder, doch zumindest erklärt das den Breitseitensound, der nicht selten zu übersteuern droht. Kürzlich fasste Roger die Erfahrung zusammen, die Deep Purple während der Studioarbeit machten. *„Als wir uns zurückzogen und versuchten, ein Feeling wie auf der Bühne zu erzeugen, wo es ziemlich wild zuging, probten wir zwar, kratzten aber nicht ansatzweise an unseren Konzerten. Manchmal hörte jemand einfach mitten im Song auf, schweifte solistisch und schaffte dann nur einen holprigen Übergang zurück. Es war chaotisch, überspannt und sehr aufregend. Die vorherrschende Stimmung spornte uns an, instrumental bis an die äußersten Grenzen zu gehen."* (RG zu Dennis Cook, JamBase)

„Wir nahmen unsere Instrumente so hart ran, wie es nur ging. Verstärker und Lautsprecher wurden zu Höchstleistungen genötigt. Die Audiosignale deckten das gesamte Frequenzspektrum ab. Falls ein Bild Deep Purple In Rock auf den Punkt bringen kann, ist es das der Aussteuerungsmesser am Mischpult, deren Nadeln weit nach rechts ausschlugen, ständig im roten Bereich und am Wackeln. Dass das Album heavier ausfallen sollte, war unterbewusst beschlossene Sache. Weil wir zudem zwischendurch auftraten – oder mehr Konzerterfahrung sammelten – und uns als Liveband verstanden, schwang jene geladene Atmosphäre, die sich auf der Bühne ergab, auch im Studio mit. Das Album wurde zusehends heftiger, weil wir die Arbeit daran für Gigs unterbrachen, bei denen sich unsere eigentliche Identität herausbildete." (RG zu SR)

„Es war Stückwerk. Wir gaben Konzerte, nahmen dann ein, zwei Tage lang auf und tingelten weitere fünf Tage durch die Gegend, ehe die nächste Session in einem anderen Studio anstand. Das war ein ziemlich umständliches Unterfangen, doch ich glaube, beim Komponieren kam zu Tragen, dass die Band live eine bis dahin ungeahnte Aggression hinzugewonnen hatte. Zuvor war es ein bisschen verhaltener mit mehr Rücksicht auf die Arrangements zugegangen, wohingegen wir uns nun an der Livedarbietung orientierten; die Musik wurde in ihrer Form freier, fast wie Jazz – Hardrock-Jazz, wenn man so will." (RG, Ultimate Guitar)

„Im Großen und Ganzen sind wir die Aufnahmen nüchtern sachlich angegangen, was nicht heißen soll, dass wir keinen Spaß dabei hatten. Mitunter führten wir uns reichlich albern auf. Liefen die Bänder allerdings, wurden alle ernst. Eigenartigerweise gab selten jemand eine Bemerkung zu den Parts der anderen ab oder kritisierte sie; wir achteten die Fähigkeiten unserer Mitmusiker." (RG zu SC)

Glovers Behauptung, die Tracks hätten sich in eine immer ruppigere Richtung entwickelt, unterstreicht die bereits aufgestellte These, die längere Entstehungszeit habe dem Album qualitativ gutgetan. Auch wenn man nicht weiß, in welcher Reihenfolge die Lieder fertiggestellt wurden, lassen sich *Hard Lovin' Man, Speed King, Flight Of The Rat* und *Bloodsucker* unschwer als die härtsten erkennen. Und tatsächlich: diese vier nahm die Gruppe zum Schluss auf. Roger bestätigte ebenfalls, dass das stetige Mehr an Wucht von den Fortschritten der Musiker auf der Bühne herrührte: *„Zunächst übertrug sich das nicht ins Studio, erst bei Hard Lovin' Man, denke ich. Von da an beeinflusste unsere Einstellung während Konzerten die Aufnahmen immer stärker.* (RG, Ultimate Guitar)

Bands neigen oft dazu, einen oder zwei ruhigere Songs auf Alben unterzubringen, doch Deep Purple waren sich einig, *In Rock* nicht so aufzulockern. Ritchie nannte den Grund dafür: *„Hin und wieder dachten wir: ‚Ist das nicht zu krass, könnte es den Bogen überspannen?' Hätte es ein im Verhältnis zum Rest sanfteres Stück gegeben, wäre es vielleicht von den DJs ins Radioprogramm genommen und unter den Hörern als repräsentativ fürs gesamte Album gehalten worden, sodass es seine geplante Wirkung verfehlt hätte. Darum durften die Tracks einander in puncto Härte nichts nehmen."* (RB zu Richard Green in NME, April 1971)

Roger bekräftigte diese unbeirrbare Haltung wenige Monate später. *„Wir waren entschlossen, uns zu beweisen. Alles, was wir taten, musste sich im Rahmen des Hardrock abspielen – oder besser gesagt dem, was wir uns unter Hardrock vorstellten. Wir erlegten uns wirklich strenge Disziplin auf. Was wir komponierten und aufnahmen, fand innerhalb sehr enger Grenzen statt."* (RG, Oktober 1971)

6 • Die Studios

„Deep Purple verstanden genau, was Theatralik und Dynamik ausmachten … wenn es um packende Alben und Konzerte ging. Für eine Heavy-Rock-Band waren sie wirklich feinfühlig.“ Andy Knight

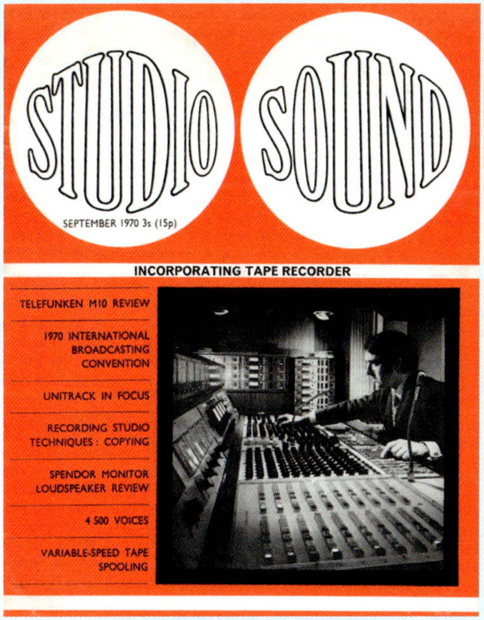

Das Mischpult im IBC Studio A

IBC Deep Purple nahmen während der Sessions zu *In Rock* insgesamt zehn vollständige Songs (oder Versionen derselben) auf, wobei das IBC eine tragende Rolle spielte. Zwei Stücke entstanden im De Lane Lead, eines im Abbey Road, und die übrigen im IBC Studio A: *Speed King, Living Wreck, Child In Time* und *Into The Fire* (zusammen mit der frühen Klavierfassung von *Kneel And Pray* bzw. *Speed King* und zwei nicht verwendeten Tracks).

Das Independent Broadcasting Corporation Studio befand sich in einem alten Stadthaus im gregorianischen Stil am Portland Place 35, einer von den Adams-Brüdern, berühmten schottischen Architekten, entworfenen Straße in London. Das IBC blickte auf eine lange Geschichte zurück, die in den 1930 begonnen hatte, als dort Werbung für städtische Radiosender produziert worden war, die man dann von Zentraleuropa aus gesendet hatte, um die Reklameauflagen der britischen Regierung zu umgehen. Die Betreiber orientierten sich schließlich um und bauten die Räumlichkeiten zu einem Tonstudio mit allen Schikanen aus.

In den 1950ern arbeitete Joe Meeks im IBC und lernte sein Handwerk dort. Im Zuge des Popmusik-Booms im Folgejahrzehnt richteten sich die meisten großen Labels im Land eigene Studios ein, derweil solche wie das IBC als Lückenbüßer fungierten. Während einer Ära allerdings, die noch durchdrungen war von der Blasiertheit der alten Garde, gab es Tontechniker, die sich besser im Pop und Rock auskannten als andere. So wie sie einen guten Ruf erlangten, erhielten sie Anfragen von Bands, und dies geschah auch dem IBC. Tatsächlich hätte es sicherlich mehr Zulauf erhalten, wenn es schneller zu Stereoaufnahmen übergegangen wäre. Die Beatles und Rolling Stones beispielsweise arbeiteten in ihrer Anfangsphase dort, kehrten aber später nicht zurück. The Who wurden schließlich zu den wichtigsten frühen Kunden der Besitzer. Hendrix masterte Songs dort, und IBC verfügte auch über ein mobiles Aufnahmestudio, das u.a. von Bob Dylan für Livemitschnitte gemietet wurde. Außerdem bespielte man im selben Gebäude Magnetbänder, die dann in Mellotrons verbaut wurden.

Andy Knight, ein weiterer Angestellter des IBC betreute Deep Purple bei der Aufnahme aller ihrer Songs für *In Rock* als Techniker. Kevin Barry stand ihm als Bandmaschinenassistent zur Seite, und ihre beiden Namen sind es auch, die auf den Bandkassetten stehen. Stephen Clare bat Andy um eine Beschreibung seiner Arbeit in jenem Studio.

„Die Sitzungen dauerten normalerweise einen Tag, oder man buchte gleich mehrere. Meistens fanden sie werktags in den Abendstunden statt, und mindestens eine wurde an einem Samstagnachmittag ab 14:30 Uhr abgehalten. Über die Woche fingen wir gegen 19 Uhr an und hörten um zwei oder drei in der Nacht auf. Deep Purple verstanden genau, was Theatralik und Dynamik ausmachten, und nutzten dieses Wissen wie viele Gruppen zu jener Zeit, wenn es um packende Alben und Konzerte ging. Für eine Heavy-Rock-Band waren sie wirklich feinfühlig.

Um eine endgültige Fassung fürs Mastering zu erhalten, waren saubere Grundspuren in der Regel die halbe Miete, was bedeutete, dass man bestimmte Parts zigmal wiederholte. Ein Tonstudio ist für einen Musiker eine völlig andere Welt. Setzt man jemandem ein Mikrofon vor, der noch nie etwas aufgenommen hat, macht er garantiert Fehler. Sobald das rote Aufnahmelämpchen leuchtet, steht er unter Druck. Patzt man einmal auf der Bühne, ist dieser Moment sofort vorbei, doch bemerkt ein Künstler etwas in einer Einspielung, das ihm nicht gefällt, graut ihm für den Rest seines Lebens davor, die betreffende Passage zu hören. Aus dem Grund beschäftigen sich viele Musiker später auch nicht mehr mit ihren Aufnahmen.

Darüber hinaus kann man Mikrofone überhaupt nicht mit dem menschlichen Ohr vergleichen. Man hört in Stereo und nimmt dazu die Umgebung wahr, die entscheidend für die Qualität einer Darbietung ist. Bands wie Deep Purple mussten sich irgendwie über die streng analytische Art des Mikrofons hinwegsetzen und eine optimale Performance hinlegen, um einen Mittelweg zu finden. Auf In Rock gelang ihnen das durch ihr schier übermütiges Spiel, das sich in einem dynamischen Sound niederschlug. Wenn ich an sie denke, sehe ich einen Haufen Spitzenmusiker vor mir, die ein Meisterwerk schaffen wollten, und so kam es auch. Sie waren umgänglich und hatten klare Vorstellungen, die sie umzusetzen wussten. Egozentrisch sind sie mir überhaupt nicht vorgekommen; alle zogen an einem Strang, um das Bestmögliche herauszuholen. Deep Purple fanden sich zum Arbeiten im Studio ein und taten nichts weniger als das. Ihnen dabei zu helfen war mir ein Vergnügen.“ (AK zu SC)

Denis Blackham, der seinerzeit ebenfalls im IBC beschäftigt war, beschrieb die Räumlichkeiten für uns. *„Im Erdgeschoss befanden sich der Empfang, das Hauptbüro, die Hausmeisterkammer und die Toiletten.*

Sehr dicht hinter Hausnummer 35 stand ein weiteres Gebäude, die Lücke zwischen beiden war nur etwa sechs Fuß breit. Dessen Parterre erreichte man nur durch einen Verbindungsgang, und dort lagen Bänder im Archiv oder Lager. Es enthielt auch die Schneideräume für Mono- und Stereoplatten sowie einen Bereich zum Vervielfältigen von Bändern. Die Hintertür führte auf einen alten Hof, und gleich gegenüber war der Dover Castle Pub, wo die Toningenieure und Musiker, die im IBC arbeiteten, oft zum Trinken hingingen." Ein Studio mit Kneipe in unmittelbarer Nachbarschaft, der Traum jeder Band?

„Studio A war groß genug für ein 40-köpfiges Orchester, nachdem man mehrere ursprüngliche Wände durchbrochen hatte, um es zu vergrößern, also brauchte sich eine Band erst recht nicht über Platzmangel zu beklagen. Es nahm den ersten Stock ein, und der Abhörraum war auf einem Balkon im zweiten untergebracht.

Er lag hoch unterm Dach des Gebäudes [siehe Foto S.59] und hatte ein breites Fenster mit Blick auf das Studio darunter, wohin eine Treppe führte. Abgesehen von dem großen, offenen Bereich gab es eine abgetrennte Gesangskabine unter dem Abhörraum. Sie war klein, ebenfalls mit einer Scheibe zum Hinausschauen ins Studio. Wir benutzten mehrere bewegliche Akustikschirme, die man überall im Raum aufstellen konnte. Damit ließen sich die Musiker mit ihren Instrumenten, Verstärkern und Mikrofonen gesondert verteilen. Sie dienten als Trennwände zwischen den Geräten, um das Übersprechen von Klangsignalen aus den einzelnen Bereichen zu verringern. Hinter dem Abhörraum befand sich ein weiterer kleiner mit einer Ampex-Bandmaschine für Echoeffekte, die man von vorne fernsteuern konnte.

Ende der 60er verfügte Studio A über ein speziell für uns angefertigtes Mischpult nach den Vorstellungen von Denis King, dem leitenden Wartungstechniker des IBC. Es stammte aus unserer eigenen Werkstatt. Die Monitore kamen von Tannoy – 15-Zoll-Lautsprecher vom Typ Red in Lockwood-Gehäusen, betrieben mit Röhrenverstärkern von Radford. Der Raum war klimatisiert, und mehrere farbige Strahler sorgten für eine angenehme Arbeitsatmosphäre. Bei unseren Ampex-Rekordern handelte es sich um eine Achtspurmaschine für Einzollbänder sowie je eine für Viertelzollbänder und entweder Mono- oder Stereoaufnahmen.

Damals arbeitete man im Grunde nicht viel anders als heute auch. Die Prinzipien waren genau die gleichen, bloß dass wir mit einer beschränkten Zahl von Spuren auskommen mussten und noch keine modernen Rechner hatten. Hört man sich manche Einspielungen von 1969 an, wirken sie ungeheuer kraftvoll und vermitteln oft auch mehr Feeling als Sachen von heute. Im Allgemeinen liegt das daran, dass die Band früher live mitgeschnitten wurde und hinterher nur wenig hinzufügte. In den 60ern und 70ern mussten Musiker ihre Instrumente viel besser beherrschen als jetzt, weil sie gezwungen waren, einen Song fehlerfrei von Anfang bis Ende zu spielen. Dies führte zu authentischen, eindrücklichen Darbietungen, und das hört man. Gegenüber aktuellen Aufnahmeverfahren, bei denen die Instrumente einzeln eingespielt werden, zumal bisweilen jeweils nur wenige Takte, besteht ein gewaltiger Unterschied, weil von Performance und oft auch von Gefühl keine Rede sein kann."

Andy über die Grenzen, die ihm und der Band von der Technik auferlegt wurden: *„Weil man nur über eine beschränkte Anzahl von Spuren verfügte, arbeitete man konzentrierter, und die Musiker damals kamen mit dem aus, was sie hatten. Bei vielen Stereoaufnahmen wurden Bänder überspielt, um Gesang und weitere Instrumente hinzuzufügen. Was zeitgenössischen Produktionen eventuell fehlt, ist die Stimmung beim Zusammenspiel der Mitglieder einer Band, die durch Interaktion und während der Entwicklung eines Songs oder Tracks als Gemeinschaftsleistung entstand."*

Das Mischpult im IBC Studio B und der hauseigene Achtspurrekorder mit Beschriftung seitens des Personals, damit sich der Tontechniker besser zurechtfand (zweites Foto: schärferes Bild eines ähnliches Modells)

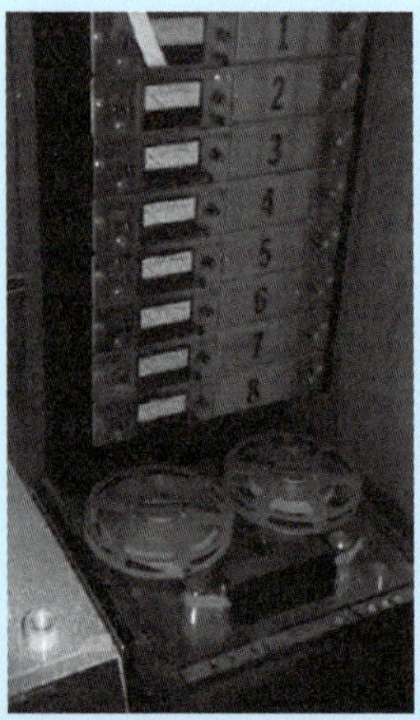

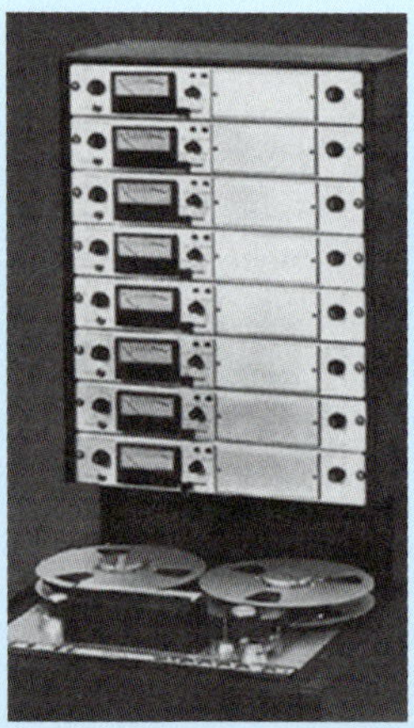

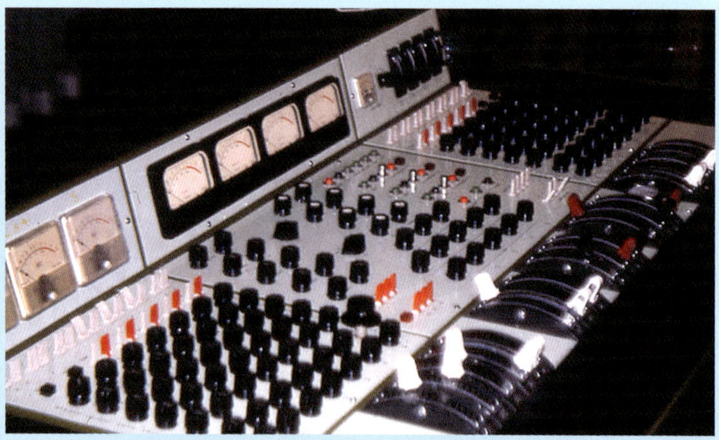

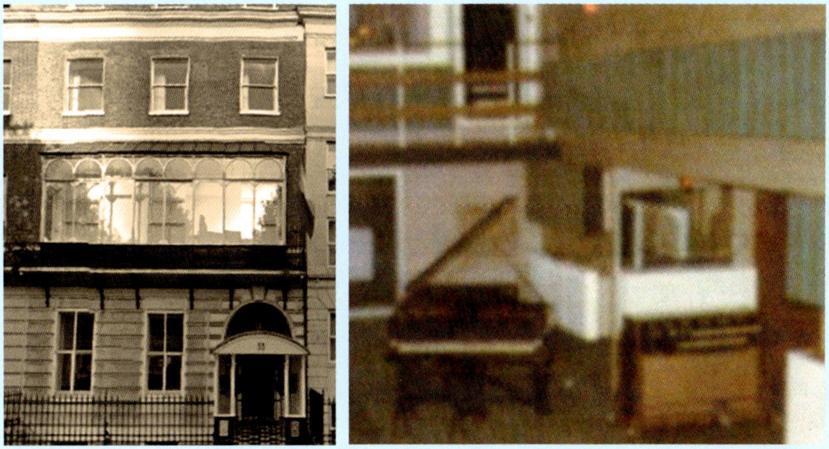

IBC Studio A 1970 und die Außenansicht von Portland Place 35 heute.

„Ich würde sagen, dass das technische Niveau heute höher ist, doch die Bands der 60er und frühen 70er bleiben hinsichtlich ihres Empfindens, Flairs und Eigensinns beim Komponieren wie Spielen unantastbar. In manchen Kreisen lässt man nach wie vor nichts über die Nuancierung analoger Aufnahmen kommen."

Bekanntlich genossen Deep Purple nie den Luxus, länger in einem Studio verweilen zu dürfen, doch die Vorbereitungen gestalteten sich unabhängig davon stets ähnlich, wie Denis erklärt: *„Wenn sich eine Band einmietete, richteten der Aufnahmeleiter und sein Gehilfe das Studio her, bevor die Musiker eintrafen. Gelegentlich buchten Plattenfirmen beispielsweise 14 Tage exklusiv. Das bedeutete, dass währenddessen einzig ihre Schützling bei uns arbeiten durften. Dies hatte den Vorteil, dass die aufgebaute Anlage für zwei Wochen oder länger – je nachdem, was reserviert worden war – unverändert blieb.*

Wir trennten einzelne Bereiche mit Schallwänden ab. Die Mitglieder verteilten sich mit ihren Verstärkern und Boxen dahinter. Der Toningenieur und sein Assistent montierten die Mikrofone auf Ständern sehr dicht vor den Kalotten. Sämtliche Musiker trugen normalerweise Kopfhörer, die einen Teil der Instrumentensignale übertrugen. So konnten Sie einander gut hören, aber nicht sehen, denn die Bildschirmwände standen zwischen ihnen."

Jon hatte sich behalten, wie sich die Gruppe bei jenen Sessions einrichtete. *„Wir benutzten im Studio mehr oder weniger dieselben Gerätschaften wie auf der Bühne. Hätten wir uns nicht gegenseitig abgeschirmt, wäre Klangmatsch entstanden, aber wir blieben in Blickkontakt. Bei uns wurde vieles durch Zunicken beschlossen, also war unerlässlich, dass wir einander sahen. Mit Kopfhörer aufzunehmen war nicht unbedingt mein Fall. Ich setzte das Ding auf, allerdings nur einseitig, weil ich mitvollziehen musste, was die anderen machten."* (JL zu SC)

Andy Knight weiß noch, wie die Band im Studio aufgestellt war: *„Bass und Schlagzeug nebeneinander an der hinteren Studiowand, dazwischen hohe Raumteiler mit Fenstern, sodass Ian die anderen sehen konnte. Links neben ihm standen ringsum abgeschirmt Ritchie mit seinem Amp sowie Jon mit seiner Orgel, dem Leslie-Lautsprecher und ebenfalls einem Verstärker. Ian Gillan sang der Orientierung halber in Kabine 2 mit. Alle sahen einander, und akustisches Übersprechen der Instrumente ließ sich nicht gänzlich ausschließen. Meistens trug die Gruppe Kopfhörer, die ihnen nur einen Mix boten, was zwar ein Kompromiss war, aber keinerlei Probleme verursachte."*

Denis ergänzt: *„Sobald die Musiker bereit waren, spielten sie ihre Instrumente, während der Techniker den Aufnahmepegel und Sound der Signale der Mikrofone abstimmte. Nicht selten bat er seinen Gehilfen, sie falls nötig ein wenig anders auszurichten. Jedes für die Aufnahme verwendete Mikrofon wurde überprüft. Diese Nahmikrofonierung war und ist bis heute die gängige Methode bei Bands mit lauten elektrisch verstärkten Instrumenten. Dabei nehmen die Schallwandler jeweils 95 Prozent des Instruments ab, für das sie vorgesehen sind, und ein klein wenig von den anderen. Dies ermöglicht akkuratere, getrennte Aufnahmen der einzelnen Musiker auf mehreren Bandspuren.*

Die Box des Bassisten wurde mikrofoniert, aber der Klang seines Verstärkers schwang auch direkt mit. Während die Lautsprecher etwas rauer klangen, bot der Amp ein cleanes Signal. Dann wurden beide zusammengemischt und auf eine Spur des Mehrspurbandes gelegt. Der Gitarrist war üblicherweise einzeln abgeschirmt, und sein Mikrofon stand direkt vor der Box, vermutlich nicht einmal zwei Zoll weit von einer der Kalotten hinter dem Schutzgitter entfernt.

Rings um den Drummer standen mehrere Mikros. Wie viele, das hing vor allem von der Größe seines Kits und den Gepflogenheiten des Toningenieurs ab. Manche benutzten je eines für die Bassdrum und die Snare sowie zwei weitere mit einem geringen Abstand voneinander über dem Schlagzeug, andere nahmen jede einzelne Komponente des Instrument gesondert ab, um beim Einpegeln der Lautstärke der Trommeln und Becken keinerlei Abstriche machen zu müssen. Ab und an wurde die Frontbespannung der Bassdrum entfernt und eine dicke Decke hineingelegt. Dadurch entstand meistens ein angemessen fülliger Sound."

Andy über Ian Paices Schlagzeug während der Produktion von *In Rock*: *„Der Klang der Drums sollten dem bei Konzerten so nahe wie möglich kommen. Wir mikrofonierten alle Teile und nahmen sie für gewöhnlich in Stereo auf den ersten vier der acht Spuren auf. Verwendet wurden Modelle von Neumann, das U67 für alles außer der Bassdrum, die mit einem U47 abgenommen wurde. Beim Abmischen der Masterbänder hörte man das Schlagzeug leise, wenn auch nicht allzu präsent, sowohl auf dem linken als auch dem rechten Kanal. Mir gefiel diese Klangbreite nicht, weil es sich, wenn die Boxen weit voneinander entfernt standen, so* *anhörte, als hätte der Schlagzeuger sehr lange Arme!*

Beim Mixen kann der Schlagzeugsound einen Teil seiner Klarheit einbüßen, weil es zu Frequenzüberschneidungen mit den anderen Instrumenten und dem Gesang kommt. Das digitale Zeitalter hat uns eine Klangästhetik beschert, die nicht mehr richtig widerspiegelt, dass da ein Mensch mit einem Stick Trommeln rührt. Das Schlimmste, was sich unter musikalischen Gesichtspunkten etablieren konnte, waren Einspielungen mit Metronom! Gruppen wie Deep Purple hätten wie The Carpenters geklungen, wenn sie einem Klick gefolgt wären. Rhythmus und Tempo waren Faktoren, die Konzerte und Alben solcher Gruppen spannend machten."

Der Schlagzeuger des Quintetts beeindruckte Andy im Besonderen. „*Ian war ein brillanter Drummer und jedem anderen gewachsen, der im IBC aufnahm. Dazu gehörten Keith Moon, Ginger Baker oder John Hisemen, die ich ohne weiteres im selben Atemzug mit ihm nennen würde. Mit Ian zu arbeiten war einfach und lief sehr professionell ab.*"

Für Gillans Vocals und Glovers Bass waren individuelle Vorkehrungen vonnöten, wie Andy erklärt „*Der Gesang wurde mit Neumann-U67-Mikros aufgenommen. Ian stellte sich dazu üblicherweise mitten ins Studio. Da er eine kräftige Stimme hatte und ein herausragender Sänger war, wüsste ich nicht, dass wir bestimmte Passagen mehrmals probieren mussten. Die meisten Frontleute sangen gern ohne Deckenbeleuchtung im Schein der bunten Strahler, auch Ian. Roger war wahrscheinlich der Stillste von ihnen. Der Bass trieb die Band in den rockigen Parts an, und wenn Feingefühl gefragt war, reagierte er stets genau richtig. Zudem fand er sofort einen klasse Sound; ich kann mich nicht daran erinnern, dass wir je lange an seinem Signal herumgedoktert hätten.*"

Knights Erinnerung deckt sich relativ genau mit Glovers Beschreibung der Aussteuerungsmesser, die beim Aufnehmen andauernd in den „roten Bereich" ausschlugen: „*An und für sich könnte man sagen, die Marshall-Verstärker seien auf Lautstärkestufe 11 eingestellt gewesen. Erreicht der Pegel den roten Bereich, nimmt man Verzerrungen in Kauf, die sich einstellen, sobald die Aufnahme den Frequenzbereich des Tapes sprengt. Um das beste Ergebnis zu erzielen, besteht das Geheimnis darin, das Dynamikspektrum des Tonbands zur Gänze auszureizen und die Aufnahme mit möglichst hohem Pegel auf Vinyl zu übertragen. Die Band knallte im Studio genauso wie auf der Bühne, und dieser Sound ließ sich zum Glück als Ausgangspunkt für alles Weitere verwenden. Keine Frage, wir benutzten Limiter (ein Gerät, das Pegeltiefstwerte und -spitzen ausgleicht, u.a. um Überlastungen der Geräte vorzubeugen), um den ausgewogenen Sound zu erzielen, der eine gute Aufnahme ausmacht. Beschneidet man den Klang zu stark, führt das dazu, dass sich die Sachen anhören wie manche Radioübertragungen, die den Eindruck erwecken, eine Band spiele rückwärts!*"

Denis erläutert, warum Organisten eine Sonderbehandlung brauchten: „*Die Hammondorgel verfügt über eine Leslie-Box, einen Rotationslautsprecher mit einstellbarer Drehgeschwindigkeit. Daraus ergibt sich der markante Sound, und in den meisten Fällen stellte man zwei Mikrofone dicht vor die Bespannung. Je nachdem, wie viele Spuren man hatte und was einem klanglich vorschwebte, wurden Leslies in Stereo auf zwei Tracks des Mehrspurbands aufgenommen oder in Mono auf einer Spur zusammengefügt.*"

Was Deep Purple betraf, so stand den Mitgliedern bei der Einspielung der Songgerüste nur jeweils eine Spur zur Verfügung, ausgenommen das Schlagzeug, wie Andy richtig erwähnt hat. Trommeln und Becken wurden auf zwei Spuren verteilt, während je eine dem Bass und der Gitarre vorbehalten waren. Wenn die Stücke in ihren Grundzügen fertig waren, folgten die Overdubs. Dabei spielte man den Musikern die Mehrspuraufnahme über Kopfhörer vor, um zusätzliche Instrumental- oder Gesangsparts auf freien Tracks mitzuschneiden. Die acht Spuren, die das IBC damals verwendete, entsprachen seinerzeit quasi dem Standard in Großbritannien; 16-spurige Produktionen wurden im Land ab 1970 möglich, kurz darauf 24-spurige. Da *In Rock* bereits fünf Spuren belegte und die sechste dem Gesang galt, blieb wenig Spielraum für Dopplungen oder weitere Solos.

Mussten mehr Spuren her, nahm man eine Teilabmischung vor. Diese Methode nennt man auch „Bouncing", wobei mehrere oder alle Grundspuren in Stereo gemischt werden, um Platz für weitere Aufnahmen zu erhalten. Mit arg knappem Budget tat man dies auf einer schon bespielten Spur, andernfalls auf einem neuen Tonband. War Ersteres der Fall, löschte man die Ausgangsspuren, um die Overdubs machen zu können. Dazu war Sorgfalt geboten, wie Denis erläutert: „*Man kam nicht umhin, alles in Stereo zusammenzumischen und die Ursprungssignale der Instrumente aufeinander einzupegeln. Zu jener Zeit musste man eine Entscheidung treffen und sich daran halten.*" Hatte man alle Spuren gelöscht, waren sie logischerweise unwiederbringlich verloren, sodass sich nichts mehr ändern ließ, außer man nahm wieder neu auf.

Wir sprechen wohlgemerkt von acht Spuren; bei der Produktion ihres Debüts musste die Band mit vier Spuren vorliebnehmen, die bisweilen zweimal zusammengemischt wurden, um genug Platz für alle Parts zu schaffen. Eigentlich finden sich auf den Hüllen der Tonbänder aber kaum Belege für solche Bouncings, wenn man von den komplexeren Songs absieht. Deep Purple nutzten die beiden freien Tracks meistens für Orgel und Gitarre oder schnitten diese Instrumente „live"

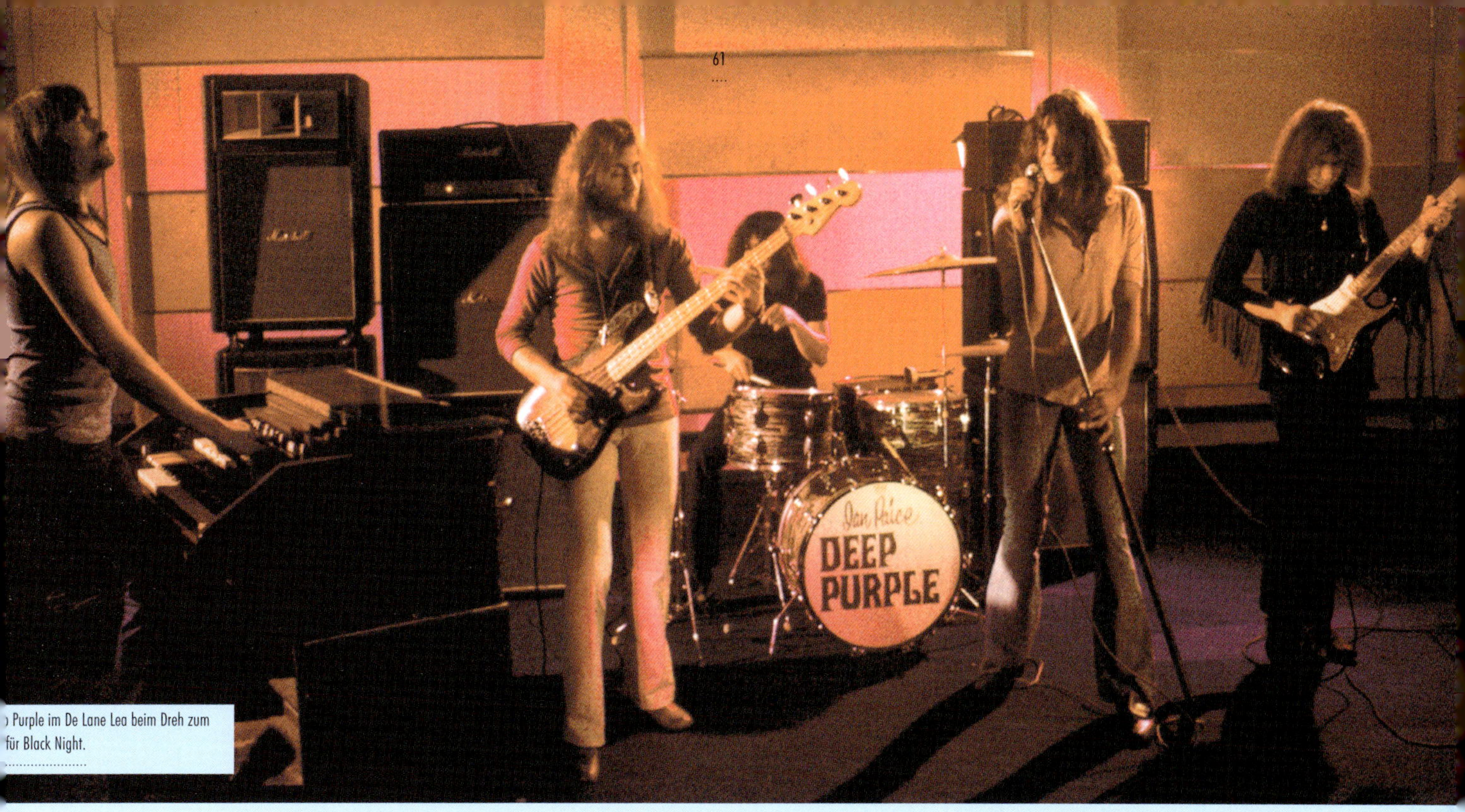

) Purple im De Lane Lea beim Dreh zum
für Black Night.

auf einer Spur mit und doppelten den Gesang auf der anderen.

Zum Einsatz kam ein eine Einzoll-Bandmaschine vom Typ Ampex AG 440-8 für acht Spuren (Ende 1967 auf den Markt gebracht) mit separatem Aufzeichnungs-, Takt-, Wiedergabe- und Löschkopf. Dies machte acht getrennte oder synchrone Aufnahmen und deren gleichzeitige Abhörung möglich. Die Laufgeschwindigkeit entsprach den damals gängigen 15 ips (Zoll pro Sekunde). Geräte für den Hausgebrauch leisteten nur die Hälfte oder ein Viertel dessen, zumal mit Viertelzollbändern. *„Das IBC arbeitete mit amerikanischen Ampex-Maschinen, die den Standard der NAB[1] erfüllten.“* (AK zu SC)

Nachdem Deep Purple einen Song einstudiert und vielleicht auch ohne aufzunehmen im Studio gespielt hatten, versuchten sie ihn in einem Durchlauf, während der Tontechniker mitschnitt. Sie mussten sich anstrengen, um diesen einen Take fehlerfrei festzuhalten, doch diese Vorgehensweise kam dem Konzertfeeling des Albums entgegen. Den ersten Versuch bei laufender Aufnahme nannte man „Take One“. Darauf folgten so viele weitere Durchgänge, wie man es für notwendig erachtete, bis einer ihren Vorstellungen gerecht wurde. Immer wieder kam es vor, dass sie wegen eines Schnitzers – aufgrund eines Misstons oder anderer Ursachen – mittendrin abbrechen mussten. Der Ingenieur kennzeichnete die Stelle entsprechend, um sie beim Abhören wiederzufinden (wie in der Filmbranche auf Regieklappen), indem er die Nummer des Takes per Mikrofon hinzufügte. Das war ein mühseliger Vorgang, bei dem man hin und wieder ins Schwitzen geriet, wie sich anhand der Kisten mit den Tonbändern für *In Rock* erkennen lässt; *Cry Free* hält mit 31 Takes den Rekord. Die Angestellten behalfen sich zur Markierung der verschiedenen Fehler einer Kurzschrift, die Denis erklärt: *„Auf den Etiketten steht T1, T2, T3 und so weiter. Der Studiogehilfe oder Bandmaschinenassistent hatte die Aufgabe, die Informationen auf die Hüllen zu schreiben, also Abkürzungen für verpatzte Einsätze, vollständige Takes oder Tonstörungen.“*

War jemand überzeugt davon, der Gruppe sei „die eine“ perfekte Performance gelungen, wurde diese auf dem Etikett eingekreist. Manchmal mochte sie daraufhin noch ein paar weitere Versuche unternehmen und sich beim Abhören auf einen früheren festlegen. Je nach Vorgehensweise wurde dieser Take dann auf ein neues Band transferiert, gebounced und mit Overdubs versehen. Auch bestand die Möglichkeit, Teile von zwei oder drei Durchläufen auszuschneiden und zu einer vollständigen Masterfassung zusammenzufügen.

Nach Abschluss der Aufnahmen inklusive Gesang und Overdubs mit Solos stand der Mix an. Der Techniker spielte das Stück ab, um das Lautstärkeverhältnis zwischen den Instrumenten zu verbessern, die Frequenzspanne der einzelnen Spuren per Filter anzupassen und

1 Die NAB (National Association of Broadcasters, der Verband der US-Rundfunkanstalten) legte eine landesweite Equalizer-Norm bei der Wiedergabe mit Tonbandgeräten fest, um den Umgang mit den Beschränkungen des Mediums und der Höhenfrequenzen zu vereinfachen. Maschinen in Studios mussten also dieser Norm gerecht werden, damit der Produzent den Sound erzielte, der ihm vorschwebte. In Europa etablierte sich später ein höherer Standard.

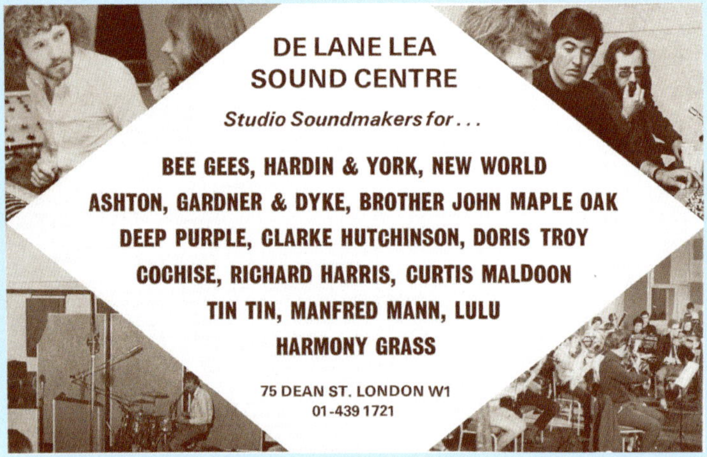

gelegentlich etwas Hall oder einen Echoeffekt hinzuzufügen. Darüber hinaus bearbeitete er die Signalverteilung im Stereo-Klangbild (sogenanntes „Panning"), indem er die Gitarre auf den rechten und die Orgel auf den linken Kanal legte. Hierbei bestand die Kunst darin, sich die Stellen in einem Take einzuprägen, die hervorgehoben oder gedämpft werden mussten. Zuletzt überprüfte man die auf die entsprechenden Pegel eingestellte Endversion und übertrug sie auf ein unbespieltes Stereo-Viertelzollband. Diese finalen Stereo-Abmischungen wurden auf einer neuen Rolle aneinandergefügt, die dann als Master des Albums diente. Der Mix fiel mit einer Achtspurmaschine generell nicht sonderlich schwer, solange die Aufnahme an sich ordentlich war.

Denis schildert weiterhin, wie die Arbeitsschritte zu den endgültigen Masterbändern führten. *„Ein fertiger Take wurde als Master mit Vorlauf gekennzeichnet. Der Techniker oder Bandmaschinenassistent erweiterte das Tape in der Regel mit einem Vorspannband und oft auch einem rotem Endstück. Dies vereinfachte das Spulen beim Suchen der korrekten Versionen. Die verbindlichen Mixe wurden dann in der Reihenfolge der Songs auf der Platte zusammengestellt. Normalerweise geschah das auf zwei Rollen, eben für die A- und die B-Seite."*

Diese Rollen (eine sieht man auf S. 70) trugen häufig die Beschriftung „Production Master" und waren der krönende Abschluss monatelanger Arbeit (bei Deep Purple definitiv). Zuallererst galt es stets, eine Kopie davon anzufertigen, um für den Verlust oder eine Beschädigung des Originals gewappnet zu sein. Das Master wurde dann beim Label eingereicht, und meistens presste man auch eine Handvoll Azetat-Platten, um der Band, ihrem Management und Bekanntenkreis einen Eindruck davon zu geben, wie die fertige LP klingen würde (und um etwaige Störgeräusche aufzuspüren). Die Herstellung von Vinyl ist eine Kunst für sich, und viele Sammler suchen bestimmte Pressungen aus der Hand dieses oder jenes Schnitttechnikers, weil diese eine deutlich bessere Klangqualität aufweisen sollen.

De Lane Lea Für manchen Fan sind Deep Purple und das Studio De Lane Lea eng miteinander verknüpft. Die Band nahm dort sowohl ihr zweites und drittes Album als auch Stücke für *In Rock* (und später auch *Fireball*) auf, nicht zu vergessen ihr allererstes Promo-Video für *Black Night*, das 1970 dort gedreht wurde.

Eröffnet wurden die Räumlichkeiten 1947 von dem Franzosen Major Jacques De Lane Lea, um Filme (welche, ist uns nicht geläufig) in seiner Heimatsprache auf Englisch zu synchronisieren. Mit zunehmenden Erfolg expandierte man unter der Adresse Kingsway 129 in den Musikbereich, aus dem sich die Beatles, The Who, die Stones und Pink Floyd einfanden. Jimi Hendrix nahm dort *Hey Joe* auf. Später hob das Team weitere Studios aus der Taufe, und als das erste 1973 dichtmachte, kaufte Ian Gillan es. Unter dem Namen Kingsway Recorders ging der Betrieb noch viele Jahre lang weiter.

Die zwei Songs von *Deep Purple In Rock*, die vor Ort entstanden, waren *Hard Lovin' Man* und *Flight Of The Rat*, nicht zu vergessen die Single *Black Night*. Ian Paice war in Hinblick auf seinen Schlagzeugsound unzufrieden mit dem Studio. *„Das De Lane Lea war seltsam; für Trommler gab es bessere Aufnahmebunker. Die Ergebnisse klangen arg dumpf, aber dort zu arbeiten lag nahe. Damals überhaupt etwas zu finden, wo man gute Drum-Aufnahmen machen konnte, war schwierig, und das Abbey Road lag wegen seiner Größe ganz vorne."* Ein Kuriosum, das noch niemand erklären konnte, besteht in der Tatsache, dass in den beiden Songs, die im De Lane Lea eingespielt wurden, die Gitarre auf dem rechten und die Orgel auf dem linken Stereokanal zu hören ist (so nahm es ein Publikum vor der Bühne wahr), wohingegen man sie bei allen anderen umgekehrt abgemischt hat.

Dass man das De Lane Lea lange Zeit mit Deep Purple verband, hatte noch einen Grund: Tontechniker Martin Birch. Als er in dem Studio arbeitete, war er der Gruppe schon durch den Mitschnitt ihres Concerto bekannt. Martin beeindruckte sie während der Aufnahmen zu *In Rock* dergestalt, dass sie ihn, sowie es darum ging, *Machine Head* einzuspielen, fast als sechstes Mitglied ansah. Martin sollte die Band bei der Produktion aller Folgealben als Tontechniker betreuen, bis die Besetzung 1976 auseinanderbrach. Ende der 70er betätigte er sich dann sowohl für Rainbow als auch für Whitesnake.

Die Musiker freundeten sich alle sehr schnell mit ihm an. Roger erinnert sich an ihre erste gemeinsame Session mit ihm für *In Rock*: *„Die Chemie zwischen Martin und der Band stimmte sofort. Er vermittelte das Gefühl, einer von uns zu sein. An sich war das Studio etwas zu klein, doch er verhalf uns zu einem ordentlichen Sound. Die Tracks, die wir dort aufnahmen, gefielen uns richtig gut. Erst als er auf den Plan trat,*

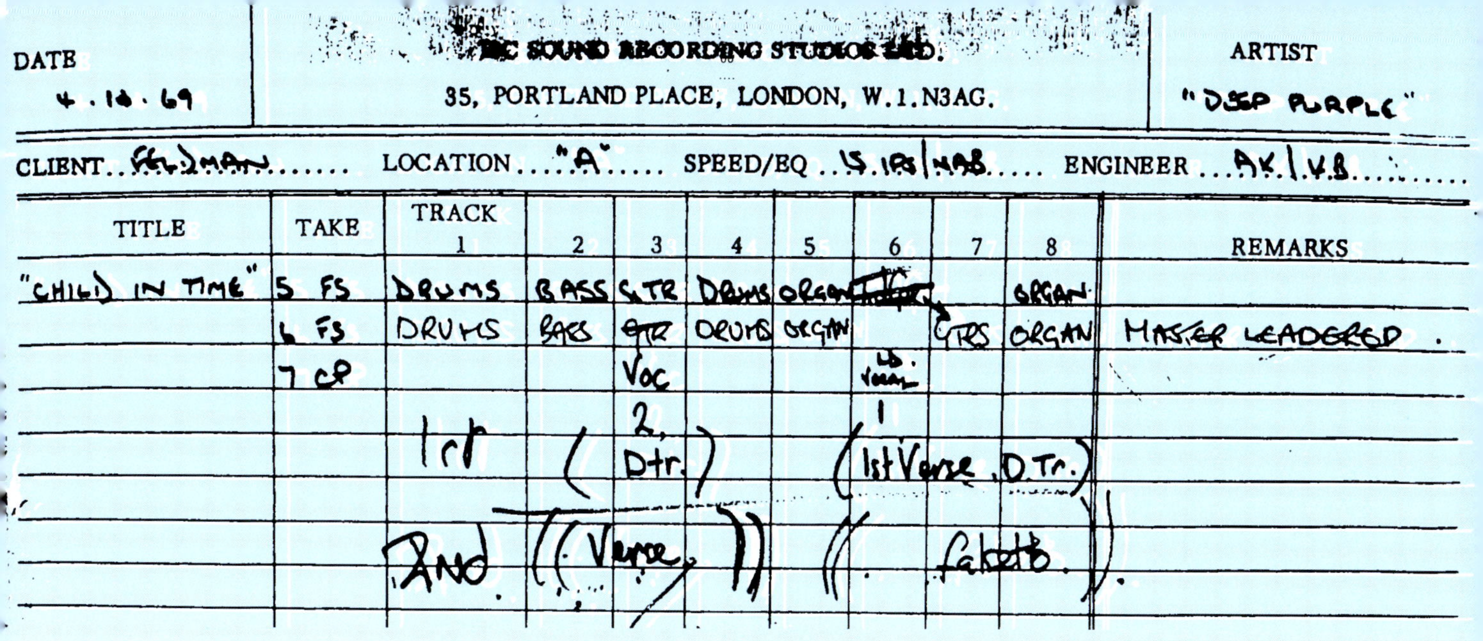
DATE 4.10.69 | IBC SOUND RECORDING STUDIOS LTD. 35, PORTLAND PLACE, LONDON, W.1.N3AG. | ARTIST "DEEP PURPLE"

CLIENT Feldman LOCATION "A" SPEED/EQ 15 IPS/NAB ENGINEER AK/VB

TITLE	TAKE	TRACK 1	2	3	4	5	6	7	8	REMARKS
"CHILD IN TIME"	5 FS	DRUMS	BASS	GTR	DRUMS	ORGAN			ORGAN	
	6 FS	DRUMS	BASS	GTR	DRUMS	ORGAN		GTRS	ORGAN	MASTER LEADERED.
	7 CP			VOC			LD. VOCAL			
		1st	(	2, Dtr.)			(1 1st Verse, D.Tr.)			
		2nd	((Verse,		))	((		falsetto.	)).	

erkannten wir unser wahres Wesen. Sein Humorverständnis war unserem äußerst ähnlich, und sein Sachverständnis umfassend. Mit ihm fühlten wir uns von Anfang an wohl.“ (RG zu SC)

Auch Jon war voll des Lobes: *„Es gab praktisch nichts, wofür er sich mehr Zeit nahm als die Ausrichtung der Orgelmikrofone; damit kannte er sich bestens aus. Die Aufnahme der Gitarre ging ihm ohne Mühe von der Hand, denn Ritchie stellte klar, was er wollte, und bekam dann genau das. Wegen seines Sounds war Ritchie immer sehr wählerisch: ‚Nein, das mag ich nicht, im Studio hat es sich anders angehört, und ich will, dass es genauso klingt wie dort.‘“*

Ian Paice zeigte sich nicht minder enthusiastisch: *„Martin war ein großartiger Toningenieur und seiner Zeit in England meilenweit voraus. Ich denke, dass man sich letzten Endes Martins Sound aufdrücken ließ, statt eigenständig zu klingen, doch der war anfangs so gut, dass es einem egal sein konnte.“*

Ian Gillan schließlich brachte die gleiche Meinung zum Ausdruck: *„Bei anderen Tontechnikern handelte es sich ausnahmslos um total blasierte Trottel, die den Eindruck vermittelten, sie hätten nichts Besseres zu tun, als Pläne zu durchkreuzen, die man umsetzen wollte, weil sie entweder keine Ahnung hatten, vergesslich oder einfach nur stur waren. Abgesehen von Alan McKenzie im Pye Studio gab es niemanden außer Martin, der sich überhaupt die Mühe machte, in den Aufnahmeraum zu gehen und zu hören, wie die Band klang, bevor er versuchte, ihren Sound auf Tape festzuhalten. Als wir ihn einen Katalysator nannten [so geschehen auf der Hülle von In Rock unterm Song Hard Lovin' Man], traf das den Nagel auf den Kopf, wenn du mich fragst.“*

Abbey Road Zuletzt das wahrscheinlich berühmteste aller britischen Tonstudios – Abbey Road, wo das Album fertiggestellt wurde. Keines der anderen, in denen Deep Purple Songs aufnahmen, wird heute noch betrieben (das Gebäude, in dem das De Lane Lea untergebracht gewesen war, wurde vor einigen Jahre für einen Supermarkt und Büros abgerissen, denen auch das IBC weichen musste), und es steht seit einiger Zeit unter Denkmalschutz.

Dort (in Studio 3, wie es heißt), spielte die Gruppe unter Philip McDonald *Bloodsucker* ein. Der Techniker hatte im Vorjahr bei Apple begonnen und in der gleichen Funktion am Beatles-Album *Abbey Road* mitgewirkt. Bevor Deep Purple das Studio buchten, war er auch in einige Soloprojekte der Pilzköpfe involviert gewesen, betrat mit dem Quintett also ein Stück weit Neuland. Jon Lord griff für seinen ersten Alleingang *The Gemini Suite* wieder auf Phil zurück.

Das Abbey Road wurde 1931 eröffnet und befand sich wie das IBC in einem umgebauten georgianischen Haus. Nach Apples Eingliederung in die EMI übernahm diese die Räumlichkeiten unter dem Namen EMI Studios, gab aber 1970, als Deep Purple dort arbeiteten, Bitten nach, sie wieder umzubenennen. Das Abbey Road war wesentlich größer als sowohl De Lane Lea als auch IBC und für vielköpfige Orchester eingerichtet. Bands konnten sich den Aufnahmeraum aussuchen, der ihren Egos bzw. Geldbeuteln entsprach.

Je nach Studio wurden andere Bänder verwendet, da das Personal jeweils unterschiedliche Vorlieben hatte. Im ABC kamen sie von Agfa, im De Lane Lea von Scotch, und *Bloodsucker* verewigte man (kaum verwunderlich angesichts der Besitzer des Abbey Road) auf EMI-Rollen. Im Großen und Ganzen sind sie gut erhalten geblieben und haben anders als manches Ampex-Tape aus späterer Fertigung nicht gelitten.

7 • Die Aufnahmen

„Ian Gillan war vermutlich der Einzige, der das singen konnte … Das ist einer seiner Glanzmomente.“ Ritchie Blackmore

IBC Studio	
Kneel and Prey/Speed King	18/10/69
Living Wreck	18/10/69
Woffle (Speed King intro)	04/11/69
Child in Time	04/11/69
Into the Fire	27/11/69
Jam Stew	27/11/69
De Lane Lea Studio	
Hard Lovin' Man	01/01/70
IBC Studio	
Cry Free	13/01/70
Speed King	29/01/70
De Lane Lea Studio	
Flight of the Rat	11/03/70
Abbey Road Studio	
Bloodsucker	13/04/70
De Lane Lea Studio	
Black Night (single)	04/05/70

Ab Ians und Rogers Einstieg brauchten Deep Purple Mk 2 fast exakt ein Jahr, bis sie ihr erstes gemeinsames Album veröffentlichten. Obgleich sich die Aufnahmesitzungen jedoch über sechs Monate hinauszogen, schien die Band unterdessen nur zwei Wochen in den Studios verbracht zu haben – ziemlich wenig Zeit zur Einspielung eines Rockmeisterwerks. In dieses halbe Jahr fielen zudem über 70 Konzerte. Die Tracks sind im Folgenden nach den Studios geordnet, wohingegen sich rechts nachvollziehen lässt, in welcher Reihenfolge sie unseres besten Wissens nach aufgenommen wurden.

Kneel And Pray (Speed King, Klavierversion) • Der Song wurde am 18. Oktober 1969 während einer zwei Konzerten in Hamburg am 14. und Ipswitch am 22. zwischengeschobenen Session im IBC eingespielt. Die Band brachte ihn bereits seit zwei Monaten live und hatte ihn auf der Bühne wie beim Proben überarbeitet, bevor sie das Studio mietete. Derweil *Kneel And Pray* bei Shows ein unzweideutiger Heavy-Rock-Brecher war (konzipiert als mit der Tür ins Haus fallende Eröffnungsnummer, wie wir erfahren haben), gestaltete sich die erste aufgenommene Fassung mit Piano statt Orgel deutlich weniger konfrontativ. In Hinblick auf die Entwicklung, die Deep Purple durchmachten, stellt sich die Frage, weshalb sie diesen doch sehr anderen Ansatz im Studio wählten. Die Antwort: Sie versuchten etwas, das zu einer Single taugte. *„Wir spielten mit dem Gedanken, es auszukoppeln. Der Zuständige von der Plattenfirma wollte ein eher poppiges Lied, und ich schätze, aus dem Grund haben wir es mit dem Klavier probiert. Mir gefällt es ganz gut, auch wenn es nicht annähernd so hart ist wie die spätere Version.“* (JL zu SC)

Ein weiterer wesentlicher Unterschied besteht in der Tonart G statt A. Man dachte, das Singen des wortreichen Textes falle Ian Gillan in etwas tieferer Lage leichter. Jon stimmte zu, dies könne so gewesen sein, und bemerkte außerdem, es habe sich *„in G ein wenig besser angefühlt und bluesiger geklungen.“*

Auf der Bandhülle sind zehn Versuche der Instrumentalaufnahme (zwei Fehlstarts) und der alternative Titel verzeichnet. Auf einem zweiten Etikett, mit dem die Beschriftung überklebt wurde, steht ebenfalls *Kneel And Pray* und darunter *Speed King*. Der zehnte Take wurde als endgültig markiert und als Master verwendet. Anscheinend ergab sich die Titeländerung während der Session. Auf der EMI-CD[1] hört man kurz, was im Studio gesprochen wurde, und versteht eindeutig, dass der Tontechniker im Abhörraum *„Kneel And Pray, Take fünf“* ankündigt. Der Einstieg gelingt gut, doch dann bricht die Band ab, weil sich Jon verhaut. *„Das war ein Stinker“, sagt er. „Nein, kein Furz, aber ich habe einen falschen Ton gespielt.“* Im Hintergrund macht man sogar leise aus, dass Ritchie lacht. Ein weiterer Schnipsel fängt mit „Speed King, Take eins“ seitens des Technikers an, woraufhin die Gruppe die Klavierversion noch einmal probiert. Auch diesmal endet sie jäh, und Ian Paice wirft heiter ein: *„Ich hab ein Mikro kaputtgemacht!“* (man muss genau hinhören, um ihn zu verstehen). Aus dem Abhörraum kommt die geruhsame Frage: *„Wirst du wieder draufhauen?“*, die er mit *„Ich denke nicht“* antwortet …

Was die Band auf der Bühne und im Studio der BBC als *Kneel And Pray* vorgestellt hatte, erhielt nun den verbindlichen Titel *Speed King*. Textlich bestanden kaum noch Gemeinsamkeiten mit den ersten zaghaften Live-Probeläufen des Stücks.

Wahrscheinlich war Ian Gillan dabei so stark gefordert wie kein anderes Mitglied. So sagte er später etwa über die Endphase der Entwicklung des Songs: *„Ich hatte nie zuvor eine so spannende, brisante Situation erlebt. Ich war sehr aufgeregt, wusste aber sofort, dass ich ohne Zögern mitziehen musste. Ansonsten hätte mich alles überrollt und meine Feuerprobe möglicherweise nicht bestanden. Irgendwann erfuhr ich, dass Roger ziemlich genau das Gleiche von unseren Jamsessions in dem Community Centre hielt.“*

„Man hatte keine Zeit zum Überlegen, also brüllte ich den anderen entgegen, das war reine Selbstverteidigung. Ich warf ihnen die erstbesten Textfetzen an die Köpfe, die mir einfielen: von Little Richard, Elvis Presley und Lonnie Donegan. Die drei retteten mich über die Strophen hinweg, doch der Refrain war allein auf meinem Mist gewachsen, ha! Der Song wird oft falsch interpretiert und handelt nicht von Drogen wie Speed oder dergleichen. Es geht schlicht darum, schnell und händeringend zu singen.“ (IG auf seiner Webseite)

1 Damit ist in diesem Kapitel die 1995 erschienene Einfach-CD zum 25. Jubiläum des Albums gemeint. Diese enthält neben bis dahin unveröffentlichtem Material dezent remastert alle Stücke, die Single sowie neue Abmischungen von Roger Glover ausgesuchter Tracks.

Die Klavierversion (4:14 Minuten lang) erschien nie im Vereinigten Königreich, aber als Single mit der B-Seite *Into The Fire* in den Niederlanden und Deutschland, ein Schnellschuss des Labels kurz nach Weihnachten 1969. Glover mischte dieses Master für die EMI-CD neu ab. Es beginnt direkt mit der ersten Strophe, und der Text ist größtenteils mit dem der Endfassung auf dem Album identisch, bloß dass Gillan in der letzten Strophe vorangegangene Zeilen wiederholt.

Die sich abwechselnden Gitarren- und Keyboardsolos fehlen noch, dafür erklingen zarte Klavierakkorde, bevor Blackmore eine melodische Phrase spielt, die dem Ende seines Solos auf *In Rock* stark ähnelt. Danach wechselt die Band auf D und poltert eine Weile weiter, ehe sie chromatisch aufsteigend zur nächsten Strophe überleitet. Darauf folgen zweimal der Refrain und ein Break mit irrem Lachen von Ian Gillan, ehe der letzte Refrain in einer lärmigen Bruchlandung gipfelt, die den Schluss markiert.

Auch wenn nur die Wenigsten diese frühe Fassung kannten, bis die EMI-CD erschien, deutete sie *Speed King* als Album-Opener voraus. Dazu fehlten lediglich ein brillantes Intro und ein packender Soloteil. Schließlich verwarfen Deep Purple die erste Variante und spielten das Stück für die LP von Grund auf neu ein.

Für die BBC-Aufnahme hielten sich die Musiker recht eng an die Klavierversion. Sie ist fast eine Minute kürzer, und das letzte Wort des Satzes *„See me fly"* wurde harmonisch gedoppelt, was damals ungewöhnlich für die Band war. Der Titel *Speed King* fällt im Refrain, wohingegen Gillan die Zeile *„Kneel down and turn around, tell me what you've found"*, die man von Konzertmitschnitten kennt, während der Klavierüberleitung zum Gitarrensolo singt.

Living Wreck • Bei jener Aufnahme von *Kneel And Pray* im IBC versuchte sich die Gruppe auch erstmals an *Living Wreck*. Eine Auswertung der vorhandenen Informationen lässt darauf schließen, dass sie bei der Gelegenheit nur einen vollständigen Take schaffte. Die Orgel nahm zwei Spuren ein, eventuell zur Aufsplittung der Signale der Leslie-und Marshall-Boxen.

Auf der Bandhülle steht nur (vielleicht nachträglich notiert) „Master für Reel 2". Gut möglich, dass der Gruppe schlicht die Studiozeit ausging.

Anscheinend widmete sie sich dem Stück am 4. November erneut, denn an dem Tag wurden zwei weitere Durchläufe von „Reel 2" vermerkt, womit wir bei insgesamt drei wären. Der letzte machte das Rennen als Master. Denkbar ist auch, dass die beiden zusätzlichen Takes am 18. Oktober entstanden, ehe die Solos und der Gesang am 4. des Folgemonats hinzugefügt wurden.

Nicht nur Roger, fast die ganze Band fand das Stück zuerst nicht gut genug fürs Album. *„Wir legten es vorübergehend auf Halde. Als wir es gegen Ende der Produktion wieder hervorkramten, kam es uns plötzlich gar nicht mehr so übel vor."* Ian Paice war zunächst die einsame Minderheit, weil er den Sound des Tracks liebte. *„Living Wreck liegt bei mir in Sachen Schlagzeug weit vorne, es klingt richtig lebendig und metallisch, satt und fies."* (IP in Modern Drummer, Dezember 1984) Später fügte er hinzu: „Die Drums hörten sich gut an, und ich fand das Feeling passend. Der Song enthält ein paar interessante Fills."

Heute lässt sich schwerlich begreifen, weshalb Deep Purple anfangs Vorbehalte wegen des Stücks hatten. Möglicherweise lässt sich dies einfach dadurch erklären, dass sie noch nicht lange zusammen Musik machten und noch nicht genau wussten, wohin sie stilistisch wollten. Obwohl die Nummer nicht ganz so schnell zündet sowie die Wendungen und die Dynamik vieler anderer Tracks entbehrt, ist es nichtsdestoweniger ein sehr achtbares Stück Heavy Rock und trägt zum ausgewogenen Gesamtbild des Albums bei.

Woffle (Speed King Intro) • Das kurze wie pompöse Instrumental, mit dem *In Rock* beginnt, wurde während Purples zweitem Termin im IBC am vierten November eingespielt, nachdem sie *Living Wreck* fertiggestellt hatten.

Wie auf S. 23 erwähnt gab der brüllende Lärm, den die Band kurz vor ihren Konzerten erzeugte, um das Mischpult zu testen (und bei Bedarf auch das Publikum aufzurütteln), den Anstoß für diese Einleitung. Fürs Album ging sie dies mit kurzem klassischen Gedudel, das Jon nur über seinen Leslie aufnahm, etwas raffinierter an. Roger erzählt, was währenddessen passierte. *„Mittendrin vergriff er sich und stockte, weil der Akkord hässlich schief klang. Ich dachte, er würde aufhören und von vorn anfangen, doch er hielt diesen Misston eine Weile, spielte*

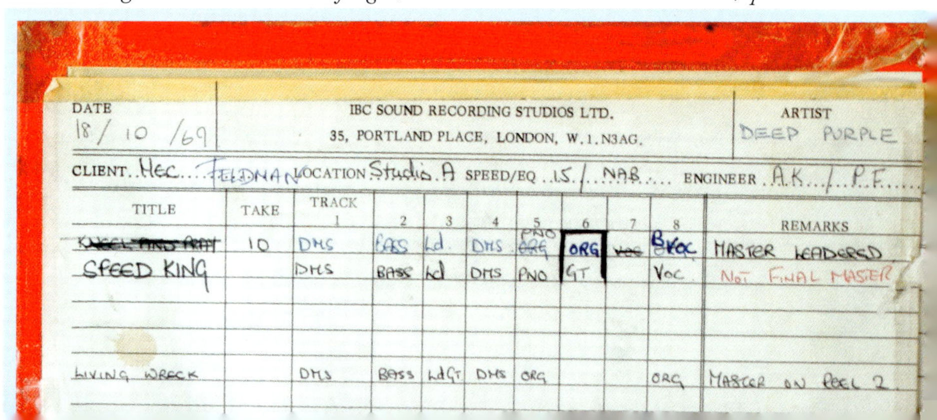

dann clever eine abwärtsgerichtete Skala, die dazu passte, und löste das Ganze mit einer erwartungsvollen Pause auf. Damit hatte er den Fehler so umgedeutet, dass es keiner mehr war." Jon selbst erinnerte sich anders daran. *„Falls ich mich nicht irre, war das improvisiert, von einem Patzer weiß ich nichts. Ich glaube, Roger verklärt die Situation. Das entsprach wieder dem allgemeinen Ethos der Band, den schlichten, unverfälschten Moment so weit wie möglich auszureizen.*" (JL zu SC)

Der dissonante Akkord und die Pause zählen zu jenen magischen Momenten von Deep Purple. Dieser wertet das Intro auf und überrascht (oder erheitert) den Hörer. Unter anderem deshalb unterschied sich die Band von allen sonstigen. Ungeachtet der Frage, wie die Einleitung entstand, kann man sie sich heute in keiner anderen Form vorstellen – es sei denn, man kommt aus Amerika. Dort bestanden Warner darauf, das Vorspiel wegzulassen, weil es (sinngemäß zitiert) *„die Leute von vornherein abstoßen würde.*" Die Briten waren zweifellos von härterem Schrot und Korn; jedenfalls behielt die EMI das Intro selbst für die Auskopplung von *Speed King* als B-Seite bei[2]. Den Titel *Woffle* erhielten die anderthalb Minuten nur, um sie auf Tonbandhüllen vom eigentlichen Song unterscheiden zu können. Andy Knight gibt an, die Gruppe habe nur zwei Takes aufgenommen. Ihm zufolge hätten weitere Versuche alle Beteiligten um den Verstand gebracht, und dass man es einfach dabei beließ, beugte langwierigen Diskussionen darüber vor, ob der Krach denn in Ordnung gehe.

Rätselhaft bleibt lediglich, warum *Woffle* vor der Fassung von *Speed King* eingespielt wurde, die auf dem Album landete. Sollte es womöglich das Intro der früheren Klavierversion werden, die schon im Kasten war?

Child In Time • Angesichts ihrer komplexen Struktur mit aufbrausenden und gedämpften Parts im Wechsel verwundert es kaum, dass die Aufnahme der Hymne des Albums am 4. November 1969 im IBC mit großem Aufwand verbunden war. Die Hüllen der beiden Bänder, die erhalten geblieben sind, wurden mit „Reel 3" und „Reel 4" beschriftet, also standen sie in der Reihenfolge hinter *Speed King* und *Living Wreck.* In Studios nummerierte man die Rollen üblicherweise, um bei der Produktion eines Albums den Überblick zu behalten und zu bemerken, falls ein Stück fehlte.

Deutet man die Beschriftung der Etiketten richtig, scheint die Band mit vier Anläufen begonnen zu haben. Nur einmal gelang es ihr, den Song komplett durchzuspielen, was fast zehneinhalb Minuten dauerte. Da diese vier Takes auf der Hülle durchgestrichen sind, wurden sie gelöscht. Man überspielte sie mit vier weiteren Versuchen. Das lag nahe, denn die Kapazitäten von Einzollband sind beschränkt; jene 2.400 Fuß auf einer Rolle, die sich für den Gebrauch in Studios etablierten, reichten für ungefähr 32 Minuten Musik bei einer Laufgeschwindigkeit von 15 ips. Beim zweiten dieser vier Takes spielte die Gruppe den Song wieder bis zum Ende, und später wurde er als Master für eine Verlängerung mit Vorspannband markiert. Zwei der anderen Anläufe wurden jeweils abgebrochen, der vierte misslang bereits beim Einstieg.

Nachdem sie dieses Band beiseite gelegt hatten, wurde ein neues eingespannt und noch ein Versuch gemacht. Es folgten zwei weitere Fehlstarts und ein zweiter vollständiger Durchgang von rund zehn Minuten, der ebenfalls für eine Verlängerung mit Vorspannband etikettiert wurde. Daraufhin fügten die Musiker Overdubs hinzu, was darauf schließen lässt, dass es sich um die fürs Album verwendete Version handelte.

Der Klang der Orgel war in *Child In Time* entscheidend für die Atmosphäre der Performance insgesamt. Jon: *„Wir nahmen sowohl die Leslie- als auch die Marshall-Box ab, behielten letzten Endes aber nur das Signal der Leslie.*"

Die Beschriftung der Bandrolle bestätigt dies. Andy Knight erläutert, wie Jons Sound zustande kam: *„Wir haben Neumann-Mikros verwendet, zwei U67er für die Hochtonhörner und zwei U47er für die Basslautsprecher. Ein U67 dürfte für den Marshall-Turm zum Einsatz gekommen sein. Die beiden Signale wurden auf den linken und rechten Kanal verteilt, um dadurch, dass sich die Töne im Stereo-Bild bewegen – wir Fachleute beschreiben den Klang gerne visuell –, einen räumlichen Eindruck zu vermitteln. Der Mix von Child In Time ging wie von selbst. Als Tontechniker hat man die Aufgabe, die Musik nach den Vorstellungen derer zu mischen, die sie machen, und falls dabei Zank ausbricht, ist das nicht weiter schlimm, solange das Ergebnis super klingt.*" Andy findet auch den Basssound wichtig für den Song und bekräftigt, Roger habe *„tadellos gespielt.*"

Als die Gruppe ins Studio kam, hatte sie ihre Ideen für das gesamte Stück bei Proben und auf der Bühne ausgearbeitet, weshalb es zu Beginn ihrer Arbeit im IBC genau umrissen war. Die einzige größere Veränderung belief sich darauf, dass Ritchie jenen Part vor seinem eigentlichen Gitarrensolo alleine übernahm, den Jon bei Konzerten gespielt hatte.

Solos in Liedern wie diesem werden im Idealfall in einem Ambiente aufgenommen, das der Live-Situation entspricht. Der Gitarrist muss sich von seinen Mitmusikern abstoßen, wohingegen diese von seinem Solo zehren, um für ein angemessenes Kräfteverhältnis zu sorgen und eine Grundlage für die verschiedenen

2 Und den Verfasser dieser Zeilen beeindruckte es definitiv. Ich kaufte Black Night während einer Mittagspause, als ich noch zur Schule ging, in einem kleinen Elektrogeschäft, und als ich nach Hause kam, traf mich der Adrenalinschub von Speed King völlig unvorbereitet. Ich erinnere mich an meine erste Begegnung mit dem Intro, als sei es erst gestern statt vor über 40 Jahren gewesen. (SR)

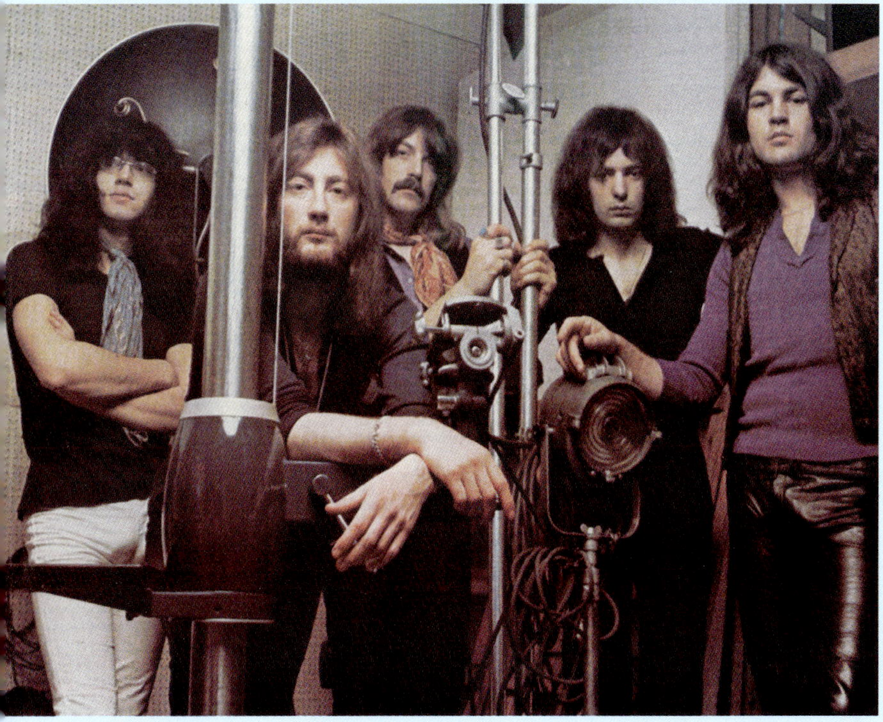

Phrasen zu schaffen, die er spielt. Da dies natürlich nicht möglich war, schnitt die Band den Song live im Studio mit, woraufhin die Solos darübergelegt wurden. Dass ihm diese Verfahrensweise einen Teil der Wucht nahm, die er auf der Bühne erzeugte, ließ sich nicht vermeiden, doch die Band kam der Perfektion sehr nahe. Ritchie erläuterte einmal, wie er sein Solo für *Child In Time* aufnahm. *„Ich finde es ziemlich durchschnittlich. Zwei oder drei Takes spielte ich ein. Damals bekam ich für meine Solos immer ungefähr eine Viertelstunde Zeit. Das reichte in jenen Tagen für den Gitarristen. Paicey wippte ungeduldig mit dem Fuß, schaute auf seine Uhr und fragte: ‚Wie lange denn noch?' Ich antwortete: ‚Ich habe den richtigen Sound gerade erst gefunden, aber er nörgelte trotzdem weiter: ‚Wird das heute noch was?'* (RB in Guitar World, Dezember 1996)

Durchschnittlich? Es gibt viele Stimmen[3], die es für das beste Rockgitarrensolo *aller Zeiten* halten. Dass es nicht auf breiterer Ebene bekannt ist, liegt vermutlich an der langen Komposition, die es enthält, und der überbordenden Darbietung der Musiker. Andy Knight erinnert sich noch deutlich an jenen Tag im Studio und unterstreicht die offengestanden verblüffende Tatsache, dass Blackmore dieses Solo wirklich spontan ersonnen hat. *„Er nahm es mit einem langen Kabel, das bis zu seinem Amp unten im Studio reichte, im Abhörraum auf. Sein erster Take war schon gut, aber der zweite gelang noch besser und ist derjenige, den wir fürs Album verwendet haben. Wir fügten der Spur einen Echoeffekt hinzu, damit sich Ritchie vorstellen konnte, wie es nach dem Abmischen klingen würde. Das Solo wurde in einem Rutsch ohne spätere Nachbesserungen eingespielt. Währenddessen waren alle anderen Mitglieder im Raum, und hinterher wusste jeder von uns, dass das gerade eines der genialsten Gitarrensolos aller Zeiten gewesen war. Man bekam echt Gänsehaut."*

Das passiert vielen Hörern bis heute. Andy schildert dies ganz wunderbar: Ritchie im Abhörraum[4], umgeben vom Rest der Mannschaft, während er dieses Glanzstück schon beim zweiten Versuch ohne Unterbrechung hinlegt. Ein Solo, das eine Ära definiert hat.

Nach der zweiten wiederholten Strophe klingt *Child In Time* so aus, wie es wahrscheinlich gar nicht anders hätte geschehen können, nämlich mit einem gewaltigen Schlusston. Dieser wurde der endgültigen Fassung angehängt, mit der die Band sinnbildlich das Studio verwüstet hatte. Auf der Bandhülle lässt sich ablesen, dass Lord neun Anläufe für diesen letzten Klavierakkord brauchte, wovon sich Andy nicht beirren ließ. *„Dass man einen einzelnen Akkord neunmal probieren muss, ist nicht ungewöhnlich. Dabei kann einiges schiefgehen. Störgeräusche streuen von anderswoher ein, der Pianist drückt die Tasten zu fest nieder, zieht die Nase hoch, während der Ton ausklingt, oder es hört sich einfach nicht gut an."*

Kevin Vanbergen ist ebenfalls Studiotechniker und beschäftigte sich vor einiger Zeit für ein Videospiel wie Guitar Hero mit den Bändern von *Child In Time*. Die Instrumentalspuren müssen zu solchen Zwecken getrennt werden, damit der Spieler das Original „begleiten" kann, und dennoch der Abmischung des Albums entsprechen. Kevin gehört zu den wenigen Personen, welche die ursprünglichen Masterbänder nach deren Entstehung gehört hat. Im Rahmen des Projekts stand er zunächst vor der schwierigen Aufgabe, die jeweils richtigen Takes auszumachen, die auch auf *In Rock* landeten. Über sie sagt er: *„Klanglich nahmen sie sich gegenseitig nichts, doch diese Spuren hatten den anderen eines voraus: Sie geben diesen unbeschreiblichen Moment wieder, in dem es zwischen vier Typen in einem Raum funkt. Sie verschmolzen zu einer Einheit und fingen etwas historisch Bedeutendes ein.*

Das Grundgerüst des Songs war zweifellos halb improvisiert, denn alle Aufnahmen weichen geringfügig voneinander ab. Die Band wählte die beste aus und feilte daran. Ich musste sämtliche Pegel, die automatisierten Einstellungen der Effekt- und Tonregler angleichen. Indem ich dachte, den Mix nachzuempfinden sei einfach, weil es nur

3 Meine inbegriffen (SR). 4 Blackmore verewigte mehrere Solos auf späteren Alben auf die gleiche Weise.

acht Spuren waren, täuschte ich mich. Solche Arbeit hatte ich schon oft gemacht, oft mit 48-spurigen Aufnahmen, doch diese stellte mich vor eine größere, völlig andere Herausforderung. Wie gewöhnlich entfernte ich Störgeräusche aus den völlig stillen Segmenten und bügelte nach Möglichkeit auch übersprechende Signale aus. Bei den Tonfrequenzen und Pegeln hielt ich mich ans Original, so gut es ging, doch das hörte sich falsch an. Während ich weitere Einstellungen ausprobierte, drehte ich mich allmählich im Kreis. Darum hörte ich auf und fragte mich, was ich im Gegensatz zur Produktion damals anders tat. Die Antwort fand ich in den übersprechenden Signalen. Als ich alle Änderungen an den offenen Spuren, der Stille und den Einstreuungen rückgängig machte, passte es. Seinerzeit hätte niemand ein Rauschen gedämpft – man nahm es in Kauf. Was nicht perfekt ist, strahlt eine gewisse Schönheit aus. Ian Gillans raue Stimme würde heute zu Tode komprimiert und begradigt, man lässt nicht mehr zu, dass sich eine Performance dieser Art räumlich entfaltet und verselbständigt. Timing-Schwankungen des Schlagzeugers müssten an einem Raster korrigiert und alle Unvollkommenheiten beseitigt werden. Solchen Zauber fängt jetzt bedauerlicherweise nur noch selten jemand ein, weil sich die meisten Toningenieure zu sehr auf die Technik verlassen, um sich aus einer Zwangssituation zu helfen. Mir ist bewusst geworden, dass selbst minimale Verstimmungen und Tempounregelmäßigkeiten den Originalsound insgesamt äußerst stark prägten.“ Kevin arbeitete zwar

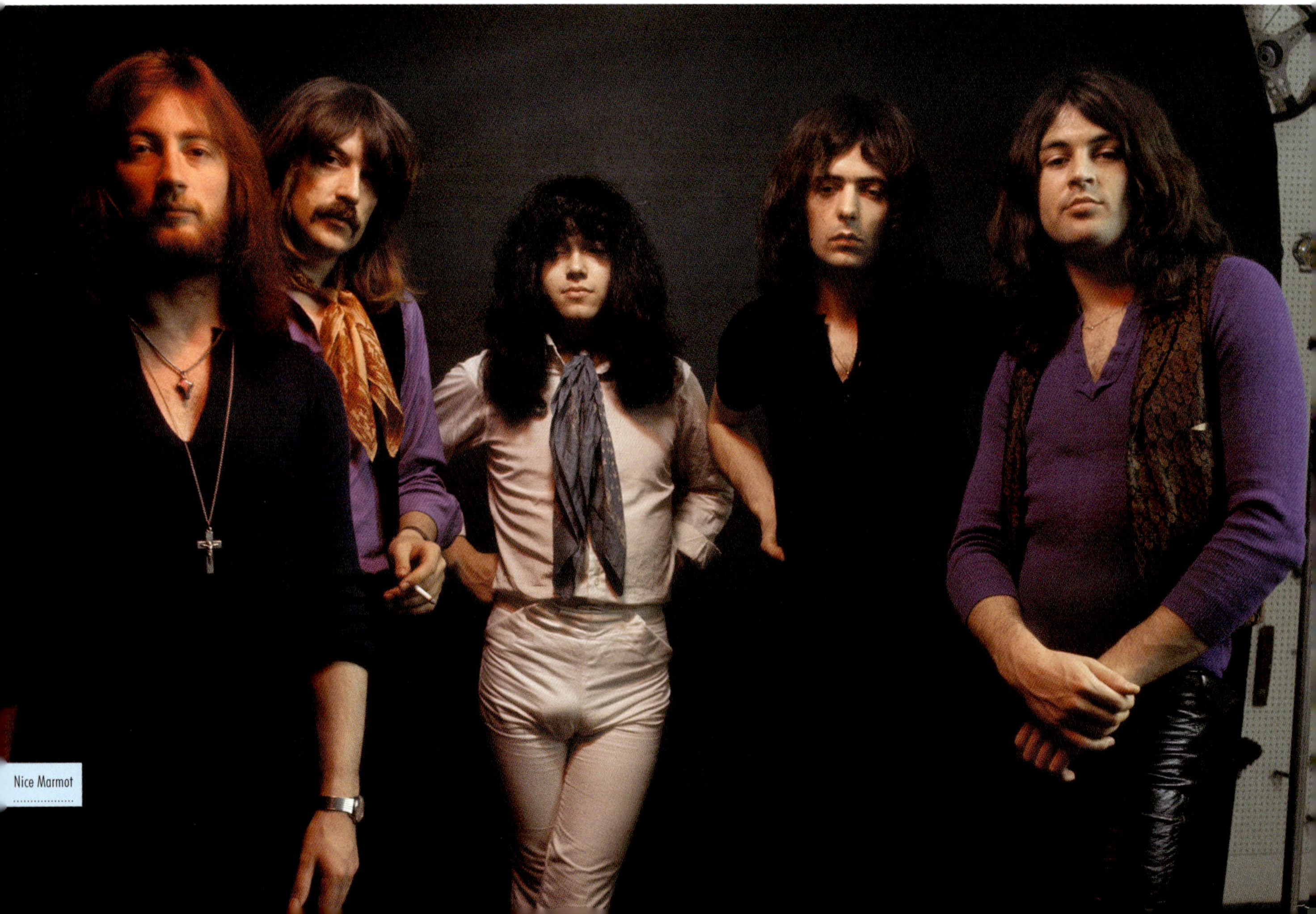

Nice Marmot

nur an dem einen Stück, doch seine Einschätzung trifft fraglos auf die Produktion des ganzen Albums zu. Noch vorhandene Auszüge früherer Takes belegen gleichfalls, dass Jon sein Intro jedes Mal improvisierte. *„Der Orgelklang stand schon fest. Was benutzt wurde, ist nicht notiert worden, aber dass es sich nicht um einen Marshall handelte, liegt insofern nahe, als der Ton zwar verzerrt, aber nicht sonderlich aggressiv war, weshalb ich zum Angleichen des Sounds kaum nachregeln musste. Die knackenden Pegelspitzen in den lichteren Momenten hallen lange wider, und man hört deutlich, wie die oberen Kalotten vibrieren. Dass man einen so klaren Ton mit Marshalls erzeugen kann, halte ich für höchst unwahrscheinlich.“*

Schließlich wollten wir noch wissen, ob Ritchies erstes Solo in Reinform erhalten geblieben ist. *„Es war nicht mehr auf der Rolle. Sie enthielt das Solo nur als Overdub, zusammengeführt mit der Hauptgitarrenspur. Blackmores ursprünglicher Track wurde durch Gesang ersetzt. Hört man genau hin, erkennt man, dass sich Rhythmusgitarre und Solo überschneiden. Sie befinden sich auf derselben Spur, genauso wie das Geräusch beim Dämpfen des Instruments vor dem Solo. Man gab sich nicht die Mühe, es zu löschen; das war belanglos, denn so klang eben eine spielende Band.“*

Jam Stew • Am 27.11.1969 fand eine dritte Sitzung im IBC statt, wieder zwischen zwei Konzerten, wofür die Band jedoch nicht ganz so weit fahren musste, erstens in Epping am 23. und dann am 29. im Londoner Imperial College. Zwei Rollen Einzollband fanden Verwendung, und die Musiker nahmen anscheinend zuerst *Into The Fire* in Angriff. Bei vier Versuchen schafften sie lediglich einen vollständigen Durchlauf. Dann beschlossen sie, sich *Jam Stew* vorzunehmen, und schafften es direkt beim ersten Mal.

Es wurde rein instrumental aufgenommen, ein umfassender Studio-Jam mit Solos und von vorn bis hinten spontan entwickelt wie auf der Bühne. Obgleich die Gruppe das Stück vier Wochen später mit Stegreif-Text für die BBC aufnahm, griff sie nie mehr auf jene Erstfassung zurück. Sie blieb Ausschussmaterial und erschien nur als Bonus auf der EMI-CD. Dort hört man einen Teil der Unterhaltung im Studio, wobei Ian Paice leicht frustriert klingt, als er zu den anderen sagt: *„Wir könnten das jetzt allmählich ohne Schnitzer hinkriegen, wisst ihr?“*

Into The Fire • Durch *Jam Stew* zu brausen half den Mitgliedern, Dampf abzulassen, und davon aufgestachelt nahmen sie sich *Into The Fire* vor. Zehn Anläufe wurden mitgeschnitten (frühere Versuche löschte man), sechs davon gelungen. Sie einigten sich darauf, der letzte habe einen entscheidenden Moment eingefangen, und man höre am besten auf, solange ein Formhoch noch andaure. Dementsprechend entwickelte sich der Song auch in etwa: Take eins dauerte 4:20 Minuten, wovon sich die Band die ersten 45 Sekunden lang in Gedudel erging, bevor sie richtig loslegte. Für Take zwei brauchte sie knapp dreieinhalb Minuten, doch nach diesen beiden vollständigen Durchläufen scheiterten einige weitere, zwei sogar nach jeweils weniger als 30 Sekunden. Indem sich die Musiker etwas zusammenrissen, schafften sie zweieinhalb Minuten, bis sie sich wieder verhaspelten. Beim nächsten Versuch knackten sie die Dreiminutenmarke, aber dann strauchelte Jon. Warum die Gruppe diese Aufnahmen als nutzlos verwarf, ist offensichtlich, doch sie gewähren einen durchaus faszinierenden Einblick in ihre Arbeit. Als endlich alles ineinandergriff, legte sie vier komplette Takes hin, darunter auch den endgültigen als Basis für die Version auf dem Album. Später wurden Leadgesang und zwei Spuren Melodiegitarre hinzugefügt.

Eines der Bänder, die überlebt haben, verwirrt uns ein bisschen, da es einen gesalzenen Mitschnitt von *Into The Fire* enthält, das plötzlich in *Jam Stew* übergeht. Entweder lief der Rekorder hier, während die Combo ungezwungen drauflos spielte, oder es handelt sich schlicht um einen Zufall bzw. Take des letztgenannten Stücks, der mitten in einer nicht gelöschten früheren Aufnahme beginnt.

Cry Free • Weitere sechs Wochen vergingen, ehe Deep Purple am 13. Januar 1970 ins IBC zurückkehren konnten, drei Tage nach einem Gig an der Universität Reading. *Cry Free* wurde zwar nur etwa anderthalb Wochen nach *Hard Lovin' Man* eingespielt, klingt aber nicht im Ansatz so feurig und überzeugend. Dass sich die Band abmühte, belegen wohl die nicht weniger als 31 Versuche, die von-

Ist niemandem die Ähnlichkeit zwischen Bombay Calling vom Album It's A Beautiful Day von 1969 und Child In Time auf Deeo Purples In Rock von 1970 aufgefallen? – Philip Kramer, Firshill Avenue 15, Sheffield 4, Yorks.
Bezüglich Philip Kramers Brief ist zu sagen, dass Deep Purple Child In Time am 24. September 1969 öffentlich bei ihrem Auftritt in der Albert Hall spielten und es schon einige Monate vorher in ihr Bühnenprogramm aufgenommen hatten. Kann es also sein, dass Philip Kramer den Karren vors Pferd spannt? Ganz ohne böse Absicht natürlich – Mrs. M. Lord (Jon Lords Mutter), Averil Road 126, Leicester.

aus der Rubrik Leserbriefe des Melody Maker: Man ist nie zu alt, um sich von Muttern in Schutz nehmen zu lassen …

HAS ANYONE noticed the similarity between "Bombay Calling" on the album "Its A Beautiful Day," which was issued in 1969 and "Child In Time" on the album "Deep Purple in Rock" issued in 1970? — PHILIP KRAMER, 15 Firshill Avenue, Sheffield 4, Yorks.

REGARDING PHILIP KRAMER'S letter in MM, Deep Purple performed "Child in Time" publicly at their concert at the Albert Hall on September 24, 1969, and had played it at their gigs for several months before that.

Is it not within the bounds of possibility that Philip Kramer is putting the cart before the horse? Quite without malice, of course. — MRS. M. LORD (mother of Jon Lord), 120 Averil Road, Leicester.

nöten waren, um das Stück aufzunehmen, wobei es nur sechsmal von Anfang bis Ende klappte. Die Hülle mit dem Masterband – siehe unten – verdeutlicht, wie sich die Takes häuften. Der allerletzte wurde um Solos und Gesang ergänzt, doch nach der ganzen Anstrengung schaffte es der Song nicht auf die Platte.

Die Mitglieder waren ohne Zweifel überzeugt davon, sich durchzubeißen sei lohnenswert. Jon dazu: *„Wir fanden das Lied absolut konkurrenzfähig, sonst hätten wir wahrscheinlich keine 31 Takes aufgenommen, um es ordentlich hinzubekommen. Ich glaube nicht, dass wir in Erwägung gezogen haben, die Tonart zu ändern, damit Ian es so richtig verstand. Vielleicht dachten wir, er würde es sich so vorstellen wie wir. Er hatte sich aber schon auf einen Text festgelegt, und der wollte einfach nicht passen.* (JL zu SC)

Im Grunde ein seltener Fall von kreativer Blockade im Studio. Die Band erlaubte, *Cry Free* als fertiggestellten Ausschuss auf der EMI-CD vorzustellen, gemeinsam mit weiteren Gesprächsfetzen aus dem IBC. Der Techniker kündigt „Take Five" an, doch die Mitglieder kommen nicht über ein paar Noten hinaus, bevor alles zerfranst und Ian Paice *„Oh shit!"* flucht. Um Tonband zu sparen, brach man den Mitschnitt üblicherweise ab, sobald definitiv nichts mehr zu retten war. Hatten sich dann alle erneut bereitgemacht, wurde die Aufnahme wieder gestartet, aber oftmals geschah etwas, das den Beginn leicht verzögerte, woraus sich Wortwechsel ergaben, die mit aufs Band gelangten.

Speed King • Am 29. Januar 1970, einen Tag vor einem wichtigen Auftritt als Support in der Royal Albert Hall, schlug das Quintett abermals im IBC auf, um *Speed King* fertigzubekommen. Die vorausgegangene Klavierversion (siehe oben), mit der die Produktion von *In Rock* begonnen hatte, blieb unberücksichtigt, weil man dem Song

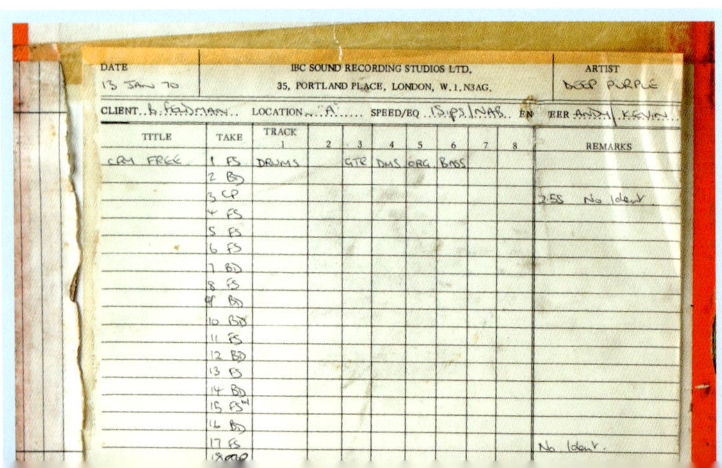

eine große Bedeutung zumaß, weshalb man ihn von Grund auf neu anpackte, um ihm auf dem Album die gleiche Wirkung zu verleihen, die er auf der Bühne entfaltete.

Strukturell hatte er sich nach sechs oder mehr Monaten im Live-Einsatz bewährt, und abgesehen davon, dass die Neuaufnahme härter ausfallen sollte, musste nur eine Passage ausgefeilt werden: die Solosektion. Dabei verewigte man das erste von Deep Purples vielen Duellen zwischen Orgel und Gitarre auf Band. Jon gab an, die Idee dazu sei ihnen bei Konzerten gekommen. *„Ritchie und ich spielten auf der Bühne häufig abwechselnd Licks, und ich schätze, wir meinten, das auch im Studio probieren zu müssen, du weißt schon – erst acht Takte, dann auf vier, zwei und schließlich einen verkürzen. Womöglich rührte das also daher, und wir dachten: ‚Warum nicht?'"* (JL zu SC)

Verglichen mit dem Krampf von *Cry Free* spiegelt dieser Song das Selbstbewusstsein der Band wider; unter den sechs aufgenommen Versuchen befinden sich nur ein Fehlstart und ein späterer Abbruch. Ihre Wahl für den Albumtrack fiel auf den letzten Durchlauf. Nach gelegtem Fundament widmete man sich dem weiteren Aufbau. Jon und Ritchie bekriegten einander wie live mit Tasten und Saiten, wofür eine separate Spur benutzt wurde. Die Gesangsaufnahme war aufwendig: gedoppelte Spuren, Backing Vocals dazu und auch diese wiederum doppeln. Am Ende lag ein Master von 4:21 Minuten vor. Damit war die letzte Session der Band im IBC für *In Rock* abgeschlossen.

Hard Lovin' Man • Den Song, mit dem sie das Album ausklingen lassen sollten, nahmen Deep Purple am 1. Januar 1970 (auch wenn der Tontechniker das Band auf der Hülle mit einem anderen Datum versah) im De Lane Lea auf – was für ein Auftakt zu einem neuen Jahr bzw. sogar Jahrzehnt! *Hard Lovin' Man* wurde auf mehreren Ebenen zum richtungsweisenden Stück von *In Rock* und fasste den harten Rockstil der Gruppe in Vollendung zusammen. Es schien von Anfang an zum Finale der Platte bestimmt gewesen zu sein, denn wie hätte die Band es überbieten sollen?

Die erhaltene Hülle lässt uns prompt stutzen: Sie ist zwar mit *Hard Lovin' Man* beschriftet, dies allerdings über dem dick durchgestrichenen Titel *Bloodsucker*. Dafür gibt es zwei mögliche Erklärungen, erstens ein Irrtum seitens Martin Birch, obwohl ihm jemand, da es die erste Session mit ihm war, den Titel für die Instrumentalaufnahme genannt haben musste, und zweitens die Tatsache, dass Ian Gillan bereits einen Text unter dem Stichwort *Bloodsucker* anhand des Riffs zu *Hard Lovin' Man* erarbeitet hatte. Irgendwann im Laufe der Sitzung (oder später) fiel ihm etwas Neues dazu ein, und der Track

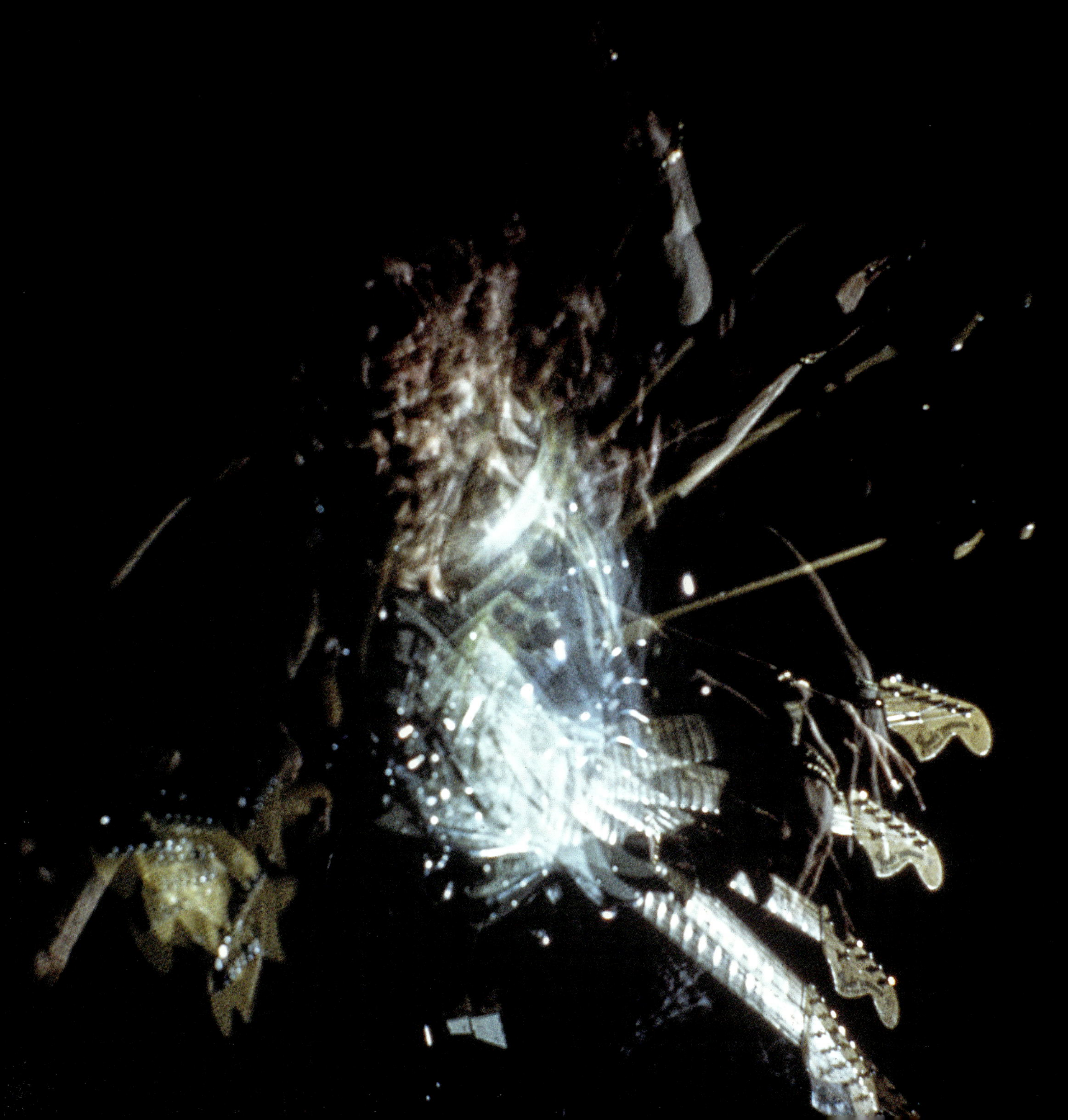

erhielt seinen schließlichen Titel *Hard Lovin' Man*, weswegen sich eine neue Songidee für den Text zu *Bloodsucker* finden musste.

Welche Ursache der Beschriftung auch immer zugrunde lag: Das Band enthält ohne jeden Zweifel *Hard Lovin' Man*.

Das Stück wird von einem bissigen, allumfassenden Orgelsound befeuert, der wohl im ganzen Studio dröhnte. Das kraftvolle Solo zu Beginn spielt Jon nicht in der eigentlichen Tonart, sondern einen Halbton tiefer.

Dabei hatte er folgende Eingebung: *„Wenn mich nicht alles täuscht, schlug ich ein Orgelsolo wie bei unseren Konzerten vor, überdreht und der Bühnensituation entsprechend freiweg dargeboten. Das versuchte ich dann eben, ohne mich an irgendwelche Regeln zu halten. Ich glaube, wir hatten es einmal im Hanwell Centre probiert, also auf diese Art: einfach wild und unbekümmert ohne feste Grenzen für die einzelnen Mitglieder. So kam es wohl dazu. Das Album schien zwangsläufig auf diese Art enden zu müssen, und der Versuch, das Live-Feeling ins Studio zu übertragen, war ungeheuer schwierig. Ich denke nicht, dass wir es ohne Martin Birch geschafft hätten, der sagte: ‚Tut es einfach, Jungs, ich krieg das schon hin.'"* (JL zu SC)

„Ritchie spielte diesen Galopprhythmus, und ich schweife mit meinem Solo weit ab, allerdings über den Akkord, den die Gitarre vorgibt. Man tat sein Möglichstes, um krachledernem Bierzeltrock, in den man schnell abzugleiten drohte, eine etwas andere Note zu verleihen. Ich bin sehr stolz auf Hard Lovin' Man, und Mensch, was hab ich meine Orgel dafür im Studio geschunden …" (JL in Modern Keyboard, Januar 1989)

Den Keyboarder bei der Arbeit an diesem Song zu beobachten hinterließ einen nachhaltigen Eindruck bei Roger. *„Ich erinnre mich an Jons großartiges Solo, in das er mehrere Tricks von Konzerten einbaute, etwa indem er seine Hammond aus- und gleich wieder anschaltete, um Töne wie ein Gitarrist beim Ziehen der Saiten zu modulieren, oder daran wackelte, wodurch der eingebaute Halleffekt unterbrochen wurde und ein Kreischen erzeugte, was dem Ganzen einen Hauch von Gefährlichkeit verlieh. Dabei zuzusehen war spannend."* (RG zu SC)

Auch Ritchie brachte all jene verwegenen Techniken und Soundkniffe ein, die er im Laufe der vorangegangenen Monate auf der Bühne gelernt hatte. Dass er sie in dieses Stück packte, machte ein zutiefst persönliches Statement daraus, das genau zeigte, wo ihm in jener Phase seiner Laufbahn der Kopf stand. Bereit dafür war noch nicht jeder. *„Einer der Toningenieure, die zuerst mit uns an dem Album arbeiteten, war ein arroganter Schnösel, der nichts von Rock 'n' Roll hielt. Während ich das Solo zu diesem Song einspielte, bekam ich Lust, meine Gitarre am Rahmen der Tür des Abhörraums zu reiben, wobei abgedrehter Lärm entstand. Dieser Typ glotzte mich deshalb an, als hätte ich nicht mehr alle Latten im Zaun. Ein andermal, als wir uns einen Mitschnitt anhörten, bemerkte ich: ‚Meine Gitarre ist zu leise.' Der Kerl erwiderte: ‚Deine Gitarre? Die klingelt doch regelrecht in den Ohren, absolut unerträglich! Ich halte es nicht aus, sie ist viel zu laut.' Ich sagte darauf: ‚Also, ich höre sie nicht. Wirklich.' Er beruhigte sich nicht, von wegen das sei unmöglich, bei dem Krach würde man wahnsinnig, was sei denn bitte los mit mir. Schließlich lenkte Martin [Birch] ein – ‚Oh, einen Moment.' – und zog einen Regler hoch. Meine Gitarre war vollständig ausgeblendet gewesen. ‚Ups', meinte der Techniker. Er hatte mir weismachen wollen, ich sei taub oder dergleichen."* (RB in Guitar World, Dezember 1996)

Man darf darüber spekulieren, ob die Band, hätte sie das gesamte Album in einem Rutsch aufnehmen wollen, in dieser Songreihenfolge vorgegangen wäre. Indem sie die Studios doch mit dem Vorsatz mietete, jeweils nur einen oder zwei Tracks fertigzustellen, konnte sie alles hineinstecken und danach wieder Kräfte sammeln[5].

Flight Of The Rat • Bei ihrer Rückkehr ins De Lane Lea Kingsway am 11.3.1970 spielte die Gruppe einen ausgesprochenen Einpeitscher ein, das imposante *Flight Of The Rat*. Sie befand sich nun auf der Zielgeraden, denn es handelte sich um das vorletzte Stück fürs Album. Ihr bemerkenswert zügiges und zielstrebiges Vorgehen dabei verdeutlichte den starken und weiter zunehmenden Einfluss ihrer regelmäßigen Auftritte aufs Komponieren und die Performance, sowohl generell als auch bei laufender Aufnahme.

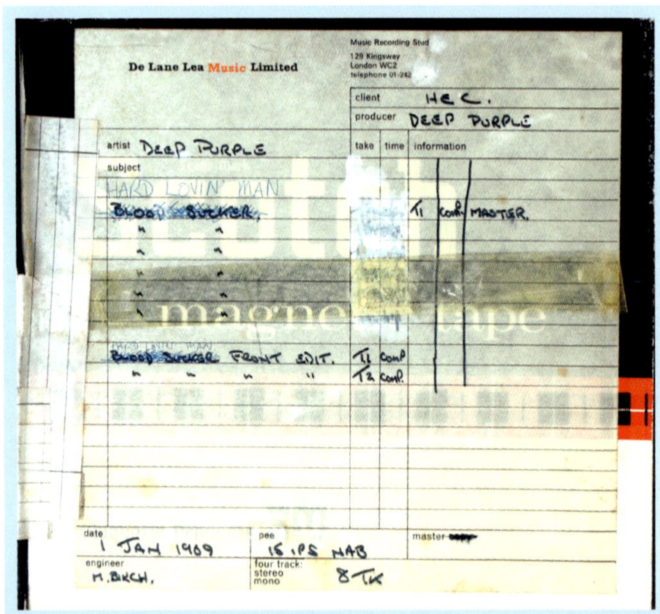

5 Einer meiner Mitschüler behauptete, nachdem das Album herausgekommen war, es während des Sex mit seiner Freundin durchlaufen lassen zu haben. Wir fanden nie heraus, ob er uns auf den Arm nehmen wollte oder einfach eine überdurchschnittlich hohe Ausdauer hatte … (SR)

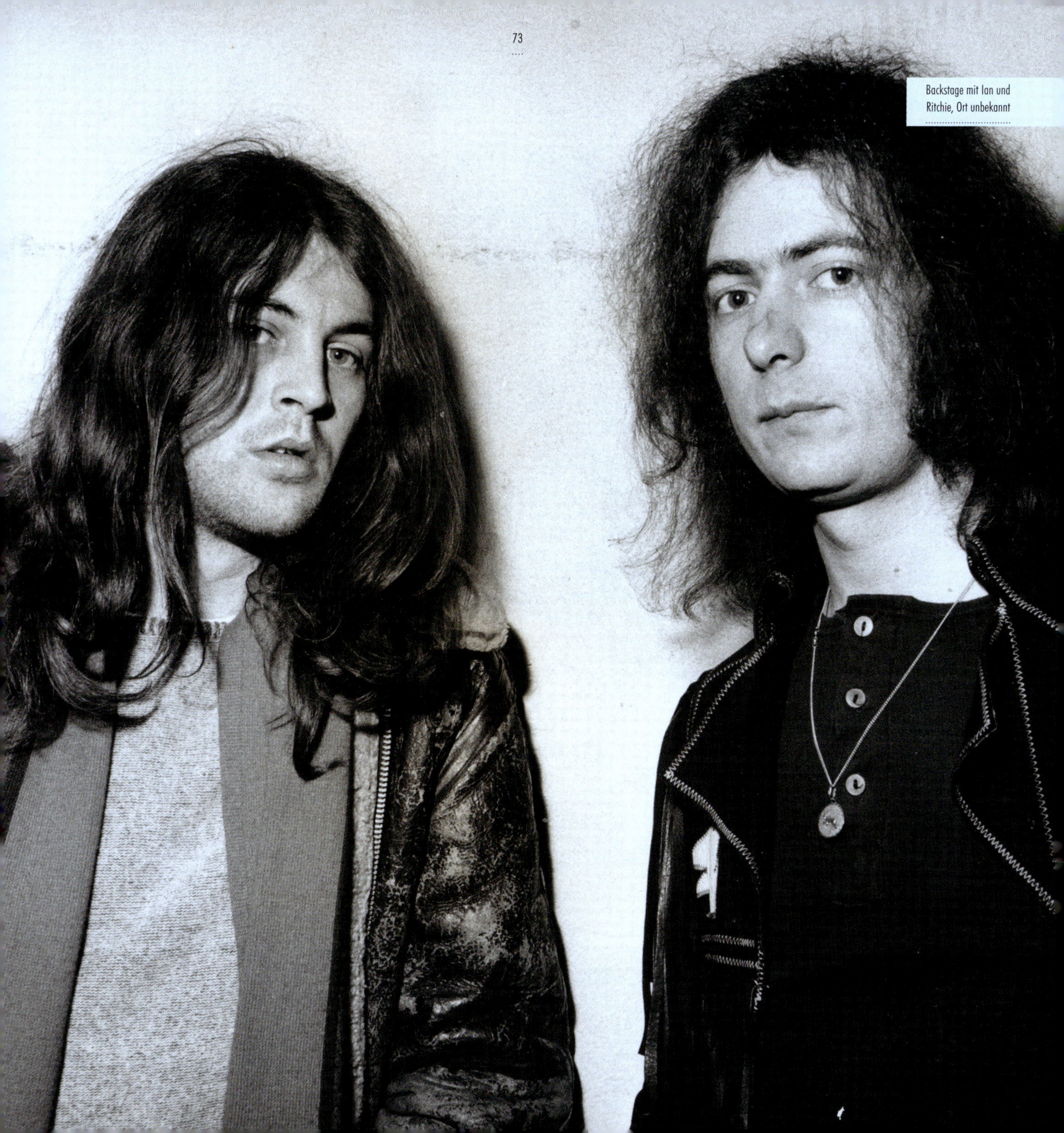

Backstage mit Ian und Ritchie, Ort unbekannt

Vierer Anläufe bedurfte es. Nachdem sie den Song beim zweiten und beim vierten in Gänze auf Band festgehalten hatten, entschieden sie sich für die letztere Version. Die acht Spuren waren folgendermaßen aufgeteilt: eins – Drums (links), zwei – Bass, drei – Gitarre – vier – Drums (rechts), fünf – Orgel, sechs – Gesang, sieben – Orgel-/Gitarrensolos live, acht – zusätzlicher Gesang.

Die zwei Gesangsspuren unterscheiden sich nicht wesentlich. Ian wiederholt seine Gesangslinie einfach, ohne irgendwo zum Harmonisieren von der Melodie abzuweichen. Die Stimme jedoch zu doppeln, um sie jeweils auf den linken und rechten Kanal zu legen, erzielt einen offeneren Klang, der ihr innerhalb des Gesamtsounds mehr Tiefe verleiht. Ob Gillan, die gesamte Band oder Birch die Idee hatte, ist ungewiss. Es mag auch ein glücklicher Zufall gewesen sein, klingt aber dessen ungeachtet fantastisch.

Wie für *Speed King* spielten Ritchie und Jon ihres Solos gemeinsam ein, um der Konzerterfahrung so nahe wie möglich zu kommen – wofür sie nur einen einzigen Take brauchten. Die ungezügelte Energie und schiere Überspanntheit von Jons Part stammten direkt von der Bühne. *„Live tat ich es eben genauso. Wieder sagte ich zu Martin, dass ich es genauso halten wollte wie bei unseren Gigs, woraufhin er schlicht meinte: ‚Macht einfach mal, wir werden sehen, was passiert.' Wir nahmen es nur einmal auf, keinen zweiten Versuch."*

Im EMI-Archiv tauchte ein Tonbandverzeichnis zu jener Session auf, das auf eine sehr verworrene Vielzahl von Overdubs hindeutet. Diese blieben jedoch am Ende unbenutzt. Martin Birch listete sorgfältig folgende „Instrumente" auf dem Blatt: Irische Knie, Zitronenlippe, Ruperts Slip mit Y-Eingriff, Mammalverkehr, Ford Escort, Heidenlärm (na ja, den bot das Album letztlich doch), Rolls Royce Harfe, andalusische Füße, Linke Nasentrompete, 2. Pauke, 36-Zoll-Bongos, verdammt nochmal alles, Blah, Tanz in E#, Ochsenschwanzsuppe, Rhino, Te Mafa, Messinghuhn, Faustschlag im Dunkeln, großes Blubbern, Lino, Blackpool und nicht zuletzt Martins linke Socke.

Das De Lane Lea war also eindeutig viel besser ausgestattet als viele andere Studios in jenen Tagen.

Bloodsucker • Auch die Aufnahmen zu diesem Stück am 13. April 1970 im Abbey Road wurden zwischen zwei Konzerten eingeschoben, einem in der Central Hall Chatham am 11. und dem anderen an der Technischen Hochschule ebendort. Da es bei der EMI stets ein bisschen altertümlich zugeht, sind uns Papierdokumente zu jener Sitzung erhalten geblieben. Daraus geht hervor, dass Deep Purple acht Stunden gebucht hatten, von 14:30 bis 18:30 Uhr und dann noch einmal ab 19:30 Uhr. Nach dem Einspielen wurden die Spuren in den frühen Morgenstunden des nächsten Tages abgemischt und als Stereo-Master auf Viertelzollband übertragen. Die Kosten für HEC? Etwas mehr als 300 £ (wären heute knapp unter 4.000 £). Rechnungen zu den anderen Sessions sind verschwunden, doch Ritchie nannte im Record Mirror einen Betrag von fast 10.000 £ für Aufnahmen, was aktuell ungefähr 120.000 £ entspricht.

Wie zuvor wurde nicht lange gefackelt: rein ins Studio, flugs acht Takes hingelegt und sich auf einen geeinigt, mit dem alle Mitglieder zufrieden waren. Im Gegensatz zu anderen Toningenieuren schien Philip McDonald alle verpatzten Einstiege oder Abbrüche gleich im Anschluss gelöscht zu haben, weshalb nur ein Band mit vier vollständigen Einspielungen und einer Gesamtdauer von annähernd 28 Minuten (viel mehr hätte nicht mehr auf die Rolle gepasst) übrig ist. Anzumerken sei noch, dass dabei jegliche Solos und der Gesang fehlen.

Was sich bei früheren Tracks bewährt hatte, kam nach der Aufnahme der vier Instrumente abermals zum Zug: Lord solierte gemeinsam mit Blackmore, und Gillan doppelte seinen Part. Auf der Bandhülle steht die Anmerkung, beim Abmischen des Songs sei ein Fade-out angebracht. *Bloodsucker* dauerte 5:50 Minuten, wurde aber auf dem Album ausgeblendet und endet an der Marke 4:13. Das bedeutet jedoch nicht, dass er um rund anderthalb Minuten beschnitten wurde, denn im Allgemeinen spielte die Gruppe die ganze Komposition zu Ende und dann noch ein paar Takte weiter, indem sie nach und nach willkürlich aufhörten.

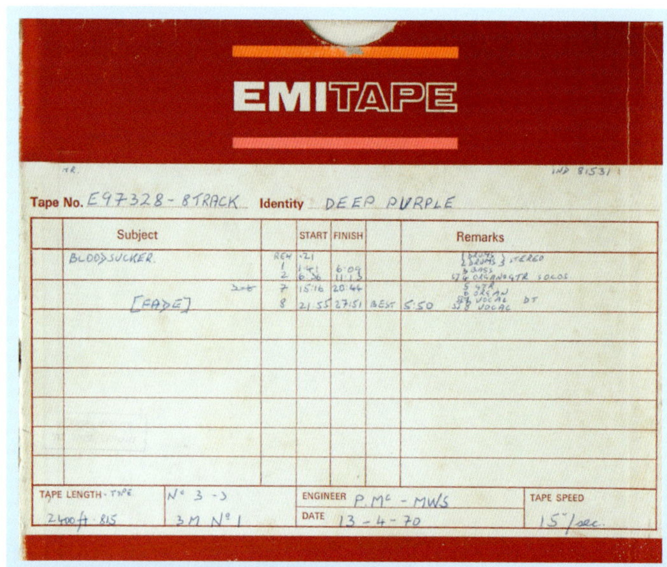

8 • Black Night und Top Of The Pops

„Dann schrieben Roger und ich den Text, was in Anbetracht unserer Verfassung schwierig wurde." Ian Gillan

Als das Album fertig war, ließ die Frage des Managements nach einer Single nicht lange auf sich warten. Wie Coletta betont hat, redete man der Band eigentlich nicht in ihre Musik hinein, brauchte aber einen Aufhänger zur Bewerbung und Vermarktung der neuen Veröffentlichung. Die Single war dafür immer noch am besten geeignet, gerade weil sich die Radiosender auf dieses Format eingeschworen hatten. Zunächst zierten sich Deep Purple ein wenig davor. Anfang der 70er entbrannten zwischen Progressive-Bands, Journalisten und Fans Debatten über Anbiederung an den Single-Markt. Viele Musiker fühlten sich einer Underground-Bewegung zugehörig, die sich nicht mit dem kommerziell ausgerichteten Radiobetrieb abgeben wollte, und Singles herauszubringen hieß einfach, den Diener vor einem verächtlichen Medium zu machen (das die Rockszene obendrein weitgehend ignorierte). Das berühmteste Beispiel gaben Led Zeppelin ab, die ihre kategorische Single-Verweigerung im Königreich an die große Glocke hängten und die kleinen Scheiben dann frech so ziemlich überall sonst auf der Welt veröffentlichten. Die Mitglieder von Deep Purple befürchteten zudem, mit einer 45-Zoll-Platte finsteres Gemauschel von angeblichem „Ausverkauf" zu provozieren.

Andererseits standen sie unter dem Druck der EMI, die auf eine Single pochte, also schloss man einen Kompromiss: Die Gruppe koppelte kein Stück des Albums aus – dies galt als Betrug an dessen Käufern –, sondern nahm ein neues auf. Drum wurde für den 4. Mai 1970 eine weitere Session anberaumt. Zuvor trat sie am 1. auf der Kunsthochschule in Bath auf, am 9. folgte ein Gig im Roundhouse Dagenham.

Als sich Deep Purple mit Martin Birch als Tontechniker im De Lane Lea einfanden, hatten sie überhaupt kein Material von den Sessions zum Album übrig, mit dem sie hätten arbeiten können (die beiden Überbleibsel waren ja verworfen worden) und sahen sich auch nicht sonderlich inspiriert. Musik auf Abruf zu schreiben fällt jedem Künstler schwer. Bisweilen kann man sich noch so sehr anstrengen und bringt nichts Gehaltvolles zustande, geschweige denn kommerziell Verwertbares. Zu Beginn der Sitzung schien der Band nichts zu gelingen. Nachdem sie fast den ganzen Nachmittag und Abend gejammt hatte, setzte sie sich in die Kneipe. Roger erzählt, wie sie sich schließlich fing: *„Wir kamen um zwei Uhr nachmittags an und suchten vergeblich nach einem Riff. Da wir keins fanden, gingen wir gegen acht ins Newton Arms und betranken uns. Dann ließen Ritchie und ich die anderen dort und kehrten ins Studio zurück, wo er seine Gitarre nahm und zu spielen anfing. Das klang in meinen Ohren ziemlich gut. Die Idee, meinte er, sei nicht seine [sie stammte von Ricky*

Black Night: In den niederländischen Charts erreichte die Single am 13. November 1970 den elften Platz.

Musiknoten zu einzelnen Liedern waren in Großbritannien unter Instrumentalisten weitverbreitet, die Hits covern wollten. Sie blieben oft jahrelang im Druck und wurden in darauf spezialisierten Geschäften verkauft.

Neue Singles besprochen von Peter Jones - DEEP PURPLE: Black Night (Harvest) Nettes, repetitives Riff, zunächst rein instrumental. Die Band hat genug Fans, um hiermit etwas zu reißen, auch wenn dem Track etwas zu fehlen scheint. Musiker-Mucke.

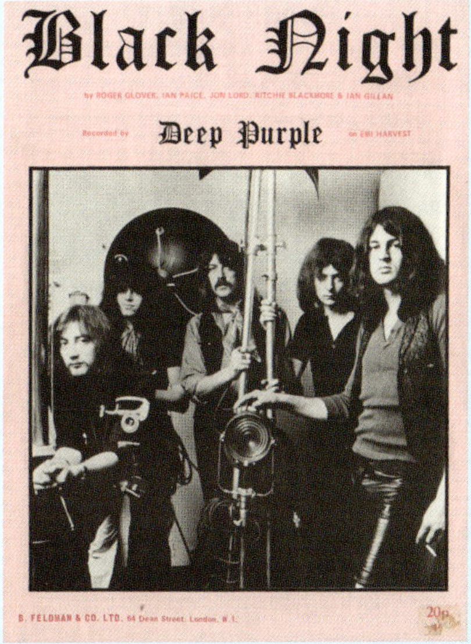

new singles
Reviewed by Peter Jones

TEN YEARS AFTER: Love Like A Man (Deram). Gently mid-paced, with some vibrant instrumental sounds. Alvin Lee going some, and a build-up production which registers but perhaps not enough to turn up in the singles scene.

DEEP PURPLE: Black Night (Harvest). Nice repetitive riff here an instrumental at first. Group has the right sort of following to click, even if this particular track seems to lack something. Musicianly.

SANDIE SHAW: Wight Is Wight; That's The Way He's Made (Pye 17954). Good ole Sandie actually wrote the lyrics for this Continental-

Nelsons Summertime], weshalb ich sagte: ‚Das kannst du nicht benutzen', woraufhin er fragte: ‚Warum nicht? Hast du das Original jemals gehört?' Ich verneinte. ‚Na also', schloss er."

Ricky Nelson war in den 1950ern und frühen 60ern ein Rockstar, den in puncto Beliebtheit nur Elvis übertraf. *Summertime* verband den entsprechenden Text von George Gershwin mit einem Riff des Gitarristen James Burton, das sich beinahe durch den gesamten Song zog. Es wurde 1962 aufgenommen erschien aber nur auf einer Single-B-Seite, von der kaum jemand Notiz nahm. Nick Simper gibt an, Blackmore das Riff zu Mk-1-Zeiten beigebracht zu haben.

Deep Purple waren auch nicht die ersten, die das Riff entlehnten. Blues Magoos, eine Psychedelic-Band aus der Bronx, hatten es 1967 für den Song *(We Ain't Got) Nothin' Yet* verwendet, der auf den fünften Rang der US-Charts kletterte und auch im Film *Easy Rider* zu hören ist. Der Gesang folgt exakt der Gitarrenlinie, obwohl im Refrain zusätzliche Akkorde eingebaut wurden.

Zurück ins Jahr 1970: Als die drei anderen mit Scotch-Cola betankt (das unterstellen wir jetzt einfach) aus dem Pub zurückkehrten, bekamen sie die Idee von Blackmore und Glover vorgespielt. Jon beschrieb für uns, wie die Gruppe den Song in bester Heath-Robinson-Manier zusammenbaute: *„Ritchie und Roger stimmten diese Nummer von Rick Nelson an, die sich bloß im Kreis dreht, wobei jemand bemerkte – vielleicht war ich es sogar selbst: ‚Warum lockern wir es nicht mit Breaks auf?' Paicey pflichtete bei: ‚Genau, ich könnte das hier spielen.' Dann trommelte etwas Vertracktes, das völlig aus der Luft gegriffen erschien und nur von ihm stammen konnte.*" (JL zu SC)

Nach und nach schälte sich endlich etwas Eigenständiges heraus. Ein Bass-Schlagzeug-Intro, die Strophen, der Refrain und die Solos – alles wurde nach dem Motto „Das genügt hier" oder „Das funktioniert dort" mehr oder minder mit der heißen Nadel gestrickt. Hinsichtlich des Tempos orientierte sich die Band laut Gillan an Canned Heat, genauer gesagt deren Stück *On The Road Again*, das zwei Jahre zuvor in den Top 10 des Vereinigten Königreichs gelandet war. Die gesamte Ausarbeitung dauerte offenbar nur etwa eine halbe Stunde (Ritchie sprach sogar von bloß zehn Minuten!), und Roger verbindet sie mit schönen Erinnerungen als *„unmittelbar und feuchtfröhlich.*"

Unmittelbar? Die Gruppe versuchte zunächst acht Anläufe, die eine ganze Bandrolle belegten. In ihrem etwas angeheiterten Zustand holperte sie so oft durch den Song, konnte aber nichts Rechtes mit den Ergebnissen anfangen. Dann wurde ein neues Tape eingespannt und weitergemacht. Nach mehreren Fehlstarts und Abbrüchen gelang schließlich der 14. Take. Drei Stunden, dann war das Kind geschaukelt.

Als die Struktur feststand, setzten sich Gillan und Glover zum Verfassen der Lyrics zusammen. Ian: Der Titel stammt aus einer Zeile eines Songs von Arthur Alexandra. Dann schrieben Roger und ich den Text, was in Anbetracht unserer Verfassung schwierig wurde. Was um alles in der Welt hat es mit dem ‚dunklen Baum' und der ‚rauen See' auf sich? Wir haben über diese dämlichen Metaphern gelacht." Roger hat bis heute lebhaft vor Augen, wie alle herumsaßen und sich Reime auf *„black night"* ausdachten. *„Jemand warf ‚don't feel too bright' ein, und klar im Kopf waren wir nach dem Trinken ja wirklich nicht, aber es passte eben.*" Jon sprach zudem von einer Diskussion über die Schreibweise mit oder ohne K. Niemand wusste, ob der schwarze König beim Schach oder eine finstere englische Nacht gemeint sein sollte. Letztlich entschied man sich für letztere, doch der Titel wurde im Lauf der Jahre wiederholt falsch geschrieben … Als Deep Purple das De Lane Lea kurz vorm Morgengrauen verließen, hielten sie ihre Pflicht für erfüllt.

Nüchtern bei Tageslicht betrachtet hielten sie die Aufnahme für vergeudete Zeit und allenfalls als B-Seite tauglich. Ein Vorabmix wurde ins HEC-Büro geschickt, das tags darauf Glückwünsche ausrichtete. Die Manager war der Meinung der Musiker zum Trotz der Ansicht, das Stück eigne sich als Single. Wie sich herausstellte, lagen sie goldrichtig, auch wenn sich der Erfolg mit leichter Verzögerung einstellte. Der Endmix erfolgte wahrscheinlich am nächsten Donnerstag, dem 7. des Monats.

„Der Song beginnt mit Ian Paice und Roger, die dem Rest der Band mit einem triolischen Unisono den Einstieg vorgeben. Die Begleitung fußt auf einem steten, aber lässigen Rhythmus aus Viertelschlägen auf die Hi-Hat als Herzstück des Grooves. Am interessantesten sind die scheinbar triolischen Einwürfe, wenn das Hauptriff aussetzt, denn Paice wechselt flink zu Achtelnoten auf der Hi-Hat, um den synkopischen Offbeat auf der Bassdrum zu kontrastieren, bevor er zu dem Viertelschlag-Groove der Strophe zurückfindet. Der Song swingt durchweg vorbildhaft wie viele Wohlfühl-Nummern in den 70ern. Roger meinte, sie seien beim Aufnehmen betrunken gewesen, also könnte sich das aufs Schlagzeugspiel ausgewirkt haben." (Nick Lauro)

Ian Gillans Stimme wurde minimalistisch ohne Dopplungen eingefangen (auf dem Tonbandverzeichnis sind zwei Gesangsspuren eingetragen, also könnte noch irgendwo ein alternativer Take herumgeistern), aber er schaffte es dennoch, den hastig zusammengeklaubten Worten Leben einzuhauchen, und ahmte charmant versiert – wenn auch leicht klischeehaft – das langsame Vibrato der Gitarre am Ende des Refrains nach. Ritchie solierte zuerst, wobei er regen Gebrauch seines Hebels machte, ehe er gezügelter phrasierte.

Nach einem Tonartwechsel folgte das Orgelsolo, wofür Jon stärker als Blackmore auf Akkorde setzte. *„Ian Paice streute mehrere freche Fills ein, die ihm nach heute gängigen Aufnahmeverfahren mit erbarmungslosem Klick wohl nicht durchgehen würden. Besonders hörenswert: der ausgefallenere Part bei Minute 2:26, wenn er den Rest der Band in die letzte Strophe überführt. Dabei sollte man sich daran erinnern, was Paice selbst zu dem Song gesagt hat: ‚Was hätte man da nicht alles spielen können!'"* (Nick Lauro) Das letzte Solo vor dem Ende übernimmt wieder Ritchie, diesmal aber mit sparsamerem Vibrato-Einsatz, um den rockig melodischen Linien den Vorzug zu geben, die ihn so berühmt gemacht haben.

Alles in allem strahlt das Stück eine Lockerheit aus, die nicht so recht zur ausgeprägten Härte des Albums passte. Darum war es auch leichter für ein breiteres Publikum zugänglich. Das heißt nicht, es sei ein laues Lüftchen, denn es ist klasse, unterscheidet sich aber eben hinsichtlich seiner Stimmung von *In Rock*.

Fazit: Ein Kneipenabend, Riff-Zweitverwertung, ein für niemanden verständlicher Text und knapp 30 Minuten kreatives Songwriting schenkten Mk 2 in ganz Europa einen ausgemachten Single-Hit, der bei Konzerten nicht wegzudenken war.

Trotzdem spielte Ian Paice die Wichtigkeit eines solchen Gassenhauers herunter: *„Singles sind eigentlich unbedeutend – ein nettes Plus, aber ich würde mich nicht darum reißen. Kann sein, dass ein Hit unseren Marktwert um einen Hunderter erhöht, aber teilt man den durch fünf, bleibt nicht viel für die einzelnen Mitglieder hängen. Mag sein, dass unterm Strich ein bisschen mehr herumkommt. Weder wir noch sonst jemand findet eine Erklärung dafür, wieso die Verkäufe so schleppend anliefen. Als wir nach Amerika flogen, dachten wir, es sei der nächste Flop von vielen, die Deep Purple schon hatten, aber während wir drüben waren, sprang „Top Of The Pops" darauf an, und es wurde oft im Radio gespielt. Dann ging's los."*

Der Drummer meint sicherlich, dass die Band das Angebot bekam, in der Sendung aufzutreten, während sie eine Woche lang in den Staaten war. Auch Roger Glover zeigte sich reserviert: *„Das Management machte ein bisschen Druck, und obgleich wir nie vorsätzlich für die Charts komponieren würden, kam diese Single genau im richtigen Moment."*

„Eigentlich", so Ritchie, *„haben wir mehrere fremde Ideen zu einem erfolgreichen Schlager kombiniert!"* (RG und RB in Record Mirror, Juli 1970)

Wegen ihrer Konzertverpflichtungen sah die Gruppe ein, dass sie nicht jedes Angebot annehmen konnte, sich vor Fernsehkameras zu stellen, weshalb im Oktober beschlossen wurde, ein Video zu *Black Night* zu drehen, das die Sender europaweit ausstrahlen konnten. Die Aufnahmen fanden im De Lane Lea statt, wo die Musiker einfach zu einem Playback spielten. Benutzt wurde 35mm-Film, doch das Original scheint schon seit langer Zeit verschollen zu sein. Erhalten geblieben sind mehrere leicht voneinander abweichende Versionen: Eine läuft offensichtlich zu schnell, in einer anderen werden diverse Gegenstände gezeigt. Während der Produktion ließ sich die Band auch ablichten, und dabei entstandene Fotos fanden später sowohl für Singles als auch andernorts Verwendung.

Black Night erschien am selben Tag wie *In Rock* und brauchte mehrere Wochen, bis sie in die britischen Charts einstieg. Nur wenige DJs und TV-Produzenten konnten etwas mit dem Namen Deep Purple anfangen, im Allgemeinen waren sie konservativ und gingen in ihren Programmen auf Nummer sicher. Schlussendlich aber lief der Song immer häufiger über den Äther. Die Verkaufszahlen stiegen, was noch mehr Radiospielzeit zur Folge hatte, und so kroch er langsam in den Charts nach oben. Am 7.8. kehrte die Gruppe ins De Lane Lea zurück, um eine andere Fassung von *Black Night* aufzunehmen, die sich für einen Auftritt bei „Top Of The Pops" eignete, obwohl die Single erst in jener Woche in die Top 50 gelangt war. Wer sich in der berühmten Chart-Sendung der BBC blicken ließ, musste das dort aufzuführende Stück neu einspielen, um strenge Bestimmungen der Musicians Union einzuhalten, die noch aus Zeiten stammten, als sich der Verband für den Lebensunterhalt von Bigband- und Orchestermusikern starkgemacht hatte. Deep Purple sollten sich in der Show zum Playback verrenken; in späteren Jahren wurden sie die Regeln der MU leid und zogen sich mit geringfügig anders abgemischten Tracks aus der Affäre, statt diese ein weiteres Mal aufzunehmen.

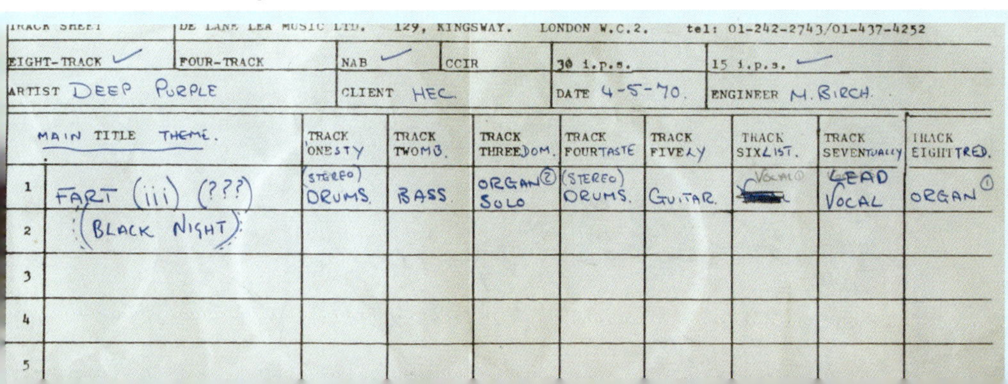

TRACK SHEET — DE LANE LEA MUSIC LTD. 129, KINGSWAY. LONDON W.C.2. tel: 01-242-2743/01-437-4252

EIGHT-TRACK ✓ | FOUR-TRACK | NAB ✓ | CCIR | 30 i.p.s. | 15 i.p.s. ✓

ARTIST DEEP PURPLE | CLIENT HEC | DATE 4-5-70 | ENGINEER M. BIRCH

	MAIN TITLE THEME.	TRACK ONESTY	TRACK TWOMB	TRACK THREEDOM	TRACK FOURTASTE	TRACK FIVELY	TRACK SIXLIST	TRACK SEVENTUALLY	TRACK EIGHTTRED
1	FART (iii) (???)	(STEREO) DRUMS	BASS	ORGAN ② SOLO	(STEREO) DRUMS	GUITAR	VOCAL ①	LEAD VOCAL	ORGAN ①
2	(BLACK NIGHT)								
3									
4									
5									

Fart (Furz) als ursprünglicher Titel von Back Night?

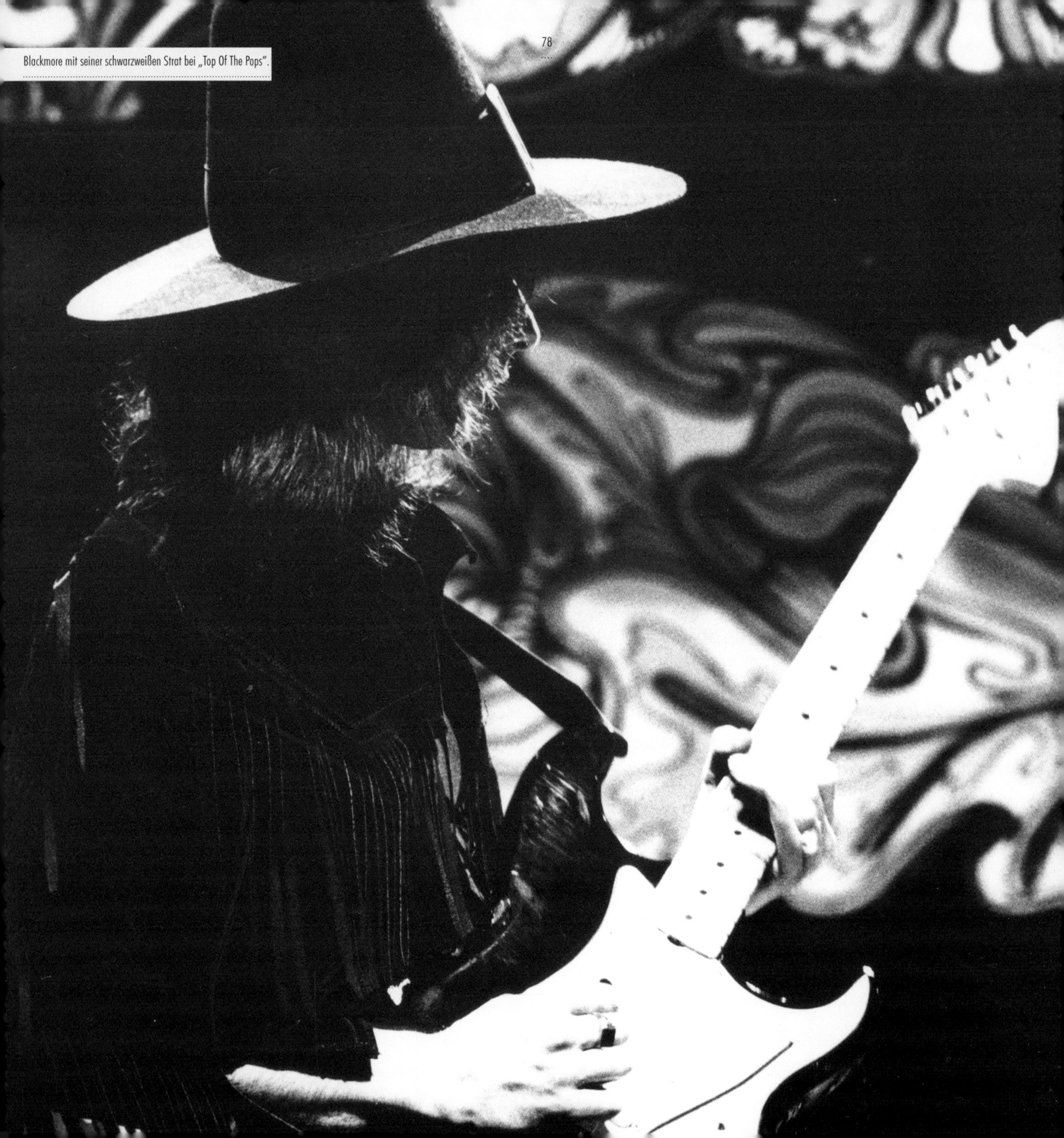

Blackmore mit seiner schwarzweißen Strat bei „Top Of The Pops".

Ihr erster Auftritt bei „Top Of The Pops" fand am 10. September 1970 im BBC Lime Grove Studio in Shepherds Bush statt. Die Gruppe hielt sich recht bedeckt, denn dieses „So tun als ob" zu einem Playback war durchaus peinlich (auch wenn sie schon Erfahrung damit hatte, sowohl zu ihrer Anfangszeit in den USA als auch in jüngerer Zeit in Europa). Danach meinte Ritchie, er habe nur unter sich geschaut und es hinter sich bringen wollen. In der Sendung „spielte" er seine schwarze Strat mit weißem Schlagbrett und trug den Spitzhut, den er damals oft anzog, Ian Paice hingegen ein Superman-T-Shirt. Der Regie gelang es sogar, fast alle Soloparts zu zeigen, obzwar die Sendung berüchtigt für Nahaufnahmen der falschen Instrumente in solchen Momenten war, beispielsweise des Basses, während der Keyboarder spielte. Die Version des Songs klingt jener auf der Single sehr ähnlich, abgesehen von den kurzen Gitarreneinschüben und beiden Solos.

Die Band gab Konzerte in Schottland, als *Black Night* am 11.10. Rang zwei in den Charts besetzte. Dank dieses Erfolgs verkaufte sich auch *In Rock* anhaltend gut; es stand am selben Tag auf Platz 10 der Albumcharts, und sogar die Absatzzahlen der *Concerto*-Scheibe stiegen wieder leicht, sodass es schließlich die 62 erreichte.

Aufgrund all dessen wiederholte die BBC den Purple-Auftritt bei „Top Of The Pops" am 15. des Monats (die Band spielte abends in der Caird Hall in Dundee), was dazu beitrug, dass die Single auch in der Folgewoche Nummer zwo blieb. Die Sendung ist mittlerweile auf DVD erhältlich und wird so oft in Fernsehbeiträgen zur Band gezeigt, dass es abgedroschen wirkt.

Schon am 23. September nahm man *Black Night* außerdem im Studio T1 in Shepherds Bush für BBC Radio auf, gemeinsam mit *Grabsplatter, Into The Fire* und *Child In Time*. Der Mitschnitt war nicht fürs reguläre Programm gedacht, sondern speziell für die lizenzierte Ausstrahlung im Ausland, wurde auf Platte gepresst und an internationale Radiostationen geschickt.

Erwähnung fand der Song sogar noch früher, nämlich in einem Bericht über das Konzert der Band am 17. Mai in Bristol. Demnach könnte es sein, dass sie ihn anstelle von *Hush* verwendete, kaum dass sie ihn eingespielt hatte. Er blieb bis Oktober 1970 fest im Programm, wurde dann bis Juli '71 als Zugabe gebracht und später nicht mehr regelmäßig, wenn auch bei den Shows zu *Made in Japan*.

Zuerst entsprach die Darbietung weitgehend der Single-Version, doch als Zugabe wurde ein Jam daraus, der auf einem Shuffle-Rhythmus beruhte und langsam Spannung aufbaute, bis Bass und Schlagzeug herausplatzten und das eigentliche Lied begann. Die Solos fielen gleichsam etwas länger aus, wobei Blackmore und Gillan (manchmal machte auch Lord mit) erstmals ihre Frage-Antwort-Spielchen trieben. Diese nahmen quasi das Zwiegespräch zwischen Gitarre und Stimme vorweg, das man später in *Strange Kind Of Woman* hörte, wenngleich nie in so sorgfältig durchdachter Form – vermutlich weil gegen Ende eines Konzerts alle erschöpft waren.

Auf der Jubiläumsedition von *In Rock* ist die Originalversion in voller Länge (4:47) bis zum letzten Ton enthalten, wohingegen die Single gekürzt und ausgeblendet wurde (deren US-Version von 1970 hatte man übrigens ein wenig anders geschnitten). Zum Schluss behält die Band den Rhythmus bei, bis sie keine Lust mehr zu haben scheint. Blackmore improvisiert, während die anderen zusehends aus dem Trott kommen. Mit einem nachhallenden tiefen E gibt er Zeichen zum Aufhören.

EMI veröffentlichten *Black Night* zur Begleitung der Neuauflage des Albums nach 25 Jahren noch einmal als Single, auf deren Rückseite ein bis dato unveröffentlichter, originalgetreuer Mix von *Speed King* stand[1]. Sie erschien nummeriert auf schickem, farbigen Zwölfzoll-Vinyl in einer Picture-Hülle[2] und als Fünfzoll-CD. Ein Charterfolg wie damals stellte sich zwar nicht ein, doch am 18. Juni 1966 tauchte die Scheibe in Großbritannien auf Rang 66 auf.

Es sollte die letzte richtige Deep-Purple-Single bleiben, die das Label in Königreich veröffentlichte.

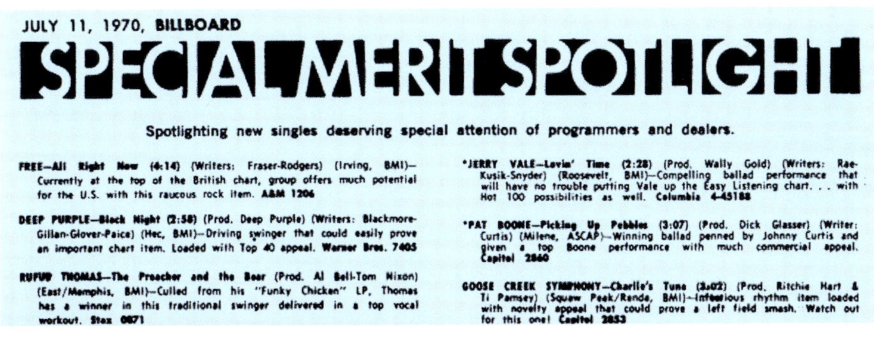
JULY 11, 1970, BILLBOARD

SPECIAL MERIT SPOTLIGHT

Spotlighting new singles deserving special attention of programmers and dealers.

FREE—All Right Now (4:14) (Writers: Fraser-Rodgers) (Irving, BMI)—Currently at the top of the British chart, group offers much potential for the U.S. with this raucous rock item. **A&M 1206**

DEEP PURPLE—Black Night (2:58) (Prod. Deep Purple) (Writers: Blackmore-Gillan-Glover-Paice) (Hec, BMI)—Driving swinger that could easily prove an important chart item. Loaded with Top 40 appeal. **Warner Bros. 7405**

RUFUS THOMAS—The Preacher and the Bear (Prod. Al Bell-Tom Nixon) (East/Memphis, BMI)—Culled from his "Funky Chicken" LP, Thomas has a winner in this traditional swinger delivered in a top vocal workout. **Stax 0071**

***JERRY VALE—Lovin' Time (2:28)** (Prod. Wally Gold) (Writers: Rae-Kusik-Snyder) (Roosevelt, BMI)—Compelling ballad performance that will have no trouble putting Vale up the Easy Listening chart. . . with Hot 100 possibilities as well. **Columbia 4-45188**

***PAT BOONE—Picking Up Pebbles (3:07)** (Prod. Dick Glasser) (Writer: Curtis) (Milene, ASCAP)—Winning ballad penned by Johnny Curtis and given a top Boone performance with much commercial appeal. **Capitol 2860**

GOOSE CREEK SYMPHONY—Charlie's Tune (2:02) (Prod. Ritchie Hart & Ti Pamsey) (Squaw Peak/Rende, BMI)—Infectious rhythm item loaded with novelty appeal that could prove a left field smash. Watch out for this one! **Capitol 2853**

11. Juli 1970 Billboard
Special Merit Spotlight
Neue Single-Empfehlungen für Programmgestalter und Händler
DEEP PURPLE – Black Night (2:58) (Prod. Deep Purple] (Blackmore-Gillan-Glover-Paice) (HEC, BMI) Treibender Swing, der ohne Weiteres die Charts stürmen könnte. Strotzt vor Top-40-Potenzial. Warner Bros 7405.

1 Dieser passte nicht mehr auf die CD. Roger hatte mehrere neue Abmischungen der Achtspurbänder angefertigt und sich dabei streng am ursprünglichen Sound orientiert, aber für mehr Klarheit und Klangtreue gesorgt.

2 Ich verbrachte Stunden damit, die fehlenden Buchstaben der Schrifttype vom Cover von In Rock nachzuempfinden, um den Titel der Single zu schreiben … (SR)

Chartplatzierungen aus der französischen Monatszeitschrift Best im Dezember 1970, dem Record Mirror vom 31. Oktober und der Wochenendausgabe des NME vom 28. Oktober.

bestop

avec le concours de Radio Andorre 428m

1	(3)	PARANOID	Black Sabbath-Vertigo
2	(2)	BLACK NIGHT	Deep Purple-Harvest
3	(1)	LITTLE QUEENIE	Rolling Stones-Decca
4	(19)	LIKE A ROLLING STONE	Jimi Hendrix-Reprise
5	(4)	LOVE LIKE A MAN	Ten Years After-Deram
6	(14)	WHO DO YOU LOVE	Doors-Elektra
7	(5)	PARCHMAN FARM	Cactus-Atco
8	(12)	FUTURE BLUES	Canned Heat-Liberty
9	(6)	I'M THE WALRUS	Spooky Tooth-Island
10	(16)	SPEED KING	Deep Purple-Harvest
11	(25)	GALLOWS POLE	Led Zeppelin-Atlantic
12	(21)	MEMO FROM TURNER	Mick Jagger-Warner Bros
13	(13)	POWER TO LOVE	Hendrix Band of Gypsys-Barclay
14	(—)	PEUT-ETRE DEMAIN	Triangle-Pathé
15	(7)	I HEARD IT THROUGH THE GRAPEVINE	Creedence Clearwater Revival-America
16	(—)	NEW MORNING	Bob Dylan-CBS
17	(9)	BLUES POWER	Eric Clapton-Polydor
18	(—)	ATOM HEART MOTHER	Pink Floyd-Harvest
19	(15)	RIKI TIKI TAVI	Donovan-Epic
20	(17)	SYMPHONY FOR THE DEVIL	B.S.T.-CBS

33 tours

1	(2)	GET YER YA-YA'S OUT	Rolling Stones-Decca
2	(1)	DEEP PURPLE IN ROCK	Deep Purple-Harvest
3	(3)	HENDRIX BAND OF GYPSYS	Hendrix Band of Gypsys-Barclay
4	(13)	LED ZEPPELIN III	Led Zeppelin-Atlantic
5	(15)	PARANOID	Black Sabbath-Vertigo
6	(5)	COSMO'S FACTORY	Creedence Clearwater Revival-America
7	(4)	CACTUS	Cactus-Atco
8	(—)	ATOM HEART MOTHER	Pink Floyd-Harvest
9	(6)	MAD DOGS & ENGLISHMEN	Joe Cocker-A & M
10	(—)	NEW MORNING	Bob Dylan-CBS
11	(8)	CRICKLEWOOD GREEN	Ten Years After-Deram
12	(7)	ABSOLUTELY LIVE	Doors-Elektra
13	(14)	FUTURE BLUES	Canned Heat-Liberty
14	(—)	KILN HOUSE	Fleetwood Mac-Reprise
15	(—)	ABRAXAS	Santana-CBS

RECORD MIRROR, October 31, 1970

the 50 record mirror

singles

1	(10)	6	WOODSTOCK Matthews Southern Comfort	Uni UNS 526
2	(3)	4	PATCHES Clarence Carter	Atlantic 2091 030
3	(1)	9	BAND OF GOLD Freda Payne	Invictus INV 502
4	(4)	8	ME AND MY LIFE Tremeloes	CBS 5139
5	(2)	12	BLACK NIGHT Deep Purple	Harvest HAR 5020
6	(5)	10	PARANOID Black Sabbath	Vertigo 6059 010
7	(9)	7	BALL OF CONFUSION Temptations	Tamla Motown TMG 749
8	(11)	10	MONTEGO BAY Bobby Bloom	Polydor 2058 051
9	(7)	8	AIN'T NO MOUNTAIN HIGH ENOUGH	

albums

1	(4)	MOTOWN CHARTBUSTERS Vol 4	Tamla Motown STML 11162
2	(1)	ATOM HEART MOTHER Pink Floyd	Harvest SHVL 781
3	(2)	PARANOID Black Sabbath	Vertigo 6360 011
4	(3)	BRIDGE OVER TROUBLED WATER Simon and Garfunkel	CBS 63699
5	(14)	DEEP PURPLE IN ROCK	Harvest SHVL 777
6	(6)	LED ZEPPELIN 2	Atlantic 588 198
7	(9)	CANDLES IN THE RAIN Melanie	Buddah 2318 009
8	(11)	EVERLY BROTHERS ORIGINAL GREATEST HITS	

NME TOP 30

(Week ending Wednesday, October 28, 1970)

Last Week	This Week	Title	Artist (Label)	Weeks in Chart	Highest Position
2	1	BLACK NIGHT	Deep Purple (Harvest)	8	1
5	2	PATCHES	Clarence Carter (Atlantic)	4	2
4	3	WOODSTOCK	Matthews Southern Comfort (UNI)	5	3
1	4	BAND OF GOLD	Freda Payne (Invictus)	8	1
5	5	ME AND MY LIFE	Tremeloes (CBS)	6	5
7	6	PARANOID	Black Sabbath (Vertigo)	6	4
3	7	CLOSE TO YOU	Carpenters (A & M)	7	3
11	8	BALL OF CONFUSION	Temptations (Tamla Motown)	6	8
14	9	RUBY TUESDAY	Melanie (Buddah)	3	9
8	10	AIN'T NO MOUNTAIN HIGH ENOUGH	Diana Ross (Tamla Motown)	8	6
13	11	STILL WATERS	Four Tops (Tamla Motown)	6	9
20	12	WAR	Edwin Starr (Tamla Motown)	3	12
10	13	YOU CAN GET IT IF YOU REALLY WANT	Desmond Dekker (Trojan)	9	2
16	14	GASOLINE ALLEY BRED	Hollies (Parlophone)	4	13
9	15	MONTEGO BAY	Bobby Bloom (Polydor)	9	3
12	16	BLACK PEARL	Horace Faith (Trojan)	6	10
17	17	TIPS OF MY FINGERS	Des O'Connor (Columbia)	3	17
25	18	THE WITCH	Rattles (Decca)	2	18
26	18	IT'S WONDERFUL TO BE LOVED BY YOU	Jimmy Ruffin (Tamla Motown)	2	18
15	20	WHICH WAY YOU GOIN' BILLY	Poppy Family (Decca)	9	5
28	21	INDIAN RESERVATION	Don Fardon (Young Blood)	2	21
22	22	NEW WORLD IN THE MORNING	Roger Whittaker (Columbia)	2	22
24	23	OUR WORLD	Blue Mink (Philips)	5	22
20	24	GET UP I FEEL LIKE BEING A SEX MACHINE	James Brown (Polydor)	4	20
●	25	SAN BERNADINO	Christie (CBS)	1	25
●	26	JULIE DO YA LOVE ME	White Plains (Deram)	1	26
18	27	STRANGE BAND	Family (Reprise)	8	12
29	28	THE WONDER OF YOU	Elvis Presley (RCA)	17	1
●	28	HEAVEN IS HERE	Julie Felix (Rak)	1	28
●	30	MY WAY	Frank Sinatra (Reprise)	14	4
●	30	THINK ABOUT YOUR CHILDREN	Mary Hopkin (Apple)	1	30

Britain's Top 20 LPs

Last Week	This Week	Title	Artist (Label)	Weeks in Chart	Highest Position
●	1	LED ZEPPELIN VOL. 3	(Atlantic)	1	1
4	2	MOTOWN CHARTBUSTERS VOL. 4	Various Artistes (Tamla Motown)	3	2
1	3	PARANOID	Black Sabbath (Vertigo)	6	1
9	4	ATOM HEART MOTHER	Pink Floyd (Harvest)	3	4
2	5	BRIDGE OVER TROUBLED WATER	Simon & Garfunkel (CBS)	38	1
5	6	DEEP PURPLE IN ROCK	(Harvest)	19	5
3	7	GET YER YA YAS OUT	Rolling Stones (Decca)	8	2
10	8	CANDLES IN THE RAIN	Melanie (Buddah)	5	5
8	9	COSMO'S FACTORY	Creedence Clearwater Revival (Liberty)	9	2

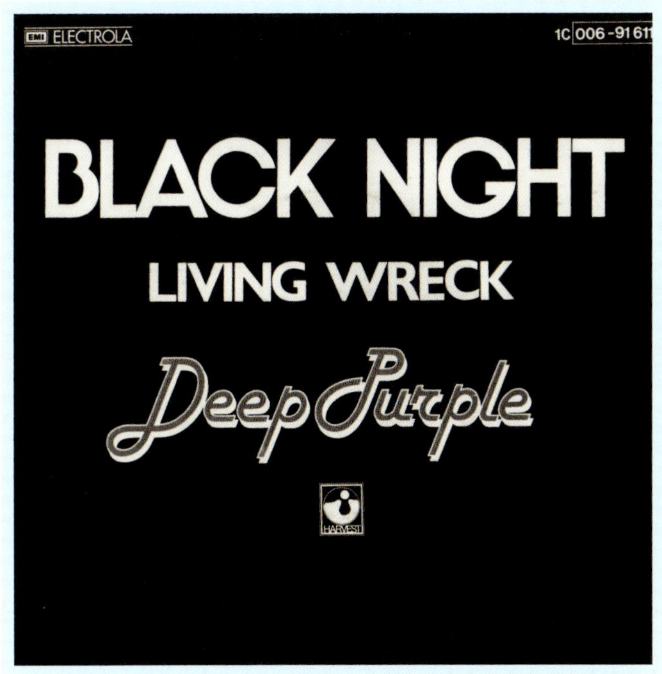

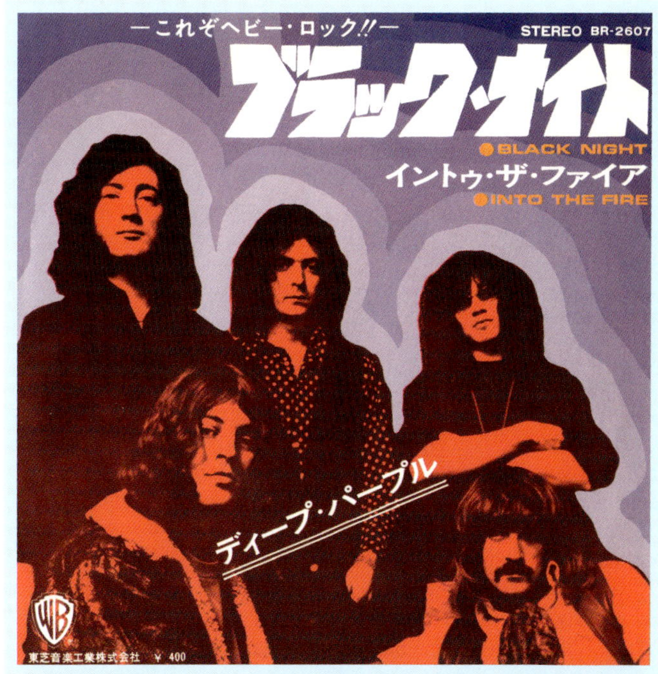

Die Hülle von Black Night war in Deutschland schlicht gehalten (oben links), wohingegen der psychedelische Look der japanischen Erstpressung ins Auge sprang (eine Rarität, die bald durch das Albumcover ersetzt wurde, siehe darunter).

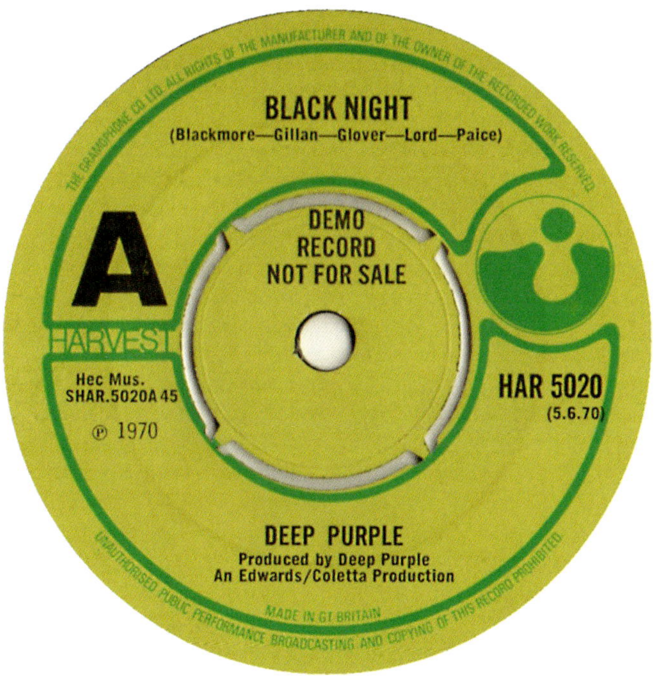

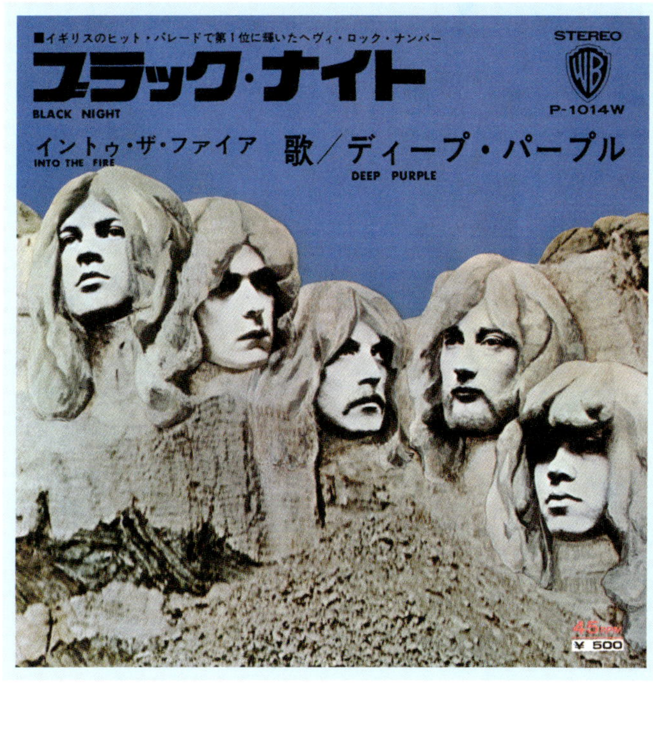

9 • Unterwegs – Januar bis Juni 1970

„Wir wollen an so vielen Orten auftreten – bloß sind wir noch nicht dazu gekommen …" Ian Gillan

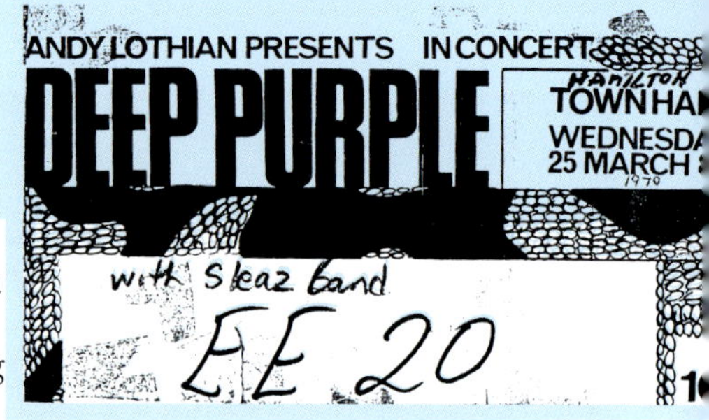

Der Beginn eines neuen Jahrzehnts, in dem die Band sich entwickelte und aufblühte. Die Frage, ob es sich die Mitglieder in ihren kühnsten Träumen hätten ausmalen können, lässt sich schwerlich beantworten, doch innerhalb von vier Jahren wurden sie zu einer der weltgrößten Rockbands. Ihren Erfolg sollte man indes nicht als Einzelphänomen betrachten. 1970 kamen viele klassische Rockalben von aufstrebenden Acts wie Black Sabbath, King Crimson, Jethro Tull, Genesis, Led Zeppelin, David Bowie, Emerson, Lake & Palmer oder Free heraus. Sie alle hatten ihr Handwerk in den 60ern gelernt, durch Gigs am laufenden Band und stetes Feilen an einem eigenen Stil. Auch darf man die wertvollen Akzente nicht vergessen, die noch von der alten Garde gesetzt wurden, darunter Pink Floyd, Beatles und Doors. Für Rockfans war dies eine mitreißende Zeit, obschon die meisten sie praktisch für normal hielten. Es schien der natürliche Lauf der Dinge zu sein und ewig so zu bleiben. Allwöchentlich holte man sich seinen Kitzel aus einem der vielen Musikmagazine, und als Teenager besaß man diese Welt ganz für sich allein; Eltern waren weitgehend ahnungslos, und die Massenmedien kümmerten sich so gut wie gar nicht darum.

Die Vielzahl der Konzerte, auf die sich Deep Purple eingelassen hatte, erwies sich gewissermaßen als zweischneidiges Schwert. Wohingegen sie dabei die Freiheit zum Experimentieren genossen, an ihren Fähigkeiten arbeiten und Erfahrung in der Live-Situation sammeln konnten, zogen sich eben die Aufnahmen des Albums in die Länge. Dabei lief die Band Gefahr, etwas Zusammenhangloses zu fabrizieren, schaffte es aber, den Faden nicht zu verlieren, indem sie Ideen von der Bühne ins Studio übertrug (und umgekehrt). Man konnte zu Recht von einem Synergieeffekt sprechen, und statt das Material zu verwässern, machte die Reifezeit es nur heavier und intensiver.

Ian Gillan wagte einen Ausblick ins kommende Jahr. *„Wir wollen an so vielen Orten auftreten – bloß sind wir noch nicht dazu gekommen. Touren macht großen Spaß. Ich liebe es. Herumreisen ist sehr hektisch, aber auch ungeheuer aufregend und für mich eine Genugtuung."* (IG in Music Now, Januar 1970)

Januar/Februar 1970 Die Gruppe läutete 1970 am 1. Januar mit jener Session ein, die *Hard Lovin' Man* abwarf – was für ein Auftakt ins neue Jahr! Mit diesem Song fürs Album verwischte sie die Grenze zwischen Bühne und Studio nahezu völlig, denn er klingt fast wie ein Konzert in einem Aufnahmeraum. An diesem Punkt ihrer Entwicklung ernteten Purple die Früchte ihrer harten Arbeit in den vorangegangenen sechs Monaten. Ob sie zu dem Wechsel vom IBC ins De Lane Lea gezwungen waren, sich eine Veränderung wünschten oder sich gezielt Martin Birch aussuchten (der bei der Produktion des *Concertos* vermutlich konkurrenzlose Arbeit geleistet hatte), lässt sich nur mutmaßen. Nach einigen Auftritten (u.a. einem kurzen Sprung über den Kanal nach Paris) schlugen die Musiker am 13. abermals im IBC auf, um *Cry Free* einzuspielen, was auf einen zufälligen Umzug schließen lässt. In jedem Fall durften sie sich glücklich schätzen: Martins Ruf als überragender Tonmeister machte bereits die Runde, und Ende 1969 ließen Fleetwood Mac verlauten, mit keinem außer ihm arbeiten zu wollen. Zwei Tage später kehrte die Band auf den Kontinent zurück, um sich in Amsterdam für die niederländische Fernsehsendung „Doebiedoe" filmen zu lassen. Von diesem Auftritt existieren Fotos, doch das Filmmaterial (auszugsweise ausgestrahlt im Februar, der Rest folgte im Juli) blieb nicht erhalten[1]. Das ist insofern schade, als minderwertige Videokassettenaufnahmen auf einen ungezügelten Parforceritt hindeuten, der die Jugend des Landes, so sie zuschaute, beeindruckt haben musste. Die Band raste in 25 Minuten durch *Speed King, Mandrake Root, Wring That Neck* und *Into The Fire*. Die niederländische Tänzerin Penny de Jager (Co-Moderatorin der Sendung „Top Pop") und zwei Tänzerinnen aus ihrer Truppe peppten die Performance zusätzlich auf. Wer genau die Band für diesen Auftritt heranzog, bleibt unbekannt; es mag ein Produzent gewesen sein, dem die Paradiso-Konzerte positiv in Erinnerung geblieben waren.

Ersten Lohn für ihre ganze Schufterei bekam die Gruppe im Januar mit dem Charteinstieg des *Concerto* in ihrer Heimat. Zu jener Zeit musste man für ein Top-30-Album recht hohe Verkaufszahlen aufweisen, und trotz der künstlerischen Vorbehalte einiger Mitglieder gegen das Projekt sorgte es in jedem Fall dafür, dass ihr Name die Runde machte. Nach einigen weiteren Konzerten nisteten sich Deep Purple Ende Januar erneut im IBC ein, um die finale Fassung von *Speed King* aufzunehmen. Gillan unterhielt sich im selben Monat mit Rodney Collins darüber. *„Es sollte Ende Februar fertig sein. Etwas so Gutes haben wir noch nie gemacht, wir alle sind rundum zufrieden damit. Das ist vermutlich zum ersten Mal der Fall, wenn es um eines unserer Studioalben geht. Die stilistische Linie ist klarer als zuvor. Material herauszubringen, das eine Band angemessen repräsentiert, ist entscheidend. Wir mögen unsere älteren Sachen einfach nicht – sie waren zerfahren."* (IG in Disc, Januar 1970)

Danach musste die Produktion wieder hintanstehen, weil

1 Aus Schriftdokumenten des Studios geht hervor, dass der Sender das Band löschte und schließlich mit Black Sabbath überspielte!

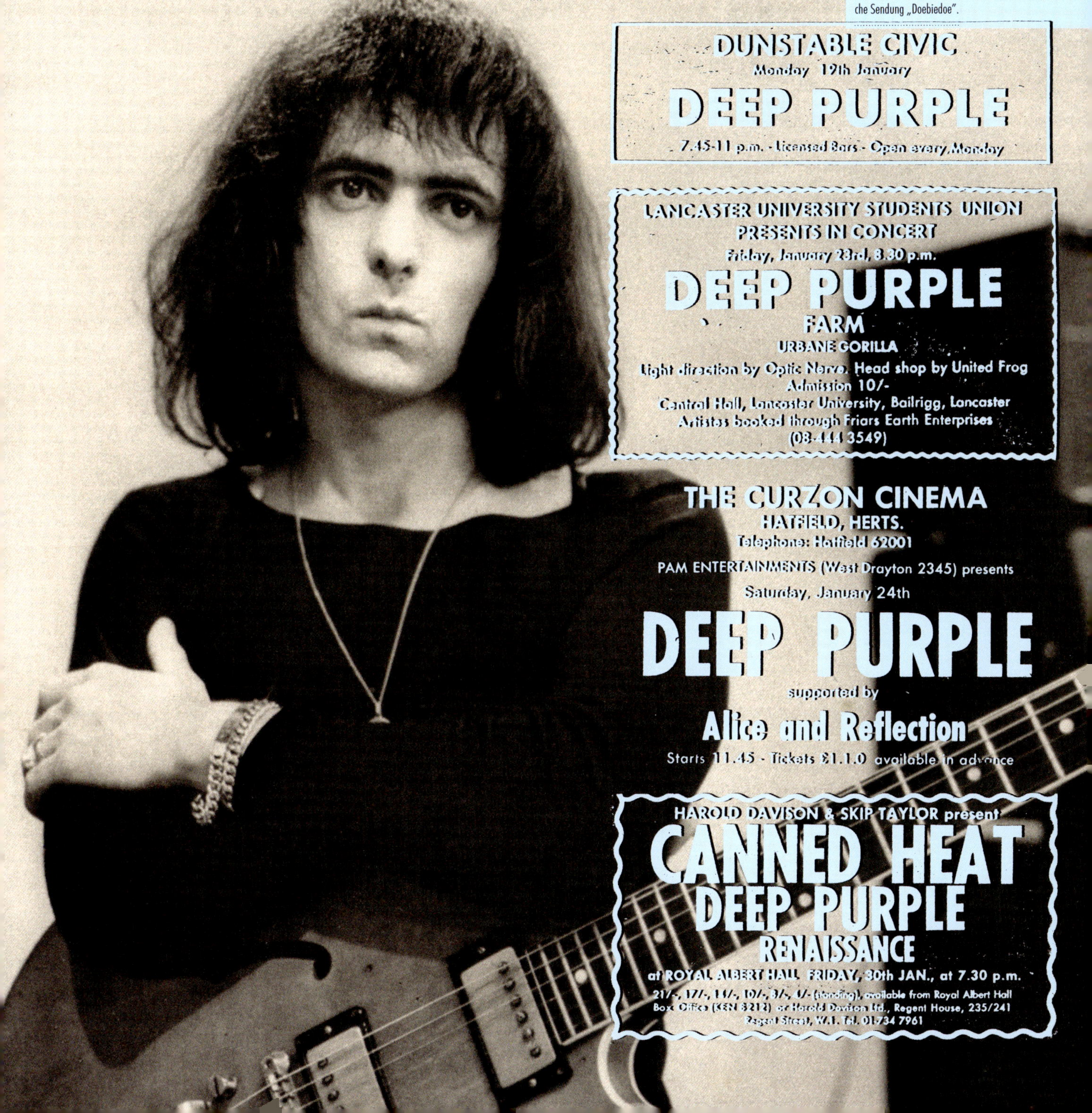

Roger und Ritchie beim Proben für die niederländische Sendung „Doebiedoe".

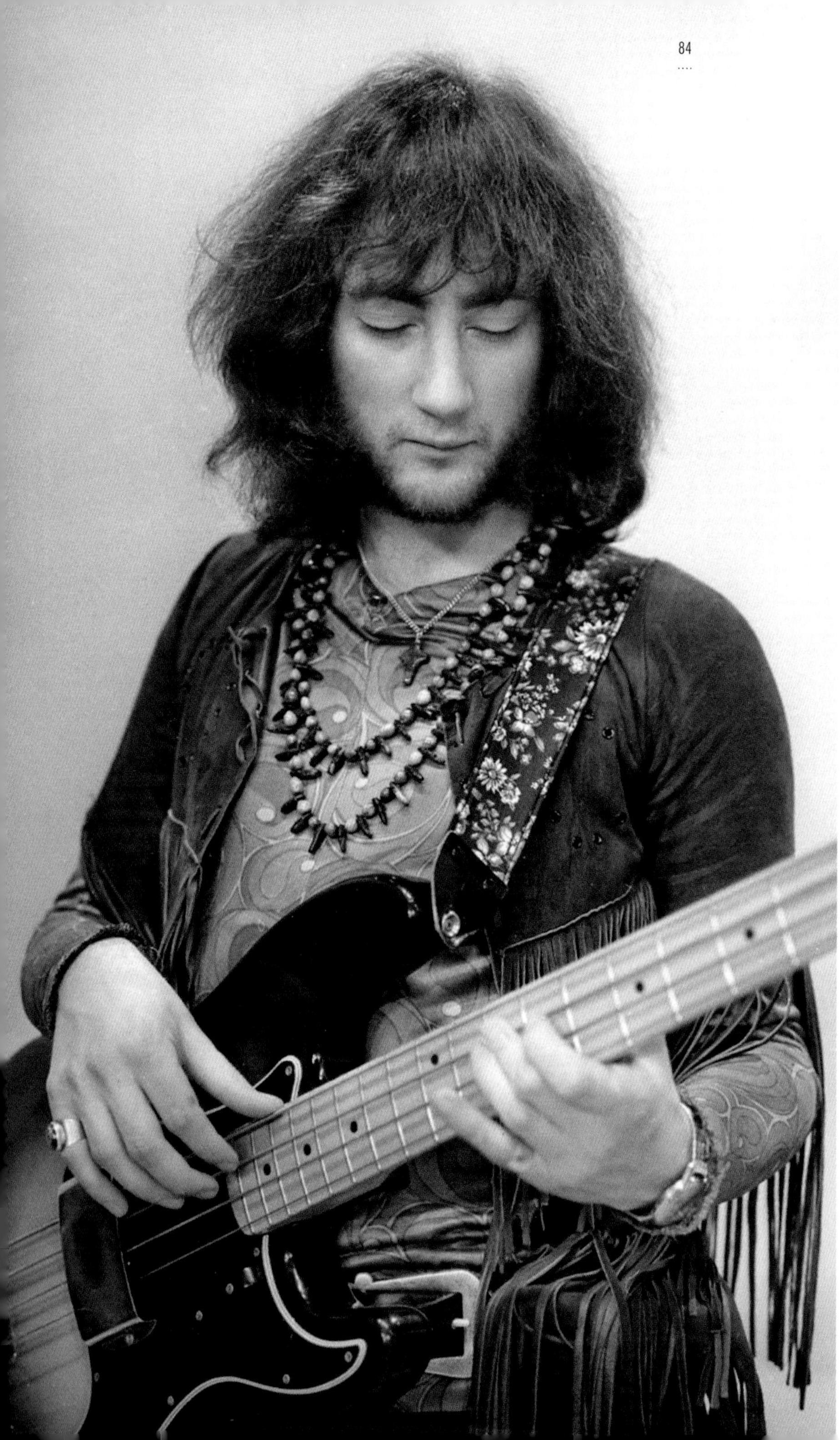

17 aufeinanderfolgende Gigs im Königreich anstanden, beginnend in der Royal Albert Hall am 30. im Vorprogramm (bzw. als „besondere, zusätzliche Attraktion“, wie es auf Plakaten hieß) von Canned Head. Der Auftritt half der Band, weil sie dabei ein deutlich breiteres Londoner Publikum erreichte, als sie es damals im Alleingang geschafft hätte. Die restlichen Konzertorte waren beschaulicherer Art: Universitäten und Fachhochschulen, wo sie headlinten, wobei HEC ihre Neujahrsvorsätze umsetzten, denn die Gagen erhöhten sich wieder auf 300 bis 350 £. Dass die Organisatoren der Bildungsanstalten solche Beträge zahlten, war ein sicheres Zeichen für Purples Renommee, wenngleich manche Clubpromoter die Studentenszene nicht guthießen, weil sie die Gagen angeblich in die Höhe trieben. Eine Ausnahme gab es: Die Gruppe schlug für nur 70 £ wieder im Mother's Club auf – aus Gefälligkeit, weil sie dort seit ihrer Gründung vermutlich so häufig wie nirgendwo anders gespielt hatte. Ob sie den Schaden beglichen hat, den Ritchie verursachte, indem er seine Gitarre bei einer jener Shows durch die Raumdecke rammte, ist nicht belegt. Leider sollte es ihr letztes Stelldichein dort bleiben. Womöglich war sie bereit, abermals im Mothers einzukehren, wurde aber schlicht zu bekannt, sodass zu viele Fans bei den Kartenverkäufen leer ausgegangen und Sturm gelaufen wären.

Auf jener Tour schnitt die Band ferner ihre Performance im berühmten Paris Theatre (eine niedrige Bühne und die Kapazität von 400 Zuschauern waren Stimmungsgaranten) für die BBC-Sendung „In Concert“ mit, die am 19.2. stattfand. Während die Studiosessions für den Sender Musiker bekannter machen konnten, schnitt man das neu eingeführte Format „In Concert“ (Deep Purples Folge war erst die siebte) gezielter auf das wachsende Underground-Publikum zu. Es dauerte jeweils eine Stunde und stellte entweder zwei aufstrebende Künstler oder einen größeren Namen vor.

Dass sich keine weitere Kapelle beteiligte, war auch gut so, denn sie hätte sich bei halbstündiger Spielzeit schwergetan, zwei Nummern darzubieten. Dabei ergab sich Deep Purples Engagement zufällig. Joe Cocker und The Greaseband waren bestätigt, mussten aber kurzfristig absagen. Produzent Jeff Griffin entsann sich eventuell der ausgezeichneten Sessions der Gruppe und setzte sich mit ihr in Verbindung. Sie hatte sich live einen sagenhaften Ruf erarbeitet, vor allem im Großraum London, doch zu dem Zeitpunkt sollte ihr neues Studioalbum noch über vier Monate auf sich warten lassen; bis auf weiteres durfte sie sich zu Recht ein Untergrundphänomen nennen.

Der Auftritt wurde am 22. Februar um 16 Uhr in der „Sunday Show" gesendet und am darauffolgenden Mittwoch wiederholt. Die Band erhielt nur 80 £ dafür. DJ John Peel von Radio One, ihr früher Förderer (er hatte sie schon in seiner Sendung „Top Gear" beworben), sagte die Musiker der ersten „In Concert"-Folgen an. So wie es für ihn typisch war, reizten Purple ihn nicht mehr, als sie einen bestimmten Status erreichten, und noch im selben Jahr gab es eine aufsehenerregende Schlammschlacht zwischen beiden Parteien im Melody Maker.

Vorerst behielt das Quintett sein Bühnenprogramm bei, in dem *Speed King* und *Child In Time* auf *In Rock* einstimmten, wohingegen *Wring That Neck* und *Mandrake Root* als Improvisationsvorlagen dienten. Letzteres wurde besonders intensiv, denn die Musiker stürzten sich regelrecht in den Endpart. Normalerweise boten sie dabei eine Menge fürs Auge, weil Ritchies Blitzlicht so inflationär eingesetzt wurde, als wolle man epileptische Anfälle verursachen. Die Band trug indes dem Umstand Rechnung, dass sie fürs Radio spielte, und verkürzte die Passage anders als sonst deutlich.

Obwohl sie stellenweise leicht nervös wirkt, insbesondere bei *Child In Time,* beschwört sie einige packende Momente herauf, sodass man begreift, dass die Zuschauer nach *Mandrake Root* verblüfft still bleiben, bevor sie wild applaudieren[2].

Den letzte ihrer vielen Auftritte im Februar brachten Deep Purple am 28. in der Liverpooler Philharmonic Hall hinter sich. Dies war wohl der größte Saal außerhalb Londons, in dem sie bisher gespielt hatten, ein Beleg für die Rockbegeisterung der Menschen in dieser Gegend[3]. Dem vornehmen Ambiente zum Trotz schlug ein Teil des Publikums ein wenig über die Stränge, und ein übermütiger Fan stahl eines von Blackmores Instrumenten. Da die Arbeitsgeräte des Gitarristen umfassend für seine Zwecke modifiziert waren, wollte er dieses eine zurückhaben, wozu er in Fachblättern annoncierte und dem Bringer eine Belohnung versprach. Roadie Ian Hansford schildert den Vorfall: *„Während Mandrake Root schlug Ritchie manchmal eine alte Klampfe kaputt, die danach repariert wurde, falls etwas von ihr übrigblieb, um sie beim nächsten Gig wieder zu zerdeppern. An dem Abend stand er vorn am Bühnenrand und rieb sie über die Blitzscheinwerfer. Er hatte sie von seinem Hals genommen und hielt sie in den Händen, wobei sich das Kabel löste. Als er zu mir zurückkam und ich ihm entgegenlief, stießen wir im zuckenden Licht zusammen. Während er seine andere Gitarre nahm, wollte ich die eine vorne holen, doch sie war weg.*

Wir suchten sie im Bühnengraben und sogar draußen, aber vergeblich. Daraufhin hatten wir ein paar Tage frei, ehe wir in die Schweiz mussten. Der Dieb war mit der Gitarre nach Hause gefahren, wo seine Eltern Wind davon bekamen und in der Halle anriefen. So erfuhr der Organisator davon, der sich wiederum beim Management meldete, also bekam Ritchie das Ding schließlich zurück, worüber er heilfroh war."[4]

März/April 1970 Abgesehen von sechs Konzerten in Zentraleuropa im Lauf der nächsten beiden Monate blieb die Gruppe zu Hause, wo sie vor immer größeren Mengen spielte. Von mehreren Auftritten existieren qualitativ dürftige Aufnahmen[5], die zeigen, dass das Programm ständig umgekrempelt wurde. Mitunter versuchte man sich nach dem Opener *Speed King* an *Into The Fire*, blieb aber letztlich bei Hush, das die Leute kannten.

Nach drei Gigs in der Schweiz (Gesamtverdienst: 1.200 £) wurde am 11. März *Flight Of The Rat* im De Lane Lea eingespielt, bevor die nächste 14-tägige Tour durch Großbritannien anstand. Sie begann am 13. im Winter Gardens in Blackpool und endete am 28. im Roundhouse Dagenham[6]. Dazwischen lagen sechs Shows in Schottland. In Blackpool oder der Kings Hall in Stoke machte sich die zugenommene Zugkraft der Band erneut bemerkbar. Brian Smith war in Aberdeen zugegen. *„Eingeprägt hat sich mir vor allen Dingen*

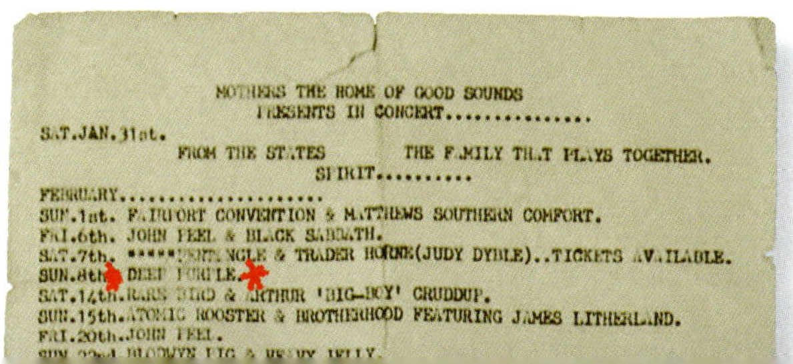

2 Als SR für den Manager der Band nach ihrem 1972er „In Concert"-Feature suchte, schrieb ihm die BBC, man könne „bei Interesse" eine Show von 1970 bieten. 1980 konnte die EMI so erstaunlicherweise (kaum jemand hatte damit gerechnet, die Aufzeichnung habe überlebt) eine Doppel-LP des Mitschnitts herausbringen, eine der ersten Veröffentlichungen von Künstlern, die bei „In Concert" aufgetreten waren.

3 Jon Lord nahm dort 2011 die Orchesterparts für die definitive Version des Concerto auf, seine letzte Studioproduktion.

4 Die Liverpooler … Ich weiß noch, wie begeisterte Fans, die nach einer Rainbow-Show 1977 aus dem Saal kamen, Teile der Bestuhlung hochhielten, die sie herausgerissen hatten. Deshalb bekam Ritchie dort Hausverbot auf Lebzeit, auch weil er an jenem Abend selbst schwerere Schäden am schmuckvollen Wandputz der Halle verursacht hatte. (SR)

ihr gewaltiges Aufgebot an Boxen. Sie waren zweifellos die lauteste Combo, die ich je gehört hatte, und der Balkon der Music Hall wackelte buchstäblich!" Im Gegensatz dazu war der Laden in Hamilton nur halbvoll, weil die Busfahrer in der Stadt streikten. Für das Konzert im Odeon Edinburgh am 20.3. pfiff der 17-jährige zukünftige Premierminister Tony Blair auf die Sperrstunde seines Internats. Gemeinsam mit mehreren Mitschülern genoss er ein „fabelhaftes Konzert", wie einer von ihnen später berichtete, woraufhin sie jedoch über die Mauer des Schulgeländes klettern mussten, um hineinzukommen. Sie wurden erwischt und mussten sich später im Büro des Direktors eine Tracht Stockprügel abholen, der sich Blair allerdings irgendwie entziehen konnte[7].

Im März heiratete Jon, was bedeutete, dass er die Gemeinschaftswohnung in Parsons Green (am Ende der King's Road) für 25 £ die Woche hinter sich ließ, die er mit Ian Paice teilte. Er zog mit seiner neuen Frau Judith kurz danach in ein Mietshaus in Putney. Der Drummer nahm sich wiederum mit Roger Glover ein Appartement im dritten Stock eines Hauses in einer Nebenstraße von Fulham. Ian Gillan wechselte von zwei Zimmern (mit andauernd verhangenen Fenstern) in ein Haus im georgianischen Stil nahe Pangbourne in Berkshire. Ritchie und seine Angetraute Babs entschieden sich für eine Immobilie mit fünf Zimmern im Londoner Stadtteil Camberley.

Deep Purple brachen erneut auf, um eine Reihe weiterer normaler Konzerte, Festival- und Fernsehauftritte in Deutschland und Österreich abzuwickeln. Bei Peace Pop World Concert im Berliner Sportpalast spielten vier weitere Gruppen, wobei The Nice

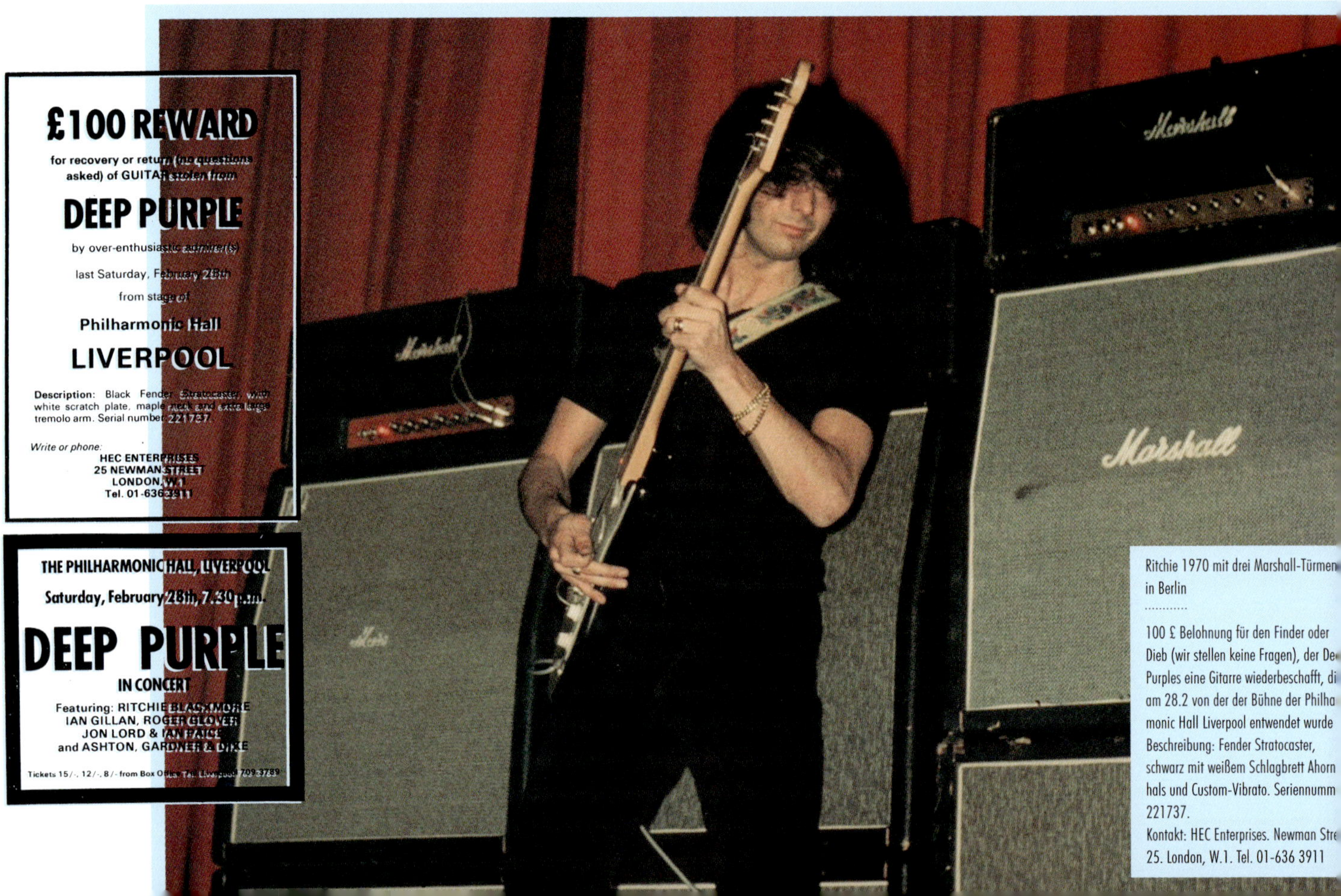

£100 REWARD

for recovery or return (no questions asked) of GUITAR stolen from

DEEP PURPLE

by over-enthusiastic admirer(s)

last Saturday, February 28th

from stage of

Philharmonic Hall

LIVERPOOL

Description: Black Fender Stratocaster, with white scratch plate, maple neck and extra large tremolo arm. Serial number 221737.

Write or phone:
HEC ENTERPRISES
25 NEWMAN STREET
LONDON, W.1
Tel. 01-636 3911

THE PHILHARMONIC HALL, LIVERPOOL

Saturday, February 28th, 7.30 p.m.

DEEP PURPLE

IN CONCERT

Featuring: RITCHIE BLACKMORE
IAN GILLAN, ROGER GLOVER
JON LORD & IAN PAICE
and ASHTON, GARDNER & DYKE

Tickets 15/-. 12/-. 8/- from Box Office Tel. Liverpool 709 3789

Ritchie 1970 mit drei Marshall-Türmen in Berlin

100 £ Belohnung für den Finder oder Dieb (wir stellen keine Fragen), der Deep Purples eine Gitarre wiederbeschafft, di am 28.2 von der der Bühne der Philha monic Hall Liverpool entwendet wurde Beschreibung: Fender Stratocaster, schwarz mit weißem Schlagbrett Ahorn hals und Custom-Vibrato. Seriennumm 221737.
Kontakt: HEC Enterprises. Newman Stre 25. London, W.1. Tel. 01-636 3911

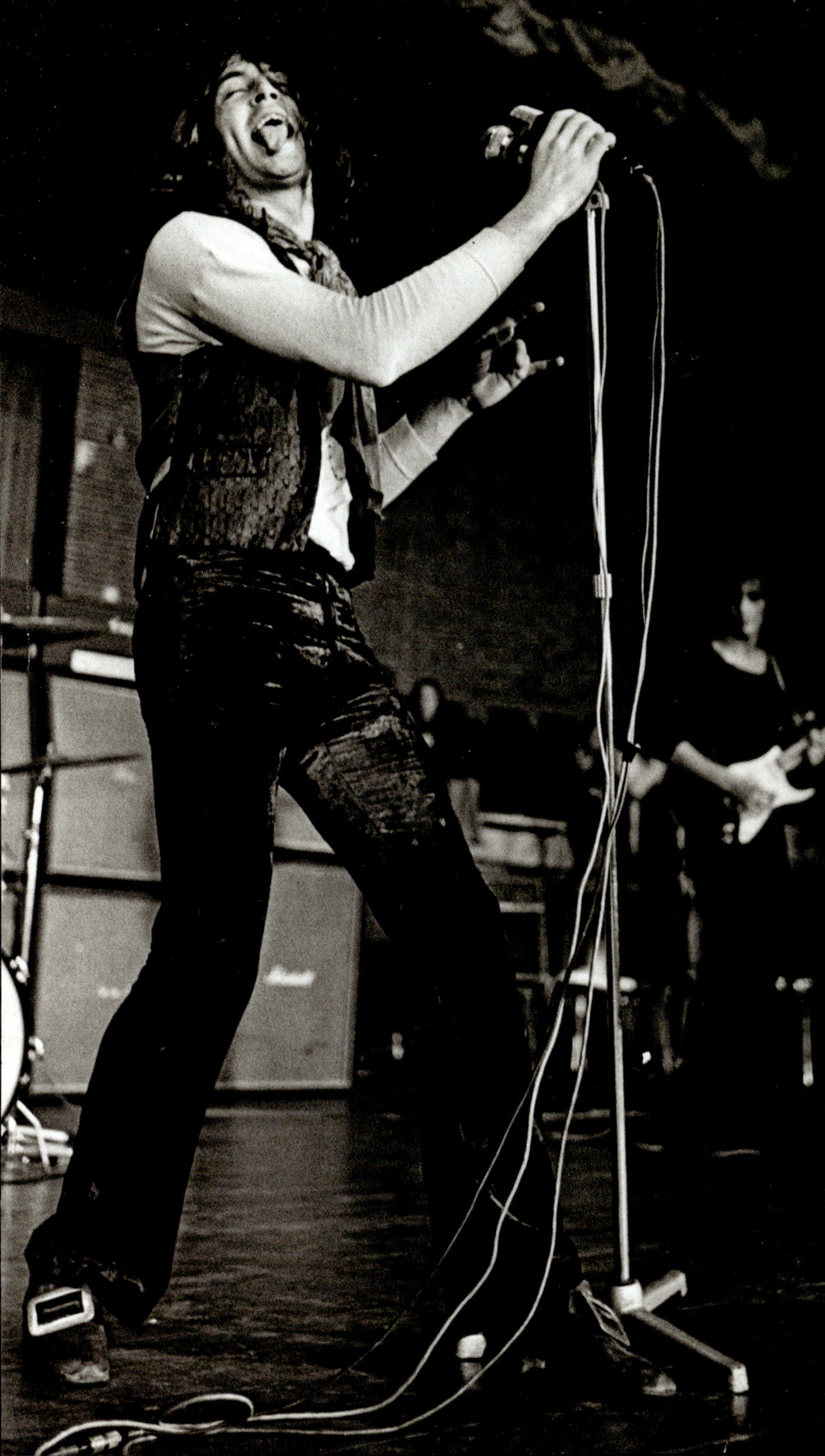

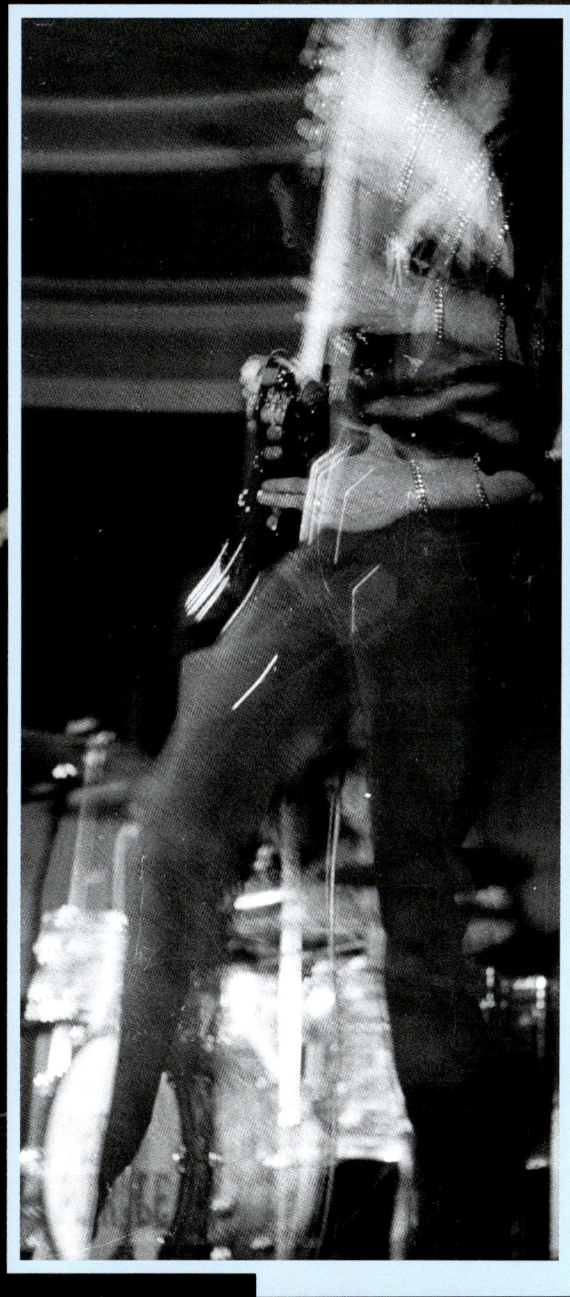

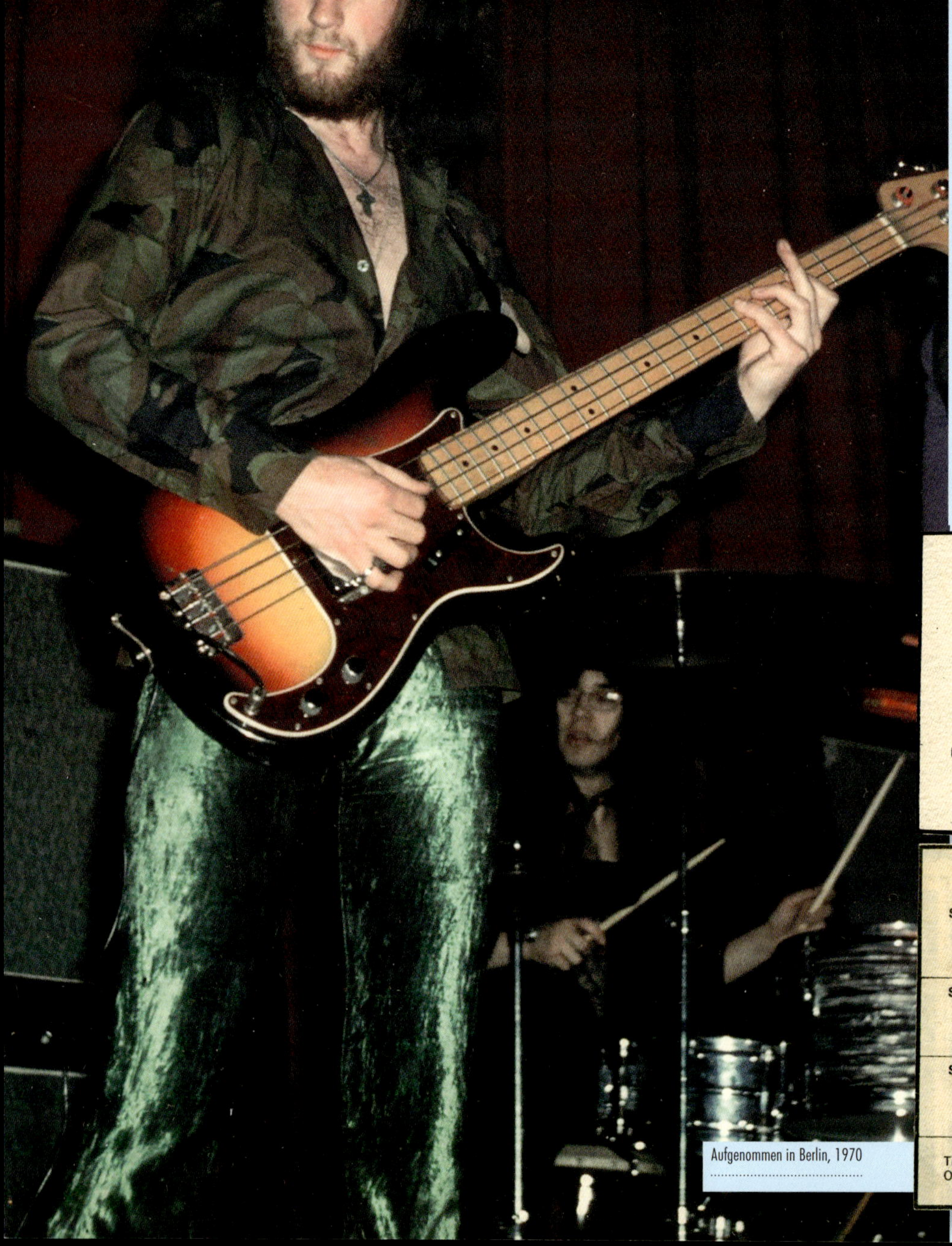

Aufgenommen in Berlin, 1970

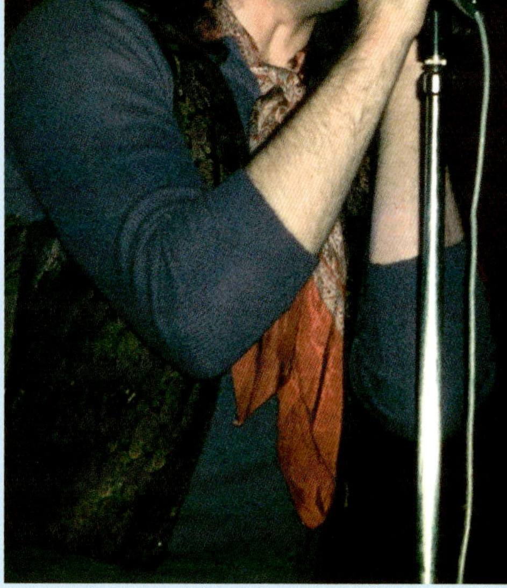

BLACKPOOL COLLEGE OF TECHNOLOGY & ART
present

ARTS BALL 1970

MARCH 13, Empress Ballroom, Winter Gardens
8 p.m.-2 a.m. Bar till 1 a.m.

DEEP PURPLE
FLIRTATIONS FREE
INTERSTATE ROAD SHOW GRISBY DYKE

Nova Express Light Show & D.J. Cabaret, Folk, Jazz in the Planet Room

Late transport. Tickets 12/6 obtainable from Students Union, Palatine Road, Tel. 28328, Record Salon, Church Street, Blackpool, and Winter Gardens from 10 a.m. on the day.

ALL PROCEEDS GO TO LOCAL CHARITIES

CENTRAL HALL - CHATHAM HIGH STREET

Asgard present in concert

Saturday, March 28th
BLODWYN PIG with MORNING

Saturday, April 4th
LIVERPOOL SCENE with MR. CHARLEY

Saturday, April 11th
DEEP PURPLE with GENESIS

Tickets 10/-, 14/-, 17/-, 20/- (send S.A.E.) from Central Hall Box Office, High Street, Chatham, Kent, Medway 43930, or at door on night. Doors open 7 p.m.

'People began saying we had no direction'

Hauptact waren. Keith Emerson stellte sich bei der Zugabe seiner Kollegen, *Movin' On Down The Line*, ans E-Piano (Gerüchte, wonach Blackmore und Gillan während ihrer Show mit The Nice gejammt haben sollen, lassen sich nicht belegen).

Die Idee eines Doppelalbums – beide Bands plus Orchester auf jeweils einer Platte, möglicherweise Purples Mitschnitt aus der Royal Albert Hall von Anfang 1970 – wurde nicht umgesetzt. *„Der finanzielle Aufwand wäre aberwitzig, aber ich würde gerne etwas für ihn [Emerson] komponieren."* (JL in Disc, Oktober 1970)

Beim zweiten Deutschlandgig handelte es sich ebenfalls um eine zweitägige Veranstaltung, und zwar am 4.4.1970 in der Sporthalle Köln-Mülheim. Unterdessen traten neben Yes, The Kinks und Free viele andere Bands auf. Seinerzeit wurden solche Rockfestivals sehr beliebt im Land, und Fans kamen in den Genuss einiger der bekanntesten britischen Künstler, die oft gemeinsam mit einheimischen Topacts auf dem Programm standen. Deep Purple schlugen sich während ihrer Darbietung mit technischen Problemen herum, deren Behebung so lang dauerte, dass die Musiker spontan zu jammen anfingen, bis Ritchies Equipment wieder bereit war. Auf dem deutschen Bootleg-Vinyl taufte das verantwortliche Label die Improvisation *Mumblin' Thing Blues*.

Blackmore bat Gillan, die Komplikationen beim Publikum zu entschuldigen, woraufhin der Sänger meinte, der Gitarrist solle es selbst tun, und so kam es auch. Die Band war sogar in der Fernsehsendung von Eurovision-Sängerin Vicky Leandros zu sehen, die man allerdings vermutlich bereits im Februar gedreht hatte.

Nach ihrer Rückkehr ins Königreich spielte sie am 11. April in der Central Hall Chatham (laut Anzeigen dafür mit der Vorgruppe Genesis), ehe sie am 13. *Bloodsucker* als letztes Stück für *In Rock* aufnahm. Damit fand die ausgedehnte Produktion ein Ende, die Platte war endlich fertig. Bei EMI hielt man sich nicht lange damit auf, sondern ließ sie am 20. im Abbey Road mastern; die Zuständigen im Studio arbeiteten mehrere Tage mit dem Viertelzollband, etwa am 15. Mai, wo die Single-B-Seite vorbereitet wurde.

Einen Appetithappen der Scheibe gab die Gruppe mit ihrer fünften BBC-Session im Maida Vale Studio 5 am 21.4., also nur zwei Wochen vor der Veröffentlichung. Sie spielte *Hard Lovin' Man, Bloodsucker* und (zum zweiten Mal) *Living Wreck* für Mike Hardings Sendung „Sounds Of The Seventies" – drei neue Nummern, nie sie noch nicht live vorgestellt hatte, was in den 70ern anscheinend auch nie geschehen sollte. Von diesen Aufnahmen existiert nur eine editierte Fassung. Eventuell ergaben sich diese Kürzungen, als das Material von Sendern im Ausland lizenziert und für den Versand dorthin kompiliert wurde. Mit ihrem Dauerfeuer mutete die Band dem Radio vielleicht ein bisschen zu viel zu.

Bloodsucker ist fast eine Minute kürzer als auf dem Album, da die dritte Strophe fehlt. Die Musiker wirken von Anfang an gut aufeinander eingespielt, und das Stück nimmt der Version von *In Rock* strukturell nichts, klingt aber aggressiver. *Hard Lovin' Man* büßt zwar eine Strophe und das Gitarrensolo ein, jedoch nichts von seinem Zauber, obwohl es obendrein ausgeblendet wird. *Living Wreck* wurde ziemlich durcheinandergewürfelt: Es beginnt gleich mit der ersten Strophe, die zweite wurde hinters Solo geschoben und die dritte weggelassen. Unabhängig davon strahlt das Tripel unheimliche Rohheit und Lebensenergie aus. Deep Purple zügelten sich definitiv nicht für die BBC, und dass es ihre letzte reguläre Aufnahme für die Anstalt bleiben sollte, war möglicherweise die Konsequenz. Interessant ist sie deshalb, weil sie erahnen lässt, wie diese Titel im Bühnenprogramm der Gruppe bestanden hätten. Zum Opfer gefallen wäre ihnen wohl ein längerer Track wie *Wring That Neck*, doch die Mitglieder legten

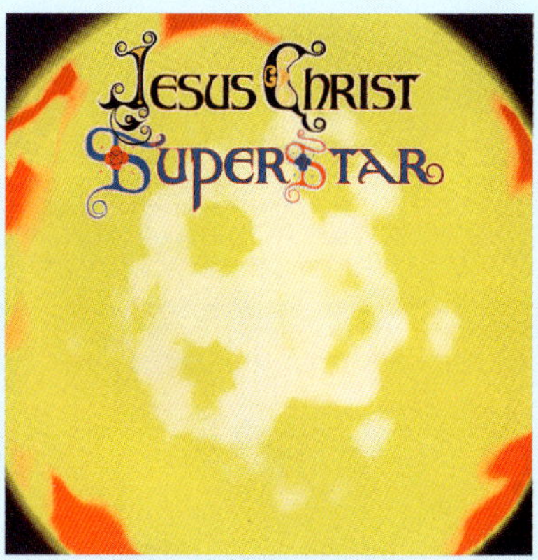

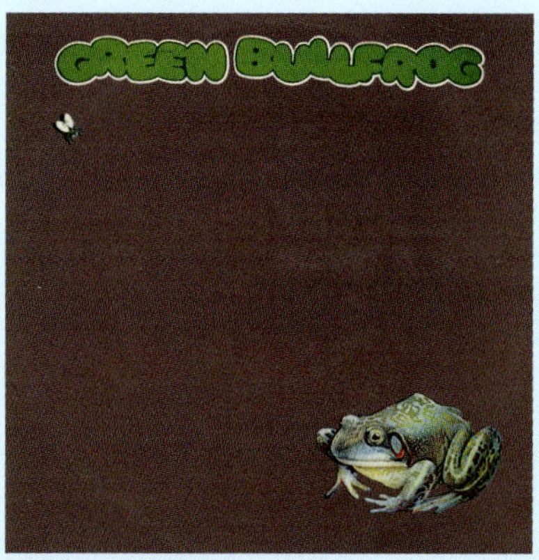

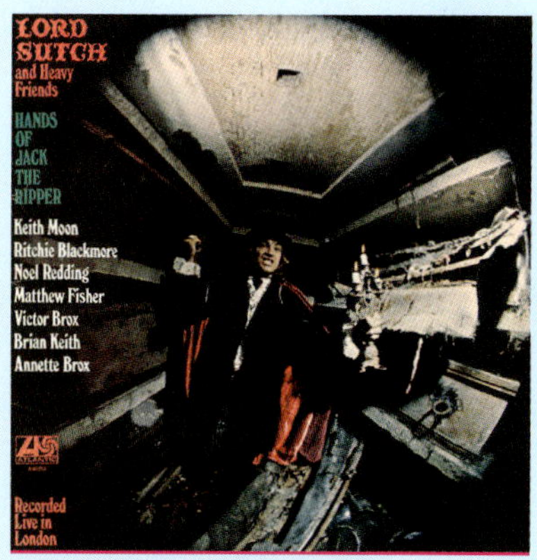

v.l.n.r. die Alben Jesus Christ Superstar, Green Bullfrog und Hands Of Jack The Ripper, die alle während dieser Phase entstanden.

„Weißt du, was unvergleichlich ist? Wenn jemand mit glänzenden Augen vor dir steht und sagt: ‚Ihr habt mein Leben verändert.' Damit trägt man eine große Verantwortung, doch sie gehört auch zu den größten Freuden aller, die mit einer Band bleibenden Eindruck hinterlassen haben, denn so etwas beweist, welche Macht Musik auf Menschen ausübt." (JL zu SC)

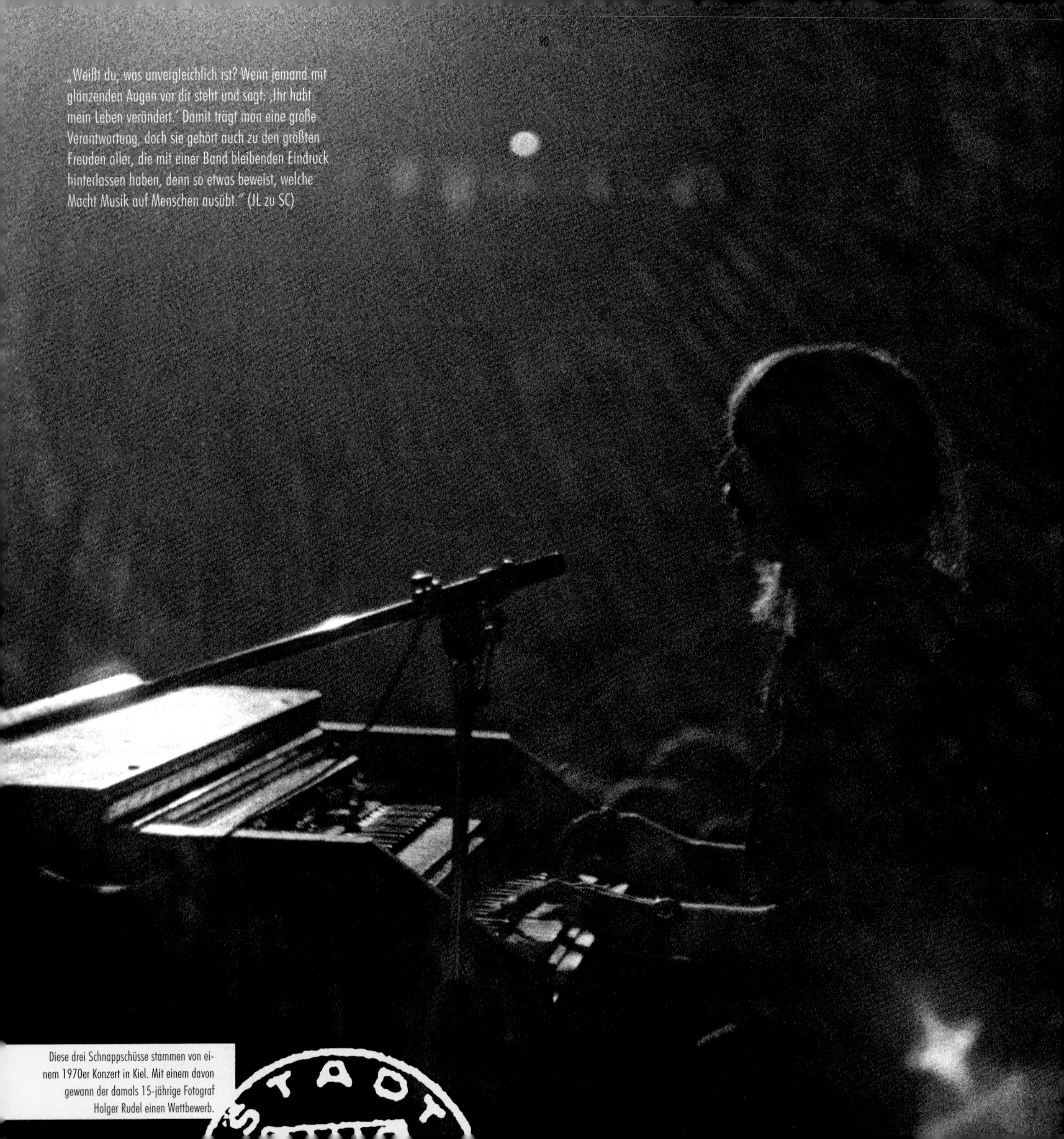

Diese drei Schnappschüsse stammen von einem 1970er Konzert in Kiel. Mit einem davon gewann der damals 15-jährige Fotograf Holger Rudel einen Wettbewerb.

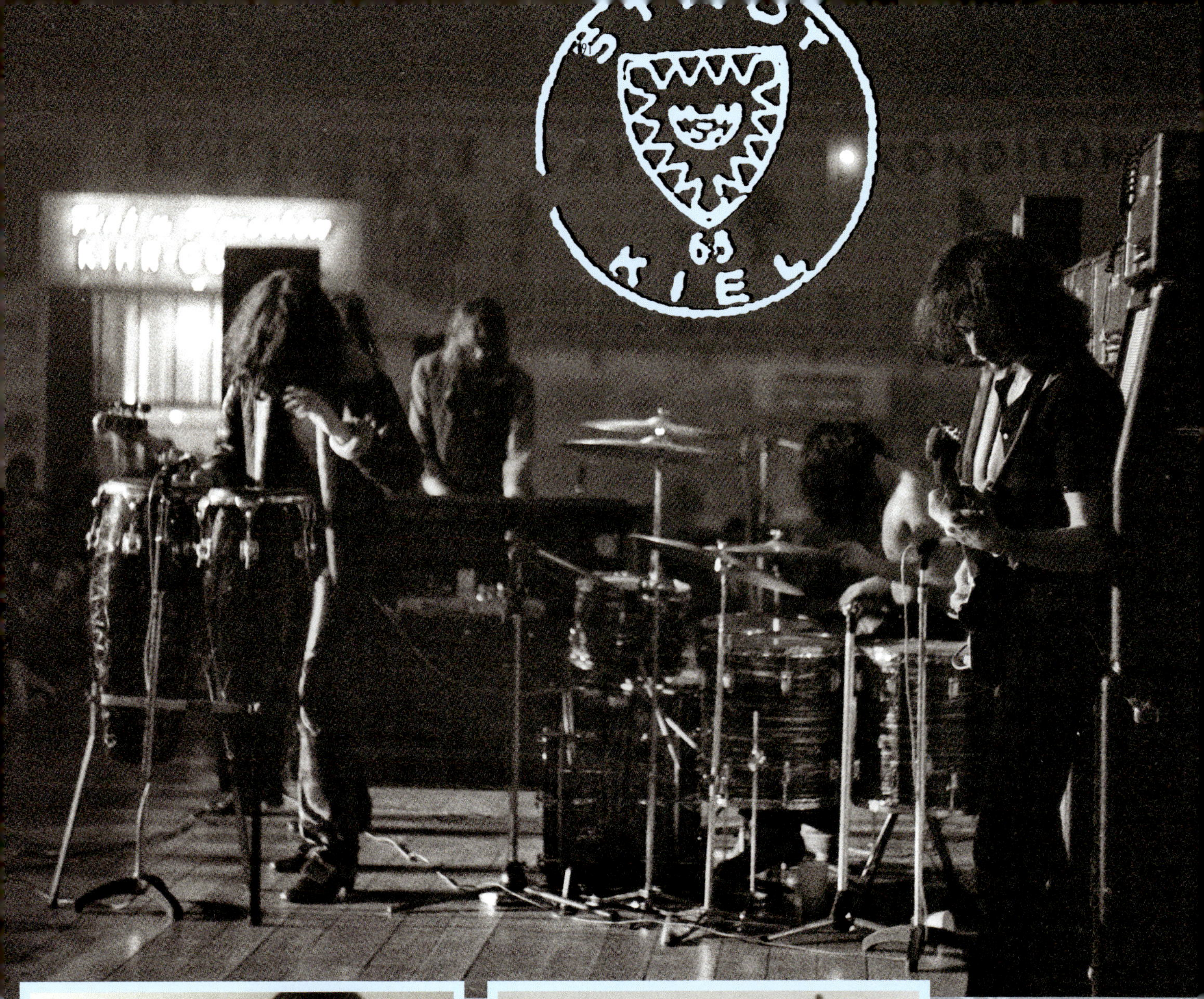

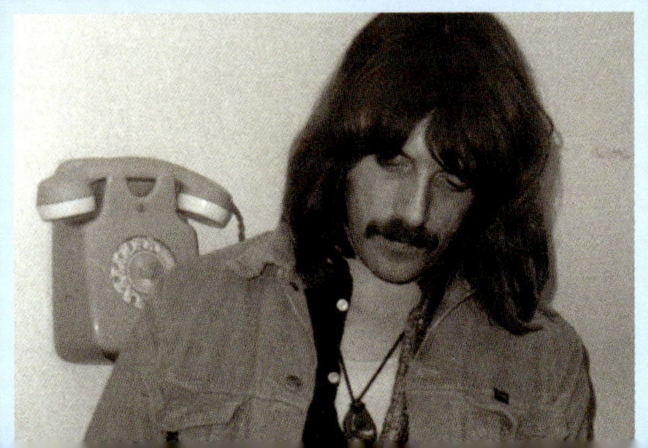

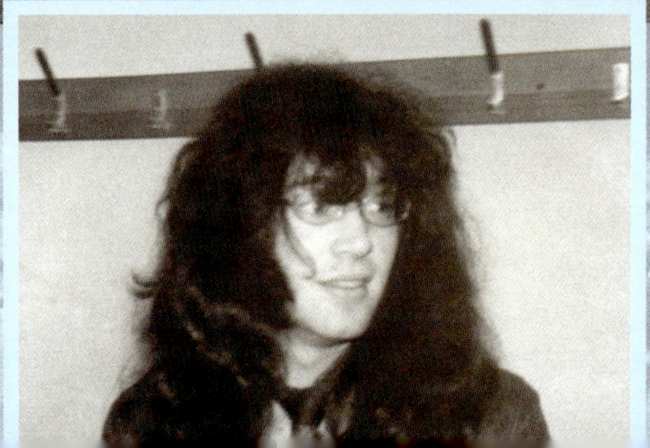

5 In jüngerer Zeit haben vor allem japanische Labels viele CD-Bootlegs von Publikumsmitschnitten veröffentlicht, deren Sound oft zu wünschen übriglässt, ganz anders als unter früheren Vinyl-Bootleggern.

6 Dort, so heißt es, hätten Deep Purple 1968 ihren allerersten Auftritt bestritten, obgleich es Beweise dafür gibt, dass es in Wirklichkeit in einem Lokal an der Südküste geschah.

7 Nach Jahren wurde Blair gefragt, wer er gern statt des britischen Premiers wäre, und antwortete: „Ritchie Blackmore“.

Backstage in Deutschland, April 1970

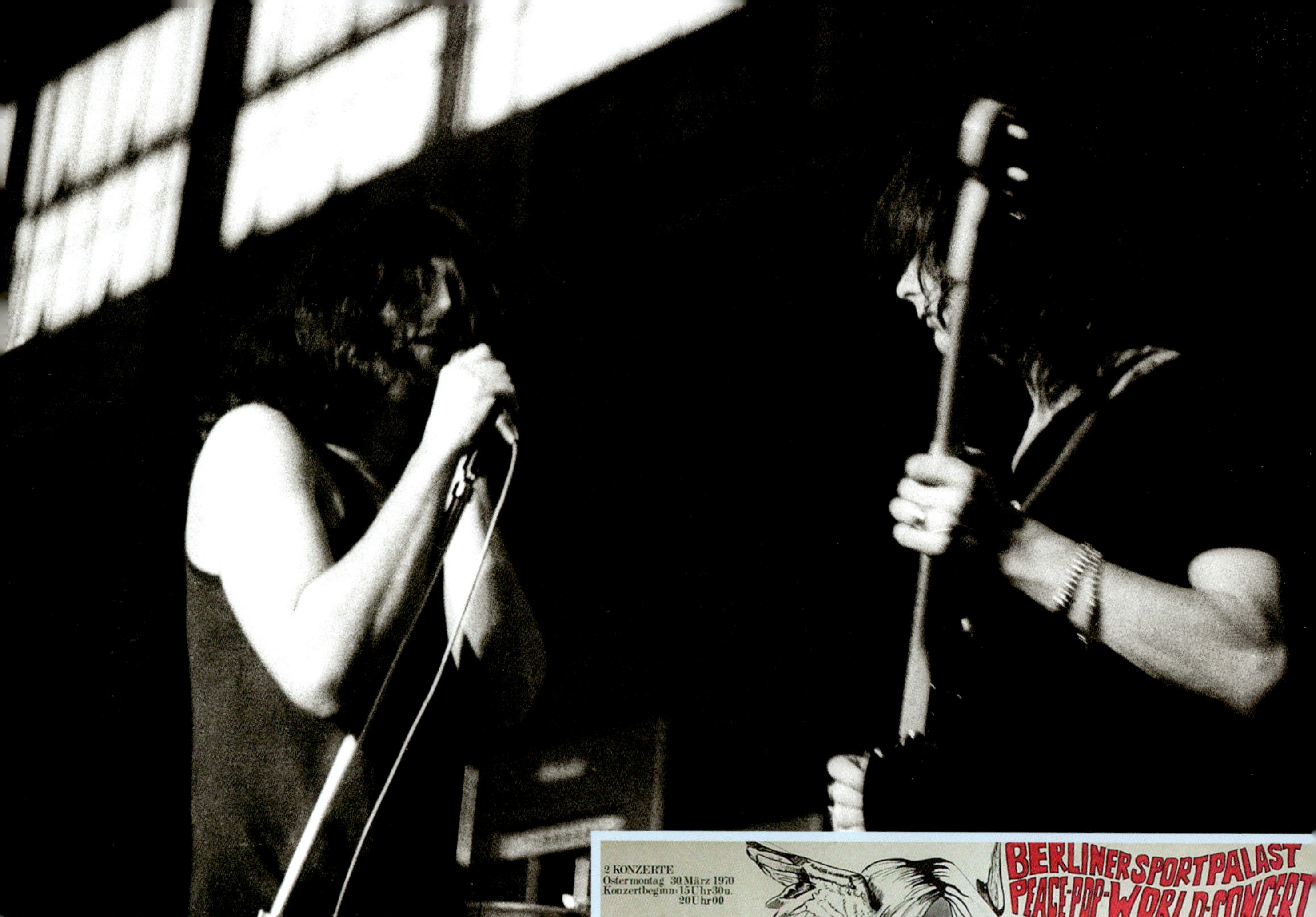

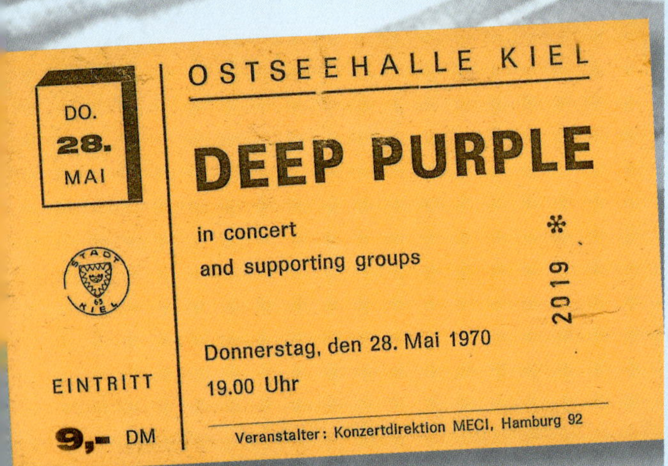
OSTSEEHALLE KIEL
DO.
28.
MAI
DEEP PURPLE
in concert
and supporting groups
2019
STADT KIEL
Donnerstag, den 28. Mai 1970
19.00 Uhr
EINTRITT
9,- DM
Veranstalter: Konzertdirektion MECI, Hamburg 92

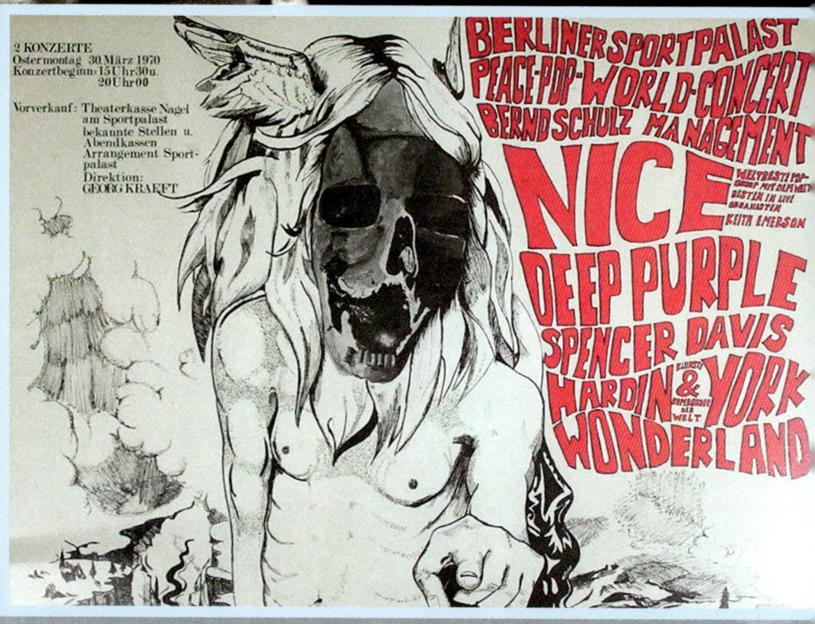
2 KONZERTE
Ostermontag 30. März 1970
Konzertbeginn: 15 Uhr 30 u.
20 Uhr 00
Vorverkauf: Theaterkasse Nagel
am Sportpalast
bekannte Stellen u.
Abendkassen
Arrangement Sportpalast
Direktion:
GEORG KRAFFT
BERLINER SPORTPALAST
PEACE-POP-WORLD-CONCERT
BERND SCHULZ MANAGEMENT
NICE
KEITH EMERSON
DEEP PURPLE
SPENCER DAVIS
HARDIN & YORK
WONDERLAND

hier nicht zum letzten Mal einen Tunnelblick an den Tag, wenn es um ihre Setlist ging.

Erstaunlicherweise ließen sich einige von ihnen kurz vor der Veröffentlichung des Albums noch im April auf Nebenprojekte ein. Blackmore und Paice nahmen sich Zeit für ein Unterfangen des ersten Deep-Purple-Produzenten Derek Lawrence, zu dem sie noch Kontakt hatten. Es handelte sich um ein bluesiges Hardrock-Album, das in zwei langen Sitzungen am 20. April und 23. Mai im De Lane Lea entstand, eine Mischung aus alten Standards, einem langsamen Blues aus Dereks Feder und Ritchies Instrumental Bullfrog.

Dahinter steckte die Idee, dem Sänger Tony Dangerfield (damals Bassist von Lord Sutch) eine ultimative Band zur Hand zu geben. Lawrence hatte im Rahmen seiner Zusammenarbeit mit Joe Meek in den 60ern (ebenfalls mit Ritchie) mehrere Lieder des Mannes produziert und neben dem Gitarristen und Drummer zunächst Bassist Chas Hodges auserkoren. In dieser Besetzung wurden drei Stücke aufgenommen: *Walk A Mile In My Shoes, Who Do You Love* und *Makin' Time*. Mit Dangerfield klappte es nicht so recht, doch da Derek die Musik achtbar fand, zog er weitere Musiker heran. Green Bullfrog wurde zwar als „Gitarrenalbum" gelobt, brachte aber alle Beteiligten gleichberechtigt zur Geltung und sprühte vor Atmosphäre. Den Höhepunkt markierte das rasante Instrumentalfeuerwerk *Bullfrog*, in dem Blackmore, Big Jim Sullivan und Albert Lee einander über ein recyceltes Purple-Riff hinweg die Solo-Staffel reichten. Lawrence erzählte, Ritchie habe neben seinen beiden Partnern erst recht alle Register gezogen, und tatsächlich spiegelte sich darin sein Stil auf *In Rock* wider. Das macht das Album für Fans jener Phase hörenswert. Es wurde in der ersten Januarhälfte 1971 fertiggestellt, zog aber prompt vertragsrechtliche Schwierigkeiten nach sich. Letztlich war Lawrence gezwungen, den Musikern auf der Hülle Pseudonyme zu geben, sodass die Veröffentlichung unterging und nur ein paar Purple-Anhänger aus dem Monatsmagazin Beat Instrumental davon erfuhren. Als herauskam, dass diese Aufnahmen stattgefunden hatten, unterstellten manche Musikzeitschriften, Blackmore werde Deep Purple bald verlassen, und bald rankten sich so viele Gerüchte um Green Bullfrog, dass ein freches US-Label auf einer Wiederveröffentlichung in den 80ern Beteiligte listete, die gar nichts damit zu tun hatten. Connoisseur Records legten die Platte 1991 endlich ordnungsgemäß mit drei bis dahin unveröffentlichten Tracks neu auf: *Ain't Nobody Home, Louisiana Man* und *Who Do You Love*, die Jim Sullivan um zusätzliche Gitarrenspuren ergänzen musste.

Blackmore nahm auch an einem Streifzug seines früheren Arbeitgebers Screaming Lord Sutch durch die Rock 'n' Roll Geschichte teil, der daraufhin unter dem Titel *Hands Of Jack The Ripper* als Livemitschnitt erschien. Sogar Ian Gillan wandelte auf Abwegen, die gleichwohl finanziell lohnenswerter waren: Als Tony Edwards erfuhr, dass Andrew Lloyd Webber und Tim Rice die Rockoper *Jesus Christ Superstar* planten, gelang es ihm, den Sänger dort einzuschleusen. Beeindruckt von einem Azetat von *Child In Time* boten ihm die Komponisten gleich die Hauptrolle an. Als Jesus ist er nur in vier Songs zu hören, die im April aufgenommen wurden, doch er erhielt auf Tonys Drängen hin einen kleinen Anteil an den Verkäufen statt eines festen Honorars. Im darauffolgenden Jahr führte die Platte von Februar bis Mai dreimal die US-Charts an. Die Möglichkeit, bei der anschließenden Verfilmung mitzuwirken, schlug er aus, um sich auf Deep Purple zu konzentrieren.

Deren ungewisse Situation in den Vereinigten Staaten klärte sich ungefähr zur selben Zeit. Da sich keine Einigung über die vier Studioalben erzielen ließ, musste man abwarten, bis sich jemand des recht bunten Katalogs von Tetragrammaton annahm. Irgendwann im ersten Halbjahr 1970 machten schließlich Warner Bros ein Angebot, in erster Linie zur Übernahme der vorhandenen Räumlichkeiten des aufgelösten Labels, wie es schien. Nach Abschluss der Verhandlungen hatten Deep Purple eine neue amerikanische Plattenfirma, und den Managern wurde eine baldige Nachzahlung noch ausstehender Tantiemen zugesichert. Tony Edwards erläuterte: *„Beim Kauf des Repertoires von Tetragrammaton zahlten Warner einen Überschuss für Purple, den sich die Kreditgeber untereinander teilten. Uns von Tetragrammaton loszukaufen war ziemlich kompliziert, doch als wir dann bei Warner unter Vertrag standen, bekamen wir 40.000 $, die wir dank meines Einspruchs nicht rückerstatten mussten. Sie deckten einen Teil der fehlenden Tantiemen ab, die uns Tetragrammaton hätten zahlen müssen."*

Normalerweise werden solche Vorschüsse von den Verlagseinnahmen abgezogen, die Künstlern aus dem Verkauf von Tonträgern zustehen. Ob Warner in der Pflicht standen, von Tetragrammaton versäumte Zahlungen nachzuholen, lässt sich schwerlich durchschauen, doch es war ein kluger Schachzug von Edwards, im Rahmen des Angebots zu verlangen, dass man die Gelder nicht zurückerstatten müsse. Der neue US-Plattenvertrag entstand in enger Zusammenarbeit mit Warner-Präsident Joe Smith und besserte den Kontostand der Band erheblich auf.

Mit dem Kauf des bankrotten Labels gingen die Amerikaner sicherlich ein Risiko ein. Letzten Endes gewannen sie unter Ausnahme von Deep Purple nicht viel mit den Acts aus dem alten Programm. Hauptsächlich dank des Quintetts gewannen Warner ihre Ausgaben innerhalb eines Jahres zurück und beglichen all ihre

Schulden bei Tetragrammatons Geldgebern. *„Sie waren angenehm überrascht"*, so Edwards. *„Da wurde mit harten Bandagen gekämpft. Zu der Zeit wirkten Warner nicht sonderlich begeistert auf uns. Sie interessierten sich eher für andere Sachen von Tetragrammaton, die damals im Trend liegenden Singer-Songwriter. Wir fielen ihnen quasi nebenbei in die Hände, doch sie wussten zunächst nicht, was sie mit uns anfangen sollten."*

Nachdem das Unternehmen in den Besitz der Alben von Deep Purple gekommen war und sie unter Vertrag genommen hatte, geschah so gut wie nichts. Vielleicht erkannte man, dass die Gruppe nun eine völlig andere war, und ließ die ersten drei Alben ein Mauerblümchendasein fristen. Einzig die Doppel-Compilation *Purple Passages* kam heraus, um einen Teil des alten Materials wieder verfügbar zu machen. Dadurch, dass der Backkatalog nicht vollständig neu aufgelegt wurde (offenbar herrschten auch rechtliche Unklarheiten), öffneten Warner Raubkopierern Tür und Tor, deren minderwertige Pressungen in den USA drei Jahrzehnte lang die einzigen der Mk-1-Alben blieben.

Mai/5. Juni 1970 Der Wonnemonat wurde hektisch. Zwischen ihre vielen Gigs musste die Band in der ersten Woche eine Session zum Schreiben und Aufnehmen einer Single schieben, was sie sich professionell, wie sie war, auch zutraute.

Danach setzten sie ihre Konzertreihe fort, u.a. erneut im Londoner Roundhouse (9.5.) und mit Wishbone Ash als Einheizer in der Dunstable Civic Hall. Ritchie interessierte sich immer für ihre Vorgruppen, weshalb er sich oft hinter die Bühne hinauswagte, um ein paar ihrer Songs zu begutachten und einen Eindruck der Stimmung im Publikum zu erhalten. Als sich Andy Powell, Wishbones Gitarrist und Sänger, an jenem Abend aufwärmte, schaute Blackmore zu und improvisierte schließlich mit ihm. Danach verschwand er wieder, ohne mit jemandem gesprochen zu haben. Die Kollegen zollten ihm jedoch Respekt, also legte er sie Derek Lawrence ans Herz, der sie wiederum bei MCA unterbrachte und dann auch produzierte[8]. Ritchie selbst bot seine Hilfe an, fand aber keine Zeit dazu. Purples letzte Show auf britischem Boden, ehe *In Rock* herauskam, erfolgte am 25. Mai in der Queen Elizabeth Hall. Wie zur Untermauerung ihrer zunehmenden Bekanntheit berichteten alle führenden Musikzeitschriften davon und waren ausnahmslos beeindruckt. Im NME stand ein überschwänglicher Artikel, dessen Verfasser wie andere zuvor das Blitzgewitter als Höhepunkt hervorhob: *„Paice rutschte mit seinem Kit über die ganze Bühne, und Blackmore warf gewaltsam zwei sechs Fuß hohe Verstärkertürme auf*

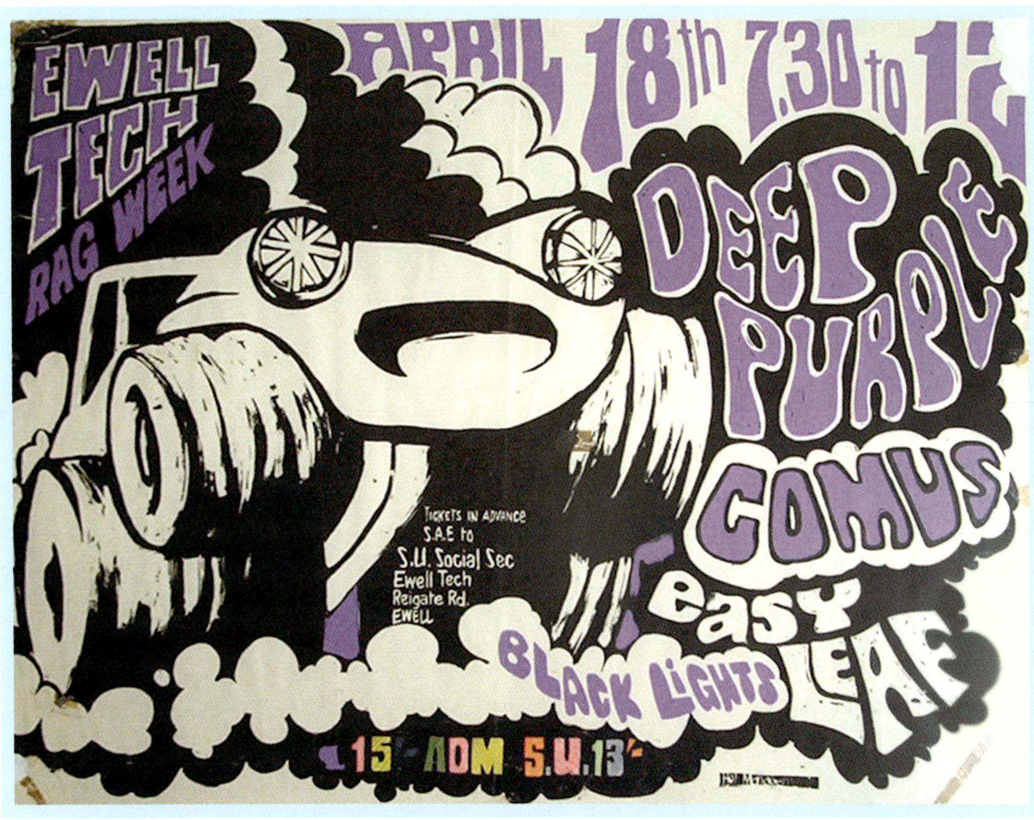

8 Derek prägte Wishbone Ashs berühmten vielschichtigen Gitarrensound, indem er mehrere Takes übereinanderlegte, ohne den ersten zu löschen.

seine Gitarre. Die Menge brauchte eine halbe Minute, um sich von diesem Schock zu erholen, bevor sie Deep Purple verdientermaßen euphorisch bejubelten.“

In Disc schilderte Roy Shipston: „*Jede weitere Nummer übertraf die vorige an Intensität. Zu Beginn von Ring [sic] That Neck fragte man sich, wohin das noch führen sollte. Niemand wäre unzufrieden gewesen, wenn sie mit dem Instrumental aufgehört hätten. Die Solos des Organisten und Gitarristen waren überragend. Beide zeigten ihr Spielvermögen, Geschmack und Biss, aber auch Humor. Es ging aber noch weiter: Gillan trat wieder vor, kündigte ein schlüpfriges Stück an und forderte die Leute auf, sich auszuziehen. Zwei Girls zogen auch wirklich blank – mitten in Mandrake Root. Es war erschütternd, ja nachgerade bösartig, und hörte wahrscheinlich genau im richtigen Moment auf.*“

Melody Maker wirkte leicht pikiert, denn „*man ließ sie unerhört laut aufdrehen*“, ergo drohe die Gruppe, „*dem lärmigen, protzigen Zeitgeist zu erliegen*“, auch wenn das Fazit letztlich positiv ausfiel: „*Wir durften ihre neue Single Black Night und zum Schluss Speed King bewundern, beides impulsive Belege für den unleugbaren Reiz einer zupackenden Rockband. Lord ist ein bemerkenswerter Organist und harmoniert prächtig mit seinen Mitmusikern. Sein Timing darf man gesondert hervorheben. Blackmores Gewohnheit, seine Gitarre mit den Saiten auf den Boden oder gegen Verstärker zu drücken, und Lords wütendes Gehabe, wobei er seinen Hocker herumwarf und den Deckel seines Instruments zuschlug, rundeten die dynamische, flammende Darbietung ab. Deep Purple sind schon in aller Munde; ihr kommendes Album sollte ihren Status als Triebfeder untermauern.*“

Eine Überschrift im Sounds lautete in jenem Mai: „*Deep Purple auf dem Weg zur Weltherrschaft*“.

Die letzten Gigs, bevor die Platte erschien, fanden in Deutschland statt, wo die Gruppe jetzt eine treue Anhängerschaft hatte, was insbesondere Blackmore freute, der sich für das Land begeisterte, nachdem er Ende der 60er im Zuge von Sessions und Konzerten mit The Three Musketeers vorübergehend dort gewohnt hatte. Die Tour begann am 28. Mai in der Kieler Ostseehalle und endete am 10. Juni in Hannover. Kassettenmitschnitte aus jenen Tagen listen *Speed King, Black Night, Child In Time, Wring That Neck, Paint It Black* und *Mandrake Root* nebst Zugaben. Die ersten Aufnahmen der Single-Nummer im Bühnenprogramm datieren auf den 29. Mai, wo sie an zweiter Stelle in Berlin gespielt wurde. Hinterher machten Grenzbehörden Probleme und beschlagnahmten das Equipment der Band, weshalb der nächste Live-Termin verschoben werden musste. Der Reporter des Melody Maker, der aus Deutschland berichtete, beklagte ein dünkelhaftes Berliner Publikum. „*Deep Purple ließen sich nicht beirren, sondern fuhren damit fort, den Laden zu zerlegen.*“ Die Zuschauer sollen sich dann von ihren Plätzen erhoben und applaudiert haben, bevor ihnen das dicke Ende des Sets die Sprache raubte: „*Lord schob seine Hammond auf der Bühne hin und her, Paice trat gegen sein Schlagzeug, was das Zeug hielt, und Blackmore kippte schließlich die Lautsprecher auf seine Gitarre, dass es fiepte. Daraufhin zog sich die Band zurück, und die Leute bekamen den Mund nicht mehr zu.*“

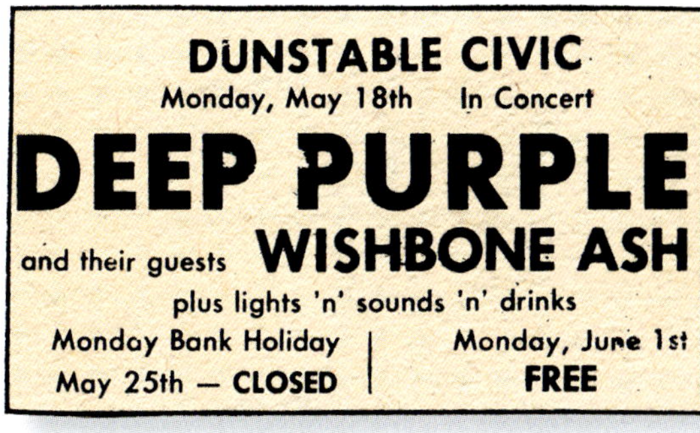

Single und Album kamen heraus, während die Jungs auf dem Kontinent weilten. Ihre Live-Premiere im Juli '69 im Speakeasy London und das Finale kurz vor der Veröffentlichung miteinbezogen hatten Deep Purple weit mehr als 100 Konzerte abgewickelt. Wie viele das waren, zeigt der Durchschnittswert von einem Konzert ungefähr alle drei Tage im Laufe dieser Zeit, der gegen Ende sogar stieg; von Oktober bis Dezember des Jahres betrug er 2,4 Tage, von Februar bis März 1970 1,8 bis zwei Tage.

Die meisten jener Shows fanden in der Heimat der Band statt, die übrigen – etwa zwei Dutzend – in acht anderen europäischen Ländern. Auffälligerweise ließ sie sich vor *In Rock* nicht in den Staaten blicken; im Melody Maker stand etwas von Plänen für einen Probelauf mit Gigs Ende September '69, wozu es aber nie kam, wohl weil sich die Musiker aufs Concerto vorbereiteten, und ein Besuch, mit dem sie im Februar '70 liebäugelten, erübrigte sich ohne Label-Unterstützung. Dieses Auftrittspensum schenkte dem Fünfer eine feste Fangemeinde in ganz Europa. Einer verhaltenen Schätzung zufolge dürfte er im Vorfeld des Albums 25.000 Konzertgänger erreicht haben. Das halsbrecherische Arbeitstempo blieb im Anschluss noch eine Zeitlang konstant.

Wenige Tage vor der Veröffentlichung spielte Ian Gillan seinem Onkel *In Rock* vor. Dass sich die Idee als Beinahe-Reinfall herausstellte, dämpfte seine Erfolgshoffnungen zunächst. „*Ich hatte eine Azetat-Pressung, die ich auf dem Spieler meines Phono-Schranks laufenließ, als mein Onkel im Zimmer war. Er lief schreiend mit zugehaltenen Ohren raus, was mich ein bisschen enttäuschte, weil ich mir ein Lob von ihm versprochen hatte.*“ Zum Glück gehörte Onkel Ivors Entsetzen zu den seltenen Reaktionen auf die Songs[8].

[die Konzertchronologie geht auf S.117 weiter]

8 Mir ging es zu Hause ähnlich, als ich die Scheibe zum ersten Mal auflegte. Nach Child In Time war ich völlig platt. Mein Vater fand sie nicht übel, doch das Geschrei mache alles kaputt. Für mich das erste Anzeichen eines Generationenkonflikts … (SR)

10 • Artwork und Veröffentlichung

„Ich klapperte die Fotoagenturen in der Fleet Street ab, um Bilder vom Mount Rushmore zu besorgen …“ Tony Edwards

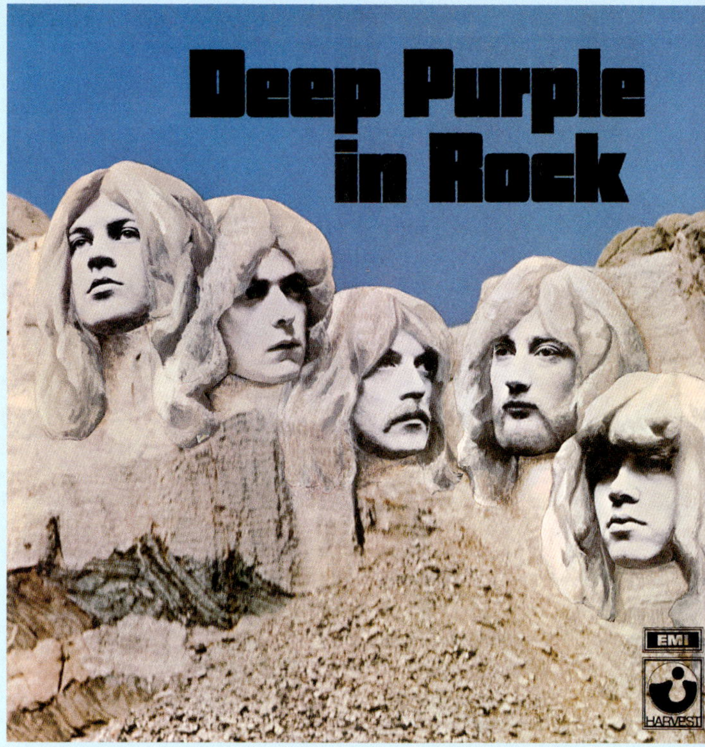

Nun zur visuellen Gestaltung, Fertigung und Veröffentlichung des Albums. Der Titel *Deep Purple In Rock* war simpel und rundheraus ein Gegenentwurf (von wem, weiß niemand mehr so genau) zum Vorgänger *Deep Purple In Concert*[1]. Als man sich über die Benennung einig war, hatte Tony Edwards eine *„pfiffig freche Cover-Idee“*, wie Jon später meinte. Der Manager, der schon am Design mehrerer früherer Plattenhüllen der Band beteiligt gewesen war, beschrieb seinen Einfluss auf diese eine so: „Ich klapperte die Fotoagenturen in der Fleet Street ab, um Bilder *vom Mount Rushmore zu besorgen. Es dauerte etwa vier Stunden, bis ich die vier Präsidenten in einem winzigen, staubigen Büro entdeckte, das in einen Roman von Dickens gepasst hätte. Darin saß mit Kläppchenkragenhemd Bob Cratchett. Als mein Blick auf das Motiv fiel, das mittlerweile zu meinem Heiligen Gral geworden war, und ‚Ich hab's!‘ schrie, zuckte er heftig zusammen. Nachdem er von meinem Vorhaben erfahren hatte, das ihm fragwürdig vorkam, weshalb er eine genauere Erklärung verlangte, fand er es nicht annähernd so vielversprechend wie ich. Ich musste lange betteln, um ihn davon zu überzeugen, dass er einen solchen Frevel begehen durfte und genehmigte.“* [2] (TE zu SR, 20072)

Man vergisst schnell, dass die Bestimmung der Urheber von Fotografien damals bedeutete, die Archive einer der vielen altgedienten Bildbibliotheken der Hauptstadt zu durchforsten (oder jemanden damit zu beauftragen; Tony hielt aber viel von Eigeninitiative). Nun standen also sowohl Titel als auch Cover fest, und die Londoner Designschmiede Nesbit, Phipps & Froome wurde engagiert. Dort arbeiteten mehrere Illustratoren, von denen Colin Lynch den Auftrag erhielt[3]. Er kannte John Coletta noch als Mitarbeiter aus dem Central Art Studio, wo der Manager Handelsvertreter gewesen war. Nach der Fertigstellung der Scheibe blieben nur sieben Wochen bis zur Veröffentlichung, weshalb es hastig zuging, was allerdings in jenen Tagen, als die Pressung von Alben noch nicht sorgfältig durchgeplant wurde, keine Seltenheit darstellte.

Man zog das Negativ des Gebirgsmotivs auf die Maße eines Plattencovers hoch. Tonys clevere Idee bestand darin, die in den Fels gehauenen Köpfe der vier US-Präsidenten (v.l.n.r. Washington, Jefferson, Roosevelt und Lincoln) durch jene der Bandmitglieder auszutauschen. Auf dem vergrößerten Druck wurden die Mängel des Originals offenbar; es sah ziemlich verschwommen aus, doch um nach etwas Besserem zu suchen, fehlte die Zeit.

Die Porträts der Musiker stammten von Fotos, die sie Anfang Januar hatten machen lassen, wofür man jeweils den Bereich von den Schultern an aufwärts wählte (Roger ließ sich anscheinend nachträglich neu ablichten, denn auf den ursprünglichen Bildern ist er mit Koteletten zu sehen). Die Köpfe wurden gedruckt, ausgeschnitten und auf den skalierten Mount Rushmore geklebt. Wie die Umwandlung in Graustufen gelang, um die Gesichter dem Hintergrund anzugleichen, wissen wir nicht genau. Die Agentur ordnete sie nach eigenem Gutdünken nebeneinander an.

Danach wurden die Haare übermalt (mit Gouache oder ähnlichem Farbmittel), wobei die Übergänge verschwinden sollten, um einen möglichst nahtlosen Eindruck zu vermitteln, obwohl selbst der flüchtige Betrachter erkennt, dass es eine Montage ist. Seinerzeit war digitale Retusche noch Zukunftsmusik, doch auch so ist ersichtlich, dass man sich mit der Vollendung des Artworks beeilte[4].

Der Titel ist handgemalt. Da Colin keine angemessen markige Schrifttype fand, entwarf er einfach selbst eine. Auch das war nicht unüblich; zahlreiche Plattentitel wurden in Handarbeit gesetzt, weil die meisten verfügbaren Fonts konservativ bis altmodisch wirkten und Illustratoren etwas Zeitgemäßeres anstrebten.

Das Endergebnis mit dem hellblauen Himmel spiegelte seine Entstehungszeit wider, machte gewiss einiges her und prägte sich ein. Wunderlich bloß, dass das Backcover identisch war. Eine Veröffentlichung in einzelner Kastentasche stand nicht anzunehmen, weil Harvest bis dato alle Alben der Band in Klapphüllen herausgebracht hatten, einem Markenzeichen des Labels (sie

1 Auch wenn der Titel eigentlich Concerto For Group And Orchestra lautete, stand es als In Concert auf vielen Tonträgerlisten. 2 Er ergänzte später: „Wer weiß, wie viel lauter ich noch geschrien und welches Ausmaß seine Beunruhigung angenommen hätte, wenn uns beiden klar gewesen wäre, dass ich jetzt, rund 30 Jahre später, von diesem geschichtsträchtigen Moment erzählen würde?“

3 Er gestaltete für dieselbe Agentur auch die Hüllen von 24 Carat Purple und Burn, ohne namentlich dafür genannt zu werden. Sein Sohn wurde selbst Fan der Band, nachdem der Vater ein Exemplar der erstgenannten Compilation mit nach Hause gebracht hatte.

4 Für die Jubiläums-CD machte sich Simon Robinson die Mühe, die Übergangslinien auf dem Motiv zu verbergen.

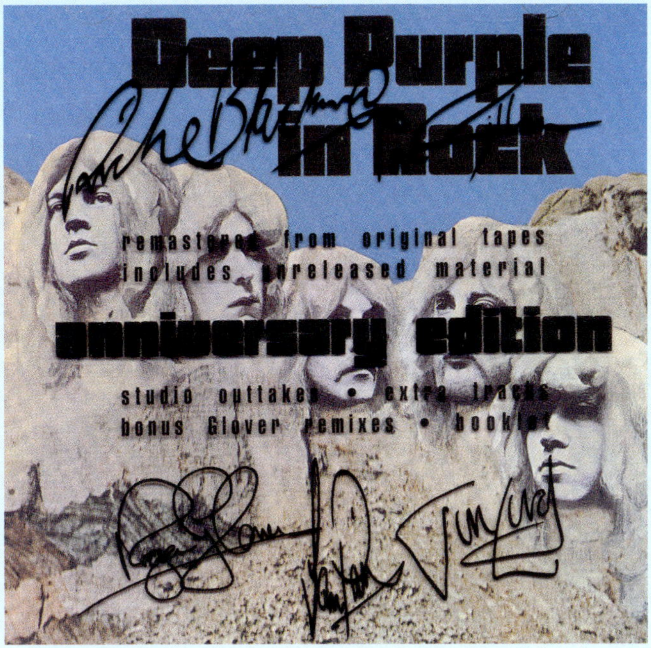

Die Jubiläums-CD von 1995 und zwei frühe Kassettenversionen. Rechts: G&Ls Patentanmeldung für Plattenhüllen.

ließen die Platten opulenter erscheinen und rechtfertigten höhere Endkundenpreise).

Vorne prangten sein Logo und das der EMI, auf der Erstpressung mit fetterer Umrandung (siehe oben) als auf späteren. Die Rückseite zeigte sowohl die britische als auch die internationale Katalognummer und den Vermerk „Stereo" (Mono-Aufnahmen kamen zu der Zeit rasch außer Mode – ein entsprechender Mix von *In Rock* wurde nie vorgenommen –, obwohl noch viele Hörer die Abspielgeräte dazu hatten[5]).

Die Innenseiten der Klappflügel waren überwiegend mit weißem Text auf Schwarz bedruckt. Erstmals auf einem Deep-Purple-Album gab es Texte (weitgehend korrekt), und neben fünf stimmungsvoll monochromen Porträts (Ian Gillan bemerkte später, man habe beschlossen, auf Fotos nie zu lächeln) standen Informationen wie die Namen der Mitglieder, Songtitel oder die für die Aufnahmen verwendeten Studios, dazu weitere Einzelheiten zur Produktion. Kleingedruckt bekam der Handel Hilfe bei der Genre-Zuordnung: „file under POPULAR" – Popmusik! Ebenfalls verzeichnet ist der Herstellungscode 7006 von Garrod & Lofthouse mit dem Pressdatum Juni 1970 (in den 50ern hatten Druckereien, die Plattenhüllen anfertigten, dieses Datum fortwährend bei jeder weiteren Auflage aktualisiert, doch dieser wenn auch nur für Archivare hilfreiche Brauch war zur Zeit von *In Rock* passé).

Ein spezialisiertes Vervielfältigungswerk bereitete die finale Version des Artwork für die Druckplatten vor. Üblicherweise reichten Druckereien ein paar Exemplare aus einer Vierfarbmaschine zur Ansicht ein, um grünes Licht zu erhalten. Dann gingen die Hüllen in Serie, wurden laminiert und von G&L konfektioniert, einer der zwei größten Druckereien für Tonträgerhüllen damals[6].

Das Vinyl entstand im riesigen Presswerk von EMI in Hayes in Middlesex und steckte wie alle Veröffentlichungen von Harvest in einer gefütterten Innenhülle (patentiert) aus einfachem Papier. Verwendet wurde das reguläre Label-Logo, entworfen von Roger Dean. In der Endlos- oder Auslaufrille der Platte standen die Katalognummer SHVL 777 sowie die Matrixnummern SHVL A-2 und B1. Dies lässt annehmen, dass Matrix A-1 vor der Fertigung abgelehnt wurde.

Unterdessen konnten alle ausländischen EMI-Büros, die das Album herausbrachten, Kopien der Druckfahnen und Bänder für den Fall erhalten, dass etwas korrigiert werden musste. *In Rock* erschien in rund 25 Ländern, jedoch nicht gleichzeitig 1970 (siehe Diskografie).

Formate Vinyl war 1970 das mit Abstand am weitesten verbreitete Tonträgerformat. Das Album blieb knapp 20 Jahre lang dauerhaft auf Schallplatte erhältlich, ehe die Herstellung Anfang der 90er während der Durchsetzung der CD eingestellt wurde. Seitdem entstanden mehrere limitierte Neuauflagen, in Großbritannien u.a. 2012. In Zuge dessen gab es viele meistens geringfügige Veränderungen in den jeweiligen EMI-Regionen (dem Königreich und anderen europäischen Staaten, ehemaligen britischen Kolonien und Commonwealth-Nationen) sowie anderen Ländern. Raubpressungen existieren selbstredend auch.

1970 wurden drei Arten von Kassetten angeboten. Die Mehrheit der Rockfans belächelte die 1965 eingeführte MC wegen ihrer dürftigen Klangqualität und Verpackung.

In Rock kam zudem auf Achtspurband heraus. Dieses Format (ein Viertelzoll breit mit acht getrennten Tonspuren) war primär für

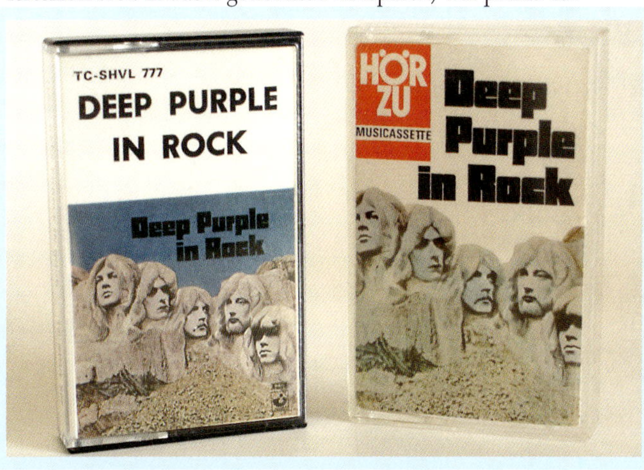

5 Ich auch, und es war mein einziger. (SR). 6 G&L waren bereits 1952 bei der Einführung des Vinyl-Formats am Start und ließen sich ihre Art der Herstellung von Hüllen patentieren. in 1961 and 1963. Die Druckerei arbeitete nicht nur für EMI, fertigte aber geschätzt 90 Prozent aller Hüllen des Labels, .J. Day & Co. hingegen den Rest. G&L stellten ihren Betrieb Mitte der 90er ein.

Die deutsche „Hörzu"-Version des Albums.

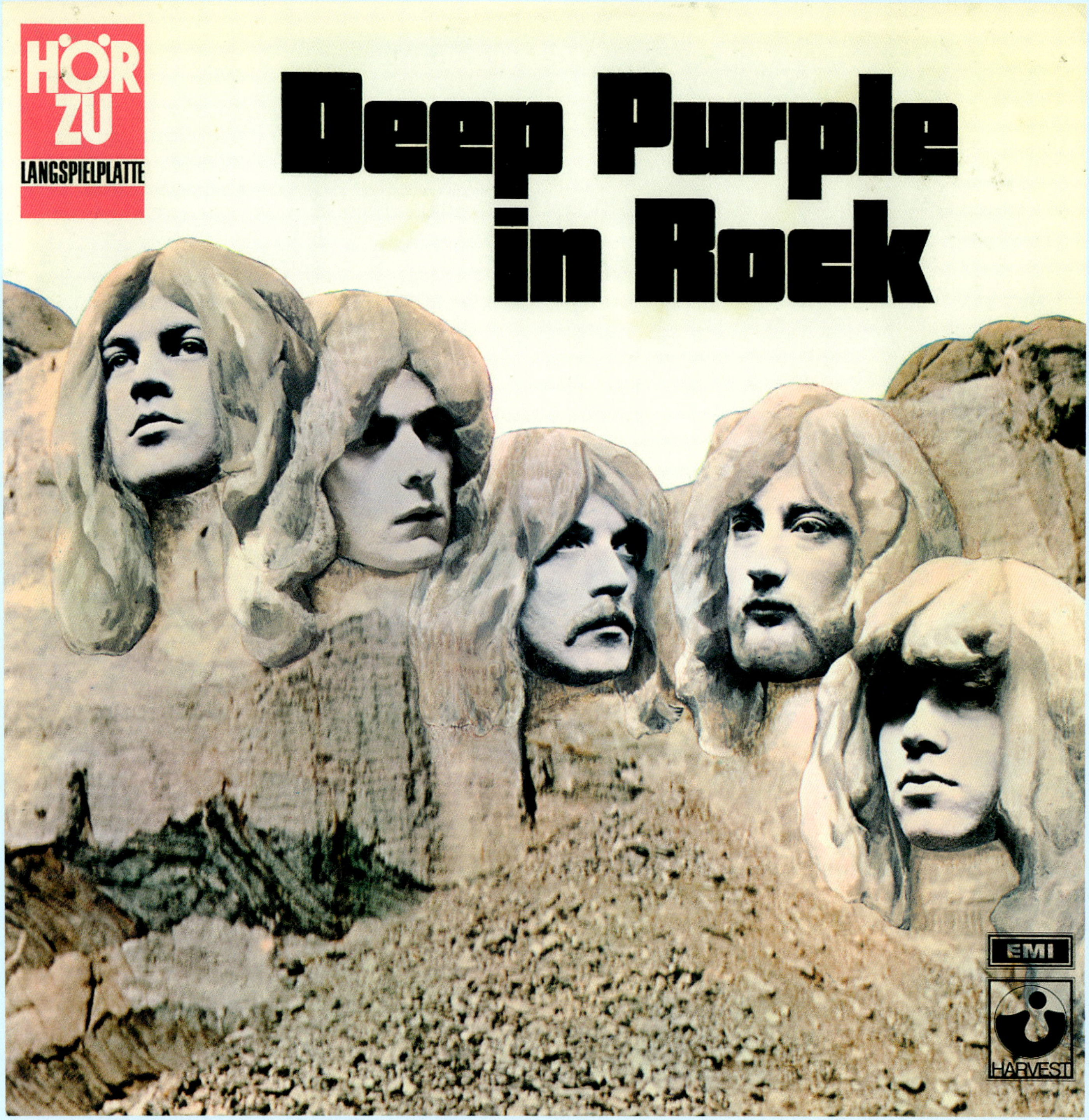

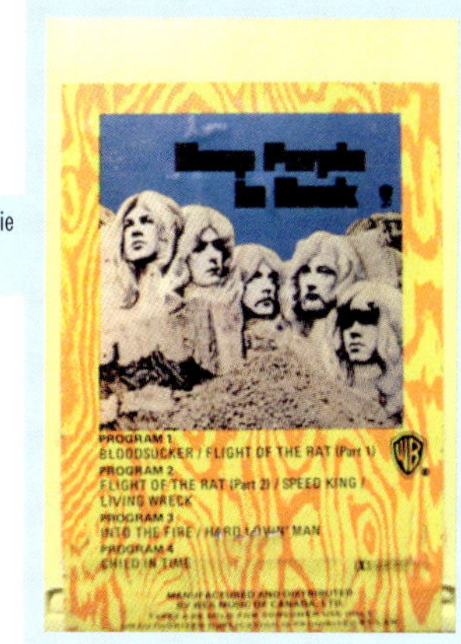

Rechts eine frühe Achtspurkassette von Warner Canada, unten die Beschriftung des Produktionsmasterbands von 1970.

PKW-Anlagen vorgesehen, doch es gab auch Decks für den Hausgebrauch. Da diese Kassette in Schleife lief, brauchte man sie nicht umzudrehen. Aus Kostengründen sparte man Band, darum wurde nicht selten die Reihenfolge der Songs geändert oder sogar mancher geteilt, wie es Warner in den USA mit *Hard Lovin' Man* und *Into The Fire* taten.

Bandspulen, in den Vereinigten Staaten und Japan besonders beliebt, richteten sich hingegen an HiFi-Fetischisten. Man nutzte es auch für *In Rock*, und da es sich um Viertelzollband handelte, behaupteten Anhänger dieses Formats, es komme dem Produktionsmaster eines Albums so nah wie kein anderes.

Anniversary Edition Ein erstes CD-Mastering wurde am 6. Mai 1986 im Abbey Road vorgenommen. Im Juni 1995 begann die EMI mit *In Rock* eine lange fortlaufende Reihe von remasterten Deep-Purple-Alben, woran sich alle Mitglieder und Tony Edwards beteiligten, während Tim Chacksfield und Simon Robinson die Koordination übernahmen. *„Nach der Trennung von Mk 2 wurde ich eine kleine Nervensäge, weil ich dem Management verschiedene Vorschläge machte, um die Bandgeschichte mittels besonderer Veröffentlichungen aufzuarbeiten. Einige wurden übernommen. Viele frühe CDs stellte man hastig anhand schlecht klingender Masterbänder her, also sammelte ich Ideen für eine erweiterte Version, bevor sich der Erscheinungstag von In Rock zum 25. mal jährte. Daraufhin arbeitete ich mit der Repertoire-Abteilung der EMI und vor allem Tim Chacksfield zusammen, um das Ganze zu koordinieren. Wir schickten Roger Glover digitale Kopien der Achtspurmasterbänder nach Amerika, und er pickte sich Flight Of The Rat sowie Speed King heraus, von denen er einen möglichst originalgetreuen Remix machte, um die eine oder andere Spur hervorzuheben. Cry Free und Black Night kamen in nicht ausgeblendeter Form dazu.*

Das Remastering des ganzen Albums erledigte Toningenieur Peter Mew im Abbey Road, der schon seit den 60ern dort arbeitete. Die CD enthielt auch in diesem Studio klanglich aufbereitete Fassungen der Klavierversion von Speed King und von Jam Stew. Zudem fügten wir Unterhaltungsschnipsel aus den Sessions zwischen den Bonustracks ein, um dem Hörer einen kleinen Einblick in die damalige Situation zu geben. Bis dahin hatte kaum jemand solchen Aufwand für CD-Neuauflagen betrieben, zumal wir nicht wussten, ob ein Markt dafür existierte, und rückblickend hätten wir sogar weitergehen können, aber das Ding klang hervorragend. Tontechniker wurden zwar „von oben" genötigt, die Lautstärke auf Wiederveröffentlichungen zu erhöhen, doch Peter Mew widerstand diesem Zwang."

Simon nahm sich der Gestaltung der Jewelcase-Hülle mit schwarz aufgedruckten Unterschriften der Musiker an[7]. Leider warfen Festplattenfehler bei der Klangverarbeitung während des Masterings, die zwei Sprünge in *Living Wreck* zur Folge hatten und *Hard Lovin' Man* kurz vor Schluss abrupt abbrechen lassen, einen Schatten über die ganze Arbeit. Die EMI ließ die mangelhaften CDs einstampfen und Ersatz pressen. Wir legten auch eine Vinyl-Version nahe, und die Verkaufsstrategen des Labels dachten darüber nach. Schließlich erhielten wir positive Rückmeldung, sodass im Oktober 1995 eine auf 2.000 Einheiten limitierte Doppel-LP in Klapphülle mit Innentaschen erschien. Die Auflage war bald vergriffen, und Exemplare sind heute bei Sammlern begehrt. Wie erwähnt kam ebenfalls eine farbige Zwölfzoll-Single von *Black Night* heraus, deren B-Seite – *Speed King* in dem Original nachempfundener Abmischung – nirgendwo anders verwendet wurde.

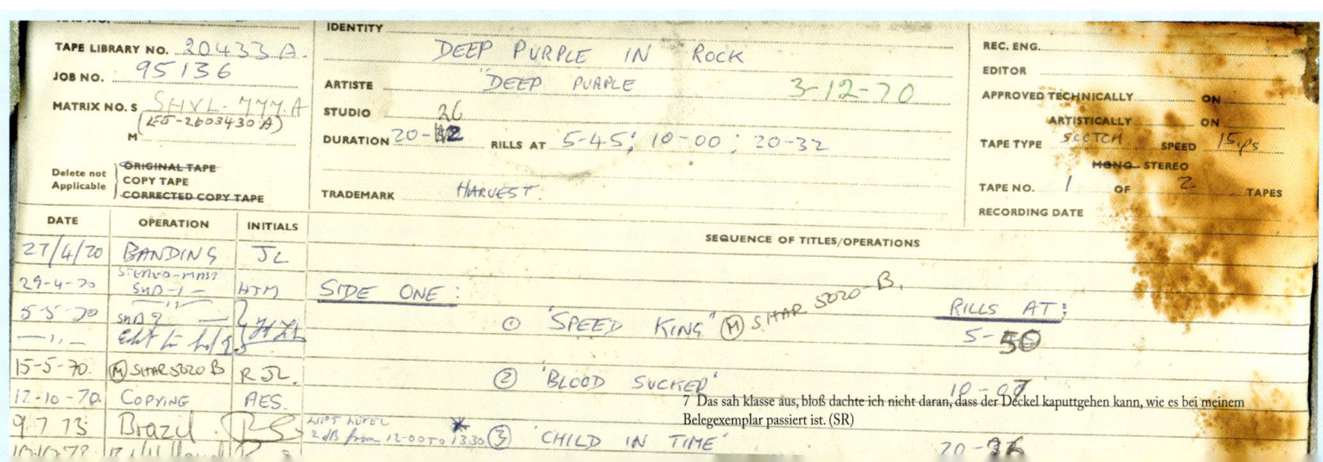

7 Das sah klasse aus, bloß dachte ich nicht daran, dass der Deckel kaputtgehen kann, wie es bei meinem Belegexemplar passiert ist. (SR)

11 • Bewertung des Albums

„Das Ganze diente nur einem Zweck, nämlich dem Beweis, dass Deep Purple eine Rockband waren." Jon Lord

Zur Festlegung der Reihenfolge der Songs eines solchen Albums musste man abwägen, wie sie im Verhältnis zueinander wirkten, vor allem hinsichtlich ihrer Dynamik. Hinzu kamen eher praktische Faktoren wie die höchstmögliche Dauer einer Schallplattenseite ohne Klangeinbußen. Die Aufzeichnungen des Tontechnikers bei der Produktion mindestens eines späteren Deep-Purple-Albums sind erhaltengeblieben. Daran erkennt man, wie er an der Aufteilung der Stücke feilte, um das Mastern zu vereinfachen (ein mühseliger Arbeitsschritt, der wegfiel, als sich die CD durchsetzte). Aufgenommen worden waren die Lieder von *In Rock* in der Reihenfolge *Living Wreck, Child In Time, Into The Fire, Hard Lovin' Man, Speed King, Flight Of The Rat* und *Bloodsucker.* Dem Opener fiel die bedeutende Funktion zu, den Hörer mitzureißen, also musste er besonders stark sein. Die Wahl muss angesichts des durchgehend hohen Niveaus schwierig gewesen sein, aber *Speed King* war die offensichtlichste und dürfte zu den ersten Vorschlägen gehört haben, weil es bereits auf der Bühne als Einstieg diente. Damals hatte sich im Rockbereich zudem die Sitte etabliert, die längsten Tracks ans Ende einer Albumseite zu stellen, wo folglich auch *Hard Lovin' Man* und *Child In Time* landeten. Ein ausgewogeneres Zeitgleichgewicht hätte sich durch den Tausch von *Bloodsucker*

POWER TO D. PURPLE - Wir meinen selbstverständlich unsere englischen Freunde, die Gruppe Deep Purple. Nc bemerkenswerter Koketterie mit „Langhaarigen-Musik" wie es früher hieß (aufgewertet durch die Londoner Philharmoniker), gehen sie mit In Rock (Warner WS 18 wieder zu ihrer lauten Tagesordnung über.

POP - DEEP PURPLE IN ROCK - Warner Bros WS 1877 Prachtvolle Härte. Deep Purple sind für intensiven wie intelligenten, klassischen Rock bekannt. Angeführt von singenden Organisten Jon Lord und dem unterbewertet Gitarristen Ritchie Blackmore nähern sie sich dem Gipfe ihres Schaffens. Man höre dazu nur Child In Time, Fligh The Rat oder Hard Lovin' Man, wo die Band die finstere Niederungen ausschöpft, die sie zu den Superschwerge wichten ihrer Zunft machte.

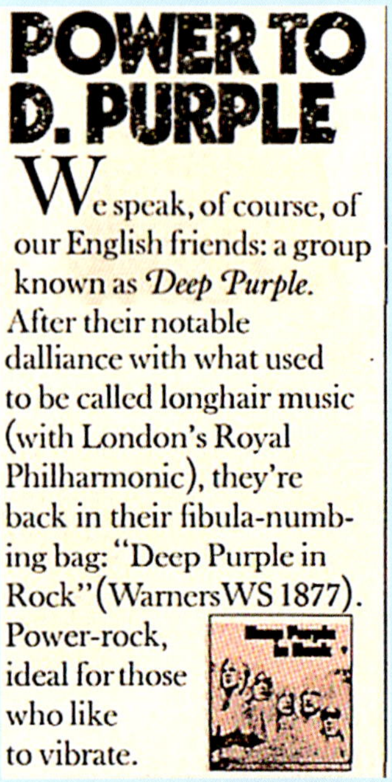

POWER TO D. PURPLE

We speak, of course, of our English friends: a group known as *Deep Purple.* After their notable dalliance with what used to be called longhair music (with London's Royal Philharmonic), they're back in their fibula-numbing bag: "Deep Purple in Rock" (Warners WS 1877). Power-rock, ideal for those who like to vibrate.

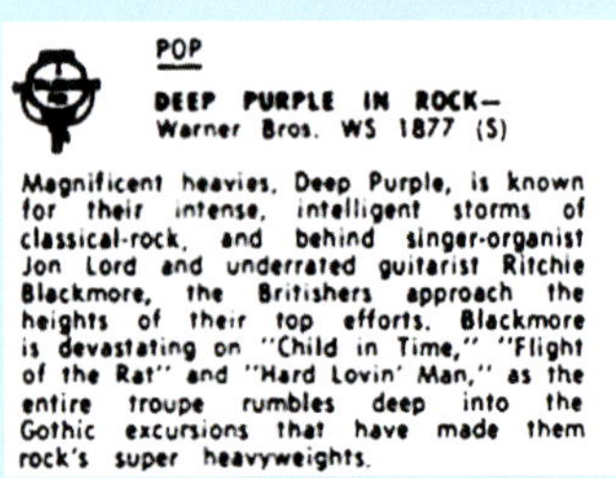

POP

DEEP PURPLE IN ROCK—
Warner Bros. WS 1877 (S)

Magnificent heavies, Deep Purple, is known for their intense, intelligent storms of classical-rock, and behind singer-organist Jon Lord and underrated guitarist Ritchie Blackmore, the Britishers approach the heights of their top efforts. Blackmore is devastating on "Child in Time," "Flight of the Rat" and "Hard Lovin' Man," as the entire troupe rumbles deep into the Gothic excursions that have made them rock's super heavyweights.

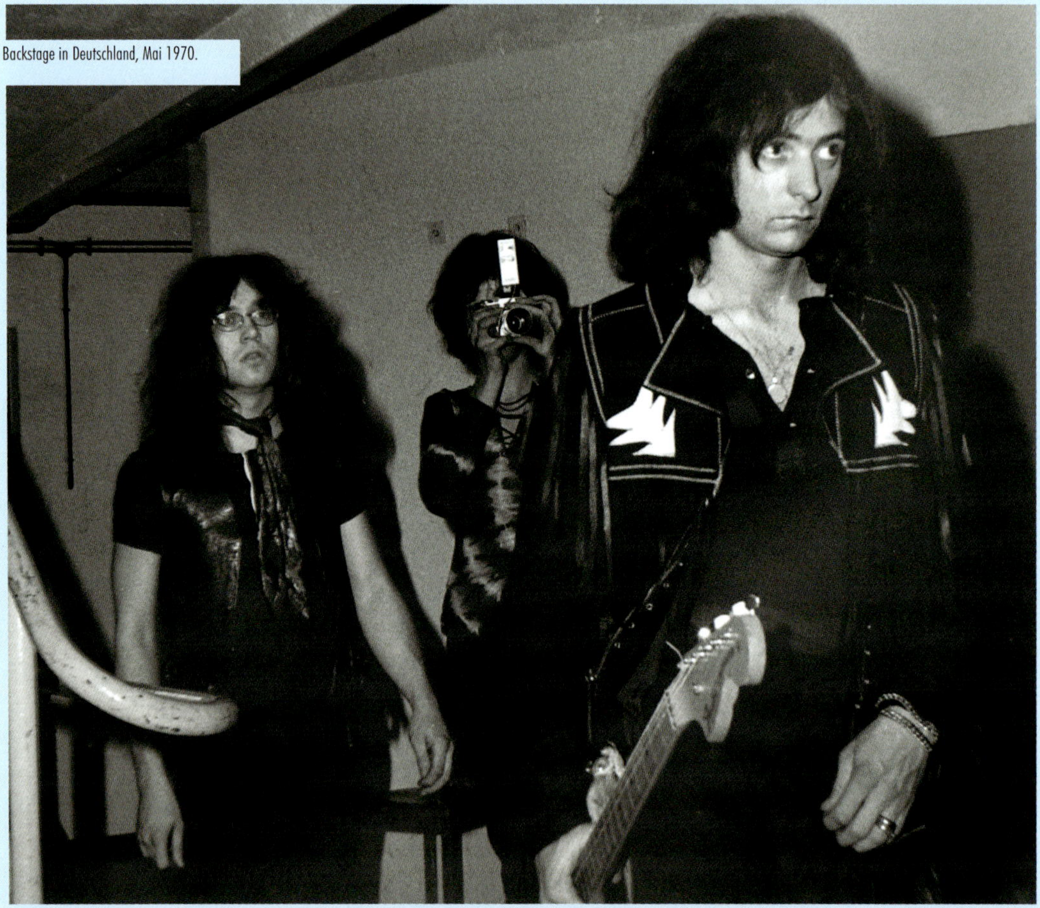

Backstage in Deutschland, Mai 1970.

AN EXCITING MONSTER ROCK ALBUM FROM DEEP PURPLE

Ein aufregendes Monster von einem Rockalbum.

und *Living Wreck* ergeben; dass man davon absah, muss aus ästhetischen Gründen geschehen sein. Die endgültige Reihenfolge lautete:

A: Speed King / Bloodsucker / Child In Time (20:13).

B : Flight Of The Rat / Into The Fire / Living Wreck / Hard Lovin' Man (22:24)

Heute kann man schlecht rekapitulieren, wie Musikfans das Album im Juni 1970 auffassten, als sie es zum ersten Mal hörten[1]. Mancher durfte sich glücklich schätzen, die Band bereits live erlebt oder durch eine BBC-Session kennengelernt zu haben, doch den Ausschlag für einen Kauf gaben in der Regel Mund-zu-Mund-Propaganda, zielgruppengerechte Werbung oder die Single.

Wie man auch auf das Album gestoßen sein mochte: Es wirkte völlig kompromisslos und wurde zum dauerhaften Vermächtnis einer Band auf Messers Schneide – musikalisch gewagt und technisch brillant, ein geordnetes Chaos. Gut möglich, dass sie diese bestechende Form so treffend in Studios konserviert hatte wie später nie wieder.

Deep Purple waren mit ergebnisorientiertem Ansatz in die Heavy-Rock-Szene getreten und so erfolgreich, wie sie es sicherlich nicht erwarteten. In der Rückschau war und ist *In Rock* ein wegbereitendes Genre-Album und Musterbeispiel aus jener Ära.

Speed King (Just a few roots, replanted) • Was für ein Opener! Nur wenige 70er-Alben hatten einen so unvergleichlichen, prägnanten Auftakt (Black Sabbaths Debüt, erschienen im Februar, folgte knapp hinter *In Rock*). Der dramatische Krach überrumpelt den Hörer ohne Vorwarnung mit voller Wucht. Rohe Gewalt und extreme Lautstärke, ein wie vom Teufel besessener Gitarrist, der zuerst sauber phrasiert und gleich darauf dem Begriff „Jammerhaken" alle Ehre macht. Der Drummer scheint acht Arme zu haben (hätte man das Schlagzeug im Mix besser zur Geltung gebracht, wäre das Intro sogar noch krasser gewesen), der Bassist trägt zum Spannungsaufbau bei, indem er mit den Fingern übers Griffbrett rutscht, und der Keyboarder ringt seiner Orgel scheinbar unmögliche Laute ab, die den ohnehin gottlosen Lärm verstärken. Dieser klingt aber irgendwie doch beherrscht, eigenartigerweise melodisch und gefühlvoll.

Schließlich erstirbt er, und übrig bleibt ein leiser, gehaltener Akkord von Jon. Man rechnet fast damit, nun beginne ein Stück für Kirchenorgel, doch dann bricht das eigentliche Inferno herein. Die Band drängt uns das Hauptriff auf, ehe sich Lord und Blackmore in der zweiten Hälfte der ersten Strophe auf den G-Akkord festlegen, wozu Glover Tempo macht. Der Gesang setzt mit ungestümer Leidenschaft und Überzeugung ein, womit Gillan dem Song in gleicher Weise Schub verleiht, wie es die Instrumentalisten tun: Rock-Vocals in Vollendung.

Paice, dessen Spiel weiterhin etwas präsenter im Vordergrund stehen dürfte, widersteht dem Drang, sich vor lauter Adrenalin gehenzulassen. Seine Einwürfe zeugen von Geschmack und machen fast glauben, der Rest der Gruppe orientiere sich in bester Bigband-Tradition für den jeweils nächsten Songabschnitt daran (das zweitaktige Fill bei Marke 2:39 ist beispielsweise sehr simpel, bereitet die anderen Mitglieder aber auf die folgenden Instrumentalpassage vor).

Jon und Ritchie solieren so geschickt, dass man meint, nur eine Person habe sich ihre Parts ausgedacht. Obgleich es sich um ein Wechselspiel handelt, riecht es nicht nach Kräftemessen, denn die beiden versuchen nicht, sich gegenseitig auszustechen. Vielmehr ziehen sie an einem Strang, um ein außergewöhnlich einheitliches Bild zu vermitteln, das einfach genau passt. Jon lässt keinerlei Anstrengung vermuten, derweil Ritchies Melodien und Intonation tadellos sind. Er setzt gegen Ende der Orgelphrasen beinahe zu früh ein, doch das schadet dem Flow keineswegs. Zum Schluss spielt Lord einen aufsteigenden Lauf, und Blackmore rundet sein Solo ab, indem er eine von früheren Versionen des Stücks bekannte Melodie doppelt.

1 Ich kaufte In Rock im selben Jahr noch als Schuljunge. Obwohl mir viele Pop-Singles aus den späten 60ern gefielen (besonders von den Beatles und Searchers, außerdem schrullige Instrumentalstücke wie Telstar), erwärmte ich mich relativ spät für Rock, auch weil ich keine älteren Geschwister hatte, durch die ich vielleicht dazu gekommen wäre. Meine Eltern interessierten sich kaum für Pop, auch wenn meine Mutter gelegentlich Singles wie Little Red Rooster von den Stones kaufte.
Black Night war eine der ersten, die ich aus eigener Tasche bezahlte, und gerade die äußerst fesselnde B-Seite Speed King beflügelte meine Fantasie. Der Song war eindeutig stärker als die A-Seite. Ich hörte ihn drei-, viermal hintereinander, um mich von der Orgel zu Beginn, der kantigen Gitarrenarbeit, ja einfach dem treibenden Charakter des Stücks mitreißen zu lassen. Schwach erinnerte ich mich daran, die Band im Radio gehört zu haben (wohl eine BBC-Session) und nahm mir vor, das Album zu besorgen. So kratzte ich genug Geld zusammen und legte mir etwas zu, das völlig anders war als alles, was ich bis dahin gehört hatte.
Eine Zeitlang lief die Platte auf Dauerrotation, wobei ich mich an der Hülle nicht sattsehen konnte – einem Blickfang, der mir ungeheuer erwachsen vorkam – und nach jedweder Information über die Gruppe suchte. Selbst über meinen sehr schlecht klingenden Mono-Plattenspieler gehört, auf den ich mir trotzdem wunders was einbildete, wirkten die Kraft und Energie unheimlich intensiv. Speziell Child In Time ließ sich nicht beschreiben und es mir eiskalt den Rücken hinunterlaufen. Mit der Rückseite verhielt es sich genauso. Wieder lief alles auf einen massiven Soundwall hinaus, dem man sich nicht entziehen konnte. Bei mir schlug das Album voll ein, und wann immer ich den Teenagerblues bekam – „Kein Schwein versteht mich!" –, überwand ich ihn mit In Rock.
In Sound It Out, einer neueren, sehenswerten Doku, die sich um einen Gebrauchtplattenhandel in Teeside und dessen Kundschaft dreht, erzählt ein junger Rockfan im Interview, er sei selbstmordgefährdet gewesen, bis er Metal entdeckte; mir ging es zwar nie so dreckig, aber ich kann sehr gut nachvollziehen, dass Musik mitunter als Lebenshilfe dient, vor allem wenn man sich als Jugendlicher schwertut, irgendwo Anschluss zu finden. Bei mir war es so, dass ich in einem extrem akademischen Umfeld feststeckte, obwohl ich keine ausgesprochene Freude an Kunst und Design hatte.
Die anderen Purple-Alben, die in der Hülle beworben wurden, setzte ich auf meinen Einkaufszettel. Über In Rock lernte ich dann Shades und das Concerto kennen; ich bekam sie aus zweiter Hand von Schulkameraden, die nichts damit anfangen konnten. Tatsächlich bekam auch ich den Eindruck, die Band sei ziemlich orientierungslos gewesen, doch andererseits mochten sich die beiden Platten stark von In Rock unterscheiden, waren aber trotzdem interessant genug, um mich für sie einzunehmen.
Meine Mitschüler standen größtenteils auf die üblichen Verdächtigen Floyd, Zeppelin, Zappa, oder Hendrix. Viele nahmen Deep Purple nicht ganz ernst, und die meisten ließen sich ihre Überheblichkeit erst 1971 bei Konzerten austreiben. (SR)

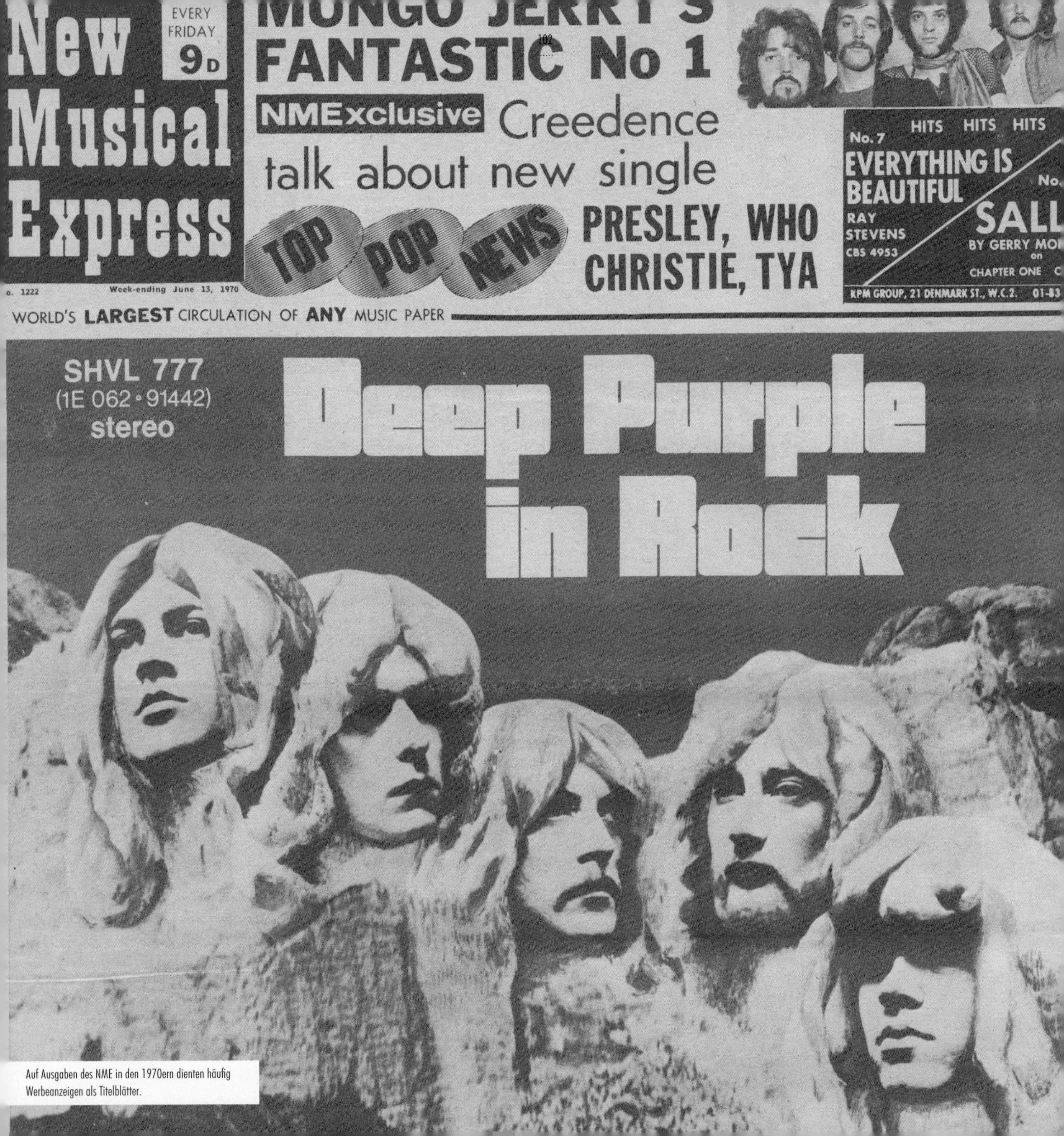

New Musical Express

EVERY FRIDAY 9D

MUNGO JERRY'S FANTASTIC No 1

NMExclusive Creedence talk about new single

TOP POP NEWS PRESLEY, WHO CHRISTIE, TYA

HITS HITS HITS

No. 7 EVERYTHING IS BEAUTIFUL RAY STEVENS CBS 4953

No. SALL BY GERRY MO on CHAPTER ONE C

KPM GROUP, 21 DENMARK ST., W.C.2. 01-83

o. 1222 Week-ending June 13, 1970

WORLD'S **LARGEST** CIRCULATION OF **ANY** MUSIC PAPER

SHVL 777 (1E 062 • 91442) stereo

Deep Purple in Rock

Auf Ausgaben des NME in den 1970ern dienten häufig Werbeanzeigen als Titelblätter.

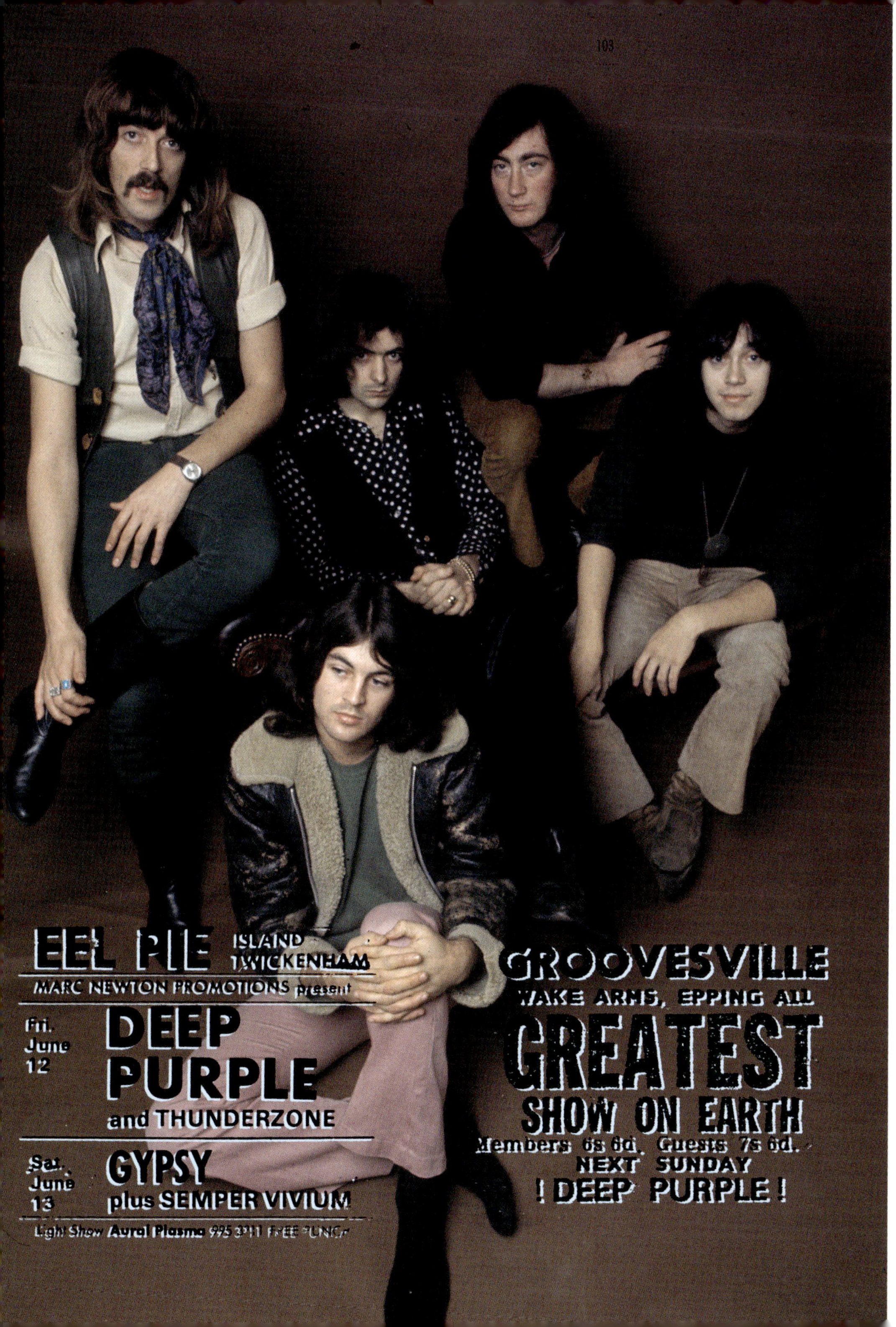

Der Text ist an vielen Stellen eine Hommage an klassische Rock 'n' Roll Nummern aus den 50ern und 60ern, vermutlich prägende Singles für die Musiker in ihrer frühen Jugend. *Speed King* trug der Vergangenheit als moderner, progressiver Heavy Rock Rechnung, und Gillan bemühte Vorbilder aus seinen (vertändelten?) Flegeljahren, deren Zitate er miteinander verquirlte, um sie dann mit überwältigender Kraft, Feingefühl und Aufrichtigkeit zu schmettern. Sie eigneten sich trefflich für den Stil des Stücks. Ian hatte die Zeilen eine Zeitlang stetig auf der Bühne umarrangiert und schließlich eine geeignete Anordnung gefunden. Ihre Herkunft im Einzelnen zu bestimmen ist schwierig (in wie vielen Liedern wird etwa New Orleans erwähnt?), doch einige Anspielungen erkennt man leichter. „Good golly Miss Molly" und „the house of blue light" stammen natürlich aus *Good Golly Miss Molly*, „tutti frutti" und „to the east ... to the west" eben aus *Tutti Frutti,* beide geschrieben von Little Richard.

Dessen *Lucille* klingt ebenfalls an, wortwörtlich und mit einer Variation des Halbsatzes „when she didn't do her daddy's will", den Gillan zu „won't do your sister's will" machte. Aus Richards *Rip It Up* entnimmt der Frontmann „Saturday night and I just got paid" und modelt „I'm a fool about money, don't try to

New orchestral-rock epic from Purple

Neues Orchesterrock-Epos von Deep Purple.

save" zu „gonna fool around, ain't gonna save" um.

Der Satz „Some people gonna rock, some people gonna roll, gonna have a party to save my soul" wurde von Elvis' *Party* inspiriert, wo es heißt: „some people like to rock, some people like to roll, but movin' and a-groovin' gonna satisfy my soul".

Presley hatte ferner *Hard Headed Woman* von Claude Demetrius aufgenommen, woraus Ian „hard-headed woman, soft-hearted man" und „been the cause of troule ever since the world began" entlehnte, wobei Letzteres zu „they been causing trouble since it all began" wurde.

Viele Anregungen holte sich der Sänger demnach an den Wurzeln der Rockmusik, doch das Ergebnis war etwas völlig Neues. Man darf auch nicht vergessen, dass er Elvis, Little Richard und andere vom ganz alten Schlag anhimmelte und ihre Werke schon früher gecovert hatte, etwa mit der Combo The Javelins. Viele Jahre später ging er gar so weit, deren Mitglieder erneut zusammenzutrommeln, um Neufassungen jener Songs aufzunehmen.

Wie schon erwähnt handelt *Speed King* nicht von Drogen, was Jon Lord entschieden klarzustellen suchte: *„Da ging es nicht um Speed oder andere Rauschmittel, sondern um temporeiche Musik. Man braucht nur den Text zu lesen – ‚good golly Miss Molly … tutti frutti …' –, den wir uns nicht selbst aus den Fingern ziehen mussten, weil er nahezu gänzlich aus Versatzstücken alter Rock 'n' Roll Songs besteht. Er handelte definitiv nicht von Drogen, sondern gab Antwort auf die Frage, wie schnell Gillan wohl singen könne. Speed King nahm Speed Metal vorweg, das steht außer Zweifel."* (JL in Modern Keyboard, Januar 1989)

Widerspricht dem jemand? Dann verleibe er sich die funkensprühende Version des Songs vom Reunion-Auftritt der Gruppe in Knebworth von 1985 ein. Manche argwöhnen sogar, mit dem Song sei Thrash Metal erfunden worden. Diskussionswürdig …

Speed King wurde wie schon erörtert auch zur ersten Auskopplung von *In Rock,* erschienen in den Niederlanden und Deutschland im Februar '70 (Led Zeppelins *Whole Lotta Love* führte im selben Monat die deutschen Charts an). Man könnte behaupten, der Song wäre erfolgreicher gewesen, hätte man ihn nach *Black Night* als Single herausgebracht. Tatsächlich landete er dann in so gut wie allen anderen Ländern auf dessen B-Seite.

Für ihren Auftritt in Vicky Leandros' Fernsehsendung Anfang April des Jahres wählte die Band *Speed King*. Zu der Zeit setzten sich TV-Produzenten in den Kopf, Eindruck zu schinden, indem sie Rock- und Popmusik „interpretierten", wobei sie zahlreiche neue Videoeffekte ausprobierten. Nichtsdestoweniger bleibt der Anblick der Gruppe zwischen Müllhaufen und vermeintlichen Leichen vor auf Bluescreen projizierten Bildern der sinnfreien Sorte ziemlich bizarr. Ritchie spielte eine weiße Strat mit weißem Schlagbrett, nicht das schwarze Modell, das er damals oft verwendete.

Wir wissen, dass Deep Purple das Lied frühstens ab dem 24. August 1969 als Einstieg in ihr Bühnenprogramm nutzten. Dabei blieb es knapp zwei Jahre, auch noch am 5. Juli '71 in der Stadthalle Speyer, bevor es von *Highway Star* abgelöst wurde. Es blieb weiterhin im Einsatz, allerdings als Zugabe, obzwar es im Frühjahr '72 US-Konzerte einleitete.

Die Solos wurden im Lauf der Monate länger. Ritchie und Jon nahmen sich jeweils ungefähr eine Minute, ehe sie einander die Bälle zuspielten. Manchmal schob der Gitarrist vor dem Ende der Soloparts noch sein Frage-Antwort-Spiel mit Ian Gillan ein.

Bloodsucker (A particularly nasty sort of fellow, there are lots of us) • Der namengebende Blutsauger kommt ebenso wenig im Text vor, wie es einen Refrain gibt. Gillan kommen die Worte aber wunderbar leicht über die Lippen, von Zeile zu Zeile anscheinend mehr, als man es für möglich hält. Paice sagt zu dem Song: „Er war eher untypisch für uns. Ich denke, damit zeigten wir vielen anderen Bands, wie fies man aufspielen kann. Ein kleines Juwel."

Nicht nur fies, sondern auch hart und finster mit Fokus auf Gitarre und Bass. *Bloodsucker* rankt sich weniger um ein Riff, sondern fußt auf einer verboten gut aufeinander eingespielten Rhythmusgruppe, die es zu einem Charakterstück macht. Statt eines geradlinigen Halftime-Grooves mit Betonung auf der zweiten und vierten Zählzeit im Takt (vielleicht die nächstliegende Entscheidung) trommelte Paice synkopisch wie im Funk, um die Gitarrenlinie nachzuempfinden.

Rhythmisch hypnotisiert die erste Strophe richtiggehend, derweil sich eine kurze Folge von Halbtönen, zweistimmig gespielt von Lord und Blackmore, mit einer ebenfalls nicht sonderlich langen Melodie abwechselt, die gegen Ende jeder Gesangszeile zuerst auf- und dann absteigt. Alle Strophen münden in ein abgehacktes Schlagzeug-Fill und Gillans zudringliches „Oh no, no, no …"

Ein beinahe jazziges Lick leitet zur zweiten Strophe über, die abermals von Gitarre und Bass bestimmt wird. Einem knappen Drum-Einwurf folgte eine Pause, ehe die Orgel die Stille mit fünf unheilvollen Akkorden aufhebt. Paice klopft ein paarmal auf seine Toms – kann schließlich nie schaden –, und als die Strophe beginnt, sind wieder alle gemeinsam zur Stelle.

Ritchies Solo kommt zuerst. Er phrasiert präzise und gemütsvoll flüssig. Jon tut es ihm gleich, doch dann hebt der Gitarrist einmal

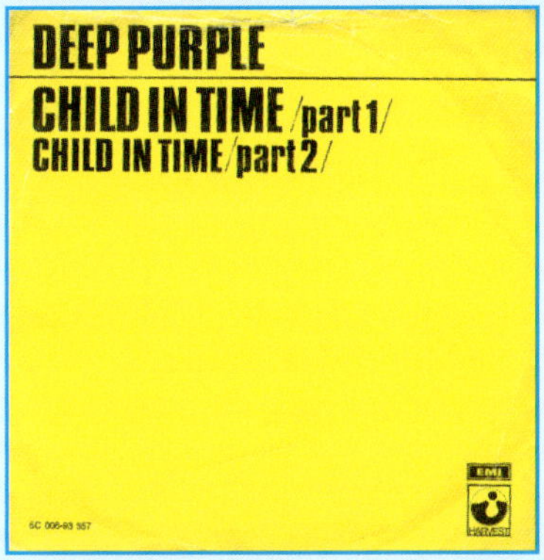
DEEP PURPLE
CHILD IN TIME /part 1/
CHILD IN TIME /part 2/
EMI

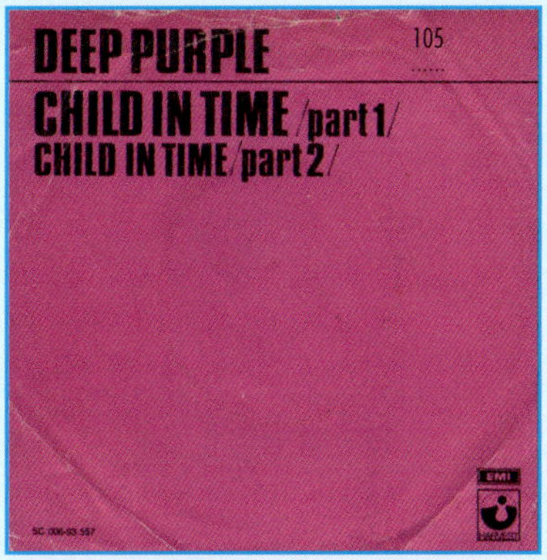
DEEP PURPLE
105
CHILD IN TIME /part 1/
CHILD IN TIME /part 2/
EMI

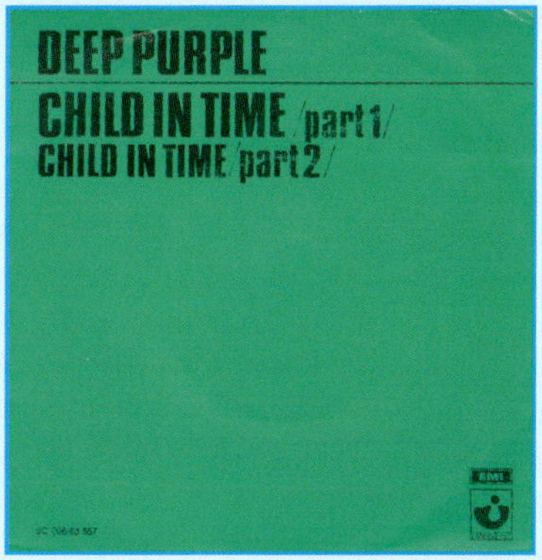
DEEP PURPLE
CHILD IN TIME /part 1/
CHILD IN TIME /part 2/
EMI

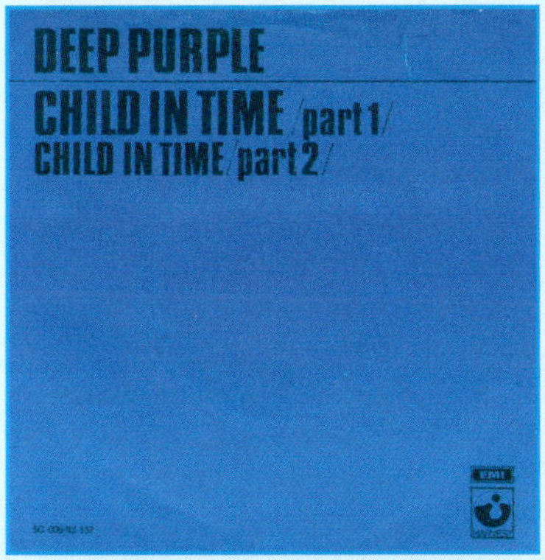
DEEP PURPLE
CHILD IN TIME /part 1/
CHILD IN TIME /part 2/
EMI

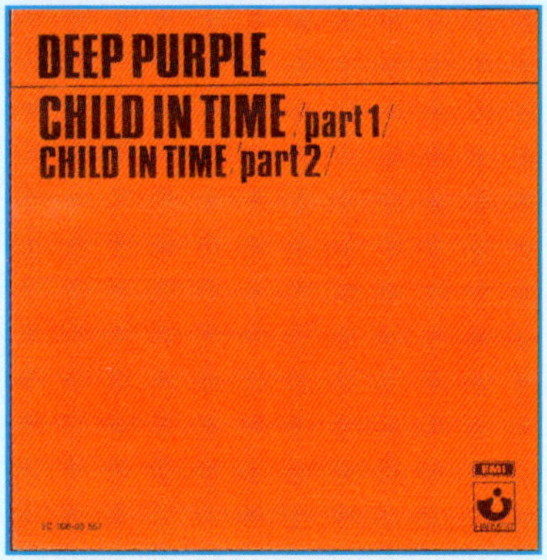
DEEP PURPLE
CHILD IN TIME /part 1/
CHILD IN TIME /part 2/
EMI

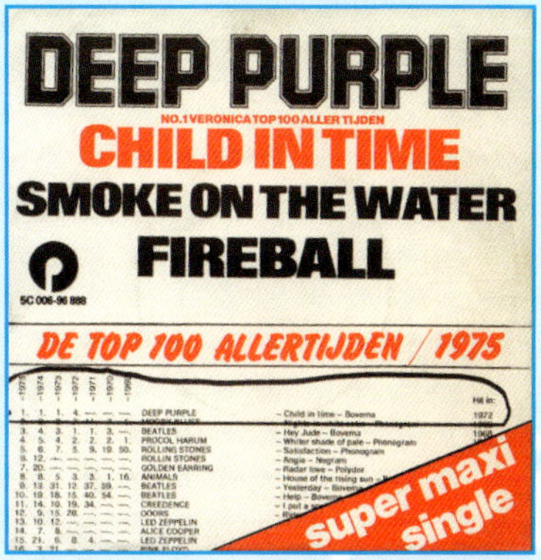
DEEP PURPLE
NO.1 VERONICA TOP 100 ALLER TIJDEN
CHILD IN TIME
SMOKE ON THE WATER
FIREBALL
DE TOP 100 ALLERTIJDEN / 1975
super maxi single

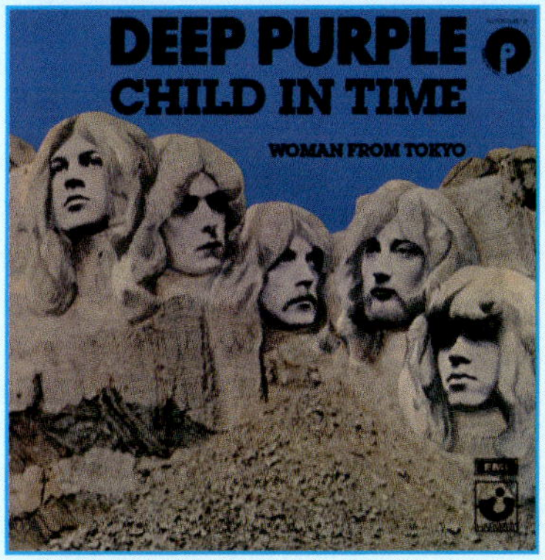
DEEP PURPLE
CHILD IN TIME
WOMAN FROM TOKYO
EMI

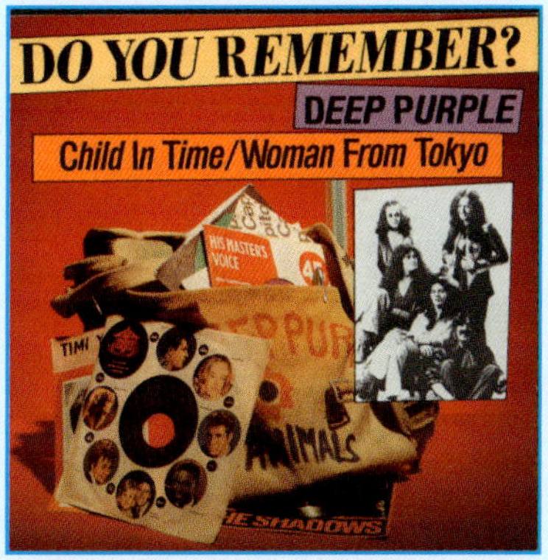
DO YOU REMEMBER?
DEEP PURPLE
Child In Time/Woman From Tokyo

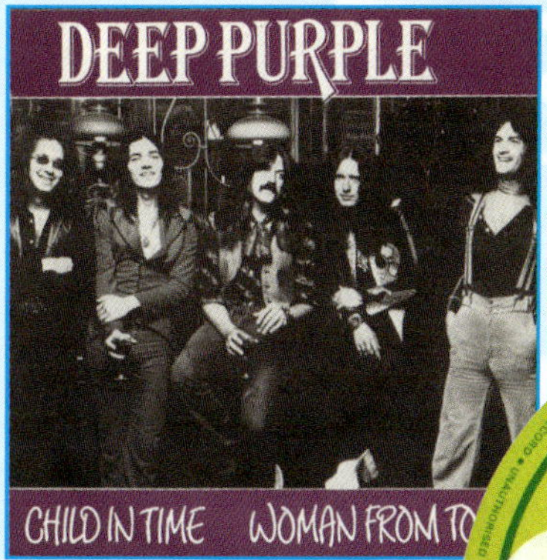
DEEP PURPLE
CHILD IN TIME
WOMAN FROM TO

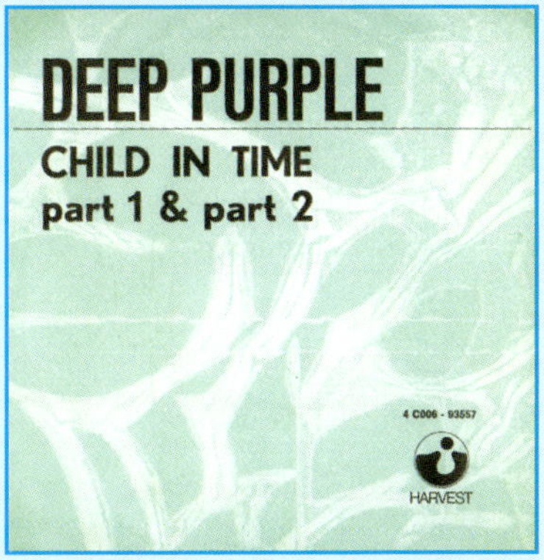
DEEP PURPLE
CHILD IN TIME
part 1 & part 2
4 C006 - 93557
HARVEST

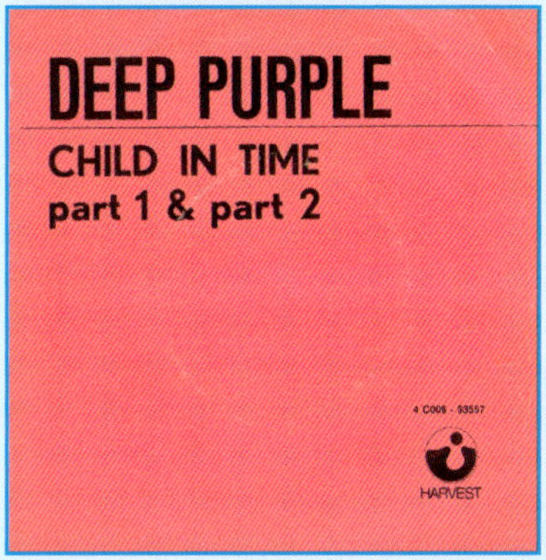
DEEP PURPLE
CHILD IN TIME
part 1 & part 2
4 C006 - 93557
HARVEST

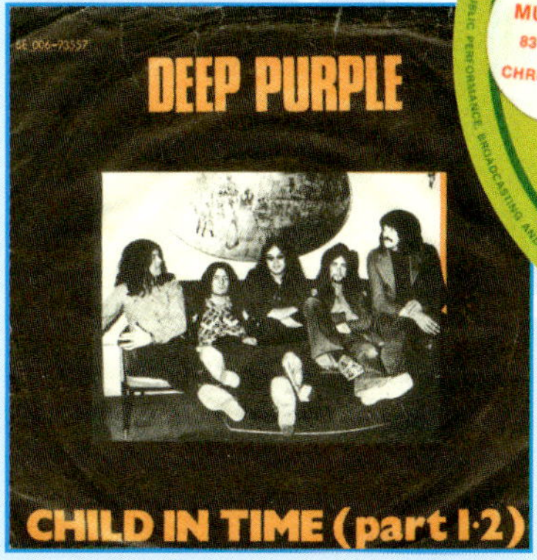
DEEP PURPLE
CHILD IN TIME (part 1·2)

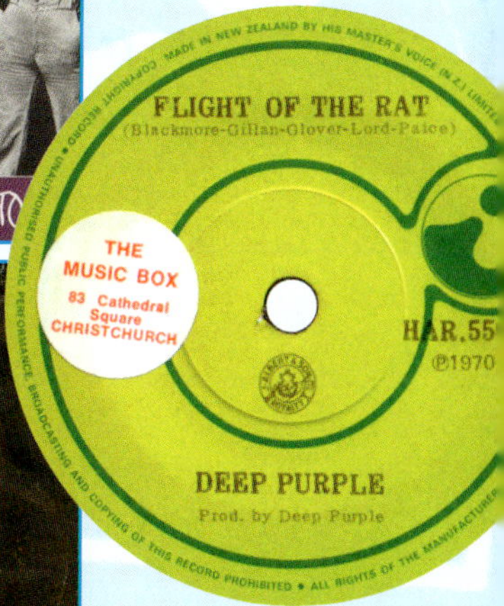
FLIGHT OF THE RAT
(Blackmore-Gillan-Glover-Lord-Paice)
THE MUSIC BOX
83 Cathedral Square
CHRISTCHURCH
HAR.55
℗1970
DEEP PURPLE
Prod. by Deep Purple

RITCHIE BLACKMORE: ' use your little finger.'

SPIELT Ritchie Blackmore seine Läufe mit den Fingern der rechten Hand oder mit Plektrum? Erzeugt er die Töne während des schnellen Parts von Gitarre und Orgel in Child In Time durch Hammering? Es klingt jedenfalls so, als würde er alle einzeln anschlagen, was ich persönlich schwierig finde. – Kevin Oliver, Catford.
Ich spiele die Läufe mit Plektrum. In Child In Time habe ich die Hammering-Technik gelegentlich angewendet. Auf welche Stelle du dich genau beziehst, weiß ich nicht. Viele Gitarristen spielen lieber nur Abschläge, doch man sollte sich von vornherein den Wechselschlag angewöhnen. Er erleichtert manches. Statt die Hand nach einem Abschlag wieder anzuheben, um einen weiteren zu machen, hat man schneller einen Aufwärtsschlag derselben oder einer anderen Note eines Laufs gespielt, sodass es flüssiger klingt. Das liest sich zwar kompliziert, ist aber eigentlich recht einfach. Um flinker zu werden, kann man auch den kleinen Finger miteinbeziehen. Hammering ist unerlässlich, wenn man schnell spielt. Dabei wird der erste Ton mit rechts angeschlagen, der zweite aber nur durch Niederdrücken der Saite aufs Griffbrett mit links erzeugt. – RITCHIE BLACKMORE.

DOES Ritchie Blackmore use plectrum or fingerstyle on his electric guitar runs? Did he hammer the notes in the fast guitar and organ passage in "Child In Time," because it sounds as if each note is plucked individually, which I have found difficult. — **Kevin Oliver, Catford.**

I use plectrum on my runs. Some notes were hammered and some played straight on "Child In Time." It depends where you mean. A lot of guitarists tend to plav just down strokes but you should learn from the beginning to use the up stroke as well. That makes it much easier. In the time it has taken for the hand to come up and do another down stroke you could have done an upstroke of the same note or another note of the run to make it faster. It sounds long-winded, but it's quite simple, really. Also, if you want to play faster, you can use your little finger as well. Hammering the notes is very important when playing fast. A hammer note is a note which is plucked by the right hand, but two notes are obtained by the plucking of the first note and the hammering by the left hand of the second note. — RITCHIE BLACKMORE.

mehr ab, auch wenn er gezügelt mit dem Vibrato-Hebel umgeht. Ausgesprochen schnelle, großspurige oder fiebrige Läufe bietet keiner der Solisten; ihnen ist eher nach bemessen perlenden Noten zumute, was der Ausrichtung wie dem Tempo des Stücks entgegenkommt und absolut klaglos umgesetzt wird.

Was Gillan gegen Ende singt, versteht man schlecht, weil sich mehrere Gesangsspuren überlagern und mit Hall versehen sind. Dieser sonderbar schwammige Effekt, der an Gestammel denken lässt, sorgt für einen Ausklang ohnegleichen, zumal Jon in den Brennpunkt rückt, als er einstimmt.

Anscheinend wurde *Bloodsucker* nie live dargeboten, aber die BBC-Aufnahme lässt erahnen, wie gut es sich auf der Bühne ausgemacht hätte. Dass es 1998 auf dem Album *Abandon* ein Wiederhören unter dem Titel *Bludsucker* gab, erklärt der Sänger auf seiner Webseite. *„Soweit ich mich erinnre, haben wir den Song nicht bewusst neu eingespielt; es geschah zufällig. Wir jammten im Studio, während die Aufnahme lief. Ich glaube, unser Manager Bruce Payne war derjenige, der behauptete, es würde sich genaso gut wie die Urversion anhören, also mogelte es sich sozusagen von selbst auf die Platte, und zwar mit Nachdruck!"*

Child In Time (The story of a loser - it could be you) • Da es bei Shows bereits zu majestätischer Pracht ausgewachsen war, hätte *Child In Time* im gefühlskalten Ambiente eines Studios ohne weiteres an Lebendigkeit einbüßen können, doch nichts da: Deep Purple brachten den vielleicht beständigsten Track des Albums zuwege – fünf äußerst kunstfertige Einzelleistungen, die zusammen ein Meisterwerk bildeten.

Orgel Der Klang des Instruments gibt zu Beginn die Stimmung vor und setzt einen bestechenden Kontrast zu allen anderen Songs des Albums. Nachdem Gillan zu singen angefangen hat, beschränkt sich Lord auf Grundakkorde, mit denen er harmonisch arbeitet, ehe er für die zweite Hälfte der ersten Strophe eine Oktave höher ansetzt. Indem er die Akkordstruktur umspielt, baut er während der lautmalerischen Gesangsparts Spannung auf und verleiht der Bolero-artigen Sequenz, die zu Blackmores Solo überleitet, militärischen Pomp. Dann rückt die Orgel unauffällig in den Hintergrund um begleitende Farbtupfer einzustreuen.

Statt den zweiten Teil des Stücks wie den ersten einzuleiten, improvisiert Jon anhand der Ausgangsmelodien und erweitert sie stilsicher. Zudem setzt er sich deutlicher gegen Gillans gesanglichen Ausdruckstanz durch als zuvor und der Spannung noch einen drauf. Umso einschneidender wirkt danach der Wechsel zu E-Moll, der das bombastische Finale vorbereitet. Die Orgel greift die Hauptmelodie auf und reißt die anderen Instrumente zu dem chromatischen Aufstieg mit, der dem großen Schlussmoment vorausgeht.

Gesang Text und Vortrag kommen von Herzen, zeugen von völliger Hingabe und Feuereifer. Auf den Bandhüllen sind zwei Gesangsspuren notiert, doch es hört sich nach einer einzelnen an. Ian erbringt in diesem Song – ja eigentlich auf dem ganzen Album – eine sehr eigensinnige Leistung, wie sie nur wenigen Rocksängern gelingt. Sein „Oh" und „Ah" prägt nicht nur *Child In Time*, sondern auch jede beliebige andere Purple-Nummer maßgeblich, und wohingegen sich andere Frontmänner durch gelegentliche Schreie hervortaten, erhob Gillan sie durch den den Oktavsprung in drei Tönen am Ende jeder Strophe zu einer Kunstform.

Man möchte gern wissen, wie er das schaffte. Im Melody Maker gab es allwöchentlich eine Rubrik mit Leserfragen, zu deren Beantwortung die Redaktion die betreffenden Musiker hinzuzog. Eine gewisse Melanie von der Isle of Wight schrieb einmal: *„Wie kriegt Ian Gillan diese durchdringenden Kreischlaute in Child In Time auf Deep Purple In Rock hin?"*

„Danke für die Blumen", entgegnete der Sänger, „aber ich habe selbst nicht die leiseste Ahnung, wie das funktioniert. Dennoch finden viele Leute es unglaublich und haken nach. Es ist ein simpler Gesangstrick, den ich bei jedem Konzert anwende, obwohl er die Stimmbänder ernstlich angreift. Ich habe ihn nie irgendwo gelernt, vermute aber, dass er leichter fällt, wenn man enge Hosen trägt!

Mit dem Alter fand Ian eine wohl vernünftigere Erklärung: „Vor

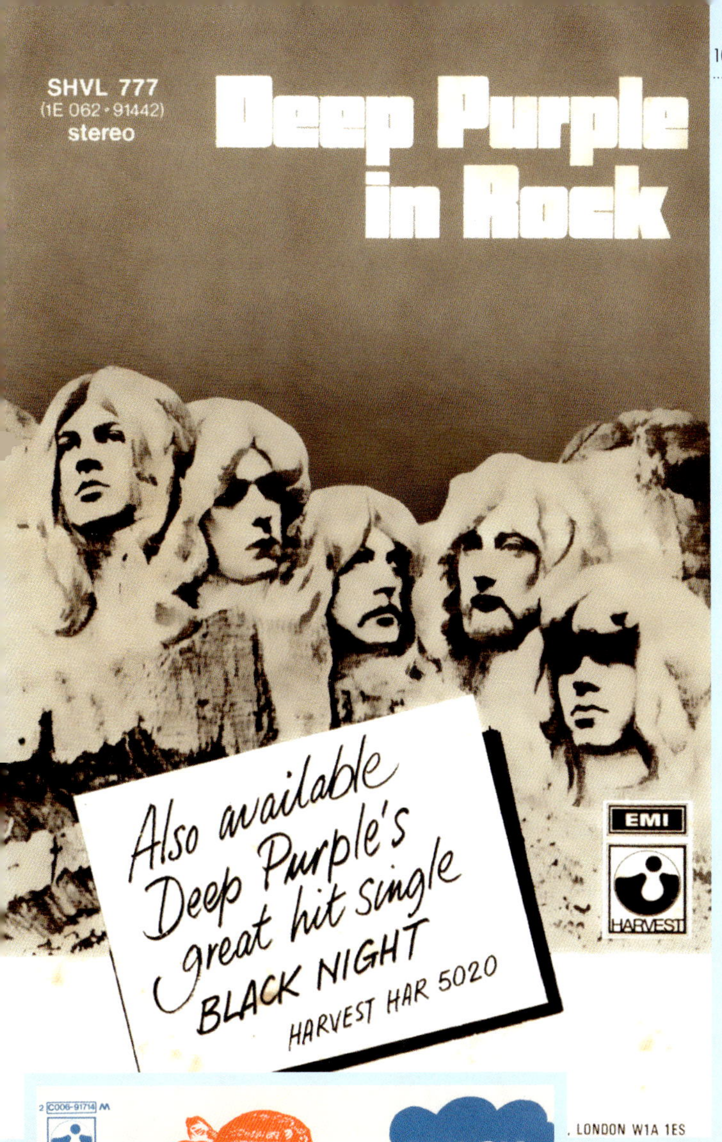

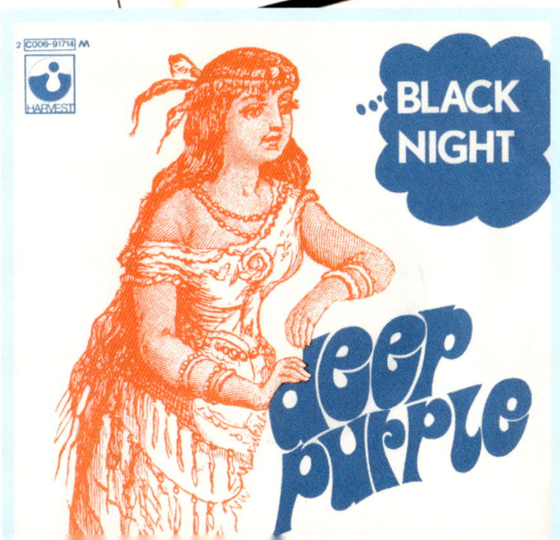

Anzeige aus dem Programm zum Event South Bank Pops, September 1970.

Eigensinnige Single-Gestaltung in Frankreich: viktorianische Ästhetik im Verbund mit einem psychedelischen Schriftzug.

unserem Einstieg bei Deep Purple gehörten Roger Glover und ich ja Episode Six an, die quasi eine Rockband mit Satzgesang waren. Falls mir nicht die Leitmelodie innerhalb der sechsstimmigen Arrangements zufiel, übernahm ich das höchste Begleitregister, die ich sowohl mit herkömmlichem Falsett abdeckte als auch mit Schreien, wie man es schließlich nannte.

Im Grunde reizte ich lediglich meinen Stimmumfang aus, indem ich versuchte, so hoch wie möglich zu kommen, ohne die Kontrolle zu verlieren. Der Ausdruck ‚Schrei' suggeriert fehlende Beherrschung, doch ich fasste ihn als Mittel zur Erweiterung der harmonischen Möglichkeiten auf. Schiefes Gegröle hätte nichts gebracht.

Als ich dann zu Purple kam, fand ich es logisch, diese Technik für die Melodien anzuwenden. Stieß ich an die Grenzen meines naturgegebenen Stimmvolumens, bemühte ich mich, einfach so fließend umzuschalten, wie ich konnte, um noch höher zu kommen. Erfunden habe ich das wahrscheinlich nicht; es ergab sich eben irgendwie."

Trotz des späteren Bruchs zwischen den beiden lobte Ritchie die Performance des Sängers in diesem Song auch nach Jahren noch. *„Child In Time ist Weltklasse. Vermutlich wäre niemand außer Ian Gillan den Anforderungen gewachsen gewesen. Es geschah in drei Stufen, so ähnlich wie bei Opernsängern. Er stand in vollem Saft und war der Einzige, der so – diese Oktavsprünge – durchziehen konnte."* (RB in Guitar World, Dezember 1996)

Den Text sollte man auch nicht unter den Tisch kehren. Da er so allgemeingültig ist, lässt er sich auf zahlreiche Ereignisse weltweit im Lauf der Jahrzehnte beziehen. Ian: *„Child In Time richtet sich nicht gegen Krieg, sondern gegen Dummheit. Er ist unausweichlich, sie nicht. Das ausgelassene Komma im Titel führte zu falschen Auslegungen, und wie so oft war das Reimschema wichtiger als der Inhalt."* Diese Bemerkung betrifft die erste Zeile „Sweet child(,) in time you'll see the line" …

Gitarre Blackmore, der eine Gibson spielt, flankiert die Orgel im Intro sachte. Seine Begleitung aus drei Akkorden zieht sich in ihrer Schlichtheit durch die Strophe, wobei er Jon zu Recht das Mäandern überlässt. Allmählich drängt er sich weiter vor, steigt schwungvoll in den Bolero-Part ein und leitet eruptiv mit einer Melodie zum Hauptsolo über.

Selbiges ist mit etwa 1:45 Minuten nicht allzu lang, also verdichtet er die besten Ideen und eingängigsten Licks, die er live erprobt hat, zu einer strukturierten, klassischen Tour de Force. Diese zeugt von technischem Können wie Erfahrung. Die Elemente sind durch fließend melodische Läufe nahtlos verbunden, der Aufbau ist tadellos, und das Tempo genau richtig, sodass man am Ende atemlos dasitzt. In Anbetracht der gewaltigen Sprünge, mit denen sich das Gitarrenspiel generell seit damals entwickelt hat, bleibt dieses Solo weiterhin eine Machtdemonstration. 1970 müssen anderen Musikern beim Hören reihenweise die Kiefer heruntergeklappt sein. Blackmore spielte praktisch in seiner eigenen Liga, weshalb man kaum etwas Vergleichbares von anderen bekannten Gitarristen seinerzeit findet.

Im September 1976 schrieb das Magazine Guitar Player, das Solo gehöre zu denjenigen, die man unbedingt kennen muss. *„Es erschlägt einen geradezu: Das Tempo ist so hoch, dass man nicht dazu kommt, sich zu fassen. Man muss die Fetzen fliegen lassen, und das tut Blackmore. Er opfert ausgeklügelte Harmonien, um die manische Energie aufrechtzuerhalten. Purple lassen ihre Muskeln spielen, und nur einem Vollprofi gelingt in einer solchen Situation ein Solo, das schlüssig klingt.“*

Ritchie ging 20 Jahre später auf sein Arpeggio-Lick ein. „Live spielte ich es manchmal viel schneller als auf dem Album. Ich war Tempofanatiker, Paicey auch. Dummerweise folgte nach dem Solo eine Unisono-Passage, und der Geschwindigkeit sind Grenzen gesetzt, außer man geht zu Tappings über, die ich aber prinzipiell nicht einsetze. Es handelt sich lediglich um ein A-Moll-Arpeggio, gespielt nur mit Abwärtsschlägen. Versuch mal, das hinzubekommen, wenn du zehn Scotch intus hast! Schwierige Sache.“ (RB in Guitar World, Dezember 1996)

Des weiteren nannte er sein Solo in der Vergangenheit „ziemlich gewöhnlich“, wobei ihm so mancher widersprechen dürfte. Bei einer Abstimmung, um den Song mit dem besten Blackmore-Solo zu küren, gewann auf der Webseite der Deep Purple Appreciation Society *Child In Time* von *In Rock* mit weitem Abstand und mehr Stimmen als Platz zwei und drei zusammengenommen, die Live- (*Made In Japan*) und Studioversion (*Machine Head*) von *Highway Star*.

Schlagzeug Nach ein wenig freiem Geklapper auf seinen Becken tritt Ian Paice leise die Bassdrum, um die Akkorde gegen Ende des Intros hervorzuheben. In der Strophe nimmt er die Hi-Hat hinzu, sodass sich ein unterschwelliger, kaum wahrnehmbarer Beat abzeichnet, bevor er während der hohen Gesangseinlagen auch die Snare schlägt. Seine Verzierungen belaufen sich in *Child In Time* auf knallige Single-Strokes und als Zugabe ein paar Ruffs (eine Grundtechnik beim Schlagzeugspielen), die stark an Mitch Mitchells Stil erinnern. Für das Bolero-Segment ab 3:20 bleibt ihm wenig Spielraum, weshalb er das Hauptthema bloß mit der Snare akzentuiert, ehe er das Gitarrensolo mit einem zackigen 32tel-Roll ankündigt. Man achte auf den lässigen Shuffle ab 4:00, in dem sich Ians natürliches Gespür für Musik mit Blues-Bezug äußert.

Das Schlagzeug ist wie in Speed King vielleicht einen Tick zu leise abgemischt; zu hören, inwieweit es der Aufnahme mehr Wucht verleihen würde, wenn es weiter im Vordergrund stünde, wäre interessant.

Bass Schnell hat man übersehen, welchen Beitrag Roger Glover zu diesem Stück leistete. Er spielt nicht mehr, als *Child In Time* braucht, und garantiert eine feste Erdung, statt zu versuchen, Leerstellen auszufüllen, die sich von selbst ergeben haben, oder mehr Noten hineinzuquetschen. Das G-G-A, G-G-A, F-F-G der ersten Strophe greift er in hoher Lage, ungefähr am zwölften Bund, und springt dann zwei Oktaven abwärts, um Ian Gillans dreistufigem Schrei ein sattes Fundament zu verleihen. Im weiteren Verlauf wird der Bass lauter, da simple Dreitonakkorde angeschlagen werden. Glover nimmt sich in der Überleitung zum Gitarrensolo improvisatorische Freiheiten heraus, begnügt sich aber schließlich mit gleichmäßig flotter Begleitung. Diese war auch angemessen, denn ansonsten wäre Blackmore beim Overdubben des Solos weniger flexibel gewesen.

Der Bass bleibt bis zum Ende des Songs präsent und trägt im chromatischen Finale eine wichtige Unterstützerrolle. Er klingt mit einem kurzen, zarten Geigen-artigen Ton aus.

Child In Time eignete sich mit knapp über zehn Minuten Länge eigentlich nicht als Single, doch Harvest koppelten das Stück in Belgien und mehrmals auch den Niederlanden aus, indem sie je eine Strophe auf eine Plattenseite pressten (siehe Diskografie). Bei Konzerten wurde es bis Mitte 1970 in der Regel an dritter Stelle geboten, ab April des Folgejahres dann als viertes.

Auf der Bühne wurde der Song zwar als Gitarrenspielwiese berühmt (größtenteils wegen der Version auf *Made In Japan*), doch Ritchie erlaubte schon kurz nach der Entstehung ein Keyboardsolo mitten in seinem eigenen, sodass *Child In Time* bisweilen fast 20 Minuten dauern konnte. So ging es bis Frühjahr ’72 zu. Jon brachte seine Einflüsse aus Jazz und Klassik ein, dann spielte er mit Blackmore im Wechsel, bevor dieser wieder allein übernahm. Die Struktur des Songs wurde zur Verstärkung der Dynamik verändert, weshalb er live mit der Zeit immer eindrucksvoller wurde.

Nach der Veröffentlichung von *Who Do We Think We Are* wurde *Child In Time* ab Anfang Januar 1973 bei Auftritten durch *Mary Long* ersetzt, das auf jenem Album enthalten war, aber für die letzten Shows von Mk 2 in Japan wieder ausgegraben. Nach Gillans Ausstieg verschwand die Nummer endgültig. Im Zuge seiner Rückkehr 1984 brachte die Band sie hin und wieder live, was davon abhing, ob sich der Frontmann ihr gewachsen fühlte. Später

the second coming of DEEP PURPLE

Deep Purple is currently just about the hottest group in England.

Deep Purple's latest album, "DEEP PURPLE IN ROCK," reached No. 1 on the British charts.

So did "BLACK NIGHT," the quintet's newest single.

Now they're both making noise on these shores.

Pittsburgh's KQV is charting "BLACK NIGHT" at No. 9 and a lot of other stations (KJR, KADI, WIXZ, WHOT, WMMS-FM, WNCR-FM) are rediscovering Deep Purple's singles knack.

Shades of 1968 and their four big hits that year.

Shades of Deep Purple.

It's their second coming: "BLACK NIGHT" (Warner Bros. 7405) and "DEEP PURPLE IN ROCK" (Warner Bros. 1877).

Deep Purple comes again on Warner Bros. Records (and Warners tapes, distributed by Ampex).

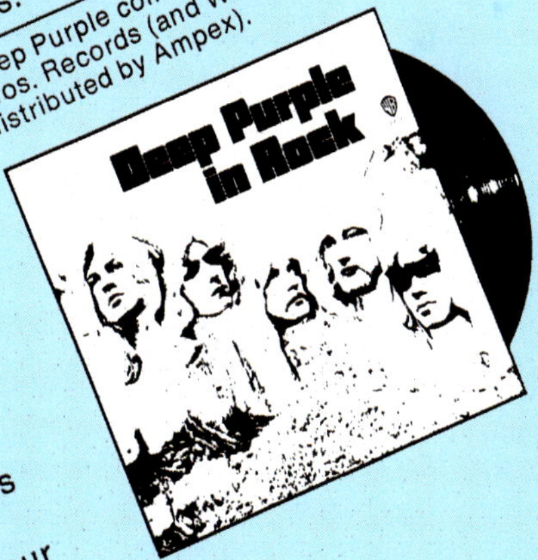

Großhandelswerbung für Album und Single in den USA. Unten: Warners Promo-Pressung von Black Night.

Die Wiedergeburt von Deep Purple

Deep Purple sind momentan so ziemlich die heißeste Band Englands. Ihr aktuelles Album DEEP PURPLE IN ROCK gelangte auf den ersten Platz der britischen Charts. Die neue Single des Quintetts, BLACK NIGHT, schaffte dies ebenfalls. Beide Veröffentlichungen sorgen nun auch hierzulande für Furore.

In den Radiocharts von KQV steht BLACK NIGHT auf #9, und viele andere Sender (KJR, KADI, WIXZ, WHOT, WMMS-FM, WNCR-FM) entdecken die alten Singles der Band wieder.

Shades Of Deep Purple erschien 1968 und warf im selben Jahr vier große Hits ab.

Dies nun ist ihre Wiedergeburt: BLACK NIGHT (Warner Bros 7405) und DEEP PURPLE IN ROCK (Warner Bros 1877).

Deep Purple kommen von Warner Bros Records auf LP und Kassette, vertrieben von Ampex.

unterstützte Jon die Schreie dezent mit der Orgel, falls nicht sogar Gesangssamples. Schlussendlich ließ es Ian ganz bleiben, nicht nur zur Schonung seiner Stimme, sondern auch wegen gewisser Kreise, die das Stück als Relikt aus der Vergangenheit ansahen, das jüngeren Hörern weniger bedeute.

Flight Of The Rat (just to remind you there are other ways of turning on) • Der stürmische Opener der zweiten Seite ist die textlich wie musikalisch anspruchsvollste Komposition des Albums. Blackmore stellt das simple Hauptriff, das aus deftigen Powerchords besteht (A, G und D) vehement durch mehrmalige Wiederholung vor. *Flight Of The Rat* zeichnet sich durch ein hohes Tempo und effektvoll triolische Schlagzeug-Fills aus (die Drums klingen aufgrund produktionstechnischer Beschränkungen abermals dürftig, wenn auch transparent genug, um Paices Verve deutlich zu machen).

Gillan hält einige Töne länger, um Akkordwechsel zu begleiten, und seine stellenweise gedoppelte Stimme fügt sich harmonisch in den instrumentalen Hintergrund. Zwischen der ersten Strophe und dem Refrain gibt es eine Bridge, in der Ritchie zu einem gleichbleibenden Akkord mehrmals hintereinander schnelle Notenfolgen spielt, die zusammengenommen in die zweite Strophe überleiten. Nach diesem Muster geht es weiter, bevor die Band ein paar Takte lang einen Ton höher auf B wechselt, während Gillan singt. Die nächste Überleitung besteht aus fünf mal drei hochgezogenen Gitarrennoten. Für die dritte Strophe kehren die Musiker in die ursprüngliche Tonart zurück, aber nur vorübergehend: Das brausende Orgelsolo beginnt wieder in B und gleicht einem tänzelnden Galopp über die Tasten. Jon wandelt seine rockigen Phrasen immerzu ab, rutscht mit den Händen übers Manual und spielt lange Läufe, die in wildes Gezische ausufern. Sie gemahnen deutlich an das, was er auch auf der Bühne bringt. Über eine in Halbtönen absteigende Akkordsequenz, die der Rest der Gruppe wiederholt, legt Lord eine prägnante Melodie, die sein Solo abschließt. Nach einer kurzen, aufsteigenden Tonfolge kommt Ritchie zum Zug.

Er fängt mit einem einfachen, rhythmischen Motiv und wirkungsvoll eingesetztem Vibrato an, wobei er vorübergehend in eine etwas höhere Lage wechselt. In Hinblick auf das Tempo des Stücks hätten Blackmore und Lord auf extrem schnelle Läufe setzen können, doch ihre solistischen Improvisationen stehen im Einklang mit dem Arrangement, was während der Aufnahmen im Studio schwierig umzusetzen gewesen sein muss. Noch eine aufsteigende Tonfolge mit Bendings, dann folgt ein schmatzender Zwischenteil, wofür die Gitarre gedoppelt wurde, jeweils mit gedämpften Saiten und Wah-Wah-Effekt passend zu einem funky Drum-Groove.

Paices großartige Einwürfe, die Bigband-Zeiten wiederaufleben lassen, provozieren einen knackigen Funk-Jam. Jon interpretiert Ritchies vorangegangenen Zwischenteil auf seine Weise und spielt synchron zum Schlagzeug. Diese rhythmisch geprägte Passage tauchte eine Zeitlang auch live in *Mandrake Root* auf.

Schließlich gibt Paice richtig Gas, einmal mehr mit seinem Markenzeichen, den 32tel-Rolls, und die Reprise beginnt. Gillan täuscht das Ende vorzeitig an, indem er inniglich „please stay away“ fleht, doch kaum ist seine Stimme verklungen, entwickelt der Schlagzeuger einen Beat auf den Toms, wozu Bassdrum und Snare scheinbar willkürlich ertönen, bis man glaubt, vor einer regelrechten Soundmauer zu stehen (eine Idee, die auf der Bühne während *Paint It Black* aufkam). Ian zieht das Tempo fast 40 Sekunden lang bis zum Gehtnichtmehr an, was ihm durch eine unaufhörliche triolische Hand-Fuß-Kombination gelang, die in einer traditionellen Figur gipfelt: Snare, Tom und Bassdrum im schnellen Wechsel. Was aus heutiger Sicht abgeschmackt klingen mag, strahlte damals eine Schönheit und Unschuld aus, die erst noch überboten werden musste.

Zwei abschließende, nachhallende Akkorde von Orgel und Saiteninstrumenten, ein Beckenschlag, und es ist vorbei.

Ian Gillan erläuterte seine Gedanken für den Text: *„Zu jener Zeit machte der lümmelhafte Knabe in mir den nächsten Schritt seiner Entwicklung dorthin, wo ich heute stehe. Durch Deep Purple veränderte sich mein Leben grundlegend, und ich musste lernen, damit umzugehen. Ungefähr ein Jahr vorher hatte ich mit dem Meditieren begonnen, nun fand ich langsam Gefallen daran. Recht primitiver, laienhafter Kram war das zunächst, doch ich schöpfte Hoffnung daraus, weil ich mich bis zu einem gewissen Grad in den Griff bekam; bis dahin hatte ich geglaubt, über alles Bescheid zu wissen – ah, die Einfalt der Jugend. Wenn ich mir die meisten [meiner] frühen Songs vor Augen halte, kommen sie mir sympathisch naiv vor, und dieser Versuch, meine seelischen Abgründe zu überwinden, war durchaus erhebend.“*

Die Band spielte *Flight Of The Rat* nie live, was laut Roger an ihrem Drummer lag. *„Ich hätte es unheimlich gern gebracht, doch Paicey hasste es – also nicht den ganzen Song, nur den Rhythmus. Einmal vor einigen Jahren haben wir es probiert, doch er meinte: ‚Nö, ich will das nicht spielen.‘“*

Anfang 1971 kam das Stücks exklusiv nur in Neuseeland als Single heraus (als B-Seite fungierte die Mk-1-Nummer *And The Address*).

Hit Talk by OZ OSBOURNE of Black Sabbath

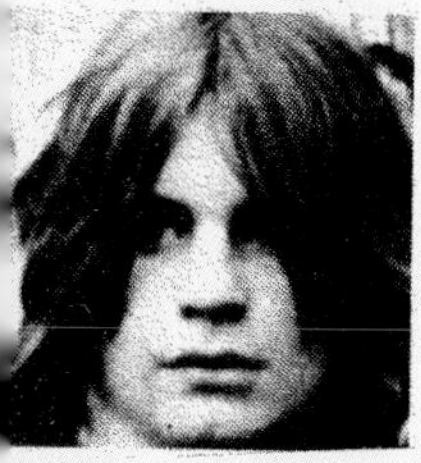

Aretha Franklin is the reatest; she has such a eautiful voice. A very nice ecord.

The **Deep Purple** record s really good. It's about ime groups like this had look in the chart. Up to ow it's been all Tamla and ubblegum that's made the hart.

I like **Family's** record; hey're a good band. Not heir best but still all right.

Tremeloes record is really reat. It's almost like a oor man's Beatles track ut I like it a lot.

Richard Green

DEEP PURPLE IN ROCK (Harvest)

THE album that put Deep Purple back on the right tracks after their brief flirtation with the classics.

All the guts and force of the group come to the boil and erupt in an ear-splitting frenzy. But quality is not sacrificed for volume and, as usual, the music is of a high standard — Richie Blackmore excelling on lead guitar.

Ian Gillan's voice control deserves praise, especially on "Child In Time" with its amazing crescendos and partly on the strength of that track he was chosen for the "Jesus Christ Superstar" album. Good, meaty rock all the way.

AN EXCITING MONSTER ROCK ALBUM FROM DEEP PURPLE

"DEEP PURPLE IN ROCK." Rock being the operative word. Ritchie Blackmore's gutsy guitar tears its way through the album, dominating it, and Jon Lord keeps very much to the role of backing musician. When he does contribute his delicate and thoughtful pieces, he uplifts what is generally a very fine sound.

Their wild "Speed King" is a conglomeration of early rock-n-roll lyrics strung together, and is in line with other groups looking back to their roots. At times the album is "Nice-ish" but on the whole a monster album and very exciting (Harvest). ★★★★

eep Purple in Rock. . . . SHVL 777

On the whole, Jon's attempt to x the group and an orchestra in his Conrto worked pretty well; it was certainly enjoyable evening and I like listening the LP when I am in the right mood. The w album "Deep Purple in Rock" is really ry good indeed.

This time they have really "got together, man". They set out to produce ure rock album, and they certainly sueded – it is loud, aggressive, thumping, yous music that takes you along with it. ally exhilarating. Even in the gentler ments, like on "Child in Time", there a tremendous sense of latent power, as they are about to explode again any min. This album is bursting at the seams th ideas but, in contrast to the earlier uff, it is all worked into context subtly d naturally so that it doesn't sound conived or "look-at-us-we-can-play-lots-different-things". Some people tend to mpare them to the dread Zeppelin, but at isn't really fair. I can't honestly find ch beneath the knicker-wetting, lemonueezing, and plastic climaxes of the ant/Page cockrock combo, and though rt of Deep Purple's more obvious appeal lies in their musical sex-drive, there a lot more to them than that. Everyone contributing so much to the music that neath the excitement there are a lot of teresting things happening. Technically d emotionally, "Deep Purple in Rock" one of the most exciting, articulate, d enjoyable rock albums I've heard, cerinly by a British group.

Steve Peacock

DEEP PURPLE: "Deep Purple In Rock." (Harvest). A stunningly good album from a group that proves several things on it: 1. That rock, given a fresh stab and alert material, is still one of the most rewarding areas of contemporary music. 2. That it need not all be frenzy, but can also reach out and project a message when it's cool and wistful. 3. That Ritchie Blackmore is not merely a fast guitarist, but one with immense style and presence. The recording quality here is so good that, perhaps for the first time, the textures of some fine instrumentalists, and let's not forget a powerful singer, are given the correct emphasis. On "Child In Time," Ian Gillan's blistering vocal, moralising in too-general terms about the State Of Things, is matched only in style by Blackmore's masterly guitar work which is completely in context. His sympathy with the mood of each work throughout this album is quite remarkable. Jon Lord's exciting work at the organ is another strength and as a unit they are perfectly integrated. A magnificent album, which no enthusiast of today's music dare miss. — R.C.

DEEP PURPLE: "In Rock" (Harvest SHVL 777).

Yerse . . . very 'eavy, just in case you thought the DP5 lads had taken a trip back to the boppin' fifties when Waxie Maxie was a groupie(!). Certainly they take a few well-tried lines from a few of those old twelve bar things on "Speed King", but they never came out like this before. Some nice things emit from Ritchie Blackmore on guitar and Jon Lord on organ but the overall product seems to be over-fussy and *too* heavy. Subtlety can be far more exciting.

Deep Purple's "Black Night" sounds very familiar. Vocals slide around with a backing which chugs along. Deep Purple fans will love it **(Harvest).**

DEEP PURPLE: Black Night (Harvest). One of those complex, deep-thinking progressive groups who necessarily take a little time to get their musical message across — which is why Purple has fared so well with albums.

To condense all they have to offer into three minutes is asking a lot. But the boys have well nigh succeeded with this heavy rocker.

Based on a simple yet penetrating riff, it's outstanding for some mind-blowing lead guitar breaks. And the hand-clapping beat injects a touch

Into The Fire (out of the frying pan) • Wegen seines getragenen Charakters (*Child In Time* hin oder her) ist dies das unauffälligste Stück auf In Rock. In seiner Geradlinigkeit erzeugt es gehörigen Druck, weshalb es zu den nur drei Tracks gehörte, die Purple regelmäßig bei Konzerten spielten.

Den Einstieg begehen alle Instrumentalisten gemeinsam. Das Riff ist simpel, und rasch stellt sich ein pulsierender Unterbau für die Stimme ein, größtenteils befeuert von Gitarre und Bass. Der relaxte Groove mit satt scheppernder, halboffener Hi-Hat ist typisch für die 1970er. Paice orientiert sich genau an den Riffs und weicht die Struktur nicht auf, sondern trommelt im Einklang mit dem Rest der Mannschaft (weniger disziplinierte Zeitgenossen hätten den Fehler gemacht, sich gehen zu lassen), die deshalb umso besser aufeinander eingespielt wirkt und flockig im Funk-Stechschritt zockelt.

Der Text richtet sich ausdrücklich gegen Drogenkonsum, wie Gillan auf seiner Webseite betont. „Ein sehr seltsamer, argloser Antidrogensong. Wir alle sind in Milieus aufgewachsen, wo viel [Alkohol] getrunken

Hit Talk by OZ OSBOURNE of Black Sabbath

Hit Talk mit Oz Osbourne von Black Sabbath
Aretha Franklin ist die Größte; sie hat eine wunderschöne Stimme. Eine ausgezeichnete Platte.
Die Deep-Purple-Scheibe ist echt klasse. Wird Zeit, dass solche Bands in den Charts landen. Die wurden ja bisher nur von Motown und Bubblegum-Pop bestimmt.
Die Single von Family mag ich; das ist eine gute Band. Sie hat zwar schon Besseres gemacht, aber das Ding läuft prima rein. Die Nummer der Tremeloes ist spitze. Ein bisschen Möchtegern-Beatles, aber ich stehe drauf.

Richard Green - Deep Purple In Rock (Harvest)
Das Album, das Deep Purple nach ihrem kurzen Flirt mit Klassik zurück in die Spur bringt.
Die Band steigert sich mit reichlich Mumm und Pep in eine schiere Lärmorgie hinein. Geräuschpegel und Qualität verhalten sich jedoch nicht umgekehrt proportional, denn die Musik ist wie gewohnt von höchster Güte.
Ritchie Blackmore brilliert als Leadgitarrist, und was Ian Gillan mit seiner Stimme anstellt, gebietet Hochachtung, vor allem in Child In Time mit seinen erstaunlichen Schreien. Nicht nur aufgrund der Stärke dieses Tracks wurde er für das Album zu Jesus Christ Superstar ausgewählt. Guter, zupackender Rock durch und durch.

Ein aufregendes Monster von einem Rockalbum
Deep Purple In Rock. Die Betonung liegt hier auf „Rock". Ritchie Blackmore fräst sich mit kraftvollem Gitarrenspiel tonangebend durchs ganze Album, während Jon Lord praktisch den Zuarbeiter im Hintergrund mimt. Wenn er dann feingliedrige, gedankenvolle Momente herbeiführt, wertet er den insgesamt sehr edlen Sound weiter auf.
Das wilde Speed King verkettet Zitate aus alten Rock 'n' Roll Schoten und geht mit dem Drang anderer Gruppen einher, ihren Wurzeln nachzuspüren. Gelegentlich erinnert das Album an The Nice, doch alles in allem kann man nur von einem wahnsinnig spannenden Monster sprechen. ****

Deep Purple In Rock … SHVL 777
Im Großen und Ganzen war Jons Concerto ein recht gut gelungener Versuch, die Band und ein Orchester zusammenzuführen; jedenfalls hat man sich an dem Abend gut unterhalten, und ich höre die LP je nach Stimmungslage gerne. Das neue Album Deep Purple In Rock ist wiederum wirklich über alle Zweifel erhaben.
Diesmal stimmt wirklich alles, wie man so sagt. Die Jungs hatten den Vorsatz, reinen Rock zu machen, und das ist ihnen fürwahr gelungen – es kracht, wütet und poltert, dass man aus dem Häuschen gerät und mitgeht. Sehr erfrischend. Selbst in den ruhigeren Passagen, etwa während Child In Time, brodelt es unterschwellig, als breche jeden Augenblick wieder die Hölle los. Die Scheibe quillt vor Ideen nur so über, doch im Gegensatz zu ihren älteren Sachen spürt man einen subtilen, ungezwungenen Zusammenhang, weshalb nichts gestelzt wirkt, als wollten sie beweisen, wie vielseitig sie sind. Die mancherorts aufgekommenen Vergleiche mit den elenden Led Zeppelin sind eigentlich ungerecht, denn der Macho-Rock von Page und Plant klingt offengestanden wie ein vorgetäuschter Orgasmus, auch wenn sich alle Welt ihretwegen ins Höschen macht. Deep Purples Musik versprüht auf den ersten Hör zwar auch Sexappeal, doch steckt dahinter weit mehr. Jedes Mitglied trägt eine ganze Menge bei, und über die fiebrige Stimmung hinaus passiert viel Spannendes. Sowohl in technischer als auch emotionaler Hinsicht gehört Deep Purple In Rock zu den aufregendsten, ausdrucksvollsten und erfreulichsten Rockalben, die ich je gehört habe, gerade von einer britischen Band.
Steve Peackcock

Deep Purple In Rock (Harvest)
Ein verblüffend gutes Album einer Gruppe, die mehrere Tatsachen beweist. 1.: dass Rock, wenn ihm aufgeweckte Komponisten einen frischen Anstrich verleihen, immer noch eines der ertragreichsten Gebiete zeitgenössischer Musik ist. 2.: dass nicht alles Geplärre sein muss, sondern auch ein Gefühl und Botschaften möglich sind, etwa wenn Wehmut cool verpackt wird. 3.: dass Ritchie Blackmore nicht nur schnell spielen kann, sondern auch ein überdurchschnittlich stilsicherer und charismatischer Gitarrist ist. Die Aufnahme klingt so gut, dass vermutlich zum ersten Mal durchschimmert, welche Vorzeigeinstrumentalisten hier am Werk sind, nicht zu vergessen ihr stimmgewaltiger Sänger. Ian Gillans berührender Performance in Child In Time, auch wenn er vorherrschende Zustände auf moralischen Allgemeinplätzen anprangert, droht einzig Blackmores Gitarrenarbeit die Schau zu stehlen. Sie steht völlig mit dem Kontext im Einklang. Sein Händchen für die jeweilige Stimmung der Stücke auf dem Album ist ziemlich bemerkenswert. Jon Lords fesselnde Darbietung gehört gleichsam zu den Stärken dieser Gruppe, deren Mitglieder alle fest eingespannt sind. Ein prächtiges Album, das kein Freund aktueller Musikströmungen verpassen darf. – R.C.

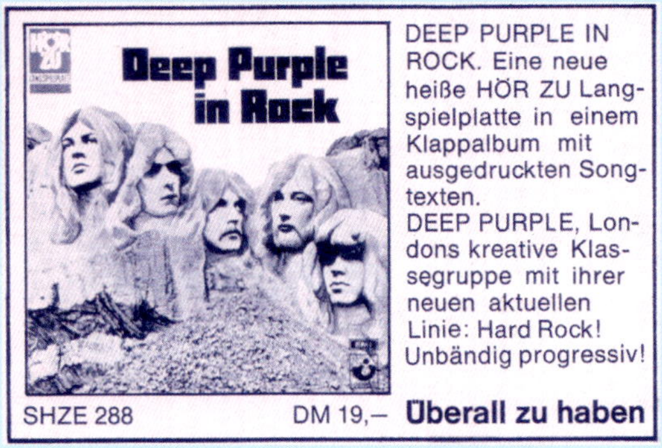

DEEP PURPLE: In Rock (Harvest SHVL 777)
Heißa … unerhört heavy, falls jemand erwartet hat, die Herren wollten einen auf Fifties-Teenybopper machen, in denen Waxie Maxie noch kein Plattenladen, sondern ein Groupie war. Sicher, Deep Purple greifen einige zeitlose Textzeilen jener alten Zwölftakt-Schoten auf, doch so wie in Speed King hat man das noch nie erlebt. Ritchie Blackmore und Jon Lord zaubern mit Gitarre und Orgel manch interessante Töne, doch insgesamt geschieht hier einfach übertrieben viel, und die Chose ist zu heavy. Weniger ist manchmal eben viel mehr.

Deep Purples Black Night klingt sehr vertraut: eleganter Gesang, zuckelnder Rhythmus – Fans der Band werden begeistert sein. (Harvest)

Deep Purple: Black Night (Harvest). Eine dieser vertrackten, verkopft progressiven Bands, die notwendigerweise etwas länger brauchen, um sich mitzuteilen. Aus ebendiesem Grund funktionieren Purple auch so gut auf Alben.
Alles auf drei Minuten einzudampfen, was sie zu bieten haben, ist ein ehrgeiziges Unterfangen, im Falle dieses harten Rockers aber beinahe gelungen.
Während das simple Riff zwar zur Eingängigkeit beiträgt, ragt das Stück wegen mehrerer faszinierender Leadgitarren-Breaks heraus, und durch den Rhythmus, der zum Klatschen auffordert, schwingt ein Hauch von Massentauglichkeit mit.

Abgesehen von Richard Greens Rezension im Rahmen einer Rückschau auf die besten Alben 1970 in einer Ausgabe des NME im darauffolgenden Frühling handelt es sich hierbei um Kritiken aus der Zeit kurz nach der Veröffentlichung von In Rock. Steve Peacock schrieb für ZigZag; einer der zwei Texte zur Single stammt von Ozzie und erschien in einer Zeitungsrubrik, die Meinungen von Musikern zu Neuerscheinungen bot, der andere aus Disc & Music Echo. Anfang der 70er wurden Reviews von Alben, die sich im vorangegangenen Jahrzehnt oft auf wenige Zeilen belaufen hatten, zusehends länger, so wie das Format an Geltung gewann. Durch einen deutlichen Zuwachs des Werbeanteils erhöhte sich die Seitenzahl von Magazinen mit der Zeit drastisch, sodass man aktuellen Tonträgern mehr Platz einräumen konnte. Unterdessen inspirierte ein Foto von Ian Gillan auf der Titelseite des Melody Maker diese Illustration auf einem Kaugummiautomaten!

[Charts, die staunen machen: Der Begriff „Progressive" war im Zusammenhang mit Rockmusik spätestens 1968 gängig, genauso wie „Underground". Jazz hatte man schon zuvor progressiv genannt, und in diesem Sinn war die Anwendung des Adjektivs auf Rock ebenfalls zu verstehen. „Prog Rock" bezeichnet erst später eine konkrete Spielart, und die Bedeutung wandelte sich.]

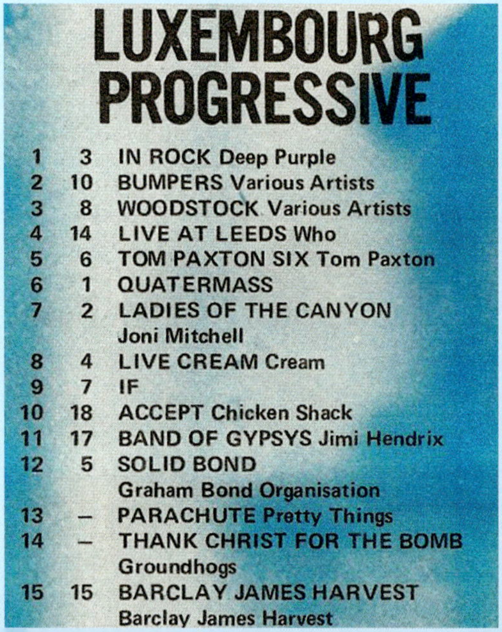

LUXEMBOURG PROGRESSIVE

1	3	IN ROCK Deep Purple
2	10	BUMPERS Various Artists
3	8	WOODSTOCK Various Artists
4	14	LIVE AT LEEDS Who
5	6	TOM PAXTON SIX Tom Paxton
6	1	QUATERMASS
7	2	LADIES OF THE CANYON Joni Mitchell
8	4	LIVE CREAM Cream
9	7	IF
10	18	ACCEPT Chicken Shack
11	17	BAND OF GYPSYS Jimi Hendrix
12	5	SOLID BOND Graham Bond Organisation
13	–	PARACHUTE Pretty Things
14	–	THANK CHRIST FOR THE BOMB Groundhogs
15	15	BARCLAY JAMES HARVEST Barclay James Harvest

3 months to make chart, but now,

Es stieg erst nach drei Monaten in den Charts ein, ist aber jetzt Aufsteiger der Woche.

wurde." Vorgetragen wird er voller Inbrunst und Zuversicht. Die Vocals wurden gedoppelt, was im Mix aber kaum auffällt, zumal die zweite Stimme nicht der Harmonisierung diente, sondern nur die Durchsetzungskraft erhöhte. Es gibt nur ein Gitarrensolo, gespielt zur gleichen Begleitung wie in den Strophen. Blackmore hält sich wieder zurück. Sein Part wurde mit Hall/Reverb belegt und ist relativ klar umrissen, mutet besonnen, beinahe gespenstisch poetisch an und fällt nicht länger aus als eine Strophe. Into The Fire ist das einzige Lied ohne Orgelsolo auf dem Album.

Bei Shows veränderte die Band das Arrangement der Studioversion nicht. Das Lied blieb bis Ende 1970 im Programm, im Folgejahr trat *Strange Kind Of Woman* an seine Stelle, abgesehen von einigen Konzerten im Mai. In den Vereinigten Staaten und Japan wurde es als Single-B-Seite verbraten.

Living Wreck (it takes all sorts – support your local groupie) • Dafür, dass dieser Song um ein Haar ausgeschieden wäre, passt er sehr gut zum Rest des Materials. Die langsame Einblendung mit beschwingtem Schlagzeug, einem Überhang von *Into The Fire*, ist insofern clever, als zwischen den Aufnahmen der beiden Stücke mehrere Monate verstrichen sind. Ein abruptes Break, in dem die Orgel fast wie ein Tier faucht, dann beginnt die ganze Band mit dem Haupmotiv, das einen stockenden Charakter aufweist. In den Strophen untermalt es den Gesang nicht; dazu dient ein stoischer Beat mit abgedämpfter Rhythmusgitarre im Mittelpunkt, wozu Jon die entsprechenden Akkorde hält.

Auch *Living Wreck* bietet ein anschauliches Beispiel für Ian Paice's Funk-affinen, synkopischen Stil, festgehalten mit einem kristallklaren Sound. In dieser Gangart darf man besonders sein Bassdrum-Spiel bestaunen, das an John Bonham gemahnt, und der Mittelteil ist ein Fest für Schlagzeuger, die linear gespielte Hand-Fuß-Kombinationen im Funk schätzen. Auch hübsch: der Single-Stroke-Roll Marke Buddy Rich in der letzten Strophe ab 3:18.

Gillan erzählt indes die traurige Geschichte einer Person, die das Beste in ihrem Leben verpasst hat, ohne es bemerkt zu haben. Die Melodie ist nicht besonders fordernd, und dementsprechend mühelos singt er sie.

Für sein Solo scheint Ritchie zum einzigen Mal auf dem Album die Slide-Technik anzuwenden, wobei ein dezenter Echoeffekt den melancholischen Text unterstreicht. Der Gitarrist benutzt hier kein Plektrum und zupft die Noten einzeln, indem er flink umgreift, statt immerzu mit den Fingern über die Bünde zu rutschen und ein übertriebenes Glissando zu erzeugen. Dies imponierte Roger zutiefst. *„Das ist eines meiner Lieblingssolos von Ritchie. Er hatte sich einen Octaver gekauft und experimentierte damit, um Töne besonders lange ausklingen lassen. Darum besteht es praktisch aus einem einzigen, der nicht so schnell verklingt und sich nur leicht verändert, anmutig in seiner Einfachheit und dennoch spannend, weil man beim Hören jeden Augenblick glaubt, es würde abbrechen, doch er zog es gekonnt durch."*

Den verwendeten Effekt erzeugte ein Arbiter Add-A-Sound. In den letzten 48 Sekunden des Songs bis zum Ausklang spielt auch Lord ein flottes, rockiges Solo, während Paice Läufe spielt, die er zunehmend virtuoser variiert. Ungewöhnlicherweise bleibt nur Ritchie beim Hauptriff, ohne es zu variieren.

Hard Lovin' Man (for Martin Birch – catalyst) • Just als man denkt, die Bandbreite des Materials zu kennen (das aggressive *Speed King*, das erhabene *Child In Time* und das komplizierte *Flight Of The Rat)*, stößt man am Ende auf den härtsten Song von *In Rock*. *Hard Lovin' Man* macht keine Gefangenen und ragt auch für Roger bis heute heraus. *„Phänomenaler Groove. Ich fand es gleich super. Es ist mein Lieblingsstück von diesem Album. Die Performance klingt so heiß, und Jon spielte sein Solo beinahe genauso wie auf der Bühne. Für mich verkörpert Hard Lovin' Man das wahre Wesen der Band zu jener Zeit: Drive und Power, unkonventionelles Songwriting, Lust am Herumprobieren, zwei großartige Solos, ein völlig von sich überzeugter Sänger und generelle Unentwegtheit. Ich erkenne darin eine Band, die sich selbst gefunden hatte."*

Zu Beginn fischt der Hörer noch im Trüben: kurzes Getrommel zu einem gehaltenen Akkord, dann wieder über einen tieferen Ton mit klirrenden Becken, während Ritchie langsam mit dem Plektrum über die Saiten kratzt. Alles verhallt, bis nur noch sein Akkord klingt. So wie auch dieser leiser wird, setzt der Bass mit einem oktavierten Riff in A ein, das er schließlich mehrmals variiert. Ritchie hält sich nicht mehr lange zurück, sondern prescht mit einem galoppierenden Riff (bestehend aus A, G und C) los. Als er, Roger und Ian spielen, macht sich Jon erstmals bemerkbar, indem er langsam mit den Fingern übers Manual rutscht. Der dadurch erzeugte Missklang verschwindet in einem dicken Klangteppich – seinem Markenzeichen –, und all das zusammengenommen ergibt einen satten Groove. Eine kurze Melodie, dann beginnt die erste Strophe in G.

In dem erwähnten Riff-Galopp sind ab Ende der 70er zahlreiche Heavy-Metal-Bands ausgeritten, und *Hard Lovin' Man* bot eine Vorlage dazu. Paice trommelt mit sehr sparsamen Mitteln und hält bis zum Ende an einem Motown-typischen Beat fest: selbstbeherrscht, dies aber mit Begeisterung. Hin und wieder lässt er sich zu einem Einwurf hinreißen, doch damit wäre er nicht aus Berry Gordys Snake Pit Studio geschmissen worden.

Gillan singt den Song wie alle vorangegangenen so, als sei es sein letzter. Die Stimmführung in den beiden aufgenommen Spuren ist nahezu identisch, wobei er an mehreren klug gewählten Stellen aufschreit, was ihm damals binnen kurzer Zeit als Eigenheit zugewiesen wurde und seine Wirkung hier nicht verfehlt. Er übertreibt es nicht, obwohl dies in einem Song schnell passieren könnte, der wie dieser ausgerichtet ist.

Das erste Solo übernimmt Jon, der sich – Roger hat recht – genauso fingerfertig, überschwänglich und aufsehenerregend in Szene setzt wie regelmäßig auf der Bühne, etwa während der ausufernden Parts von *Mandrake Root*. Zartbesaiteten Hörern gegenüber geht er keine Kompromisse ein. Mit einigen Phrasen verlässt er absichtlich die Tonart, und seine Hammond strapaziert die Trommelfelle so herrlich, wie es kein anderer Organist als dieser vermochte, höchstens vielleicht Keith Emerson bei Konzerten. Man kann sich gut vorstellen, dass Jon sein Instrument hin und her wiegte, wie er es live tat, um während des Solos solche Klänge zu erzeugen.

Wir haben uns schon über das Vorhaben der Gruppe und ihres Gitarristen ausgelassen, mit diesem Album eine neue Richtung einzuschlagen, doch zweifellos wäre es ohne Lords ehrfurchtgebietende Leistung, die Blackmore Innovationsfreude in nichts nachstand, nicht umsetzbar gewesen. Passenderweise schloss eine Nummer *In Rock* ab, die Deep Purples neuen Sound in gedrungener Form demonstrierte. Danach sollte die Welt des Hardrock nie mehr dieselbe sein.

Das Ende des Tracks scheint dem Finale einer Liveshow in gleicher Weise nachempfunden zu sein, wie *Speed King* die kakophonische Einleitung von Gigs simuliert. Ritchie spielt hier so lärmig und frech schräg auf wie kein anderer seiner Zunft außer Hendrix, wie um zu sagen: *„Hier bin ich, spiele Gitarre, wie es mir passt, und ihr hört gefälligst zu."* Dabei gelang es selbst Jimi, dem unbestreitbar wichtigsten Rockgitarristen aller Zeiten, nur selten, in einem Studio solchen Krach zu erzeugen.

Interessanterweise wurde *Hard Lovin' Man* nur kurz vor der Fertigstellung der Endversion von *Speed King* aufgenommen. Ob sich die Gruppe durch das Ergebnis angespornt sah, den Opener härter zu gestalten? In jedem Fall muss ihr die Klavierfassung nach diesem Kraftboliden vergleichsweise brav vorgekommen sein.

Abgesehen von einem Versuch während einer BBC-Session spielte die alte Besetzung das Stück nie live. Erst 2009 kramten Purple es zur Überraschung vor allem eingefleischter Fans für den Bühneneinsatz hervor. Gut möglich, dass *Hard Lovin' Man* nie den Bekanntheitsgrad erreichte, der ihm hätte beschieden sein können, weil es auf Setlists nichts berücksichtigt wurde.

Cry Free/Jam Stew

Zwei weitere Songs, die zum Vermächtnis von *In Rock* gehören: *Cry Free* erschien erstmals 1977 auf der LP *Powerhouse*, übernommen von einer Sicherheitskopie von damals auf Viertelzollband, und wurde 1995 neu von Roger für die Jubiläums-CD abgemischt.

Es ist kurz und wuchtig mit seinem Riff, das aus einem frühen Elvis-Lied stammen könnte, aber aus einer Idee entstand, die Ritchie während seines Solos in *Mandrake Root* verwendete. Wenn er sie spielte (zu hören gleich zu Beginn des Stücks), griff der Rest der Band sie auf und entwickelte sie weiter, bevor er sich wieder allein in den Vordergrund drängte. Das Motiv weist Ähnlichkeiten zum Hauptriff von *Jam Stew* auf. Darüber hinaus erinnert es an Material von Mk 1, speziell *Bird Has Flown* von deren letztem Album.

Aus heutiger Sicht kann man es sich kaum auf *In Rock* vorstellen. Nicht dass es ein schlechter Song wäre, doch so einige andere machten ihm Konkurrenz, und der Gesang entspricht nicht dem Standard, den Gillan in den Stücken des Albums setzt. Ebenso wenig beweist Ritchie in seinen zwei Solos die gleiche Kreativität oder Intensität, und selbst Jons Orgelspiel fehlt jene Eigenwilligkeit, die er ansonsten an den Tag legte.

Jam Stew ist aus Fan-Sicht hörenswert, passt aber nicht so recht zu dem progressiveren Heavy Rock, den die Band bereits aufgenommen hatte. Blackmore verwertete das Riff erneut, als er 1971 mit Ian Paice an der Produktion von *Green Bullfrog* teilnahm.

Abschließend sei noch einmal *Grabsplatter* erwähnt, das mancher dem Ausschuss von *In Rock* zuordnet. Es wurde wie beschrieben bei jener BBC-Session im September '70 eingespielt und tauchte erst vier Monate nach der Fertigstellung des Albums auf. Genaugenommen handelt es sich um eine frühe Idee für *Fireball*; das Riff landete letztlich im B-Seiten-Track *I'm Alone*.

Fazit zum Album

Die Musik der Band veränderte sich innerhalb eines Jahres so drastisch, dass sich die Frage aufdrängte, wie die Mitglieder dazu kamen, eine Platte wie *In Rock* zu produzieren. Lag ihr eine natürliche Entwicklung zugrunde, war es ein reiner, glücklicher Zufall oder eine extreme Reaktion auf das Orchesterprojekt?

Die Wahrheit lautet: eine Kombination aus alledem. Kenner der vorangegangenen Alben finden ohne weiteres Belege für überragende Leistungen der einzelnen Musiker, und ab der dritten Scheibe sind die solistischen Einlagen von sowohl Blackmore als auch Lord und Paice definitiv genauso spannend wie auf *In Rock*. Strenggenommen stellen viele der enthaltenen Songs eine Brücke zwischen dem Stil der Urbesetzung und der Gangart her, die man schon unterbewusst hatte kultivieren wollen. Live erkannte man das deutlich daran, dass *Wring That Neck* und *Mandrake Root* zusehends zu imposanten solistischen Spielwiesen wurden, denen Ritchie eine jazzartige Dynamik verlieh, wohingegen neben Rock auch Klassik (seitens Jon) und Swing (höre das Schlagzeug) zum Tragen kamen.

Die Entscheidung, sich personell neu aufzustellen, sowie das Glück, Ian Gillan und Roger Glover zu einer Zeit zu finden, in der es mit ihrer Karriere bergab ging (ein paar Jahre früher, und sie wären vielleicht nicht von der Stelle gekommen) wurden zur Initialzündung. Alles weitere ergab sich aus einer einzigartigen musikalischen Verbindung zwischen den Mitgliedern, die viele klassische Bands erlebten, wenn sie in ihrer Laufbahn an einem Scheideweg standen. Deep Purple schöpften sie für *In Rock* zur Gänze aus. Von diesem Moment sollten sie für den Rest ihres schöpferischen Daseins zehren. Wichtig war auch die dezidierte Ansage, von da an, komme, was wolle, Hardrock zu spielen. „Wir wollten ein Zeichen setzen, dahinter steckt ausgeprägtes Zielbew*usstsein; Deep Purple sollen als Rockband wahrgenommen werden. Man kann die Platte nur lieben oder muss sie hassen, und um neue Fans zu gewinnen, haben wir einen Drahtseilakt begangen.*“ (JL, August 1971)

In Rock zeigte den Musikfreunden, was im Rahmen eines ungeschönten Hardrock-Albums möglich war, dies jedoch auf ganz andere Art als Zeitgenossen wie Led Zeppelin oder Black Sabbath.

Auch nach Jahrzehnten müssen sich die Macher über die Scheibe befragen lassen und können sie womöglich sogar besser einschätzen als seinerzeit. Jon: *„Den Leuten, die Geld lockermachten, damit Ritchie und ich die Band aus der Taufe heben konnten, schwebte wohl eine Popgruppe vor, doch heraus kam zunächst so ein Zwitterding, weil wir selbst nicht wussten, was wir wollten. Unser Cover von Hush wurde ein Hit, und dennoch spielten wir diese merkwürdigen Psychedelic- oder Prog-Intros zu den Stücken anderer Musiker.*

Ritchie war offensichtlich stark von Hendrix beeinflusst, die Band als ganze von Vanilla Fudge. Deep Purple In Rock, das man unsere Visitenkarte oder Grundsatzerklärung nennen kann, zeigte uns so, wie wir waren – was wir bis dahin geleistet hatten und sein wollten. Es kam von innen, also aus der Band selbst. In diese Richtung strebten wir seit jenem Moment im Dezember 1967, in dem ich mit Ritchie in Gunter Grove 14 gesessen und besprochen hatte, was wir gemeinsam spielen würden. Das Album markierte das Ziel der Reise, zu der wir damals angetreten waren.

Ich liebe keines unserer anderen so sehr wie dieses. Die Energie und den Mut zur Neuerung, die wir in Kleinbussen oder muffigen Umkleideräumen eingepfercht, beim Spielen auf Colleges, in Konzertsälen und – unvergesslich, mithin am wichtigsten – unserem herrlich heruntergekommenen, verhallten Proberaum in Hanwell gesammelt hatten, brachen sich auf In Rock in einem Sound Bahn, der für mich eine ganze Ära, einen Stil prägte. Es ist die eine Platte, die ich mit auf eine einsame Insel nehmen würde, freilich neben etwas von Mahler. Ich kann nur sagen, das war eine sehr schöne, eine wundervolle Zeit.“ (JL in der Sendung „Heavy Metal Britannia“)

Roger äußerte sich ähnlich euphorisch. *„In Rock ist bis heute mein Lieblingsalbum von uns. Ich weiß noch genau, wie sich mein geistiger Horizont damals über meine kühnsten Träume hinaus weitete. Ich hatte das Gefühl, für mich als Songwriter gebe es keine Grenzen mehr. In gewisser Weise ist es zu einfach, das Album zu beweihräuchern, aber für mich hat es einen enormen symbolischen Wert.*“

Selbst der allgemein verschwiegene Gitarrist bewertete *In Rock*. *„Unser neues Album ist wirklich das einzige, zu dem ich stehe – und das erste, das die Band so darstellt, wie sie jetzt ist. Es klingt viel härter, ungeschliffener und packender. Das war unser Ziel, nicht zu beweisen, was wir technisch zu bieten haben. Es ist hart und direkt.*“ (RB in Disc, Juni 1970)

„Es war das Wichtigste im Leben eines jeden von uns – ein Vogel-friss-oder-stirb-Album. Wir befürchteten, dem Hörer nicht vermitteln zu können, was wir ausdrücken wollten, doch In Rock klingt exakt nach dem, was wir im Moment sind: eine Hardrock-Band.“ (RG zu Jerry Gilbert, November 1970)

Blackmore äußerte sich vier Jahre später im Gespräch mit Steve Rosen immer noch positiv: *„Es war eine gute LP, wir haben darauf alles auf die Spitze getrieben. Mit ‚gut‘ meine ich objektiv gesehen die Qualität insgesamt. Mir fällt kein Song ein, den ich nicht ausstehen konnte. Es ist neben Machine Head mein Lieblingsalbum von uns.*“

Dass Mk-1-Produzent Derek Lawrence von ihrer besten Platte überhaupt spricht, hätte man vermutlich nicht gedacht. *„Ganz zu Anfang hatten wir kläglich wenig Zeit. In Rock ist ihre stärkste Scheibe, weil sie Zeit zum Jammen und Ausarbeiten hatten. Das Potenzial war schon zuvor zur Gänze enthalten und entfaltete sich erst auf diesem Album.*“

Und es bleibt einflussreich. Scorpions-Sänger Klaus Meine gehörte zu seinen Bewunderern und nannte es 1985 in einem Interview mit der US-Presse an zweiter Stelle seiner ewigen Favoriten.

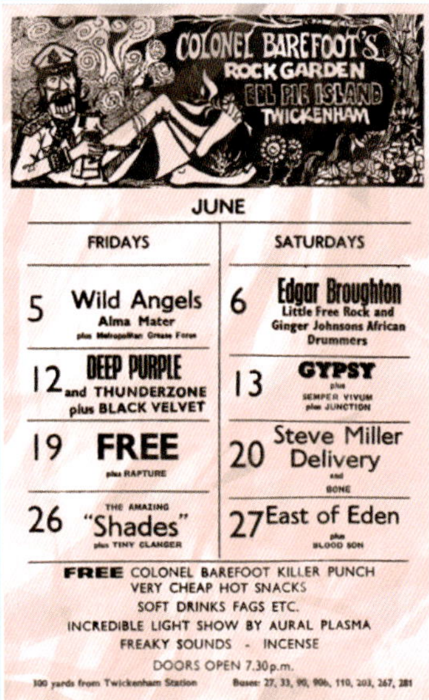

COLONEL BAREFOOT'S ROCK GARDEN
EEL PIE ISLAND
TWICKENHAM

JUNE

FRIDAYS	SATURDAYS
5 Wild Angels, Alma Mater, plus Metropolitan Grease Force	6 Edgar Broughton, Little Free Rock and Ginger Johnsons African Drummers
12 DEEP PURPLE and THUNDERZONE plus BLACK VELVET	13 GYPSY plus SEMPER VIVUM plus JUNCTION
19 FREE plus RAPTURE	20 Steve Miller Delivery and BONE
26 THE AMAZING "Shades" plus TINY CLANGER	27 East of Eden plus BLOOD SON

FREE COLONEL BAREFOOT KILLER PUNCH
VERY CHEAP HOT SNACKS
SOFT DRINKS FAGS ETC.
INCREDIBLE LIGHT SHOW BY AURAL PLASMA
FREAKY SOUNDS - INCENSE
DOORS OPEN 7.30p.m.
300 yards from Twickenham Station Buses: 27, 33, 90, 90b, 110, 203, 267, 281

Flyer für ein Konzert der Band in Twickenham im Juni 1970. Roadie Ian Hansford erzählte, Ian Hunter von Mott The Hoople habe die Band hinter der Bühne aufgesucht, um ihr zu gratulieren, aber auch Kritik an ihrem Gitarristen geübt – den man mit Gewalt festhalten musste, bis der Kollege wieder verschwunden war. Rechts: Ritchie im selben Jahr in Berlin. Unten: Deep Purple beim Dreh des Clips zu Black Night.

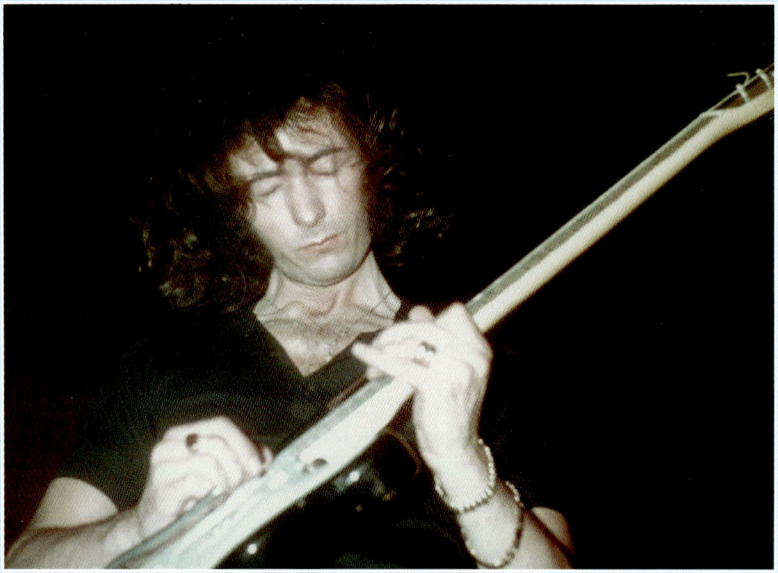

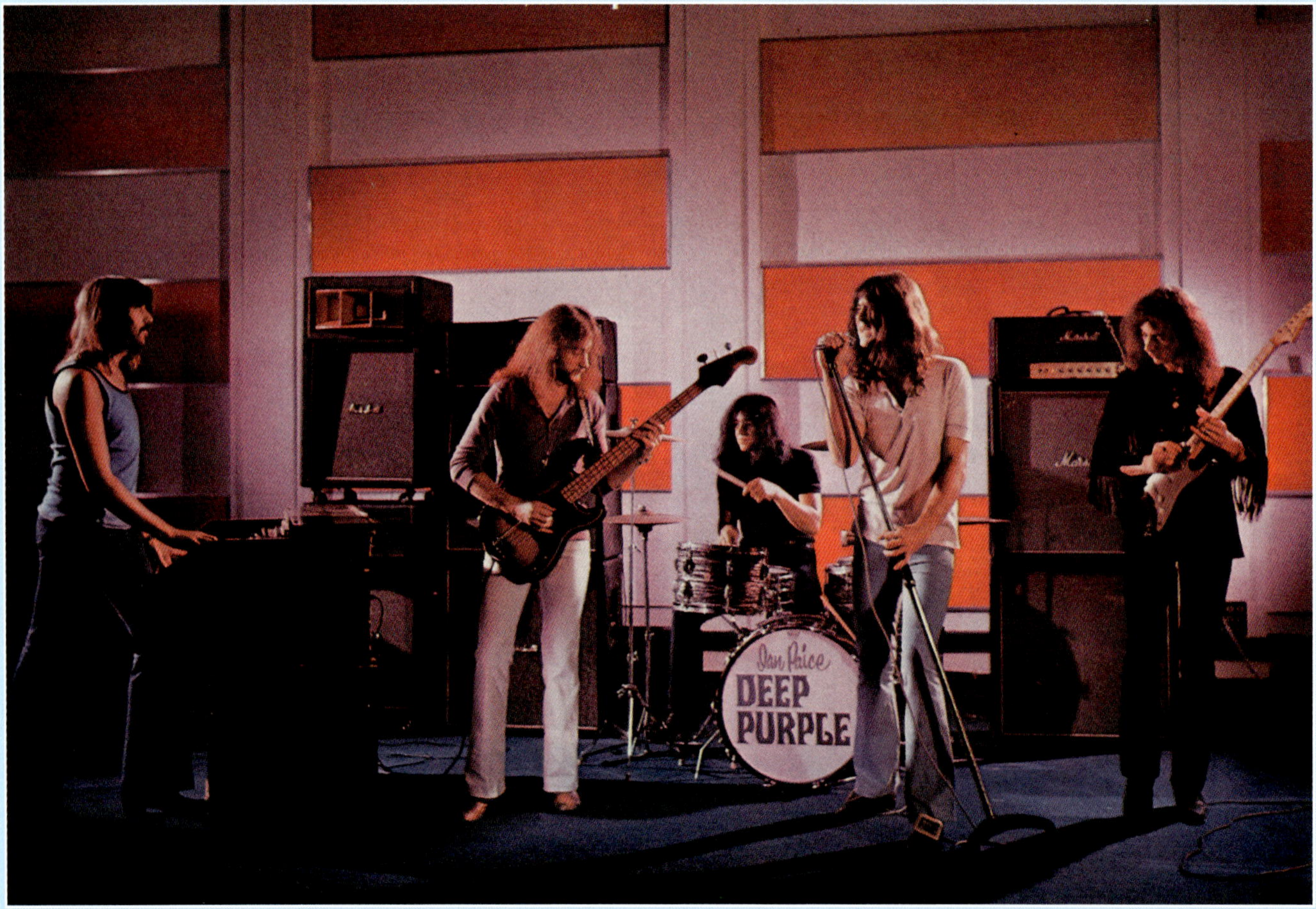

12 • Tourneen zum Album

„Es ist so weit gekommen, dass Ian Paice nach Konzerten zusammenbricht, dann muss ich ihn tragen." John Coletta

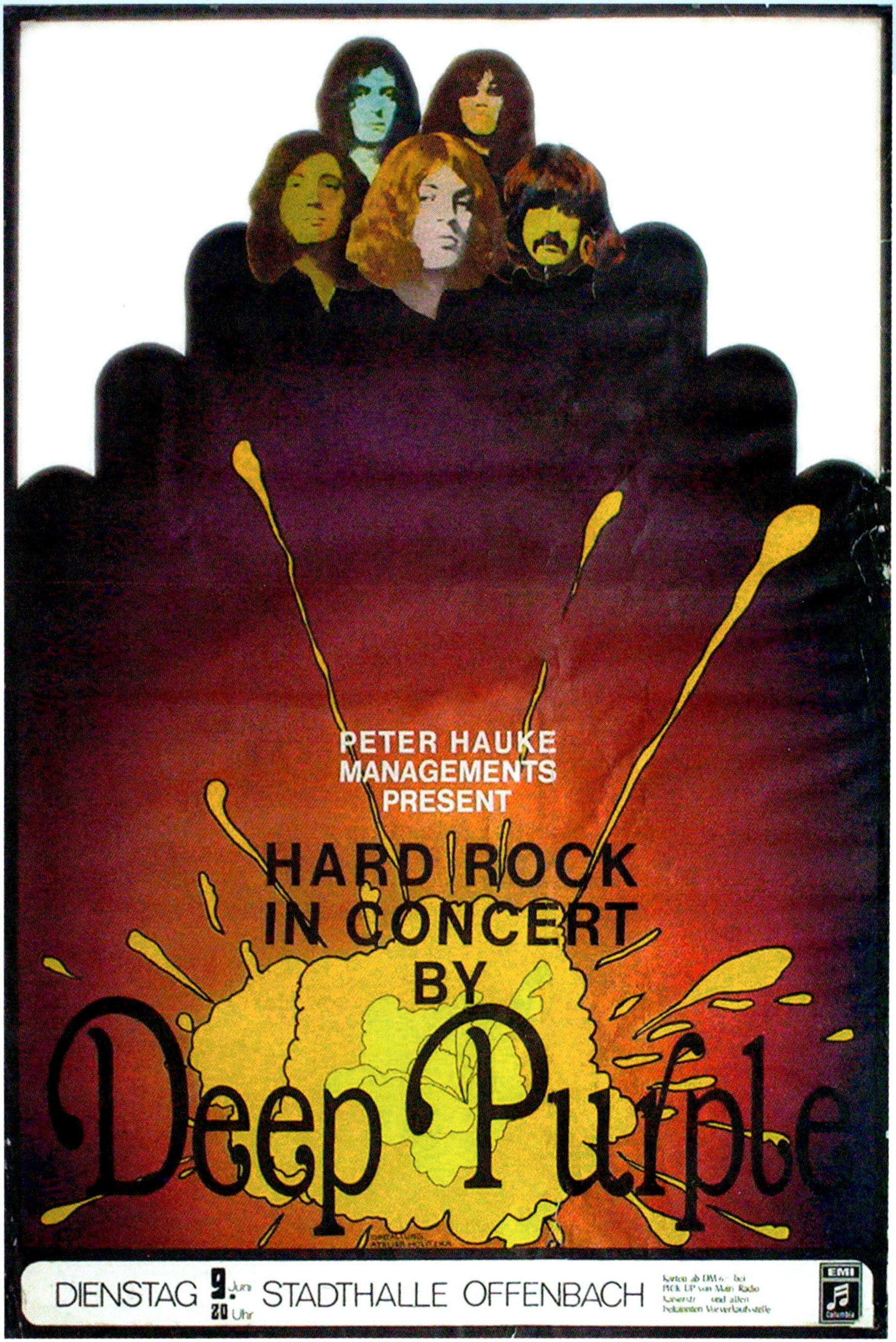

Die Urbesetzung hatte abgesehen von einem Einstieg in die schwedischen Top Ten nur in Übersee nennenswerte Charterfolge verzeichnet, etwa mit ihrem Debüt *Shades Of Deep Purple* auf Platz 19 in Kanada und Platz 24 in den USA. Grund dafür war hauptsächlich die Single *Hush*, die in den beiden Ländern jeweils den zweiten und vierten Rang erklomm. Allerdings schnitt jede weitere Veröffentlichung ein wenig schlechter ab. In Europa (ausgenommen die Schweiz) landete Mk 1 keine Hits. Hush erschien 1968 gleich zweimal, ohne etwas zu reißen, und spätestens 1970 hatten auch die meisten Nordamerikaner die Band abgeschrieben. Genau in diese Tiefphase allgemeinen Desinteresses fiel dann *Deep Purple In Rock*.

Viele Musiker und Manager hätten die Segel gestrichen, doch der Aufschwung, den Mk 2 bei ihren Shows spürte (Zuschauerzahlen und Gagen erhöhten sich), reichte aus, um Hoffnung für diese Besetzung zu schöpfen, zumal es galt, eine Menge investiertes Geld wiedereinzunehmen. Auf jene Zeit datierende Beschreibungen des Befindens der Band selbst während ihrer Arbeit an *In Rock* sind dünn gesät, doch die Stimmung muss 1970 insoweit gut gewesen zu sein, als man in der Annahme ging, genügend Fans würde das nächste Album gefallen. Nachdem EMI die Bänder erhalten hatte, begann die Presseberichterstattung, und das Management sorgte dafür, dass die Musikjournaille besser mit Neuigkeiten versorgt wurde.

Der erste von vielen Texten der Agentur Tony Barrow International lautete beispielsweise: *„DEEP PURPLE werden am 5. Juni gleichzeitig ein Album und eine Single veröffentlichen. Deren A- und B-Seite wurden von der Gruppe selbst komponiert und produziert. Beide Schallplatten erscheinen über Harvest. Deep Purple In Rock enthält sieben Songs, die gemeinsam den gegenwärtigen Entwicklungsstand der Band repräsentieren. Auch dieses Material hat sie ausnahmslos selbst geschrieben. Zur Veröffentlichung wird sie eine großangelegte Hallentournee durch Deutschland antreten."* Die Zeitschriften sprangen darauf an – ein sicheres Zeichen dafür, dass das

DEEP PURPLE: MOVIE SCORE, TV SPECIAL, EIGHT-WEEK U.S. TOUR

Deep Purple: Filmsoundtrack, Fernseh-Special, achtwöchige US-Tournee.

Quintett zunehmend höher gehandelt wurde.

Im Zuge der Fertigstellung des Albums am 13. April blieb die EMI nicht müßig, denn schließlich sollte die Scheibe schon sieben Wochen später auf den Markt kommen. Weil die Aufnahmen so lange gedauert hatten, pochte jeder auf eine rasche Veröffentlichung. Die Manager betreuten jedoch nur wenige andere Künstler, also konnten sie den Großteil ihrer Zeit dafür aufwenden, alles Notwendige durchzupeitschen: Tonbandsendungen nachverfolgen, Azetate herausgeben, Entwürfe fürs Artwork prüfen, Pressearbeit und dergleichen mehr.

Die Major-Labels konnten seinerzeit zudem aus vollen Töpfen schöpfen, wobei ihre Mittel sozusagen griffbereit lagen. EMIs Presswerk in Hayes in Middlesex im Westen Londons gehörte zu den geschäftigsten. Folglich war man imstande, binnen weniger Tage eine Single in Umlauf zu bringen, und auch ein Album ließ sich kurzfristig herstellen.

Der Erscheinungstermin von *In Rock* fiel auf den 5.6.1970, einen Freitag. Dieser war wie heute der Veröffentlichung neuer Tonträger vorbehalten, damit diese samstags, wenn die meisten Menschen Musik kauften, in den Läden standen. Ferner wurde die Scheibe von örtlichen Presswerken in ganz Europa für die jeweiligen Regionen gefertigt und kam schließlich auch in vielen weiteren Staaten weltweit heraus (siehe Diskografie), weshalb Master-Bänder und Artwork-Druckfahnen vervielfältigt werden mussten.

John Coletta in Voxpop über jene aufregende Phase: *„Deep Purple In Rock war zum Promoten fantastisch. Natürlich hatte es nach dem Concerto-Album ein Jahr gedauert, doch inzwischen verdiente die Band nicht mehr nur 125 £ pro Auftritt, sondern 350 £ bis 400 £, was einzig an der Orchestergeschichte und ihrer Bühnenperformance lag, die sich erheblich verbessert hatte, nicht zu vergessen die Umbesetzung. Ich glaube, dadurch machten sie live viel mehr her.“*

Obwohl *Speed King* zur Standard-B-Seite der am selben Tag erscheinen Single *Black Night* auserkoren wurde, fiel die Wahl in einigen Ländern auf ein anderes Lied (vornehmlich die Niederlande und Deutschland, wo *Speed King* der LP vorausgegangen war). Anhand eines der Vorabexemplare konnte der New Musical Express die Musik darauf noch in derselben Woche (kurz wie immer) besprechen. *„Alles auf drei Minuten einzudampfen, was sie zu bieten haben, ist ein ehrgeiziges Unterfangen, im Falle dieses harten Rockers aber beinahe gelungen. Während das simple Riff zwar zur Eingängigkeit beiträgt, ragt das Stück wegen mehrerer faszinierender Leadgitarren-Breaks heraus, und durch den Rhythmus, der zum Klatschen auffordert, schwingt ein Hauch von Massentauglichkeit mit.“* Der Record Mirror war weniger begeistert, denn „dieser eine Song scheint musikalisch nicht zu Ende gedacht worden zu sein.“

6. Juni/Juli 1970

Eine Konzertpause durfte die Gruppe nicht einlegen. Finanziell sah es immer noch mau aus, und dass das Album zünden würde, war beileibe keine Gewissheit. Darum hatten Deep Purple am Tag der Veröffentlichung in ihrer Heimat bereits die Hälfte ihrer zehntägigen Deutschlandtour hinter sich. Vielerorts wird die Reihe von Shows, die von Juni 1970 bis Oktober '71 stattfanden, als „In Rock Tour“ bezeichnet, auch wenn man sie damals eigentlich nicht so verstand. Mit den Gigs – Spätvorstellungen und kurzen „Überfälle“ in verschiedenen Ländern – setzte sich schlichtweg fort, was die Band schon seit Juli 1969 tat: live spielen bis zum Gehtnichtmehr. Einige Plakate zierte das Albumcover, die meisten jedoch nicht, und als „In Rock Tour“ beworben wurde die Chose definitiv nirgendwo. Außerdem kamen auf der Bühne zwar logischerweise Tracks der Platte zum Einsatz, als sie erhältlich war, doch älteres Material machte über die Hälfte des Programms aus, und zwar bis weit ins Jahr 1971 hinein. In jedem Fall werden wir nun sehen, wie sich die Songauswahl nach der Veröffentlichung veränderte.

Ein Mitschnitt[1] des einzigen Konzerts jener Tour in der Schweiz (Basel, 8.6.) bestätigt, dass die Gruppe den Ablauf, der schon seit einiger Zeit feststand, nicht wesentlich verändert hatte, denn nur die neue Single kam hinzu, also lautete die Reihenfolge: *Speed King, Black Night, Child In Time, Paint It Black, Wring That Neck, Mandrake Root.* Andererseits gab es keinen Grund für Veränderungen. Immer noch gab es viele, die Deep Purple noch nicht live erlebt hatten, und selbst wenn, ging es über weite Strecken improvisatorisch zu.

Nach Deutschland folgten siebten Konzerte im Königreich, beginnend am 12. Juni in Twickenham. Daraufhin pendelte die Gruppe bis Ende Juli zwischen Heimat und Deutschland, wobei selbst dem Management auffiel, dass sie unter Druck stand. *„Es ist so weit gekommen, dass Ian Paice nach Konzerten zusammenbricht, dann muss ich ihn tragen.“* (John Coletta in Disc, Juli 1970)

Da die Band oft zu Hause weilte, stand sie zumindest für Presseinterviews und Werbeaktivitäten bereit. Letztere waren finanziell bedingt eingeschränkt, doch NME verwendete Anzeigen als Titelbilder, und so wurde eine für die Ausgabe vom 13.6. geschaltet. Dies ging mit dem Plan einher, den Musikern zum Monatsende eine 14-tägige Pause zu gönnen, in der die beiden Ians und Roger das Binnenfahrtschiff Lady Roberta mieteten, um auf der Themse zu entspannen … oder sich zu raufen. *„Wir besuchten zwei Abende hin-*

1 Damit meinen wir im Allgemeinen eine Kassette, die jemand aus dem Publikum aufnahm, mit allen unglücklichen Begleiterscheinungen: Lärm, Bandrauschen, Hall, Aussetzer, Übersteuerungen etc., also nur etwas für beinharte Fans.

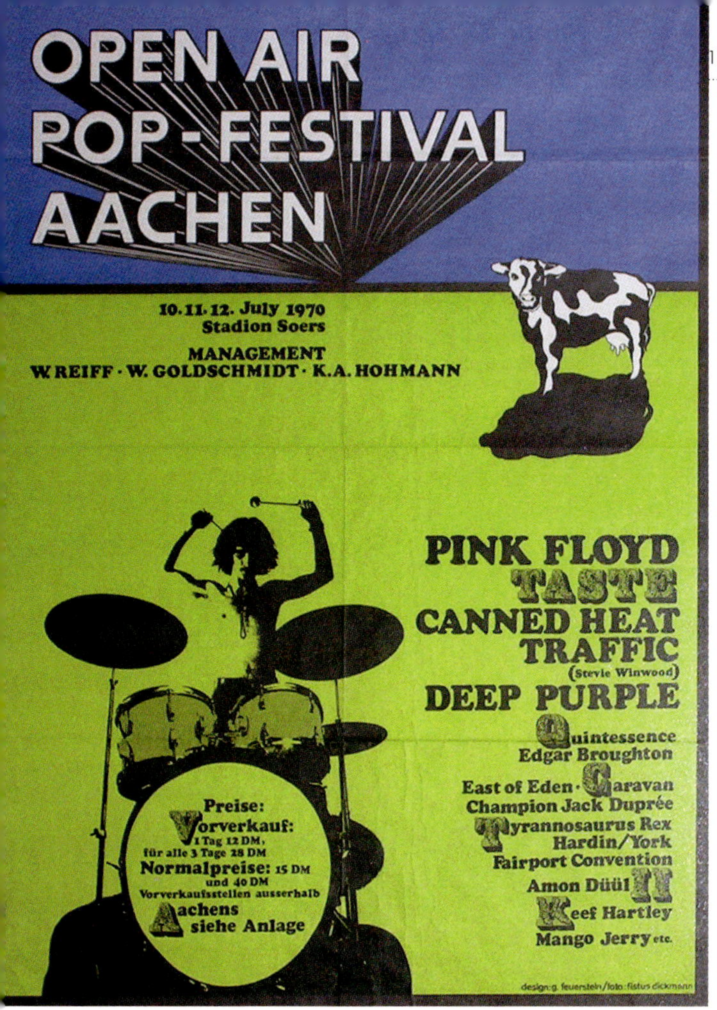

tereinander eine Kneipe in der Nähe von Pangbourne, wo wir eine Menge Kohle ließen. Am dritten verlangte die Bedienung, ein Skinhead, dass wir Leine zogen, und legte uns eine öffentliche Bar nahe. Er meinte, in seinem Laden bestehe Anzugpflicht." (IG in Melody Maker, Juli 1970) Der Sänger beschloss, sich wegen dieses Vorfalls schriftlich an die Partnerbrauerei des Pubs zu wenden. Ein Moderator von Radio Onederful berichtete, die Band mache auf dem Fluss Urlaub. *„Egal wo wir hinkamen, irgendjemand fragte immer: ‚Hey, seid ihr Dick Pimple, die Popband?' Schon witzig, wie dann irgendwelche alten Säcke die Hälse langgemacht haben, um uns zu sehen!*" (IG in Melody Maker, Juli 1970)

Im Croydon Advertiser stand zu Purples Auftritt in der Fairfield Hall am 15. Juni: „*… und als alles vorbei war, verlangte die gesamte Menge lautstark nach einer Zugabe. Deep Purple hatten gewonnen, England verloren.*" Sonntags wurden die britischen Wochencharts bekanntgegeben, und zum Termin dieser Show stieg *In Rock* direkt auf Platz 24 ein. Disc und Music Echo interviewten die Schöpfer.

„Im Ernst, sie sollten bekannter sein als bisher. Aus diesem Grund sind ihr neues Album und die begleitende Single auch so wichtig für sie. Es handelt sich um die ersten Aufnahmen mit Ian Gillan und Bassist Roger Glover, die schon im vergangenen Juli von Episode Six zu Deep Purple gelangt waren. Zudem kommt die LP ihrem tatsächlichen Sound so nah wie keine der vorigen."

In Rock tauchte in einem Jahr auf, das wie bereits erwähnt eine Fülle von längst zu Klassikern gekürten Alben abwarf. Das dominanteste war *Bridge Over Troubled Water* von Simon & Garfunkel, die damit die Verkaufslisten anführten, als Deep Purples LP erschien. *Let It Be* von den Beatles folgte dahinter, und Rang drei besetzte in jener Woche The Whos *Live At Leeds*. Blenden wir den Radio-Einheitsbrei weiter unten aus, so tummelten sich noch mehr Geistesbrüder unserer Helden in den Charts: Ten Years After mit *Cricklewood Green* (10), *Thank Christ For The Bomb* von Groundhogs (11), King Crimsons *In The Wake Of Poseidon*, (12), Black Sabbaths unbetiteltes Debüt (13) und Led Zeppelin mit *II* (18; im Februar hatte es eine Woche lang an der Spitze gestanden[2]). Sabbaths Single *Paranoid*, einer der wenigen Konkurrenten von *Black Night*, landete am 4. Oktober 1970 auf dem ersten Rang.

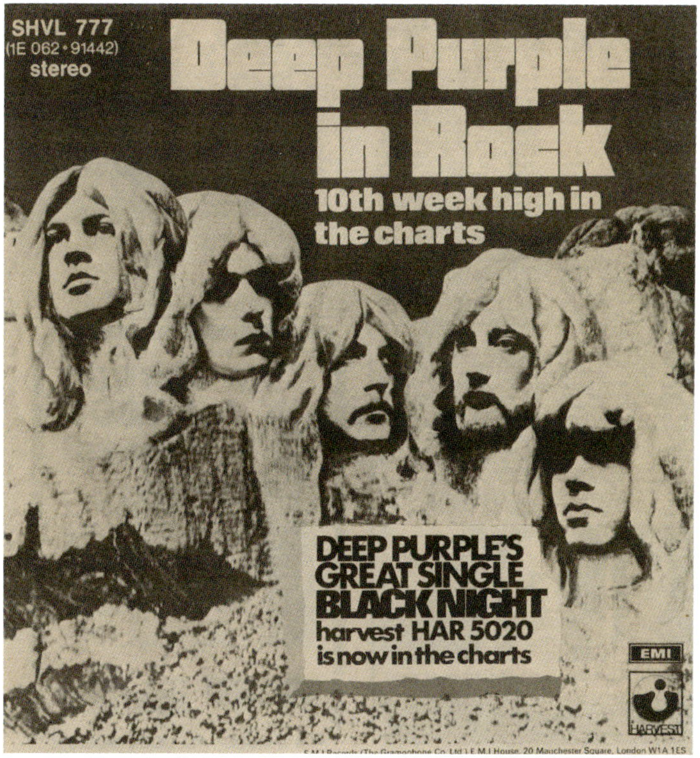

Deep Purple geben großes Konzert im Hollywood Bowl.

Deep Purple for big Hollywood Bowl date

Obgleich *In Rock* in jenem Jahr keine so hohen Chart-Weihen beschieden war wie Zeppelin und Sabbath, verkaufte es sich vom Erscheinungstag an stetig. Letzten Endes blieb es stattliche 68 Wochen auf unterschiedlich hohen Positionen in den britischen Top 50. *II* von Page und Plant übertraf es mit 125, Tony Iommi und Co. schafften „nur“ 42 Wochen.

Die Zählungen für Albumcharts waren neu geregelt worden. 1969 hatte sich das Fachblatt Record Retailer mit der BBC auf ein offizielles, verlässliches System geeinigt, umgesetzt mithilfe des Unternehmens BMRB, das die Verkaufszahlen von montags bis samstags bei ungefähr 500 Einzelhändlern im Land einholte. Die Ergebnisse wurden dienstags bekanntgegeben und in Record Retailer (später in Music Week umbenannt) abgedruckt, donnerstags sendete BBC Radio 1 sie, und samstags galten sie dann als amtliche Charts für Langspielplatten.

Neuerscheinungen wurden wie gesagt auf Freitage gelegt. BRMB erstellten zuerst die Singlecharts, die stets eine Woche älter als die Albumcharts waren. Als In Rock also am 20. Juni '70 auf Platz 24 einstieg, hatte sich dies durch Verkäufe an nur zwei Tagen in der Woche vom 31. Mai bis einschließlich 6. Juni ergeben. Am 27. des Monats erreichte die Scheibe den vierten Rang anhand der vom 7. bis 13. abgesetzten Einheiten.

Die Veranstalter eines großen Rock- und Popkonzerts am 4. Juli (einem Samstag) auf dem Platz des Fußballclubs Eyrie in Bedford Town müssen sich wie Glückspilze vorgekommen sein, da sie eine derart angesagte Band gebucht hatten. Man erwartete 10.000 Gäste vor Ort, doch wie eine Lokalzeitung am darauffolgenden Dienstag berichtete, kreuzten nur 1.250 auf. Die Organisation solcher Großereignisse bedarf einiger Erfahrung, und die Zugkraft einiger Gruppen im Programm war ebenso unterschätzt worden wie die Festivalkonkurrenz in jenem Sommer.

Anlieger hatten sich von Beginn an gegen das Open Air gewehrt und Berichten zufolge geschworen, die Umgebung entweder zu verlassen oder sich in ihren Häusern einzuschließen und niemandem zu öffnen. „Diesen Lärm kann man doch nicht Musik nennen“, empörte sich ein Bürger in der Presse. Der Abend wurde dann lang, weil sich eine der Bands verspätete, weshalb Purple ihr Programm erst um 23:30 Uhr, anderthalb Stunden später als vorgesehen, beenden konnten.

Ihre vorerst letzte Show spielten sie am 5. Juli abermals im Londoner Lyceum. Am selben Tag erreichte *In Rock* den neunten Platz der Charts, und da sich bei Gigs in diesem Club der Stadt die gesamte Musikpresse tummelt, musste man seine beste Seite hervorkehren. Roy Carr vom NME schrieb danach: *„Deep Purple stoßen nun zum ersten Mal in England auf breitere Akzeptanz, und jetzt liegt es an der Öffentlichkeit, wie der Teufel auf sie abzufahren.“*

Durften sich Fans, da das Album hoch gechartet war, auf Songs davon einstellen, die zuvor nicht auf dem Programm gestanden hatten? Nein. *Bloodsucker, Living Wreck, Hard Lovin' Man* und *Flight Of The Rat*, also mehr als die Hälfte der neuen Stücke, blieben außen vor. In Hinblick auf jene drei für die BBC mitgeschnittenen, die klasse klangen, war das sehr schade. Vermutlich sind diese Tracks darum auch nicht so bekannt, wie sie sein sollten. Die Entscheidung traf eindeutig die Band selbst, die generell nach der Faustregel verfuhr, dass Lieder ausgelassen wurden, wenn sich bereits ein Mitglied gegen sie aussprach. Vielleicht erfreuten sie sich schlicht an ihrer Improvisationsfreiheit bei den längeren Mk-1-Nummern und begnügten sich damit, diese mit ein paar kürzeren zu flankieren.[3]

Nun standen zwei Open Airs in Deutschland an, die zwei bzw. drei Tage dauerten. Dahinter steckte anscheinend ein einziger Veranstalter, der die Bands von Gelände zu Gelände beförderte. Beim Aachen Festival vom 9. bis 11. Juli im Reitstadtion Soers spielten Deep Purple am 10., Pink Floyd als Headliner am letzten Abend, und Traffic am ersten. Weitere Namen waren Free, Caravan, Golden Earring, Edgar Broughton Band, Taste, Fat Mattress, If, Quintessence, Tyrannosaurus Rex, Hardin And York, Keef Hartley, Champion Jack Dupree und Kevin Ayres And The Whole World. Ein Paradies für jeden 70er-Rock-Fanatiker mit mehreren einheimischen Kraut-Acts als Zugabe (siehe Plakat S. 119).

Cans Holger Czukay, der seinerzeit erst selbst musikalisch Fuß fassen musste, gehörte zu den Gästen. Jahre später erzählte er dem NME: *„Ich war sehr verunsichert. Dann kamen Deep Purple, der Wahnsinn. Es handelte sich um ein Festival mit 8.000 Leuten, wo auch Tyrannosaurus Rex spielten. Die beschwerten sich, niemand würde zuhören, doch dann traten Deep Purple auf und wickelten das Publikum um den kleinen Finger. Ich dachte: ‚Das ist es!‘ Man sollte nicht versuchen, mit den Fans zu diskutieren, sie anschreien oder beschimpfen – man überrollt sie! Ich hatte noch nie erlebt, wie jemand Zuschauer dermaßen für sich vereinnahmte!“*

Mancher dürfte froh sein, dass es findigen Bootleggern gelang, viele der Bands aufzunehmen. Im Vergleich zu den meisten Mitschnitten aus jener Zeit, die wegen mangelhafter Beschallungsanlagen und primitiver Rekorder zu wünschen übrig ließen, klangen jene vom Aachen Festival hervorragend und zählen zu den besten inoffiziellen von Deep Purple aus jener Ära.

Bootlegging war in der Rockmusik noch eine relativ neue Sitte und teilweise von der anarchistischen Bewegung in Europa inspiriert.

2 Was für eine Zeit für Rockmusik! Ich kratzte Geld für vier dieser Scheiben zusammen. (SR)

3 Rückblickend war Deep Purple Mk 2 immer konservativ, wenn es um ihr Bühnenprogramm ging. Erst die nachfolgenden Umbesetzungen führten 1973 und 1975 zu mehr Abwechslung.

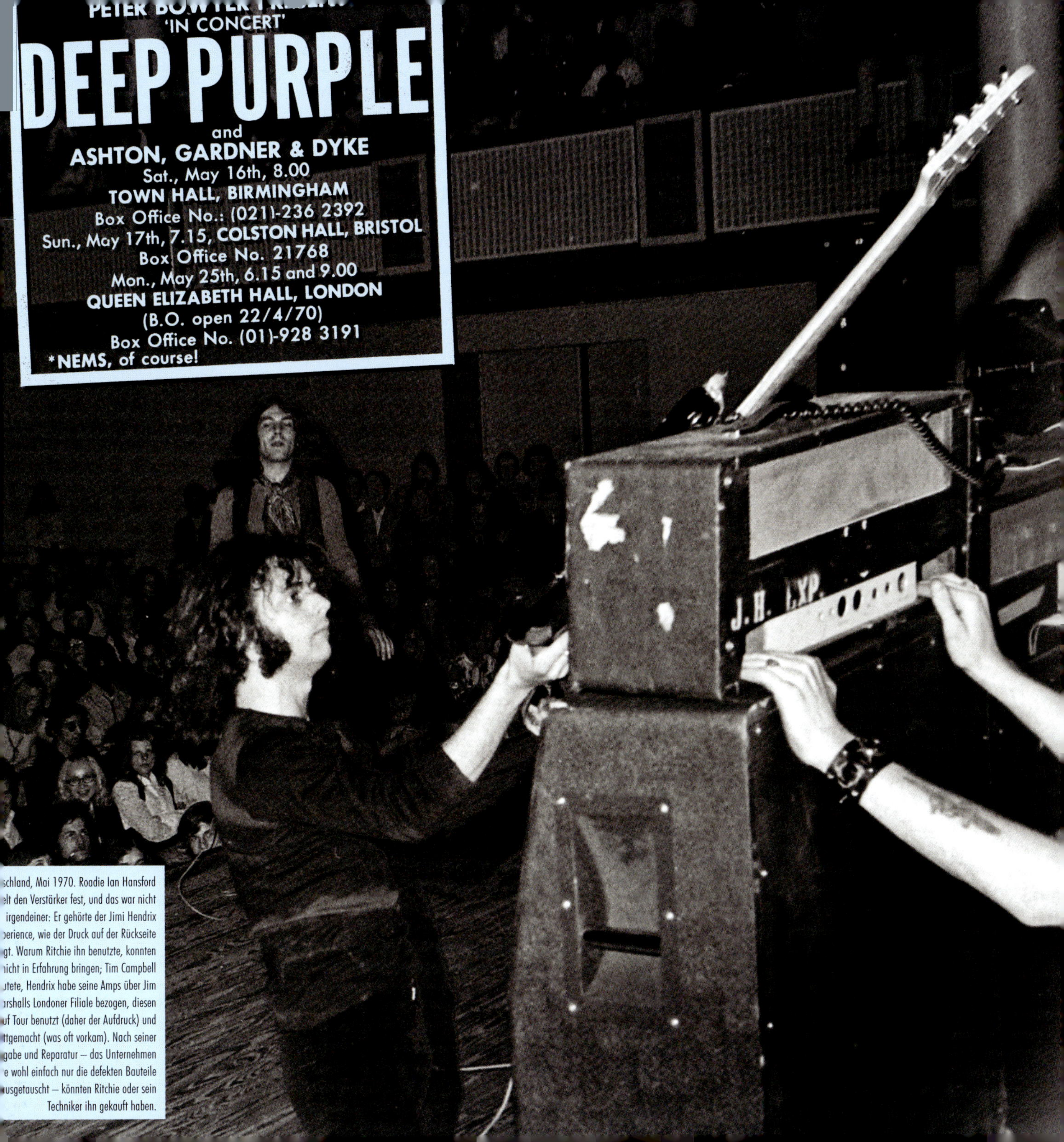

schland, Mai 1970. Roadie Ian Hansford elt den Verstärker fest, und das war nicht irgendeiner: Er gehörte der Jimi Hendrix perience, wie der Druck auf der Rückseite gt. Warum Ritchie ihn benutzte, konnten nicht in Erfahrung bringen; Tim Campbell utete, Hendrix habe seine Amps über Jim rshalls Londoner Filiale bezogen, diesen uf Tour benutzt (daher der Aufdruck) und ttgemacht (was oft vorkam). Nach seiner gabe und Reparatur – das Unternehmen e wohl einfach nur die defekten Bauteile usgetauscht – könnten Ritchie oder sein Techniker ihn gekauft haben.

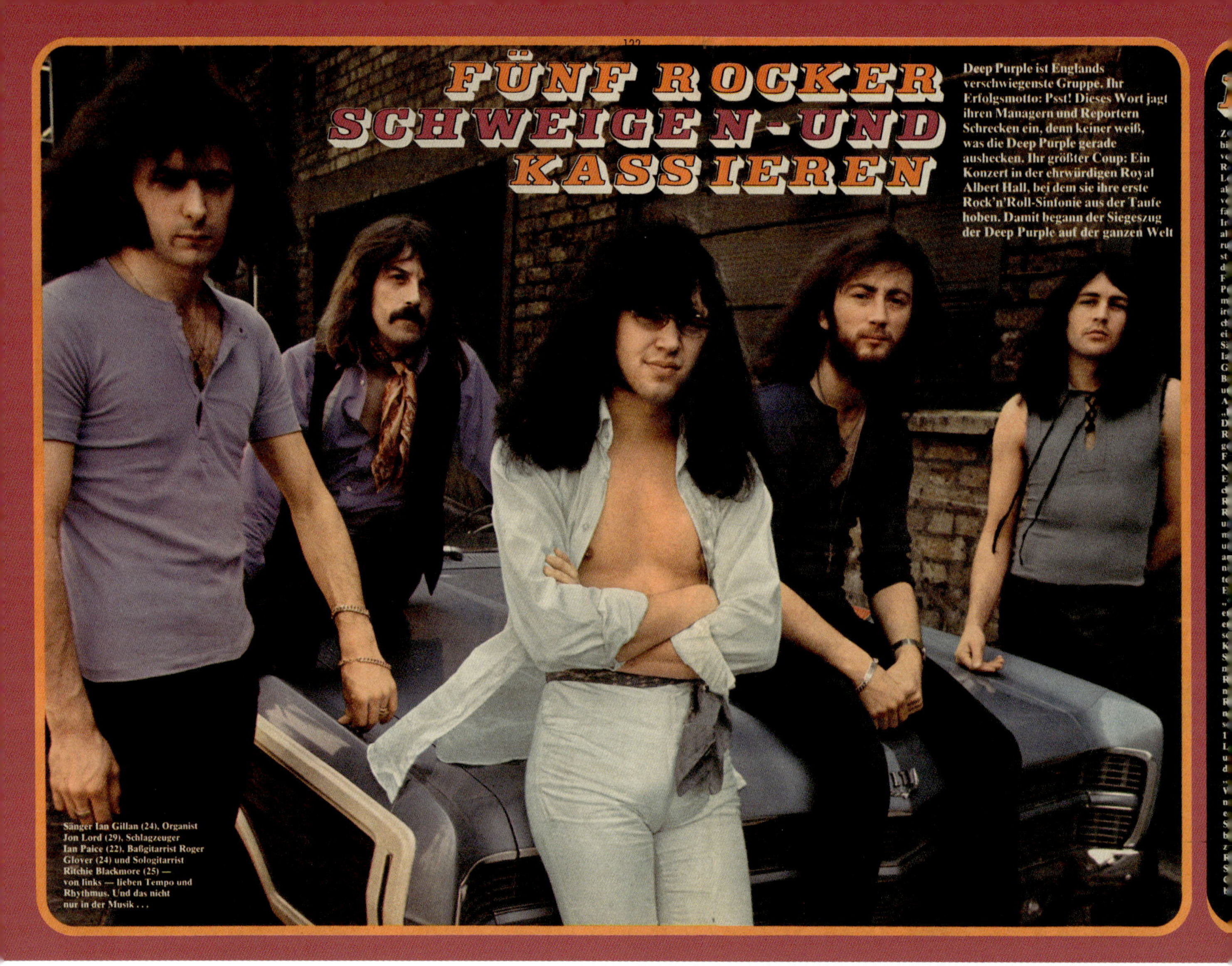
FÜNF ROCKER SCHWEIGEN – UND KASSIEREN

Deep Purple ist Englands verschwiegenste Gruppe. Ihr Erfolgsmotto: Psst! Dieses Wort jagt ihren Managern und Reportern Schrecken ein, denn keiner weiß, was die Deep Purple gerade aushecken. Ihr größter Coup: Ein Konzert in der ehrwürdigen Royal Albert Hall, bei dem sie ihre erste Rock'n'Roll-Sinfonie aus der Taufe hoben. Damit begann der Siegeszug der Deep Purple auf der ganzen Welt

Sänger Ian Gillan (24), Organist Jon Lord (29), Schlagzeuger Ian Paice (22), Baßgitarrist Roger Glover (24) und Sologitarrist Ritchie Blackmore (25) — von links — lieben Tempo und Rhythmus. Und das nicht nur in der Musik . . .

Diese sah in den hohen Preisen für Vinyl nur ein weiteres Beispiel dafür, wie kapitalistische Plattenfirmen die Jugend abzockten. Bootlegs waren dazu bestimmt, weit günstiger angeboten zu werden als reguläre Tonträger. Die recht kruden Pressungen steckten in unter möglichst geringem Kostenaufwand im Offset- oder Siebdruckverfahren gestalteten Hüllen und wurden europaweit über ein Netzwerk kleiner Plattenläden verbreitet, das sich gebildet hatte.

Diese Phase billiger Bootlegs dauerte vermutlich gerade einmal sechs Monate, ehe weniger idealistische Zeitgenossen erkannten, dass man in diesem Bereich eine Menge Geld scheffeln konnte. Deshalb und weil sich die Szene aufgrund rechtlicher Konsequenzen für Läden, die solche Platten verkauften, in den Untergrund verlagerte, stiegen die Preise.

Angeblich handelt es sich bei den Aachener Aufnahmen um Direktsignale des Bühnensounds, festgehalten mit einem einfachen Stereo-Bandgerät, das in einem VW-Bus versteckt gewesen sei. Ob das stimmt, lässt sich nicht nachweisen, doch der gute Klang deutet tatsächlich auf durchaus versierte Bootlegger hin, die das Ganze möglicherweise sogar live abmischten. Pink Floyds Show erschien kurz nach dem Festival, und auch Frees Darbietung kam in Umlauf.

So fiel den Machern ein klanglich achtbares Zeugnis einer Top-Ten-Band zu. Die erste Auflage wurde Ende der 70er unter dem Titel *Space* veröffentlicht.

In die Auslaufrille des Vinyls geätzt stand „Italy", also mochte es dort gefertigt worden sein, denn Italien entwickelte sich schnell zu einer Hochburg des Handels mit Raubpressungen. Davon abgesehen war es spottbillig[4].

So machte der Mitschnitt die Runde. Die zweite Auflage, *H-Bomb* betitelt, war kommerziellerer Art. *Mandrake Root* fehlte (Gillans Geplänkel zwischen den Songs ebenfalls), sodass eine Schallplatte ausreichte. Das Label Kustom Rekords ließ höhere Stückzahlen herstellen und verbreitete sie Anfang 1971 weitläufig in ganz Europa, Großbritannien inklusive. Auf den News-Seiten des Melody Maker gab es sogar eine Top Ten für Bootlegs, bevor mit einem Verfahren gegen Virgin Records, nach dessen Ende die Veröffentlichung solcher Aufnahmen strafbar war, ein Exempel statuiert wurde. Deep Purples Management gehörte zu den Klägern, die diese Gesetzesänderung verlangten. Andere Plattenläden nahmen sich dies zu Herzen, und im Nu fand der Handel mit Bootlegs nur noch insgeheim statt.

In der 1971er Aprilausgabe des Melody Maker wurde Blackmore auf *H-Bomb* angesprochen und sagte: *„Ich denke, wir fühlten uns schon geschmeichelt, doch dass es so schlecht klingt, ist ärgerlich. Die Aufnahme entstand ja bei einem Konzert in Aachen, wo auf der Bühne Feuer ausbrach. Darum hört man es ungefähr 20 Minuten lang prasseln und keine Musik. Meine Einstellung zu Bootlegs dürfte sich aber nicht ändern, ich fühle mich dadurch geehrt. Für mich sind diese Platten etwas für Sammler, und wenn ich als großer Fan einer Band gern wüsste, wie sie live klingt, würde ich eine kaufen. Wäre die Gruppe schlecht, und der Sound auch, hätte ich Pech gehabt und würde mich darüber freuen, dass das Album nicht allgemein erhältlich ist."*

Später erklärte der Gitarrist genau, was es mit dem Brand auf sich hatte: *„Sollte ich einen Höhepunkt unter unseren Auftritten in letzter*

Aktuell auf dem britischen Bootleg-Markt: ein 3LP-Set, aufgenommen beim Rotterdam Festival im vergangenen Sommer. Zu den Auftretenden gehörten Byrds, Jefferson Airplane, Pink Floyd, Country Joe, Santana und Dr. John. Preis: 5,50 £. Der momentane Bestseller im Land soll H-Bomb von Deep Purple sein, das nur drei lange Songs enthält – Paint It Black, Black Night und Wring That Neck.

Das erste Deep-Purple-Bootleg, die Aufnahme vom Aachen Festival 1970. Dieses Exemplar wurde damals von allen Mitgliedern signiert.

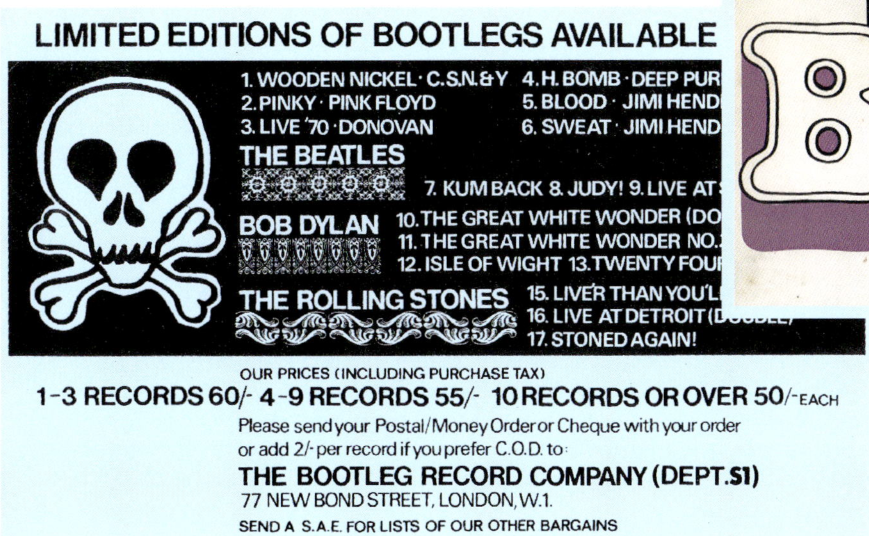

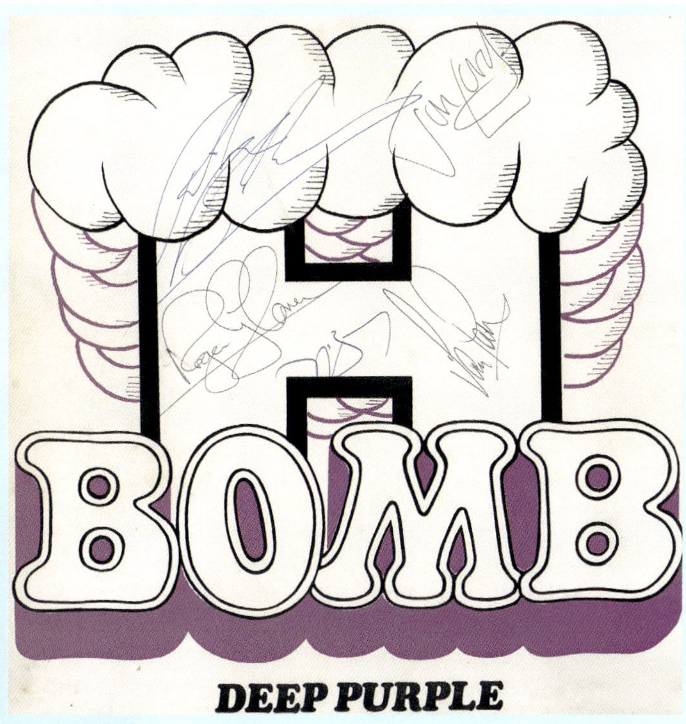

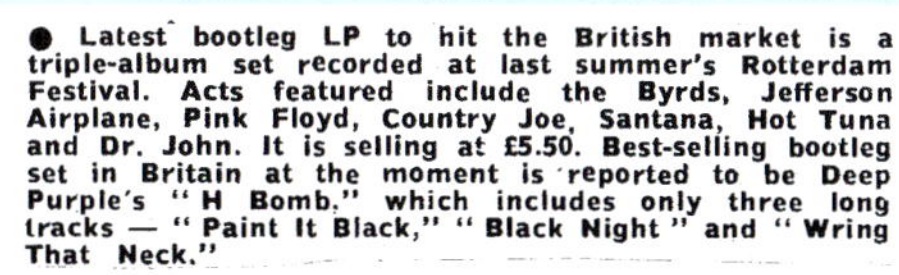
● Latest bootleg LP to hit the British market is a triple-album set recorded at last summer's Rotterdam Festival. Acts featured include the Byrds, Jefferson Airplane, Pink Floyd, Country Joe, Santana, Hot Tuna and Dr. John. It is selling at £5.50. Best-selling bootleg set in Britain at the moment is reported to be Deep Purple's "H Bomb," which includes only three long tracks — "Paint It Black," "Black Night" and "Wring That Neck."

4 Ich entdeckte mein Exemplar für lächerliche 2£ in einem der vielen Headshops in der Princess Avenue in Hull. Dass man das Bootleg ohne weiteres in einer Stadt fand, die per Fährverkehr mit dem europäischen Festland verbunden war, lässt erahnen, wie die Urheber beim Vertrieb ihrer Produkte vorgingen. (SR)

Zeit nennen, dann das Aachen Festival in Deutschland. Dort ging mein Verstärker in Flammen auf, sodass die ganze Bühne verraucht war."

Zudem ging er auf Kritik daran ein, wie er sich auf der Bühne gebärdete: „*Ich betrachte Deep Purple als musikalisch anspruchsvolle Band, doch was die Leute ausrasten lässt, ist der Schaueffekt, der damit einhergeht. In diesem Land gibt es zahllose gute Gitarristen, doch die meisten langweilen, wenn man sie live sieht! Ich wirble gern über die Bretter und höre nach Konzerten lieber ein ‚Was für eine Show!', als brav für die Musiker-Polizei im Publikum zu spielen. Dennoch legen wir Wert darauf, dass die Qualität nicht darunter leidet.*" (RB in Disc und Music Echo, Oktober 1970).

Im Mai 1971 war *H-Bomb* begünstigt durch Presseberichte Angaben Londoner Plattenläden zufolge Deep Purples bestverkauftes Bootleg. Im Juni kam der Melody Maker wieder darauf zu sprechen: „*Gewieft, wie ich bin, tauschte ich meinen Wodka Lemon gegen ein Exemplar von H-Bomb, ein Bootleg von Purple, das sowohl hierzulande als auch auf der anderen Seite des Kanals reißenden Absatz findet.*" Der Schreiber zeigte die LP seinem Interviewpartner Roger Glover, der entgegnete: „*Bei Bootlegs muss ich immer schmunzeln. Zu wissen, dass man zu dem Schlag gehört, für den Leute solchen Aufwand betreiben, tut gut, und ich möchte wissen, was sie damit verdienen. Wie das Ganze klingt, ist mir egal. Als Mitglied einer Gesellschaft muss man sich an Regeln halten, aber das ist hier nicht der Fall und der Grund dafür, dass ich dagegen bin. Ich habe mir in Deutschland eine illegale Aufnahme von uns für einen Fünfer gekauft, also macht da jemand Geld mit meiner Musik. Man sollte denjenigen das Handwerk legen, die das im großen Stil machen, weil bekannte Presswerke und Vertriebe dahinterstehen. Für sie kann man eine einstweilige Verfügung beantragen, doch die kleinen Gauner, die hältst du nicht auf.*"

Das Gehörte selbst beeindruckte Roger allerdings. „*Ich finde es ein bisschen zu schnell. Auf der Bühne bringt man Songs im Vergleich zu den Studioversionen meistens etwas flotter. Das Arrangement [von Black Night] ist noch das alte, so spielen wir das Stück nicht mehr. Für ein Bootleg klingt die Scheibe eigentlich recht amtlich, die Soundverhältnisse sind ausgeglichen.*"

Jon meinte zu dem Mitschnitt befragt: „*Wer auch immer das aufgenommen hat, ist ganz schön gerissen vorgegangen. Es geschah in Aachen, wo anscheinend direkt unter der Bühne ein Achtspurrekorder versteckt war. Alle Kanäle wurden damit zusammengemischt, darum der anständige Sound. Ich spielte ein tolles Orgelsolo an dem Abend; ein besseres habe ich mich noch nie spielen hören, ein himmelweiter Unterschied zu meinen Studioaufnahmen, also schätze ich, es ist an der Zeit, dass wir offiziell ein Livealbum herausbringen. Das Einzige, was mir an der Platte nicht gefällt, ist Ians Stimme, die sich nicht so berauschend anhört, weil er an dem Tag Halsweh hatte.*" (JL in Disc, August 1971)

Letztmals wurde die Scheibe in Europa unter dem Titel *Back To The Rock* neu aufgelegt, mit einem Live-Foto der Band als Cover in einer Hochglanzhülle. Mitte der 70er gelangte sie nach Amerika, wo die Bootleg-Szene größer wurde als die hiesige und bis zum Ende des Jahrzehnts ein bestimmender Marktsektor war. Ende der 80er wurde der Mitschnitt dann auf CDs übertragen[5]. Schlussendlich erfuhr das Ausgangsmaterial eine klangliche Nachbearbeitung und erschien offiziell im Rahmen der Reihe Sonic Zoom.

Es bleibt ein faszinierendes Zeugnis der Band in ihrer frühen Blüte. In *Wring That Neck* ist Lord mehr oder weniger allein der Star und wie im obigen Zitat bemerkt in Bestform. Die jazzige Art der Band beim Improvisieren führt zu einigen Spitzfindigkeiten, die weit entfernt sind von Heavy Metal, auch wenn man Deep Purple diesen Hut später aufzusetzen suchte.

Ian Gillan, der mehr Zeit hinter als auf der Bühne verbrachte, sang in *Black Night* ziemlich schräg, doch der Energieschub ließ nicht nach, obwohl die Bootlegger nichts daran ändern konnten, dass die Stimme aufdringlich klang.

Paint It Black dauert weit über zehn Minuten. Ian Paice macht es zu einem kurzweiligen Spektakel und einer Lehrstunde für angehende Schlagzeuger. Die Spannung, die *Mandrake Root* erzeugt, ist greifbar.

Es handelt sich um eine der längsten Fassungen des Stücks, die je aufgenommen wurden, und bietet erneut atemberaubende Orgelparts. Jon quälte manchen Effekt aus seinem Instrument heraus, für den es ausdrücklich nicht bestimmt war. Einer zehrt von den Ideen des anderen, während Glover und Paice den Rhythmus beibehalten (mithilfe von Ian Gillan, der frenetisch auf seine Congas klopft, weil er oft stumm bleiben muss), sodass nach etwa 25 Minuten das Chaos komplett ist. Acht Minuten lang wird man von rauschendem Lärm erdrückt, weil Ritchie Schindluder mit seinem Equipment treibt.

Trotz der Einnahmen, die den Musikern entgingen, weil offensichtliche Nachfrage bestand, machten wieder sie noch ihre Manager Anstalten, ein Livealbum zu veröffentlichen. Erst 1972 widmete man sich diesem Projekt, wobei der Impuls von außerhalb kam. *Made In Japan* ist jedoch eine andere Geschichte …

Von Aachen wurde die Gruppe zu dem zweiten Festival nach München gebracht, bevor sie sich zum Dreh von zwei später ausgestrahlten britischen Fernsehshows aufmachte. Der erste erfolgte am 14. Juli für Granadas „Doing Their Thing" (gesendet im Nordwesten des Königreichs am Freitag, dem 21. August, eine halbe Stunde

5 Der Laden Curtiss Records in Sheffield hatte eine Auslage voller Bootlegs, darunter auch H-Bomb, alle für 4£ und demnach doppelt so teuer wie normale Veröffentlichungen. Günstiger kam man weg, indem man sich auf dem Postweg bei einer Londoner Adresse meldete, die Exemplare zu jeweils ungefähr 3£ anbot.

ROCK ALBUM SOLVED DEEP PURPLE RIFT

ab 18:10 Uhr). Man durfte darin ein bezauberndes *Child In Time* und drei weitere, gekürzte Tracks bestaunen, darunter *Speed King*. Die Produktion konnte sich wie für Granada gewohnt sehen lassen (weder andere Regionalsender von ITV noch die BBC widmeten sich der Popmusik so beflissen) und gefällt bis heute ausgezeichnet. Schaut man genau hin, erkennt man im Publikum einen sichtlich beeindruckten George Best.

Der zweite Dreh fand am 28.7. für South Bank Pops in der Londoner Queen Elizabeth Hall statt (Regie: Bryan Izzard). London Weekend Television produzierte eine Sendung zur Feier des Umzugs des Senders ans Südufer der Themse, doch sie lief erst im September. Deep Purple spielten nur *Child In Time* und *Mandrake Root*. Ian Gillan sagte im selben Jahr im Melody Maker dazu: *„Vorher hatten wir Fernsehauftritte abgelehnt, wegen der ganzen Querelen und weil man nur drei Minuten lang so tun muss, als ob es live wäre. Diese ‚South Bank'-Geschichte war aber super, wir durften als letztes nach Blue Mink und The Settlers ran. Die anderen Bands machten Playbacks, doch wir stellten unseren gesamten Kram auf und spielten richtig. Klar, das Publikum bestand wie so oft aus vielen älteren Leuten. Egal, wir hatten Child In Time ausgewählt, ein für uns ziemlich ruhiges Ding. Schon lustig – als wir fertig waren, kündigten wir einen härteren Song an, und die Hälfte des Publikums verzog sich."*

Gegen Ende des Auftritts, nachdem Ritchie seine Gitarre einem Härtetest unterzogen hat, werfen er und Ian Paice Teile ihres Equipments über die Bühne, während Jon an der Hammond rüttelt und Roger mit seinem Bass über die Orgel fährt. Da diese Szenen aus dem Zusammenhang gerissen wurden, äußerte sich John Peel in einer Musikzeitschrift abfällig dazu, von wegen die Gruppe würde The Who nachahmen. Der Daily Telegraph schrieb am Tag nach dem Auftritt auf seine trockene Art: *„Deep Purple – eine Rockband, die auf ihre Weise so klassisch ist, wie es Benny Goodman Five einmal waren – zeigten sich während des Konzerts gestern Abend in voller Pracht mit jener animalischen Kraft, für die sie seit je bekannt sind."*

Eine noch unbeantwortete Frage lautet: Wann hat Ritchie zum ersten Mal wirklich ein Instrument auf der Bühne zerschlagen? Ziemlich viele Berichterstatter stellten es so dar, obwohl er eigentlich nur grob damit herumhantierte. Ein Journalist behauptete sogar, die Gibson 335 sei zerstört worden, was eindeutig nicht stimmte. Anscheinend hatte der Gitarrist schon immer solche Anwandlungen gezeigt, in denen sich der Eifer des Gefechts auf der Bühne Bahn brach (zu unterstellen, er habe Pete Townshend kopiert, war insofern ungerecht, als Jimi Hendrix oder später Nirvana von dieser Anschuldigung verschont blieben), bloß gingen sie irgendwann 1970 wohl so weit, dass er sein Rüstzeug bisweilen irreparabel beschädigte. Dies mochte sowohl an der zunehmenden Zahl von Konzerten liegen, die Deep Purple gaben, als auch dem Umstand geschuldet sein, dass sie sich nicht mehr um die Kosten von Instandsetzungen sorgen mussten. In einem Artikel über die Show in Köln im April des Jahres ist die Rede von zwei „zerstörten" Gitarren und einem kaputten Verstärker, und Löcher in der Bespannung von Boxen, weil Blackmore den Hals seiner Klampfe hineingerammt hatte, waren häufig zu sehen. Das Schadensaufkommen bewegte ein Musikmagazin zum Schätzen der Überlebenswahrscheinlichkeit des Equipments bei einem Auftritt der Gruppe, was sich in etwa so las: *„Gitarre: 30%, Boxen u. Verstärker: 50%, Drums: 75%, Bass: 83%, Orgel 99%"*.

In Rock blieb im Juli in den britischen Top Ten, der Erfolg der Band festigte sich allmählich. Ian Paice: *„Ich glaube, dass es mir bewusst wurde, nachdem es zwei Monate lang in den Charts gewesen war. Wir erkannten, dass wir uns selbst einen ziemlich guten Dienst erwiesen hatten."* In Deutschland lief das Album noch besser. Es erschien über EMI als reguläre Version und in einer Bestelledition der großen Fernsehzeitschrift Hörzu, deren Logo auch auf der Hülle prangte. In den monatlichen Charts stieg es am 15. Juli auf dem siebten Platz ein, woraufhin innerhalb von 16 Monaten so viele Einheiten wie nirgendwo anders abgesetzt wurden. Ende des selben Monats tauchte die Scheibe auf Rang 15 in der norwegischen Hitliste auf.

Obwohl *Black Night* bereits vor seiner Veröffentlichung live gespielt wurde, ließ der Charterfolg der Single vorerst auf sich warten. Möglicherweise übersahen potenzielle Käufer sie, weil das Stück nicht im Radio lief und kaum beworben wurde. Ende Juli erhofften sich die Musiker im Grunde nichts mehr davon.

August/September 1970

Nun standen weitere Open Airs an. Geplant waren zwei in Frankreich, doch letztlich traten Deep Purple bei keinem davon auf. Ihre auf längere Zeit hin letzte Show in Zentraleuropa spielten sie am 9. August beim zehnten National Jazz Pop Ballads & Blues Festival an der Rennbahn Plumpton. So einiges hatte sich geändert: Zwei Jahre zuvor war die Band unter ferner liefen nachmittags verheizt worden, jetzt stand sie von 21 bis 22:15 Uhr auf dem Programm. Richard Green und Roy Carr vom NME bemerkten in ihrem Bericht: *„Deep Purple setzten einen angemessenen Schlusspunkt – eine aufregende Performance, die außer Kontrolle zu geraten drohte. Ritchie Blackmore übergoss einen Verstärkerturm mit Benzin und zündete ihn an. Das war schon ein wenig albern, zumal die Gruppe dergleichen nicht nötig hat. Das*

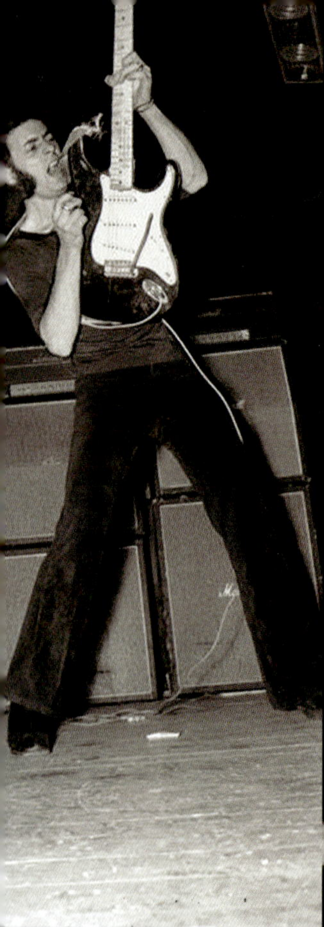

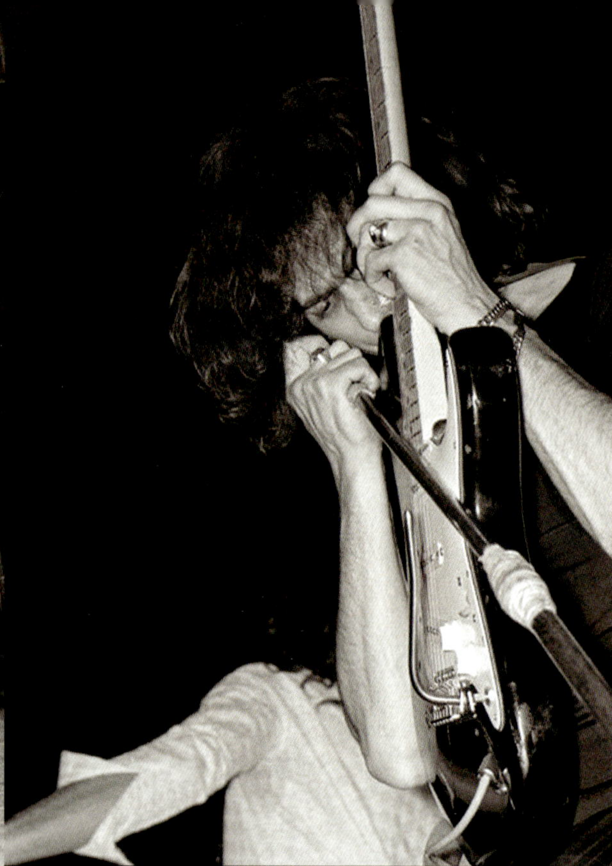

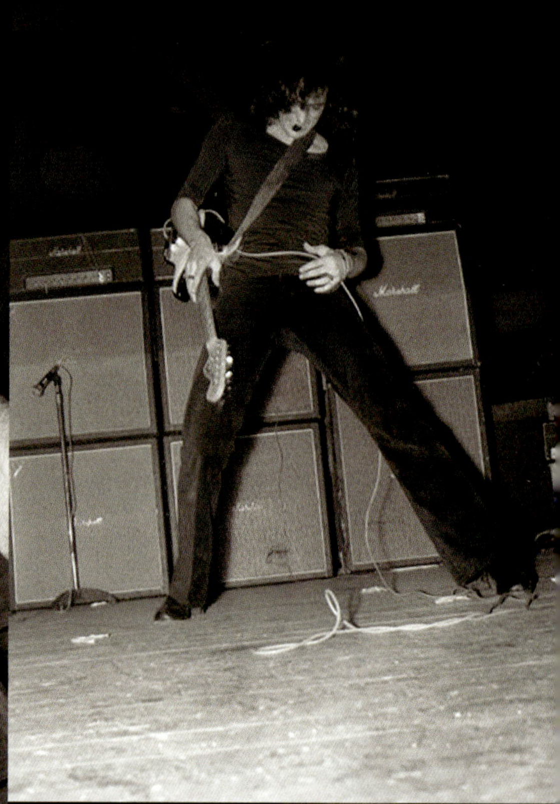

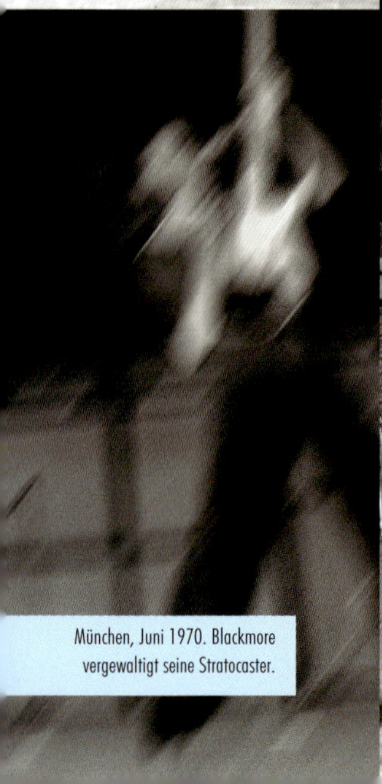

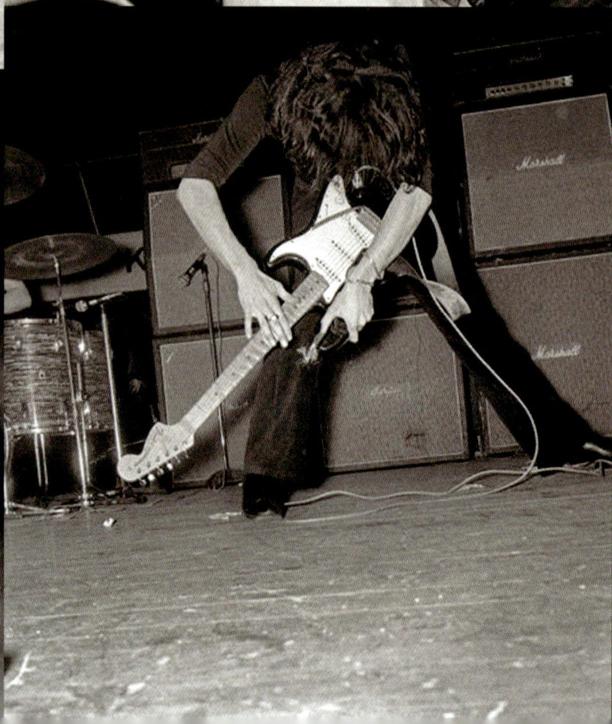

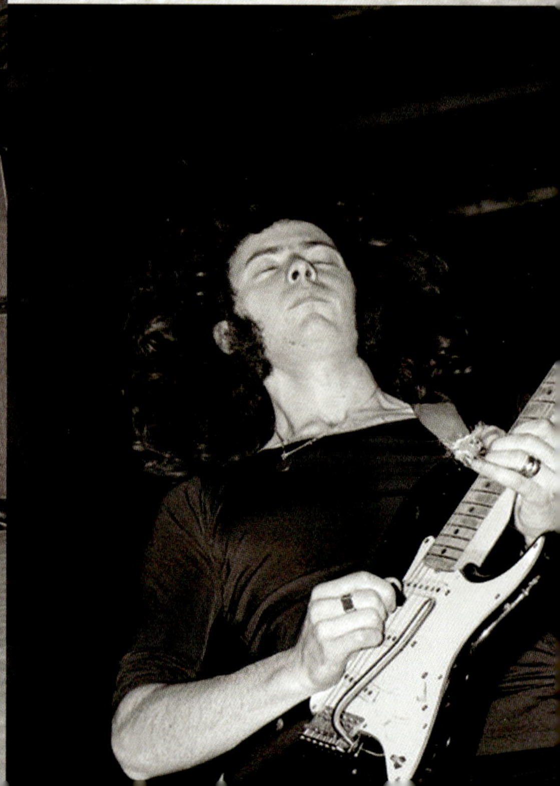

München, Juni 1970. Blackmore vergewaltigt seine Stratocaster.

'The smashing-up bit is valid!'

WHEN DEEP PURPLE smashed up their equipment on a TV show recently, here were howls of protest throughout the land.

A flood of complaints hit MM's Mailbag, and there were rumbles of discontent from Caithness to Beccles.

How do Deep Purple react to this outburst and why do they indulge in tactics, once the perogative of the Who?

In the main they are unrepentant, although they point out they only do it on rare occasions, and are likely to calm down soon anyway.

Chief among the targets for abuse is Purple guitarist, Ritchie Blackmore, a mild-mannered, dark-haired chap who occasionally sets fire to his amplifier.

What did he think of all this controversy?

"Well, it's better than nothing," he smiled slightly, sipping tea. The TV show from the South Bank just didn't go off as well as we expected. It was a telerecording, and they cut out some of our numbers and just showed the climax, which was annoying. Apparently the sound was bad and everything was cut to pieces. We just did our usual stage act and it didn't come off. But so what? If we want to do it — we will. We'll be changing our stage act completely soon. A lot of people have seen it now — especially reporters."

"I think the smashing-up bit is valid. It's how you feel at the time. I like to jump around. People will have a go at you what ever you do. I remember Jimmy Page saying once that an American writer thought Led Zeppelin 'were a terrible band because Jimmy Page wears snake skin boots.'

"Lots of people prefer a guitarist to use a tiny amplifier, wear worn-out jeans and be ever so hunble. Well I like flashy musicians. It's taken us two years of hard work to get any recognition. We had a long struggle. Now people write in and say — 'ooerr, look at him smashing up his guitar.' Well, I've been playing for 13 years, and if I feel like smashing it up sometimes, I will.

"I don't go on stage and say to myself: 'Right, tonight it happens.' It's often when I'm feeling fed-up and I can't get anything in tune. There is so much to worry about when you get on stage and have to play. Maybe the amplifiers won't work, or some fool turns all the lights on — or off, and there is the audience reaction to think about."

Underneath the showmanship, he is a highly rated player among the musicians, but it is often the age-old way of any kind of music business, jazz or rock, that sheer musicianship, does not always score the bread, or win the audience.

Ritchie talked about his early influences: "I used to idolise Les Paul and Wes Montgomery. But it's more of a challenge for me to play rock than jazz, and control a 200 watt amplifier. Sure rock is harder to play than jazz. You see rock is so limited. In jazz you can play anything. I don't think there is a single guitarist who has MASTERED rock guitar playing.

"You could say Segovia has mastered classical music, but nobody has yet mastered rock and roll. I like Jimi Hendrix and Jeff Beck as guitarists, but they are not brilliant. They just play gutsy, screaming music.

"Deep Purple's main thing is excitement. Sometimes we get too much out of hand on stage, and people say 'how disgusting.' But four years ago I used to play very technically and other musicians would say: 'Oh brilliant.' But I wasn't getting anywhere. I'm not being big-headed but if I wanted to be a straight guitarist — I could. Those days are over. Albert Lee is brilliant — but he's not exciting. Big Jim Sullivan, to my mind, is the best in the country and earns thousands, but he is unknown to the public, as he is a session player.

"A few years ago it got to the point where I didn't want to play anymore, not just play the guitar in a corner. I wanted to ACT and play the guitar. When I was a kid, my whole thing was to be the fastest guitar-anywhere.

"I'm 25 now and I got my first guitar when I was about 11 years old. At first I wanted to be a jazz player, and my big influence then was Django Reinhardt. It's funny, I hear the latest thing among guitarists now is speed. But I don't want to know about that now."

The Deep Purple story is a strange one. They had a hit in the States, although not as big as first reports suggested, before they were known in Britain.

"I remember our debut here at the Kempton Park festival. We went on and our amps blew up, then a train went by. There was a complete lack of interest all round. We started off in a REALLY great way! Nobody knew who we were, so we said, 'right, that's finished Us with England.' We were going to chuck it in and go back to America. After all, we were superstars there — we had a record (Hush) in the top 100!',

"But I don't think the music business has ever been better than it is now. Really. Bands like the Cream and Jimi Hendrix Experience made it possible for musicians to be rated, not just on their looks alone.

"And Britain has the best groups in the world."

"There are a lot of things that can build you up or bring you down in this business," said Ritchie. "You read in the 'papers one day — 'Great Group.' Next day, it's 'Silly group.,

CHRIS WELCH.

Deep Purple's Ritchie Blackmore answers those complaints...

Das Zertrümmern ist kein Gehabe!

Als Deep Purple kürzlich bei einem Fernsehauftritt Kleinholz aus ihren Instrumenten machten, wurde im ganzen Land Protestgeheul laut.

Wir erhielten eine Fülle empörter Leserbriefe, Unmutsbekundungen von Caithness bis Beccles.

Wie reagiert die Band auf diesen Ärger, und warum greift sie zu Mitteln, auf die The Who abonniert sind?

Im Großen und Ganzen zeigen sie keine Reue, wenngleich sie betonen, es geschehe nur selten, und wahrscheinlich sowieso bald ruhiger werden.

Das Hauptangriffsziel der Kritiker ist Purple-Gitarrist Ritchie Blackmore, ein ruhiger, dunkelhaariger Bursche, der gelegentlich seinen Verstärker anzündet. Was hält er von dem ganzen Theater?

„Na ja, das war besser als nichts", beginnt er leise schmunzelnd und trinkt einen Schluck Tee. „Die Sendung über das South Bank Pops kam einfach nicht so gut an wie erwartet. Die Fernsehleute haben einen Teil unserer Songs herausgeschnitten und nur das Finale gezeigt, eine ärgerliche Sache. Offensichtlich war der Sound schlecht, und vor lauten Schnitten blieb nicht mehr viel übrig. Eigentlich boten wir die gleiche Show wie sonst auch, bloß zündete sie nicht, aber was soll's? Wenn wir Lust auf etwas haben, tun wir es auch. In nächster Zeit werden wir nichts daran ändern, wie wir uns auf der Bühne geben. Mittlerweile haben es schon viele Leute gesehen – vor allem Reporter.

Das Zertrümmern ist kein Gehabe. Darin drückt sich unser Gefühl im jeweiligen Moment aus. Ich springe gern herum. Du kannst tun, was du willst, irgendjemand stößt sich immer daran. Jimmy Page meinte einmal, ein amerikanischer Journalist hätte Led Zeppelin als schreckliche Band bezeichnet, weil ihr Gitarrist Schlangenlederstiefel trägt.

Den meisten sind solche lieber, die mickrige Verstärker benutzen, ausgebeulte Jeans anziehen und ach so bescheiden tun. Ich hingegen mag Musiker, die was fürs Auge bieten. Wir haben uns zwei Jahre lang ins Zeug gelegt, um ein bisschen Beachtung zu finden. Das war ein harter Kampf, und jetzt meckern eure Leser: ‚Wie schrecklich, schaut ihn euch an, er schlägt seine Gitarre kurz und klein.' Also, ich spiele seit 13 Jahren, und wenn mir manchmal danach ist, sie zu ramponieren, tu ich's.

Es ist nicht so, dass ich mir zu Beginn eines Konzerts vornehme, dass es passieren wird. Oft kommt es dazu, wenn ich die Geduld verliere, weil nichts funktionieren will. Man muss bei Auftritten so vieles berücksichtigen. Eventuell streiken die Verstärker, irgendein Trottel schaltet alle Scheinwerfer ein – oder aus –, und dann gilt es auch noch, auf die Resonanzen aus dem Publikum einzugehen."

Unter der grellen Oberfläche verbirgt sich ein profilierter Instrumentalist, doch in jeder Musikszene – sei es Jazz oder Rock – ist es seit je so, dass Musikalität allein nicht immer ausreicht, um das Essen auf den Tisch und Zuschauer in die Hallen zu bringen.

Zu seinen anfänglichen Idolen befragt antwortet Blackmore: „Früher vergötterte ich Les Paul und Wes Montgomery, aber Rock geht mir nicht so leicht von der Hand wie Jazz, und einen 200-Watt-Amp muss man auch bedienen können. Rock ist im Vergleich zu Jazz ganz sicher schwerer zu spielen. Zudem bewegt er sich in sehr engen Grenzen, wohingegen man im Jazz uneingeschränkte Freiheit genießt. Ich glaube nicht, dass es einen Gitarristen gibt, den man einen Rock-MEISTER nennen kann.

Von Segovia darf man wohl behaupten, dass er klassische Musik meisterhaft beherrscht, doch im Rock 'n' Roll gibt es noch niemanden wie ihn. Ich schätze Jimi Hendrix und Jeff Beck als Kollegen, doch sie sind nicht genial, sondern machen nur aus dem Bauch heraus harte Musik.

Bei Deep Purple geht es in erster Linie um Spannung. Ab und an treiben wir es auf der Bühne zu weit, weswegen sich die Leute dann aufplustern. Wenn ich vor vier Jahren bewusst technisch spielte, sagten andere Musiker, das sei brillant, obwohl das nirgendwohin führte. Nicht dass ich arrogant wirken möchte, aber wenn ich wollte, könnte ich brav meinen Schuh herunterspielen.

Albert Lee ist ausgezeichnet – aber langweilig. Meiner Meinung nach gibt es keinen besseren in diesem Land als Big Jim Sullivan, und der verdient viel Geld, auch wenn ihn die Öffentlichkeit nicht kennt, weil er Mietgitarrist für andere ist.

Vor ein paar Jahren war ich so weit, dass ich mein Instrument am liebsten an den Nagel gehängt hätte, denn ich wollte nicht mehr nur damit in einer Ecke stehen, sondern etwas HERMACHEN, während ich spielte. Als Jungspund träumte ich einzig und allein davon, der Allerschnellste auf dem Griffbrett zu sein.

Meine erste Gitarre bekam ich mit ungefähr elf, jetzt bin ich 25. Zunächst verstand ich mich auf Jazz und eiferte Django Reinhardt nach. Wenn ich höre, dass sich bei den heutigen Spielern alles um Geschwindigkeit dreht, muss ich lachen. Mich interessiert das jetzt nicht mehr."

Deep Purple haben einen ungewöhnlichen Weg hinter sich. Sie landeten einen Hit in den Staaten, der wohlgemerkt nicht so riesig war, wie es dargestellt wurde, und machten erst später in Großbritannien von sich reden.

„Ich erinnre mich noch an unser Festivaldebüt hier im Kempton Park. Als wir loslegten, rauchten unsere Verstärker ab, und daraufhin fuhr eine Eisenbahn vorbei. Kein Schwein beachtete uns. Ein Einstand wie aus dem Bilderbuch! Niemand wusste, wer wir waren, also dachten wir, England hätte sich für uns erledigt. Wir wollten die Kröte schlucken und uns wieder Amerika widmen. Schließlich galten wir dort als Superstars – immerhin war unsere Single (Hush) in die Top 100 eingestiegen!

Wie dem auch sei, die Umstände in der Musikbranche sind in meinen Augen nie günstiger gewesen als jetzt. Im Ernst, dank Bands wie Cream oder Jimi Hendrix Experience wird man jetzt nicht mehr nur danach beurteilt, wie man aussieht.

Und die besten Acts der Welt gibt es hierzulande.

In diesem Geschäft machst du extreme Hochs und Tiefs durch", so Ritchie abschließend. „Heute liest du in einer Zeitschrift: ‚Großartige Band.' Morgen steht woanders: ‚Beschissene Band.'"

CHRIS WELCH

MELODY MAKER, 26. September 1970

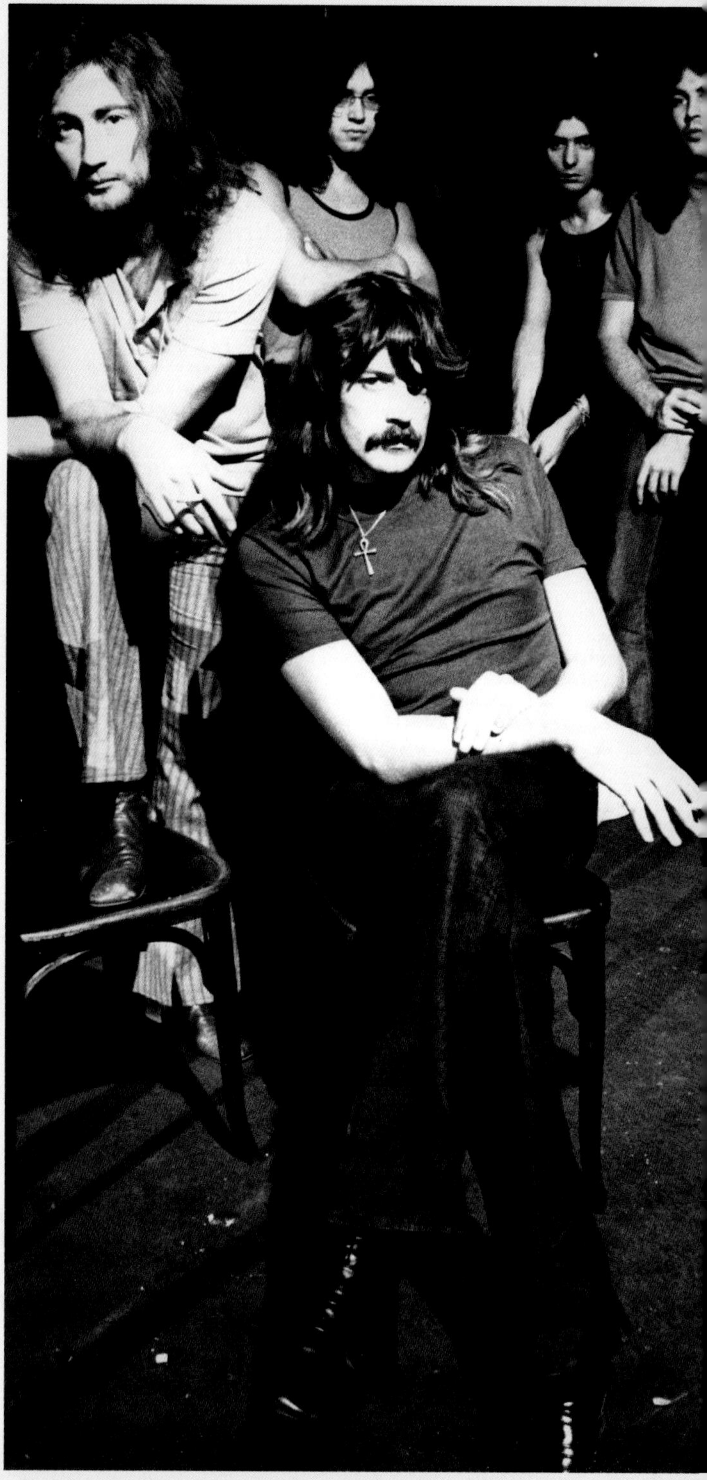

extrovertierte Speed King und das düster langsame Child In Time hatten alles klargemacht, wobei die Menge von dem Moment an, als Ian Gillan nach dem spannenden Aufbau regelrecht ins Mikrofon kreischte, geschlossen hinter den Jungs stand. Während Mandrake Root stürzte der Sänger vor lauter Begeisterung von der Bühne. Warum Deep Purple so beliebt sind, lässt sich leicht nachvollziehen. Bleibt zu hoffen, dass sich nicht allzu viele Leute über das Feuer aufgeregt haben."

Im Melody Maker stand zu dem Auftritt: „*Wie sich herausstellte, war die Band der ultimative Höhepunkt. An diesem Wochenende erzeugte keine andere so viel Aufruhr und Stimmung wie sie. In einem seiner Solos zitierte Ritchie Blackmore die Nationalhymne – denkt hier jemand an Hendrix' Star-Spangled Banner? –, doch Mandrake Root war die Nummer, die den Sack zumachte. Der Gitarrist stürzte sich wie ein Scharfrichter auf seinen Verstärkerturm. Der ging in Flammen auf, weshalb jemand von der Feuerwehr eingreifen musste, und wurde dann von der Bühne in die Menge gekippt. Instrumente wurden zügellos durch die Gegend geschleudert, Jon Lords Orgel wackelte wie ein Schiff bei Sturm im zuckenden Blitzlicht. ‚Ursprünglich wollten wir die ganze Bühne in Brand setzen', behauptete Ritchie hinterher. ‚Ich konnte meine Gibson nicht richtig stimmen und ließ meinen Frust an ihr aus, weshalb sie jetzt wohl nicht mehr zu gebrauchen ist', fügte er mit Blick auf das kaputte rote Ding hinzu.*"

Das steht anzuzweifeln, außer alle seine anderen Gitarren waren nicht einsatzfähig, denn normalerweise verwendete er die Gibson nie für diesen Song. Wie dem auch sei, die Band hatte großen Anklang gefunden und einen bleibenden Eindruck hinterlassen[6].

Nach merklichen Fortschritten in Europa kehrten Deep Purple in die Vereinigten Staaten zurück. Ihre letzte Tour dort war über ein Jahr her, und die neue Besetzung musste selbstverständlich versuchen, den Namen der Band wieder bekanntzumachen. Bei dem kurzen Abstecher kam es innerhalb 16 Tagen zu sieben Gigs, in deren Zug knapp 4.000 Meilen zurückgelegt wurden, bevor er am 30. August im Civic Auditorium Pasadena endete. In diesem Zusammenhang heißt es, die Musiker hätten den Rat erhalten, sich live nicht zu ausgelassen zu bewegen, weil das amerikanische Publikum „solches Getue" nicht möge. Man kann sich denken, inwieweit sie ihn beherzigten.

Warner rührten die Werbetrommel mit Anzeigen für *In Rock* und *Black Night*. Das Branchenfachblatt Billboard besprach das Album am 29.8. und überhäufte die Gruppe mit Lob. „*Deep Purple sind vorzügliche Schwergewichte und für stürmisch intensiven, schlauen Classic Rock bekannt. Blackmore spielt in Child In Time, Flight Of The Rat und Hard Lovin' Man, als gehe es ihm an den Kragen, die ganze Band suhlt sich mit Wonne in den düsteren Epen, die sie zur härtsten Band der Szene gemacht haben.*"

Im Rahmen jener Kurztour gelangte das *Concerto* zu einer neuerlichen Aufführung, und zwar am 25. des Monats im Hollywood Bowl. „*Als wir mit der Philharmonie von Los Angeles auftraten, war's nicht so leicht wegen der amerikanischen Musiker, denn dort drüben hat man viel stärkere Vorurteile gegenüber Rock und Langhaarigen. Das Orchester mochte uns überhaupt nicht.*" (RG zu John Halsall, 1970)

Backstage im Hollywood Bowl erfuhr die Band, dass *Black Night* in den britischen Charts eingestiegen war. Roger: „*Es dauerte eine Weile, bis der Funke übersprang. Wir saßen gerade in der Umkleide und warteten darauf, mit dem Concerto beginnen zu können, als uns jemand erzählte, dass es in die Charts gelangt war. Daraufhin betrachteten wir Singles nie wieder abfällig, denn der Sprung vorwärts, den wir dadurch machten, war gewaltig. Black Night stellte nach einem gemeinsamen Jahr und einer erheblichen Entwicklung praktisch den krönenden Abschluss dar. Knapp zwölf Monate zuvor hatten Ian Gillan und ich von der Hand in den Mund gelebt, Zigaretten geschnorrt, uns eine Hose für besondere Anlässe geteilt und das Land im Laderaum von Kleintransportern abgeklappert; nun flogen wir aus Amerika nach Hause, um uns bei ‚Top Of The Pops' zum Affen zu machen.*"

Kaum zu fassen, doch Blackmore ließ sich vom Magazin Beat Instrumental überreden, kurz wie in Tagebuchform über jene Konzerte zu berichten, wobei er das Concerto geflissentlich aussparte. „*Unser erster Gig in Denver war lustig. Als wir anfingen, zündete irgendjemand – wahrscheinlich der örtliche Veranstalter – eine Rauchbombe auf der Bühne, und das Licht schillerte dann in den grellsten Farben durch den Qualm. Das war wohl seine Vorstellung von einer psychedelischen Party! Die Menge verlangte Mandrake Root und Wring That Neck, teilweise sogar Stücke von Deep Purple In Rock.*" In einigen US-Regionen war das Album auszugsweise vorab im Radio gespielt worden.

Da sie keinen allzu vollen Terminkalender hatten, konnten sich die Mitglieder ein wenig Rock 'n' Roll Geselligkeit gönnen, wobei sie im Whiskey A Go-Go Fleetwood Mac und Little Richard sahen. Lord und Gillan wurden von Graham Nash zu einem kleinen Akustik-Jam eingeladen, wozu Glover sogar mehrere Cartoon-Bilder zeichnete.

Am 28.8. sollten Deep Purple zwei Sets in der ausverkauften Jam Factory in San Antonio spielen. Bedauerlicherweise brach Ritchie nach dem ersten zusammen, weil er einen Grippeimpfstoff nicht vertrug. Promoter Joe Miller wollte das Event nicht abblasen, weshalb er der Band Christopher Cross vorschlug (der damals 19-Jährige sollte später mit Liedern wie *Sailing* oder *Ride Like The Wind* berühmt

6 Ritchie nahm sich vier Jahre später ein Beispiel an dem Auftritt und wiederholte die Aktion beim California Jam in den USA. In Plumpton sollten nach jenem Open Air keine weiteren mehr stattfinden. Sie wurden per Gerichtsentscheid im Dezember '70 untersagt, weshalb das National Jazz And Blues Festival umziehen musste.

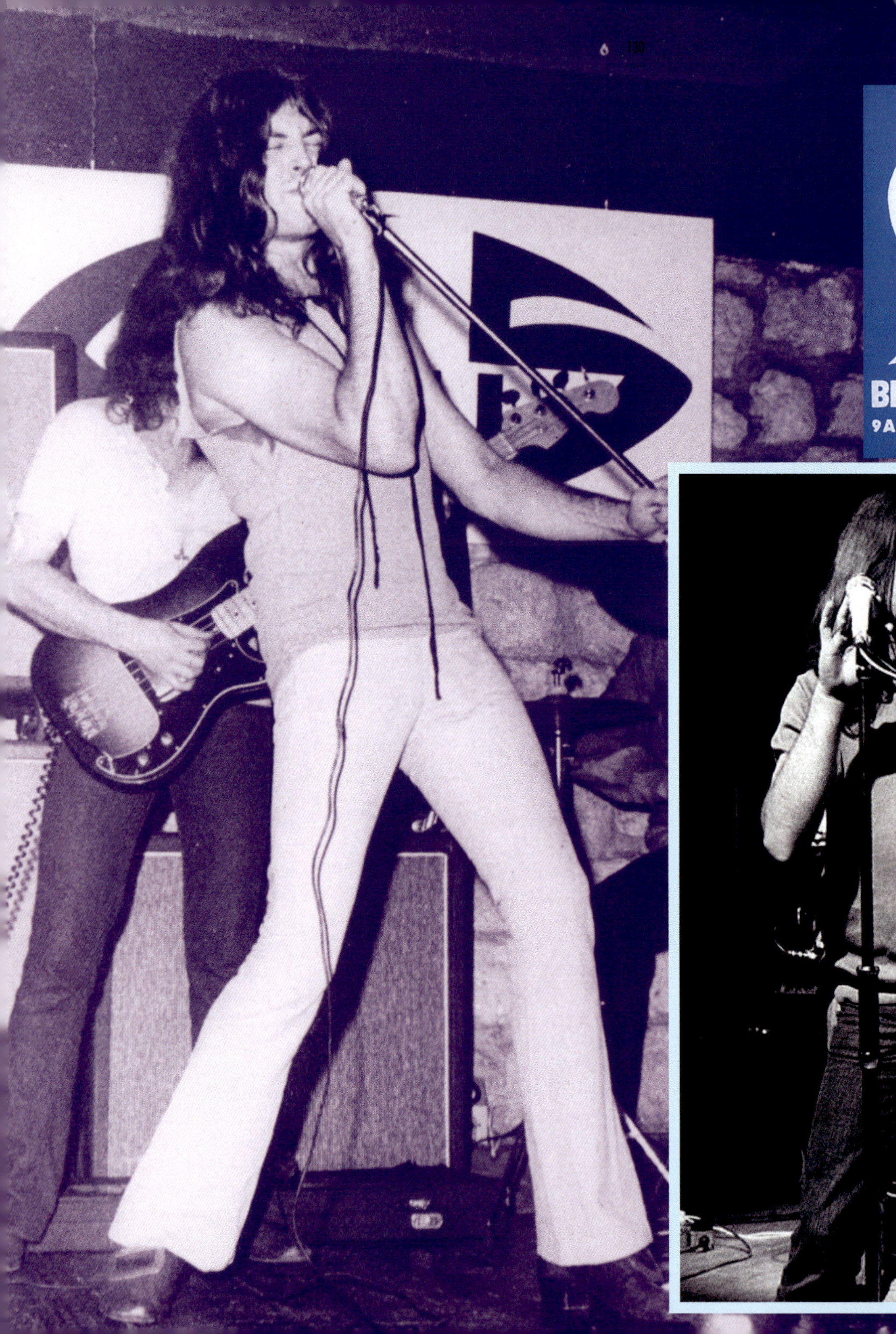

Ian Gillan im November 1970 während eines Nachmittagskonzerts im Pariser Gibus Club. Es gab Vorwürfe, wir seien richtungslos.

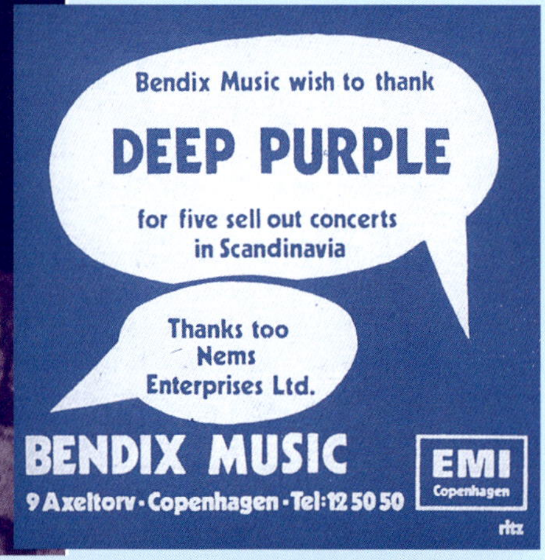

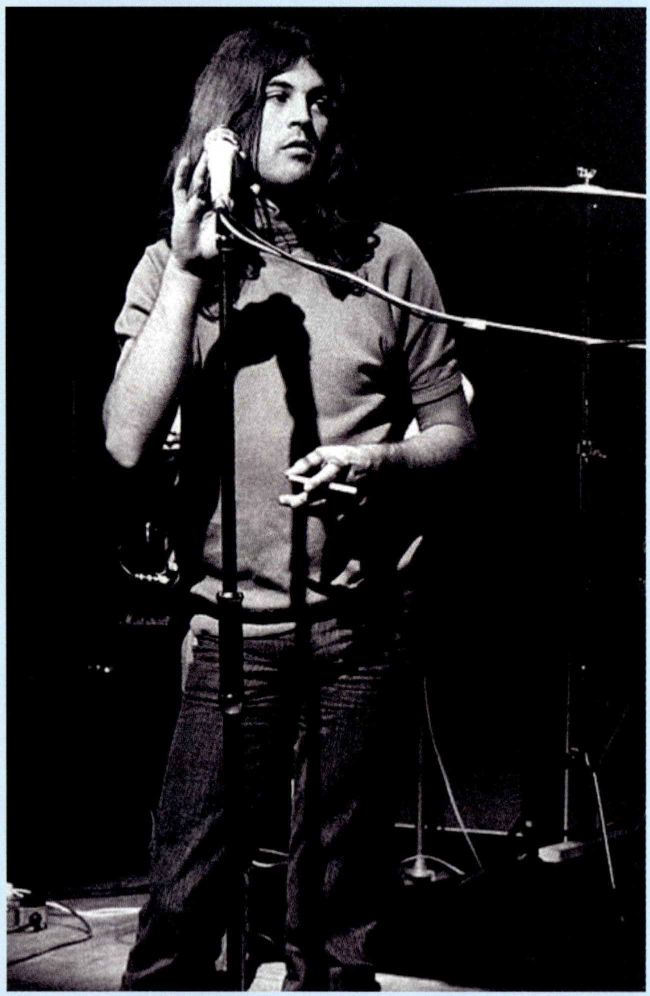

werden). Gillan gefiel die Idee nicht, doch Lord leitete alles Notwendige in die Wege, sodass es weitergehen konnte. Cross freute sich sehr über die Gelegenheit, obwohl ihm unwohl dabei war, in Blackmores Fußstapfen zu treten. Gespielt wurden schließlich ein paar Purple-Nummern, die er kannte, und Improvisationen über den einen oder anderen Blues-Standard.

Weitläufig von sich reden machen konnte man mit so wenigen US-Konzerten nicht, zumal sich Warner (seinerzeit ein Großkonzern, der zahlreiche Künstler betreute) bei der Unterstützung relativ behäbig zeigten. Es kam zu einem dubiosen Aufenthalt in einem Studio in Hollywood, zu dem es kaum mehr Informationen gibt. Jedenfalls sollte irgendetwas aufgenommen werden, und später schien sich niemand mehr an die Hintergründe zu erinnern. *In Rock* erschien letztlich erst nach der Abreise der Gruppe. Weil alles so schleppend anlief, gelangte das Album erst in der zweiten Septemberwoche in die Charts, obendrein nur auf Rang 198. Seinen höchsten Platz (143) erreichte es über ein ganzes Jahr später im November 1971. *Black Night* war Ende Dezember '70 in den Singlecharts Nummer 66.

In Europa hingegen geschah so einiges, wie Roger bemerkte. *In Rock* hielt sich bis weit in den August hinein in den britischen Top Ten und stand am 15. in Deutschland auf dem dritten Platz, im darauffolgenden Monat sogar auf dem zweiten. *Black Night* hatte sich als Spätzünder herausgestellt, wie es DJs nannten. Es stieg Mitte Juli in den neuseeländischen Charts ein (fraglich allerdings, wer oder was dort zum Kauf anregte) und kletterte im August in Großbritannien vom 50. auf den neunten Platz. Bis Ende des Monats stand es dann jeweils auf der 48, 46 und 32. Zuvor war es in Deutschland bereits auf Rang 33 aufgetaucht. Eine Anzeige im NME vom 25. August listete die Erfolge des Albums und bewarb noch einmal die Single.

Abzüglich eines Konzerts in Frankreich am 6. September hatte die Band Anfang des Monats ein paar Tage frei. *In Rock* stand, stieg und fiel unterdessen abwechselnd in den Charts des Königreichs, wohingegen die Single dank des ersten Purple-Auftritts bei „Top Of The Pops" am 10. einen Aufwärtstrend erfuhr. Drei Tage nach der Sendung stand sie auf Rang 20.

Am 17. September kamen die Musiker ihrer Verpflichtung nach, Jons zweites Werk für Orchester und Rockband in der Royal Albert Hall London aufzuführen. Auch die Gemini Suite wurde von Malcolm Arnold dirigiert, der diesmal dem Orchestra Of The Light Music Society vorstand. Die Suite bestand aus drei Sätzen: Orgel/Gitarre, Gesang/Bass und Schlagzeug. Lord hatte also sich und seinen Mitmusikern Abschnitte auf den Leib geschrieben, die ihren Charakter und Stil reflektieren sollten. Entstanden war das meiste auf Tournee; er hatte die kleinen Teile nacheinander überarbeitet und zusammengefügt.

Die 35-minütige Darbietung wurde live von BBC Radio übertragen. Es handelte sich gewissermaßen um ein deutlich nachdenklicheres Stück, in dem Jon die jeweiligen Solisten umsichtig begleitete. Ritchies Part zu Beginn ist schlichtweg betörend. Die orchestrale Seite zeugt von einem beflissenen Komponisten und passt perfekt zur Spielweise des Gitarristen. Er verwendete seine Gibson und gab sich bis zum Ende des äußerst stimmungsvollen Segments sehr gefühlsbetont – mit ruhigen Läufen, reizvoll atonalem Geklingel und Bendings. Blackmore gehörte zu der Partei innerhalb der Gruppe, der sich gegen solche Projekte ausgesprochen hatte, doch von seinen Vorbehalten bemerkte man an dem Abend nichts. Später behauptete er, sich Jon zuliebe dafür hergegeben zu haben.

Das andere Mitglied, das sich nicht mit der klassischen Nebenbaustelle hatte anfreunden können, war Ian Gillan, der jedoch ebenfalls eine tadellose Performance bot. Wenn er sich gegen Ende von orchestralem Schmelz getragen in einen Schrei hineinsteigert, dürfte das niemanden kaltlassen. Man kann nur bedauern, dass es Jon nie gelang, seine Mitstreiter zur Teilnahme an weiteren Tätigkeiten in diesem Bereich zu überreden, denn die Gemini Suite bleibt ein Karrierehöhepunkt für sie alle. Als der Schöpfer gefragt wurde, ob man sie in einem Studio aufnehmen würde, kündigte er diplomatisch an, es „irgendwann" tun zu wollen, sich aber vorerst auf die Band konzentrieren[7].

Des weiteren erhielt das Management eine Anfrage: Würden Deep Purple Musik zum Soundtrack des Westerns '71er *The Last Rebel* beitragen? Sie lehnte ab, doch Lord nahm sich der Sache an, wobei er mit Tony Ashton zusammenarbeitete, und legte die Aufnahmetermine Ende September zwischen Konzerte der Band in Großbritannien. Das Ergebnis ist für Fans des Organisten unverzichtbar. Er spielte größtenteils und war Haupt- oder Mitkomponist aller Tracks, überwachte die Vorgänge im Studio und dirigierte das Orchester. Fertiggestellt wurde das Album im Oktober.

Die Verkaufszahlen der Band verblüfften nach wie vor. *Black Night* knackte am 20 September die Top Ten auf der Neun. Sich bei „Top Of The Pops" blicken zu lassen hatte wirklich geholfen und auch den Absatz von Konzertkarten angekurbelt. In derselben Woche machte das Album einen plötzlichen Satz von der 38 auf Rang sieben. In Deutschland lief es noch besser, denn dort blieb es von Anfang bis Ende September auf der Zwei. Die Single war auch in Irland ein Erfolg (Höchstposition: Platz vier) und kam in Neuseeland bis auf die 13.

Am 23. des Monats nahm die Gruppe ihre letzte BBC-Session auf.

7 Es geschah bald, und das Album erschien im Oktober '71. Glover und Paice wirkten mit, die beiden anderen nicht.

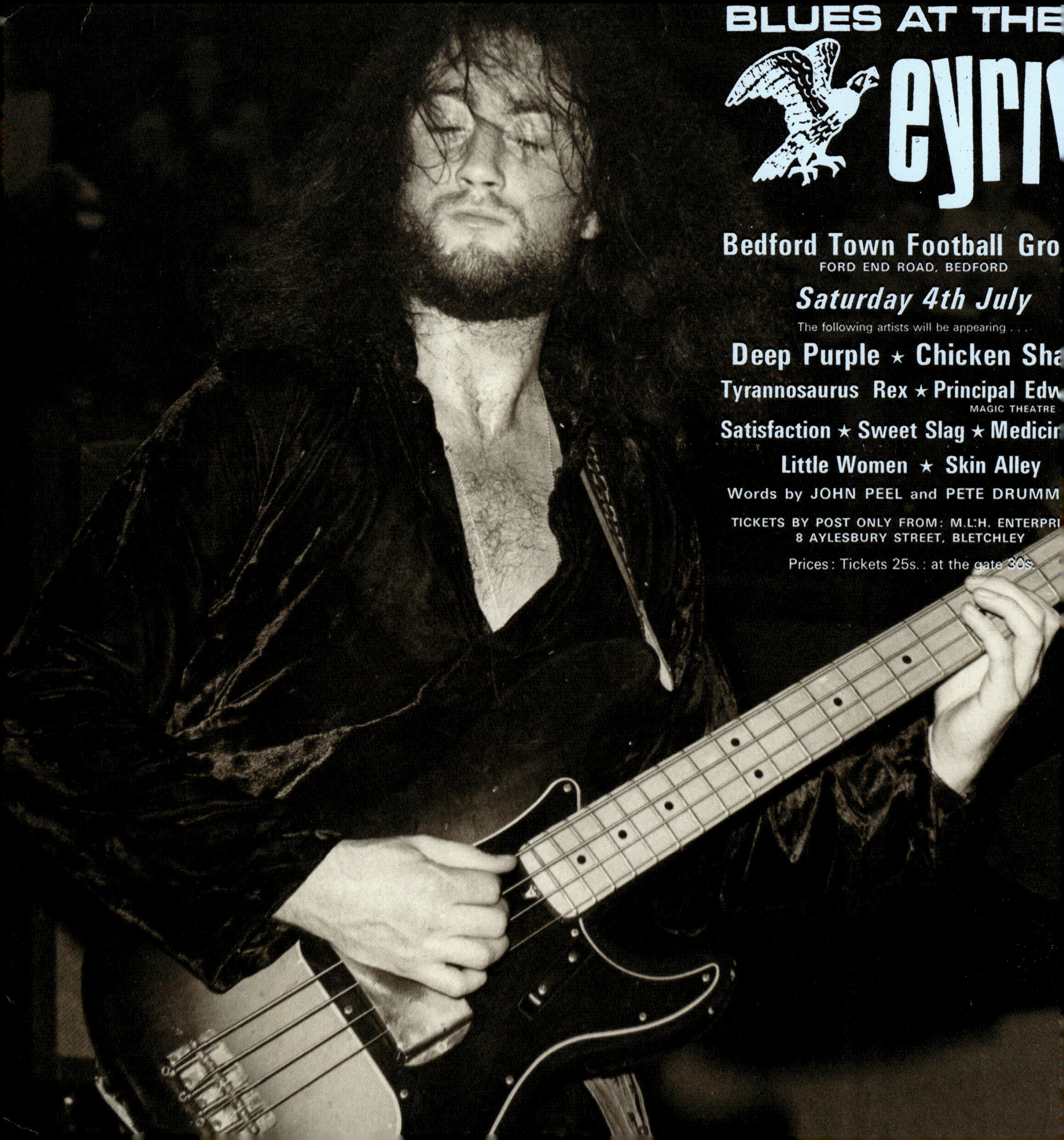
BLUES AT THE
eyri
Bedford Town Football Gro
FORD END ROAD, BEDFORD
Saturday 4th July
The following artists will be appearing . . .
Deep Purple ★ Chicken Sh
Tyrannosaurus Rex ★ Principal Edw
MAGIC THEATRE
Satisfaction ★ Sweet Slag ★ Medici
Little Women ★ Skin Alley
Words by JOHN PEEL and PETE DRUMM
TICKETS BY POST ONLY FROM: M.L.H. ENTERPRI
8 AYLESBURY STREET, BLETCHLEY
Prices: Tickets 25s.: at the gate 30s.

Moderiert wurde die Sondersendung für ausländische Lizenznehmer der Anstalt von Brian Mathews, der Jon vor Ort interviewte:

„Von euch gibt es auch ein Album, das wohl ein ziemlicher Renner ist.“

„Äh, ja. Es heißt Deep Purple In Rock.“

„Weißt du, wie viel ihr verkauft habt?“

Hier bei uns mehr als 75.000 Einheiten. In Deutschland geht es weg wie blöde, und auch in Amerika sieht es gut aus.“

„Gut zu wissen.“

„Ja, das stimmt.“

In der Presse konnte der Keyboarder ausführlicher berichten. *„Wir haben ein halbes Jahr an jeder Steckdose in England gespielt, um die Leute auf unsere Musik zu stoßen. Wir dachten, wenn wir gut seien, würden wir weiterempfohlen, und diese Einstellung scheint sich gelohnt zu haben.“* (JL in Record Mirror, Oktober 1970)

Roger sagte ein Jahr später sinngemäß das Gleiche. *„Wir haben mit diesem Erfolg gerechnet, weil wir zuvor wie verrückt Konzerte abgerissen hatten, bei denen wir bombig angekommen waren. Die Leute kamen in Scharen, und unsere Gagen ließen sich ansehen für eine Band, die keinen Hit aufweisen konnte. Wir wussten, dass wir viele Fans haben. Es gibt kein Stück von uns, in dem weniger Sorgfalt steckt als in anderen. Es mag furchtbar hochtrabend klingen, aber ich würde sagen, wir haben uns vorgenommen, Qualität zu bieten, und tun das auch.“* (RG, Oktober 1971)

Weitere Shows im Vereinigten Königreich schlossen sich an, die erste am 25. September im Odeon in Romford (Beginn erst um 23:30 Uhr). Auch sie waren den Verkäufen des Albums und der Single zuträglich: *In Rock* nahm am 27. wieder seinen höchsten Platz in den Charts ein, die Vier. Sogar das Concerto feierte eine neuerliche Rückkehr in die Liste, wo es nach sieben Monaten eine Woche lang auf Platz 69 stand. Ende des Monats begann die Band im De Lane Lea mit der Arbeit an einem neuen Album. Sie plante gar, es vor Neujahr fertigzustellen.

Zudem hatte sie beschlossen, nicht mehr so viele Konzerte in ihrer Heimat zu geben, laut Ian Gillan auch deshalb, weil deren Zweck nun größtenteils erfüllt war. *„Man wird rasch aufdringlich. Vor einem Jahr einigten wir uns darauf, verstärkt hierzulande und in Mitteleuropa aufzutreten. Darum haben wir tatsächlich auf zwei US-Tourneen verzichtet.“*

Ritchie ergänzte: *„Wir denken, dass das Ziel, das wir uns vorgenommen haben, jetzt erreicht ist. Darum halte ich es für angemessen, wenn wir uns zu Hause rar machen und etwas stärker auf andere Märkte konzentrieren.“* (IG und RB in Melody Maker, August 1970)

Oktober-Dezember 1970

Das letzte Quartal jenes Jahres war eine der hektischsten Phasen in der Geschichte der Band. Sie bemühte sich, den durch den Riesenerfolg von *In Rock* zunehmenden Konzertanfragen nachzukommen und für ihr nächstes Album vorauszuplanen, wobei sie im Schnitt alle zwei Tage in einem von sechs Ländern spielte. Sowohl der Langspieler als auch die Single erreichten in jenen drei Monaten weltweit ihre höchsten Chartpositionen, Ersterer am 15. Oktober in Deutschland die Spitze, wo er bis zum Jahresende verweilen sollte. *Black Night* schaffte es währenddessen in elf Staaten in die Top Ten.

Die Presse blieb der Gruppe weiterhin gewogen. Disc And Music Echo fasste die Situation am 3. Oktober bei einem Gespräch mit Lord zusammen. *„Deep Purple befinden sich plötzlich auf dem Zenit ihrer dreijährigen Laufbahn, denn ihr neues Album und die begleitende Single sind hoch gechartet. Jetzt genießen sie den Erfolg und die Anerkennung, die ihnen gebührt. Es ist eine mit allen Wassern gewaschene Band – ausgezeichnete Musiker, die nicht vergessen, dass jemand, der ‚was mit Musik macht', auch am Showgeschäft teilhat. Obwohl einige ihrer Grillen in jüngerer Zeit die Gemüter erhitzten, sollte man bedenken, dass seit Kurzem noch viel mehr Hörer über Liveacts lästern, die sich die Beine in den Bauch stehen.“*

Jon: *„Wir mussten unsere gemeinsame Identität erst finden. Stilistisch war die letzte LP ein wüstes Durcheinander, doch nun haben wir erstmals mit Roger und Ian gearbeitet. In Rock ist unser einziges Album, das einheitlich klingt.*

Auch eine gesonderte Single aufzunehmen ist neu für uns gewesen[8]*. Bisher wurden immer nur Stücke von Alben ausgekoppelt. Wir dachten, mal etwas Exklusives zu bieten sei schmissig. Dabei legten wir es wohl auf einen Hit an. So etwas lässt sich aber schlecht kalkulieren. Ich dachte bloß: ‚Falls nichts draus wird, Schwamm drüber, und falls doch, dann umso besser.' Nun da es geklappt hat, muss ich schon sagen, dass es mich sehr freut, zumal ja beide Scheiben gleichzeitig in den Charts stehen.“*

Die Verkäufe von *Black Night* brachen einfach nicht ein, als wollte die Single Black Sabbaths *Paranoid* ausstechen. Am 4. Oktober stand sie auf der Drei, der Konkurrent auf der Vier. In der nächsten Woche rückte sind noch einen Platz vor, was zu einer Wiederholung des „Top Of The Pops"-Auftritts am 15. führte. Verwehrt blieb Deep Purple die Poleposition einzig wegen Freda Paynes *Band Of Gold*, das nicht von dort weichen wollte. Trotzdem war es ein Coup in Anbetracht der Tatsache, dass sie wenige Monate zuvor im Grunde nichts auf den Song gegeben hatten. Übrigens erstellte der NME eigene Charts, wo *Black Night* am 31. Oktober wirklich ganz oben stand.

8 Lord hatte offensichtlich Hallelujah und Emaretta vergessen.

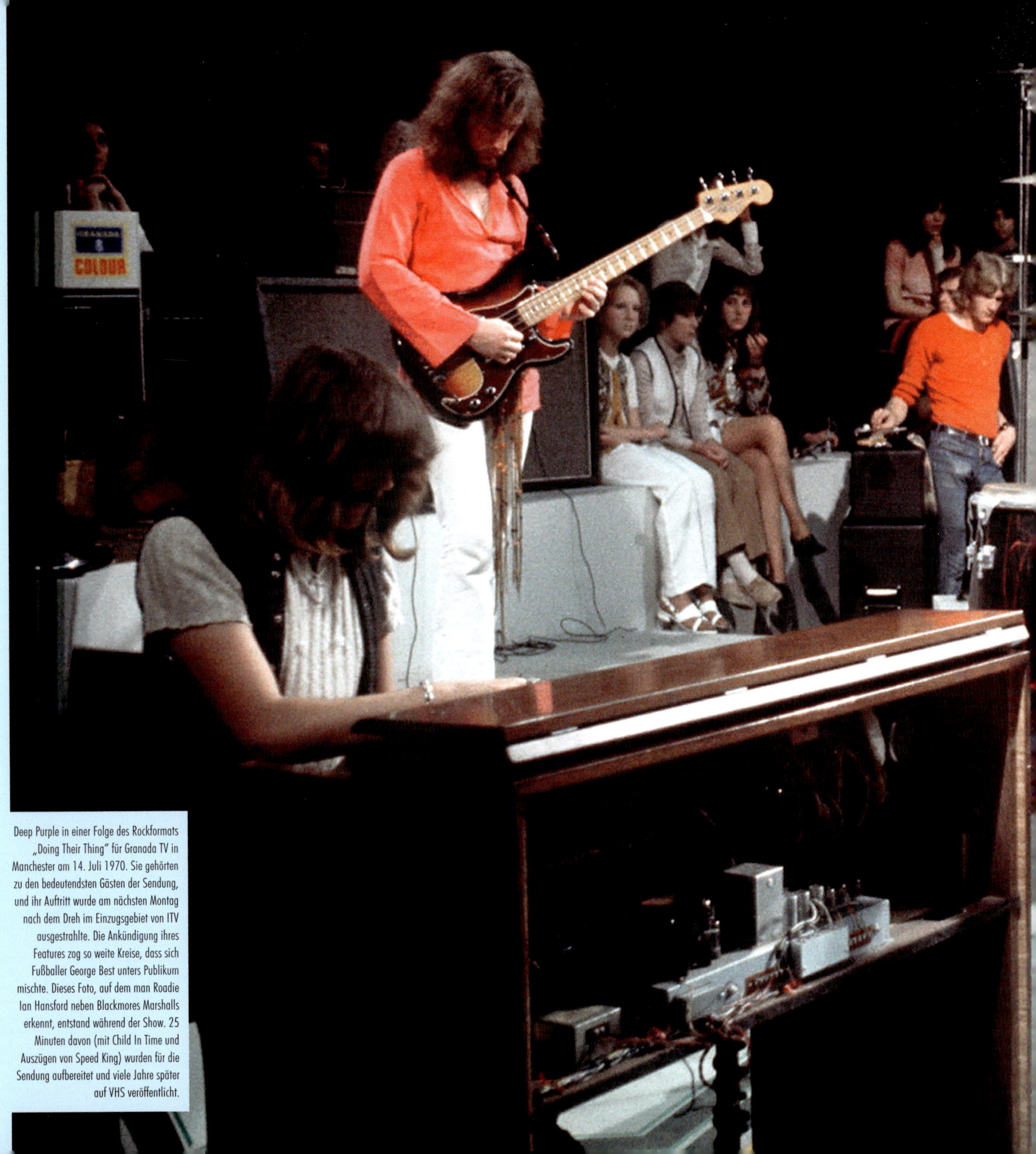

Deep Purple in einer Folge des Rockformats „Doing Their Thing" für Granada TV in Manchester am 14. Juli 1970. Sie gehörten zu den bedeutendsten Gästen der Sendung, und ihr Auftritt wurde am nächsten Montag nach dem Dreh im Einzugsgebiet von ITV ausgestrahlte. Die Ankündigung ihres Features zog so weite Kreise, dass sich Fußballer George Best unters Publikum mischte. Dieses Foto, auf dem man Roadie Ian Hansford neben Blackmores Marshalls erkennt, entstand während der Show. 25 Minuten davon (mit Child In Time und Auszügen von Speed King) wurden für die Sendung aufbereitet und viele Jahre später auf VHS veröffentlicht.

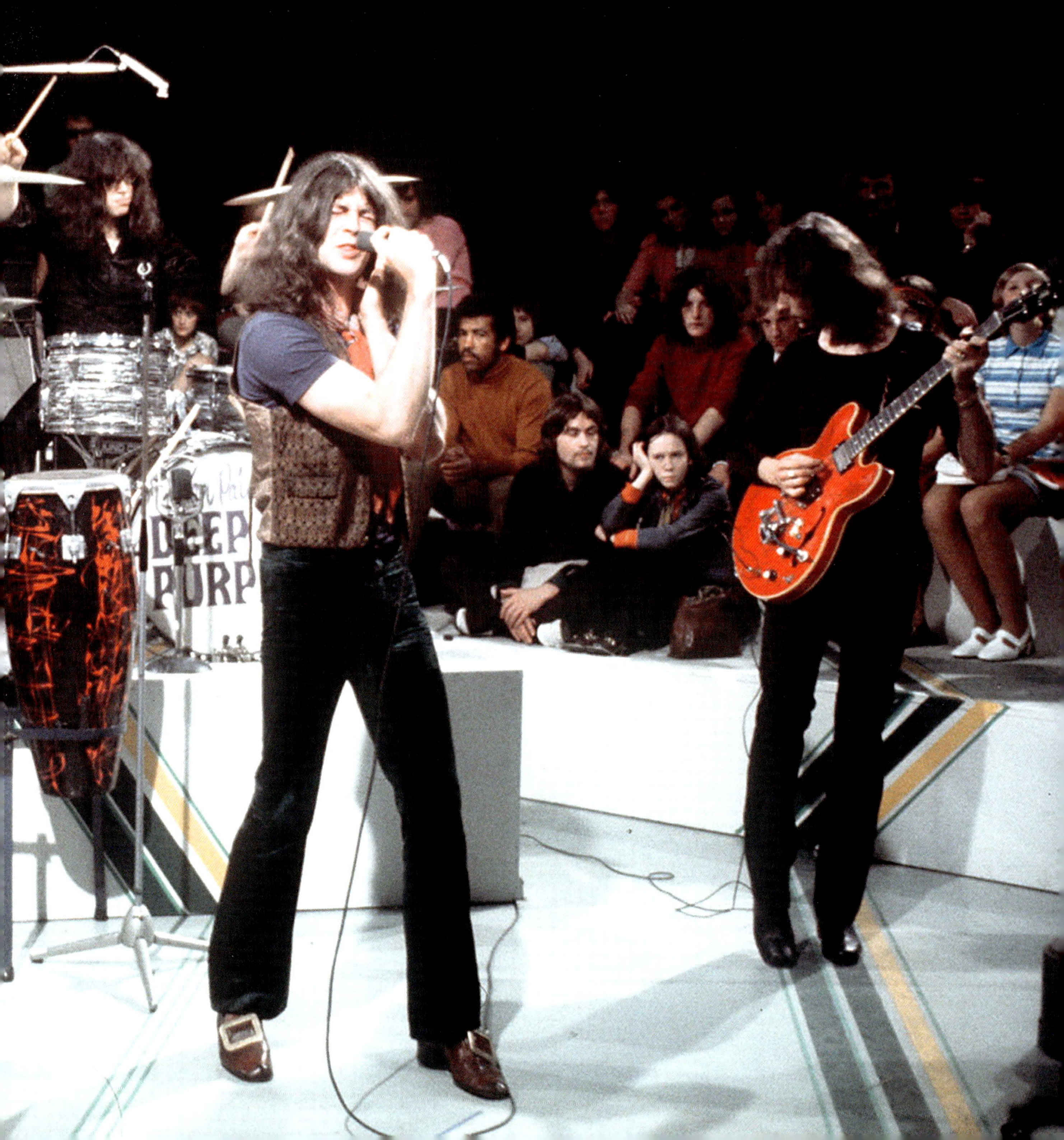

Ebendort listete es am selben Tag auch der Melody Maker.

Das Stück verlieh der einen oder anderen Show zudem einen schrillen Beigeschmack, wie der Gruppe auffiel. *„Die Kreisch-Fraktion ist auf den Plan getreten. Das macht uns nichts aus, solange sie ihren Spaß hat und den Rest der Fans nicht stört. Nach einem Hit verändert sich die Atmosphäre; die Leute scheinen viel schneller ihre Zurückhaltung abzulegen. Black Night muss irgendetwas in ihnen ausgelöst haben. Wenn wir es spielen, eskaliert die Lage immer ein Stück weit, was wir aber nicht schlimm finden, und meistens beschränken sie ihr Geschrei auf die Pausen zwischen den Songs. Black Sabbath haben gesagt, ihre Single würde das falsche Publikum anziehen, doch mal ehrlich: Was erwarten die denn?"* (IP zu Lon Goddards in Record Mirror, November 1970)

Im Oktober begab sich die Band auch auf einen Höhenflug durch britische Universitäten, konkret in Cardiff, Southhampton, Leeds und Sheffield. Konzerte in höheren Bildungseinrichtungen stellten seinerzeit eine wichtige Alternative zu gewöhnlichen Tourneen dar und lohnten sich durchaus finanziell. Purples Gage für einen Einzelauftritt stieg auf 600 £. Man sah sie im französischen Fernsehen in Bestform, nachdem sie am 8. des Monats im Pariser La Taverne de L'Olympia gefilmt worden waren. „Pop Deux" wurde im folgenden Monat gesendet und stellte sich mit der Zeit für Kenner als fesselndste Videoaufnahme des Quintetts aus jener Phase heraus, sowohl in puncto Performance als auch unter ästhetischen Gesichtspunkten. Die Stimmung wurde typisch französisch eingefangen: ruppig aus unmittelbarer Nähe ohne reißerische Kunstgriffe (abgesehen davon, dass John vorübergehend mit einem Drumstick in seiner Orgel herummachte) oder beschönigende Eingriffe. Das Publikum saß dichtgedrängt auf Tribünen und auf dem Fußboden vor der Band, während die Luft zum Schneiden dick zu sein scheint. Die Regie stellte die langen Improvisationen in den Brennpunkt, alles andere fiel der Schere zum Opfer.

Vermutlich lässt sich die Hysterie um die Band zu jener Zeit am besten anhand der vier abenteuerlichen Gigs in Schottland nachvollziehen, die sich direkt anschlossen. Ian Gillan entsann sich später: *„Der Abend in Glasgow war einfach fantastisch. Kurz vor Schluss wurde der Laden gestürmt, was uns die erste Titelstory im Daily Record bescherte, und ich dachte: Jetzt geht's los, kann ja heiter werden.' Das werde ich nie vergessen."*

Genaugenommen berichtete das Magazin von einem Vorfall am 13. des Monats, der fast einen Eklat bewirkte. Die Band war für den Electric Garden Ballroom gebucht worden, der nur wenig mehr als 600 Zuschauer fasste, doch im Vorverkauf ging es so hoch her, dass man das Konzert ins Tiffany's verlegte, das knapp 1.400 Gästen Platz bot. Allerdings genügte selbst dies nicht, weil den Schreibern zufolge doppelt so viele aufkreuzten.

„Über 50 Polizisten, einige mit Hunden, wurden vergangene Nacht zum Tiffany's in der Sauchiehall Street in Glasgow bestellt, wo es unter 3.000 Musikfans, die hineinwollten, zu Handgreiflichkeiten kam. Obwohl der Club voll war, verstopften weitere Jugendliche die Straße, die sich aus ganz Zentralschottland aufgemacht hatten, um die Popgruppe Deep Purple zu sehen. Auf einen Notruf des Personals des Tiffany's (vormals Locarno) hin erschienen die Behörden mit 15 Wagen und Bussen vor Ort, während die aufgebrachte Menge die Fahrbahn versperrte und gegen den Eingang drängte."

Die Angestellten hatten gezwungenermaßen „Ausverkauft"-Schilder an die Tür gehängt, woraufhin Interessenten ohne Karte versuchten, an den Sicherheitskräften vorbei hineinzugelangen. In Aberdeen spielten sich ähnliche Szenen ab; manche kletterten aufs Dach der Halle, um der Band durch Belüftungsschächte zuzuhören, bis die Frau des Hausmeisters sie davonjagte, wie es hieß. Der Daily Record druckte ein Foto der Mitglieder in launischer Pose vor den Trümmern eines zur Stadtsanierung abgerissenen Gebäudes ab, was den Artikel fast wie einen Kriegsbericht wirken ließ. Im Übrigen kosteten die Eintrittskarten in Edingburgh und Glasgow 15 Shilling bzw. zehn bis zwölf in Aberdeen und Dundee. Die Band bekam für die vier Gigs 2.000 £, wie wir erfahren haben, was bei 500 £ für jenen einen und weiteren 700 £ aus dem Vorverkauf bedeutete, dass die Veranstalter ein Budget von 200 £ hatten, um alle weiteren Kosten zu decken (Saalmiete, Gage der Vorband Tear Gas usw.).

Der Record Mirror kommentierte die Geschehnisse auf seiner Titelseite mit der Schlagzeile „Deep-Purple-Fans im Fieber" und legte jemandem von der Polizei die Worte *„So etwas haben wir seit den Hochzeiten der Beatles nicht erlebt"* in den Mund. Angeblich deckten Fans Ziegel vom Dach des Tiffany's ab, um hineinzugelangen!

Am 16.10. traten Deep Purple als Co-Headliner neben Free mit drei anderen Bands im Top Rank Suite in Sunderland auf. Der Abend stand unter dem Motto „Indoor Festival Of Music", wobei die Bezeichnung als Festival vielleicht ein bisschen übertrieben war. Die Anreise aus Schottland verzögerte sich, also fingen Free früher als geplant an. Der Transporter mit ihrem Equipment traf ein, doch Promoter Geoff Docherty erhielt die Nachricht, das Quintett werde nicht spielen, weil es zu spät sei. Er wurde nervös, aber auch stutzig (zu Recht, denn die Herren hatten sich betrunken in einem Hotel in der Nähe verkrochen), und bot etwa 20 Fans freien Eintritt an, wenn sie die Sachen der Gruppe in die Halle trugen. Dann holte er

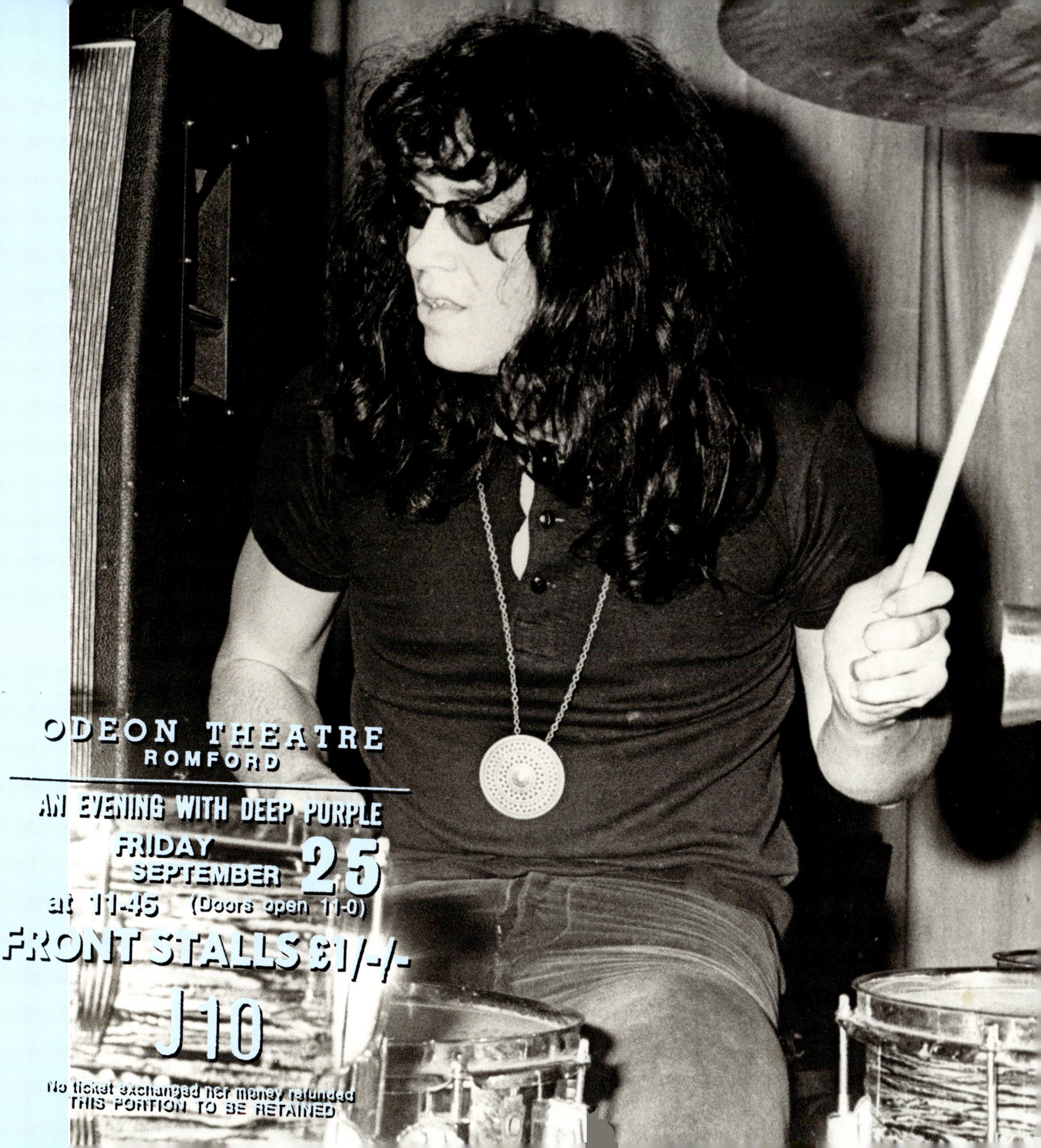
ODEON THEATRE
ROMFORD
AN EVENING WITH DEEP PURPLE
FRIDAY
SEPTEMBER 25
at 11-45 (Doors open 11-0)
FRONT STALLS £1/-/-
J10
No ticket exchanged nor money refunded
THIS PORTION TO BE RETAINED

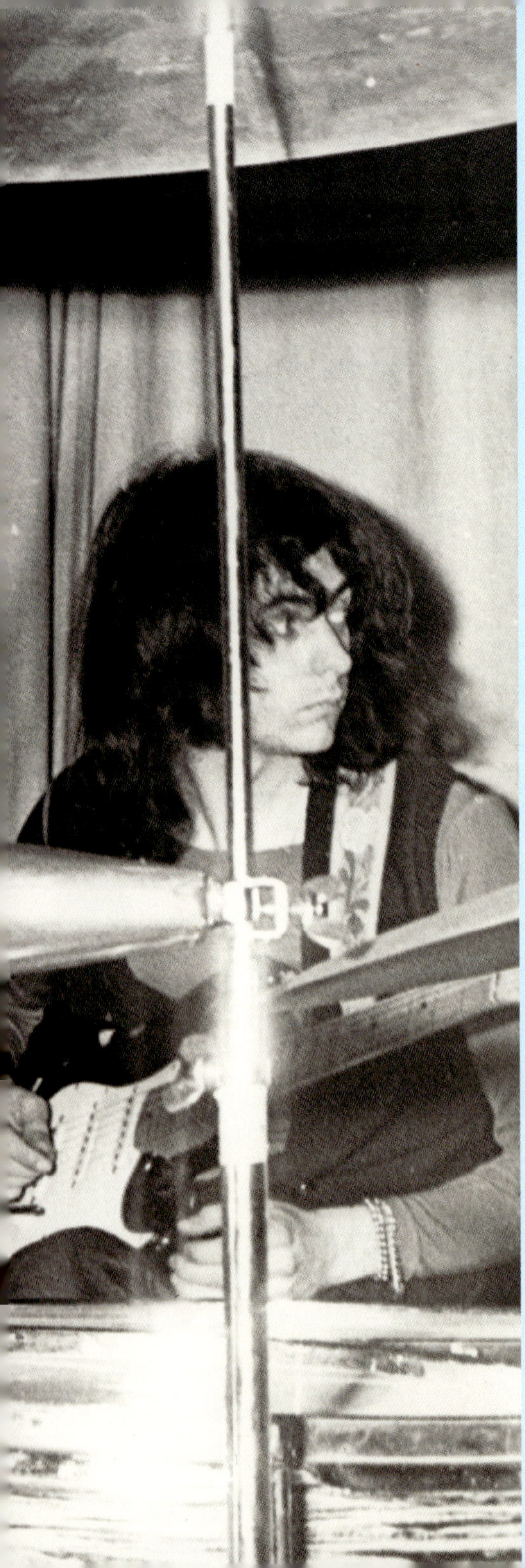

die Band ans Telefon und sprach von 3.000 Leuten, die auf das Konzert brannten. Sie gab nach, fand sich zügig vor Ort ein und erlebte abermals tumultartige Zustände, wie Roger dem Melody Maker erzählte, der sich die dramatische Überschrift „Jetzt herrscht Purple-Manie" einfallen ließ. *„Wahrscheinlich hätten Free die Bude im Alleingang ausverkaufen können, aber wir mussten zuletzt ran, und mir wurde der Bass aus den Händen gerissen. Bei der zweiten Nummer bekam ich ihn wieder. Weibliche Fans wollten sich auf Ian stürzen, also bauten sich die Sicherheitsleute während Black Night vor uns auf. Girls brachen in Tränen oder Kreischen aus und fielen in Ohnmacht, weshalb man sie vor uns auf die Bühne legte. Dass wir heil herausgekommen sind, verdanken wir dem Veranstalter. Der Grund für das Geschrei war der falsche; es ging nicht um unsere Musik, sondern unser Aussehen, denn es handelte sich um sehr junge Mädchen. Ich schätze, mit so etwas muss man rechnen, nachdem man bei ‚Top Of The Pops' aufgetreten ist."*[9] Geoff gab an, die Gruppe habe *Black Night* ursprünglich gar nicht bringen wollen, folglich musste sie irgendetwas verstimmt haben.

Nach dem Trubel im Königreich brachen Deep Purple zu einer acht Termine umfassenden Tour nach Frankreich auf. Ausgehend von Lyon am 25. Oktober sollten sie 1.200 Meilen zurücklegen. Manager John Coletta begleitete sie, was in den frühen Tagen oft geschah. Ihr Repertoire hatte sich leicht verändert; *Into The Fire* wurde wieder dargeboten, und zwar an zweiter Stelle, und *Black Night* bis zur Zugabe hinausgezögert. Der Hintergedanke dabei war vermutlich der, dass viele wegen der Single kamen und den Ablauf stören mochten, wenn die Band den Track zu früh zockte.

Leider überschatteten die gleichen Umstände wie in Schottland den Abstecher: Zahlreiche Fans guckten wegen ausverkaufter Häuser in die Röhre. Die Gruppe musste feststellen, dass die Hallen unzureichend waren, zu klein für die Mengen, die letztlich hineingelassen wurden. Alle hatten schwere Bedenken, falls sich ein Unglück ereignete. Nach der Schockmeldung von weit über 100 Todesopfern im Zuge eines Feuers im übervollen Cinq-Sept in Saint-Laurent-du-Pont bei Grenoble brachen die Briten die Tour ab. In ihren Augen bestand an jedem der Orte, wo sie spielen sollte, die Gefahr, dass etwas Vergleichbares passierte, auch wenn jener eine Club nicht auf ihrer Liste stand. Sie erzählten NME-Autor Allan McDougall, kurz vor ihrem Konzert in Paris seien sie in Dourges gewesen, wo der Saal locker 800 Zuschauer gefasst habe. Die Organisatoren hätten jedoch 2.000 hineingezwängt, wovon einige umgekippt seien, sodass sie über die Köpfe der Menge hinweg nach draußen durchgereicht werden mussten. Der Gig im Pariser Olympia am 1.11. markierte das vorzeitige Aus. Chris Charlesworth vom Melody Maker war dem Tross nachgereist. *„Deep Purple werden ihre Frankreichtour nach der Tragödie von Saint-Laurent-du-Pont, wo 144 Menschen bei einem Brand in einem Tanzlokal starben, nicht weiter fortsetzen. Die Band ist seit zehn Tagen im Land unterwegs und hat in Sälen der gleichen Größenordnung gespielt. Ihr Organist Jon Lord meinte am Wochenende in seinem Hotel in Paris zu mir, es hätte genauso gut sie treffen können. ‚Neulich traten wir in einer kleinen Halle auf, in die der Promoter 2.000 Kinds gepfercht hatte – wie Ölsardinen, und ständig machte jemandes Kreislauf schlapp.'"*

Die Band entschied, die Show in Paris, die in einer angemessenen Halle stattfinden sollte, noch durchzuziehen und dann nach Hause zurückzukehren. Der NME-Journalist stand dabei neben der Bühne, wo sich Ian Gillan während der Instrumentalsolos zu ihm stellte und das Ganze simultan kommentierte. *„Zieh dir rein, wie flink Ritchie mittlerweile ist. Er*

9 Geoff Dochertys Autobiographie A Promoter's Tale sei jedem empfohlen, der sich über die Höhen und Tiefen des Alltags von Konzertveranstaltern in jenen Tagen erkundigen möchte. Schon die Beschreibung seines Versuchs, Led Zeppelin zum Spielen einer abgesagten Show zu bewegen, macht das Buch lesenswert.

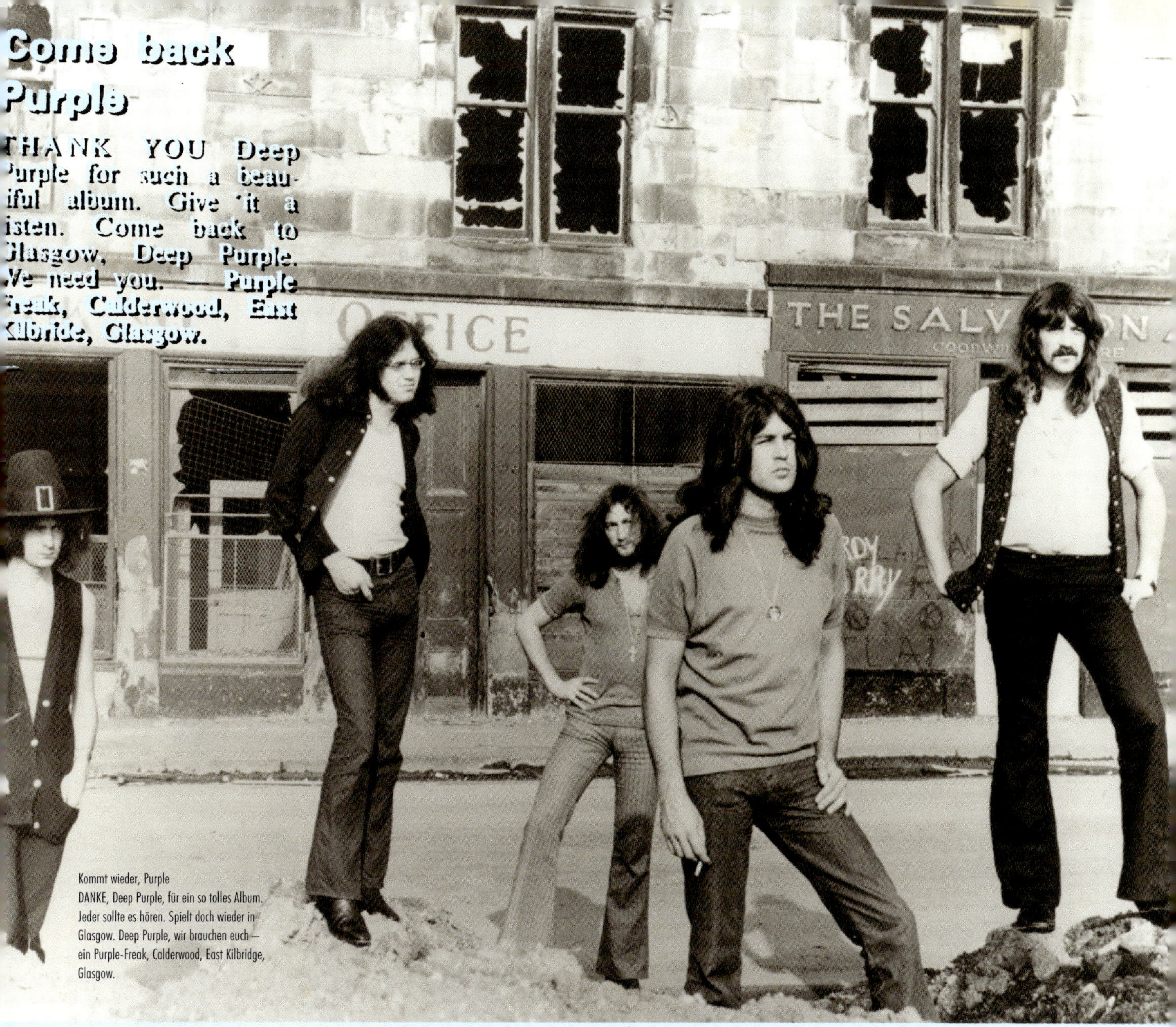

Kommt wieder, Purple
DANKE, Deep Purple, für ein so tolles Album. Jeder sollte es hören. Spielt doch wieder in Glasgow. Deep Purple, wir brauchen euch – ein Purple-Freak, Calderwood, East Kilbridge, Glasgow.

spielt viel schneller als Alvin Lee, jede Note absolut sauber. Oh, und hör dir jetzt diesen Part an … Wahrscheinlich sind Deep Purple aus dem Grund in den vergangenen Monaten so groß geworden. Die Fans sehen sich immer wieder Konzerte von uns an, weil sie ungefähr wissen, was sie erwartet: lauter, harter Rock mit hohem Unterhaltungswert, aber keine zweimal identisch dargeboten." (IG zu Allan McDougal, NME)

Charlesworth besprach das Konzert ebenfalls. *„Als die Stroboskope ansprangen, war das die Krönung und ein Bild wie aus alten Spielfilmen. Das ist normalerweise der Moment, in dem Ritchie eine seiner Stratocaster zerschlägt, doch am Sonntag verhielt er sich überraschend unauffällig.*

record mirror
October 24, 1970
1s./5NP

New York? Forget it, say Mungo Jerry

MUNGO Jerry calling this week from New York – "This place is a city of freaks!"

Mungo's Colin Earle was quick to give his impression of the smog-ridden metropolis that houses one of America's biggest pop cultures.

"I just wanted to get out of New York as soon as possible", he exclaimed, "the tension here is awful. All the people look absolutely sickly and there is no air at all. Even the television programmes are riddled with nervous tension – it's full of commercials about drug addiction and pollution.

"It's the picture of a country spoiling what could have been a Utopia almost to the point where it's anti-life. And a lot of Americans I meet totally agree. They reckon in 20 years, this city's atmosphere won't be breathable."

Apart from the torture of New York living, Mungo's first stateside tour is rolling along smoothly.

"The gigs we've played here are some of the best we've done – the response is great", continued Colin. "We're cutting a record here, but it isn't finished yet. Playing the rest of the country is great and there is some scenery here, but New York is such a heavy place."

The group return to Britain on November 8.

DEEP PURPLE FANS FEVER

POLICE authorities in Scotland were this week still counting the cost of Deep Purple's flying visit to Glasgow, Aberdeen and other centres. And they said: "We've seen nothing like this since the heyday of the Beatles".

In Glasgow, the group, currently high in the singles' charts with 'Black Night', were originally booked into the Electric Garden, which holds about 600. The gig was switched to Tiffanys, which can hold more than 1400.

And even then there were 3,000 fans from all over Scotland locked out in Sauciehall Street. Five were arrested and later appeared in court. Several more were removed from the roof of the hall where they were trying to dig through the slates.

The group more than consolidated on their success in Scotland earlier this year. And left a trail of damage caused by irate fans who couldn't gain admission.

Meanwhile the tour goes on. This weekend (October 25) Deep Purple go to France for 10 days – and their date at the Olympia Theatre in Paris was sold out within hours of the box office opening.

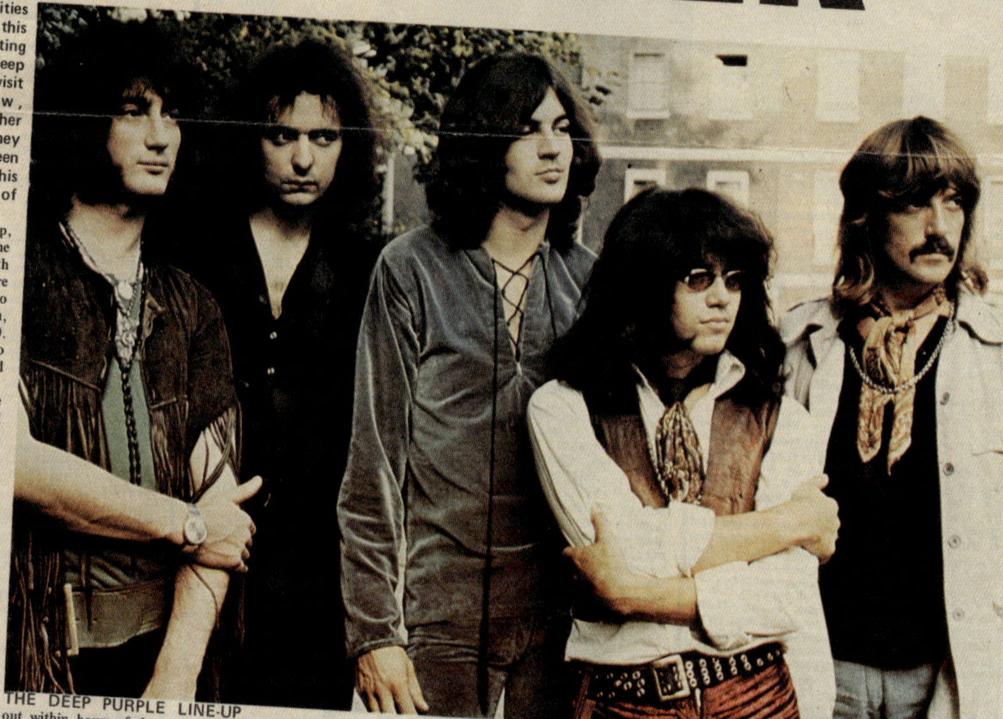

THE DEEP PURPLE LINE-UP

They then go Scandinavia and back to Britain for a short series of dates: November 18, St George's Hall, Liverpool; 19, Belle Vue, Manchester; 20, Hull University; 21, University College, London; 22, Fairfield Hall, Croydon. And then to Germany for two weeks, with stablemates Ashton, Gardner and Dyke.

German police are making special plans. On the last Deep Purple visit to Dusseldorf, shut-out fans tried to burn their way into the auditorium with petrol blazers.

Though work has started on the group's sixth album, it is unlikely to be on sale before Christmas due to touring pressures. It is more likely to coincide with their 14-day, 14-venue tour of Britain in January – which includes one appearance at London's Royal Albert Hall.

But meanwhile, organist Jon Lord is collaborating with Tony Ashton on the score for the movie 'The Last Rebel'.

A new single? Say Deep Purple: "We just can't say. Really it is a matter of luck whether we come up with something both good enough and short enough to release in single form. In any case, 'Black Night' was something of an accident – just something that happened in the throes of recording studio haze helped along by the odd drop of alcohol!"

INSIDE: TONY

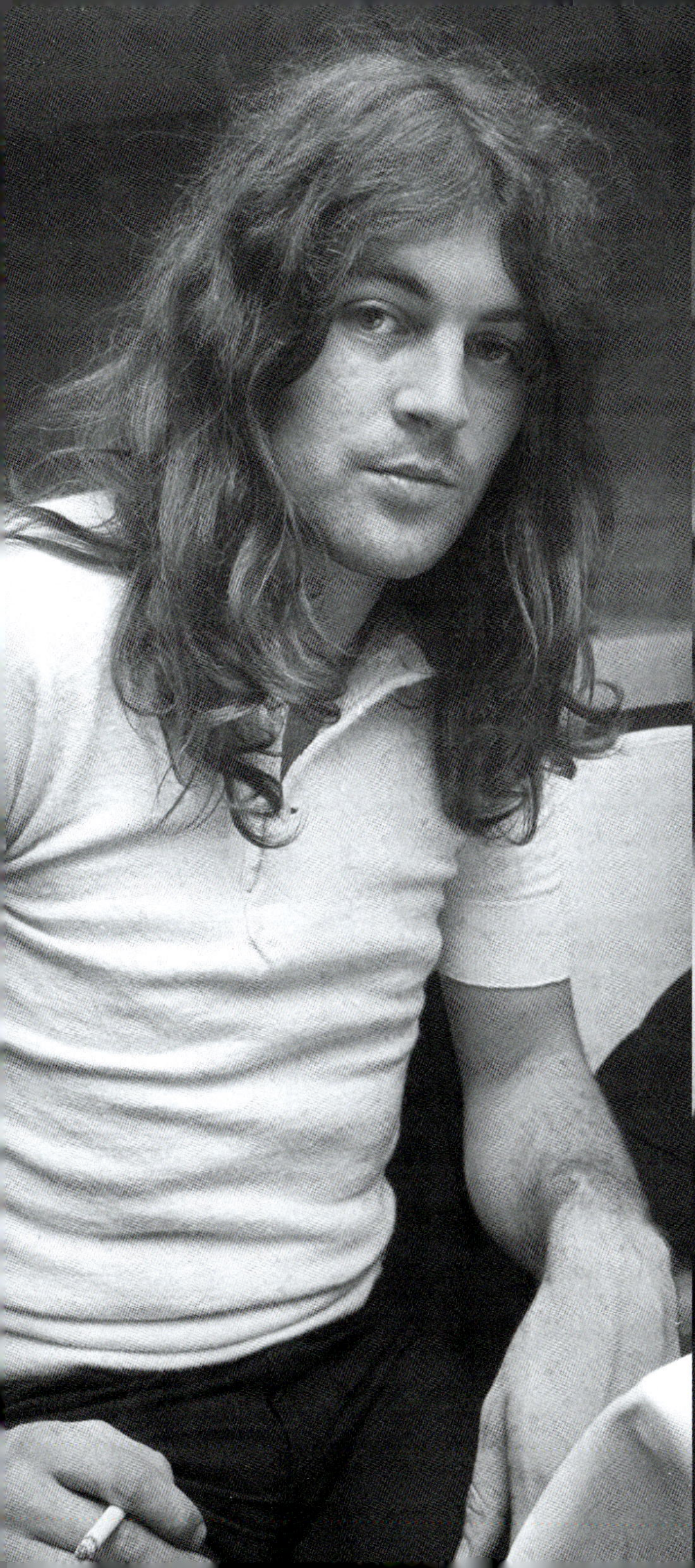

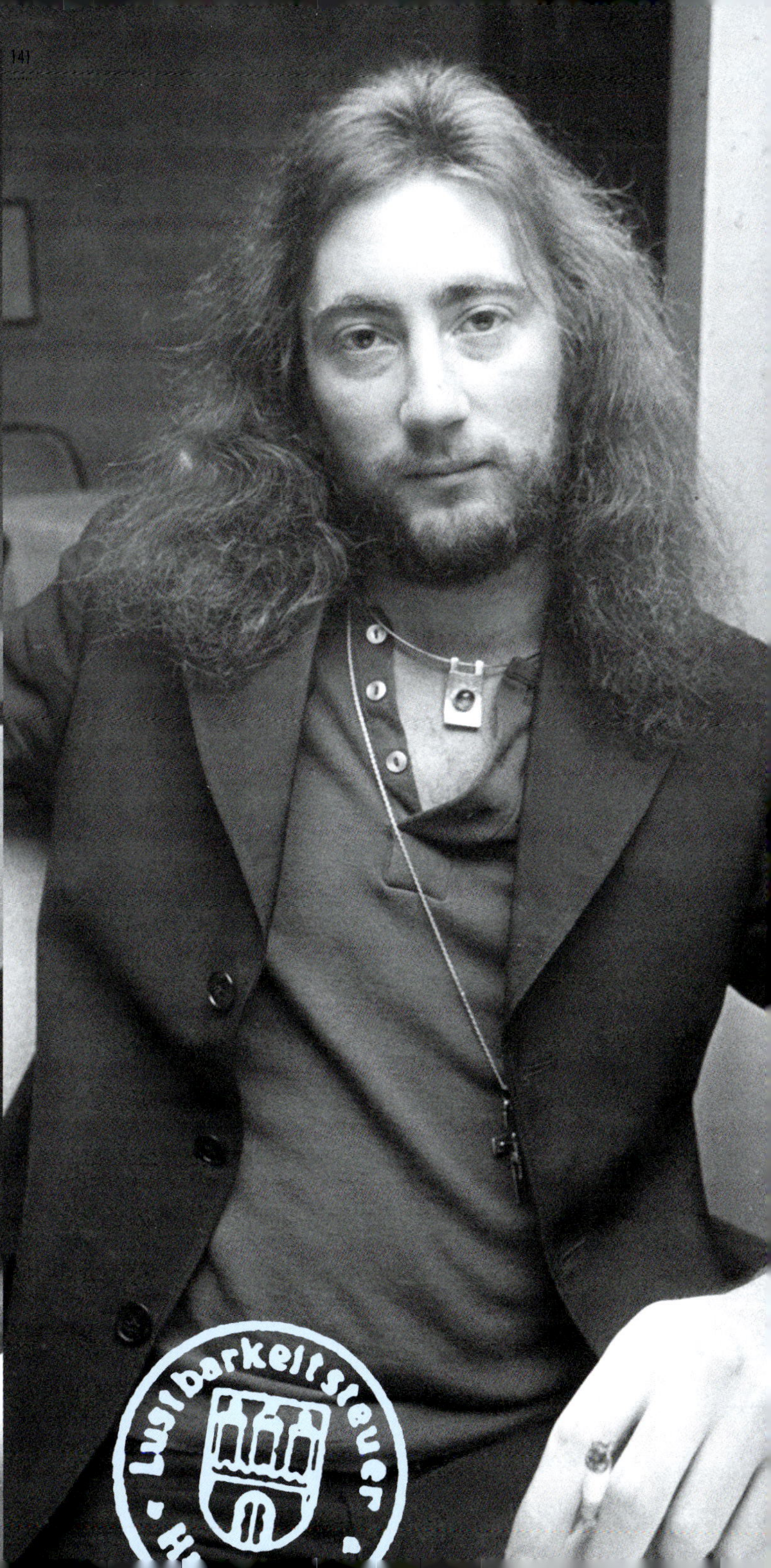
Lustbarkeitsteuer

Er rieb die Gitarre zwar an seinen Boxen, fuchtelte wild damit herum und trat darauf, doch wenigstens blieb sie bis zum Schluss an einem Stück. Gegen Ende des Songs blitzten die Scheinwerfer langsamer, und die Orgel erzeugte mit den Rückkopplungen zusammen einen solchen Lärm, dass man Angst hatte, taub zu werden. Dann ging das Licht im Saal an, die Musiker standen völlig verausgabt da, aber der Jubel bewog sie noch zu Black Night – dem Hit, auf den alle gewartet hatten. Während sich die Band schließlich hinter der Bühne abtrocknete, wurde sie von französischen Clubbesitzern belämmert, die ihnen freie Verköstigung anboten, falls sie auch deren Läden auseinandernehmen würde.“

Tatsächlich ließ sich die Band zu einem letzten Kurzkonzert im Club Gibus überreden. Als Gillan dort bemerkte, dass jemand es aufnahm, fand er deutliche Worte. Daheim in England wartete mehr Pressearbeit auf sie. Ian Paice beantwortete den Brief eines Record-Mirror-Lesers, der den Umgang der Musiker mit ihren Instrumenten auf der Bühne als „fadenscheiniges Theater“ bezeichnete. „Natürlich geraten wir ab und an in Rage, aber bisher ist das nur ein-, zweimal passiert, und das Equipment hält einiges aus, also wurde noch nichts schwerbeschädigt. Wir haben nicht so getan als ob. Sei es aus Frust oder schierem Überschwang, es kam ehrlich aus uns heraus – keine Schauspielerei.“ Zur der Frankreich-Episode bemerkte er: *„Das war schrecklich. Ich will nie mehr dort auftreten, außer in Paris. Das Land hasse ich sowieso. Wir hatten Pannen mit dem Bus und Nervenzusammenbrüche, vor allem Ritchie, den das alles richtig auszehrte.“* (IP zu Lon Goddard in Record Mirror, November 1970)

Roger Glover drückte sich genauso deutlich aus: *„Nach unserem Auftritt im Olympia fuhren wir schnurstracks nach Calais und wieder heim. Kann sein, dass wir jetzt wegen des Abbruchs der Tour verklagt werden, doch*

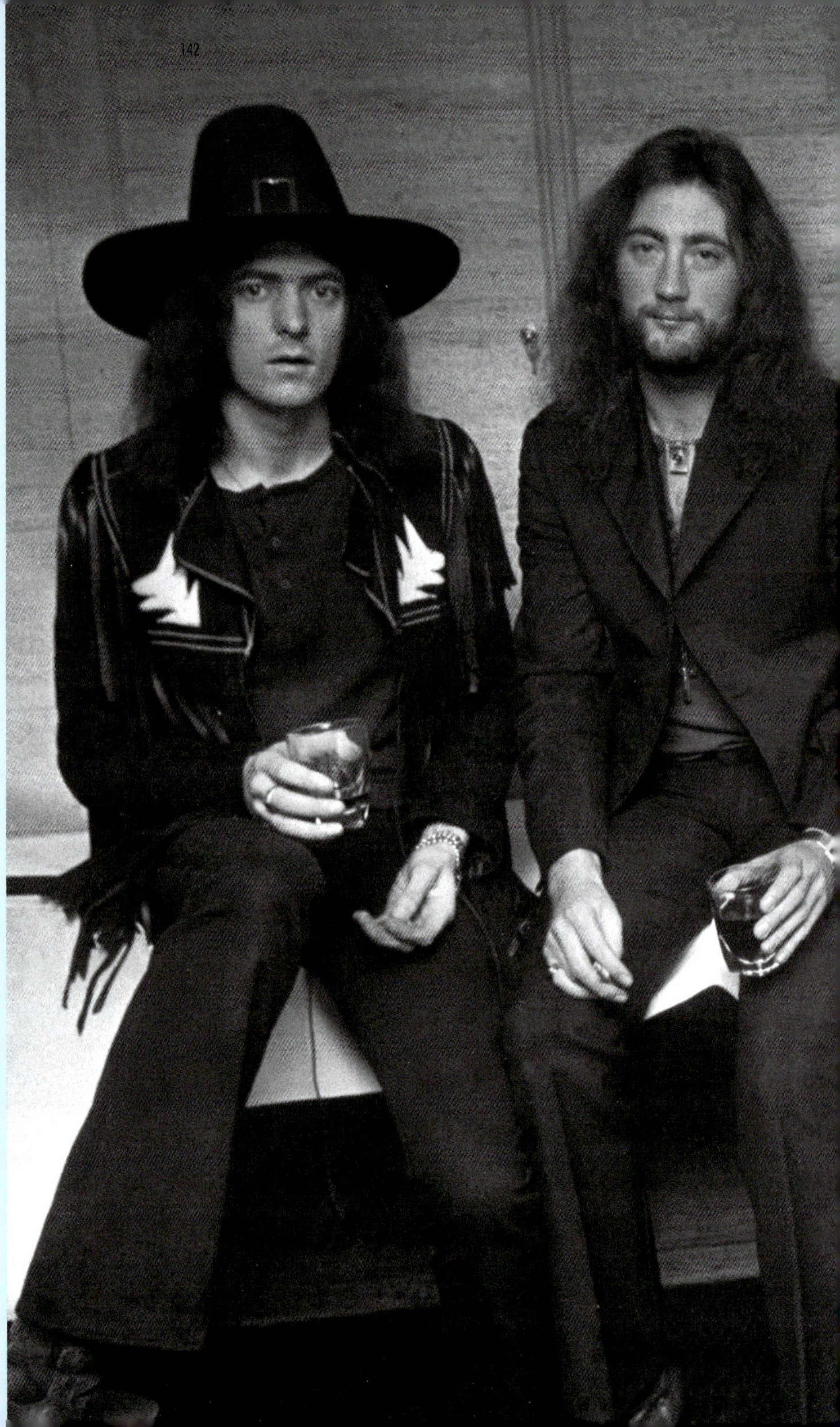

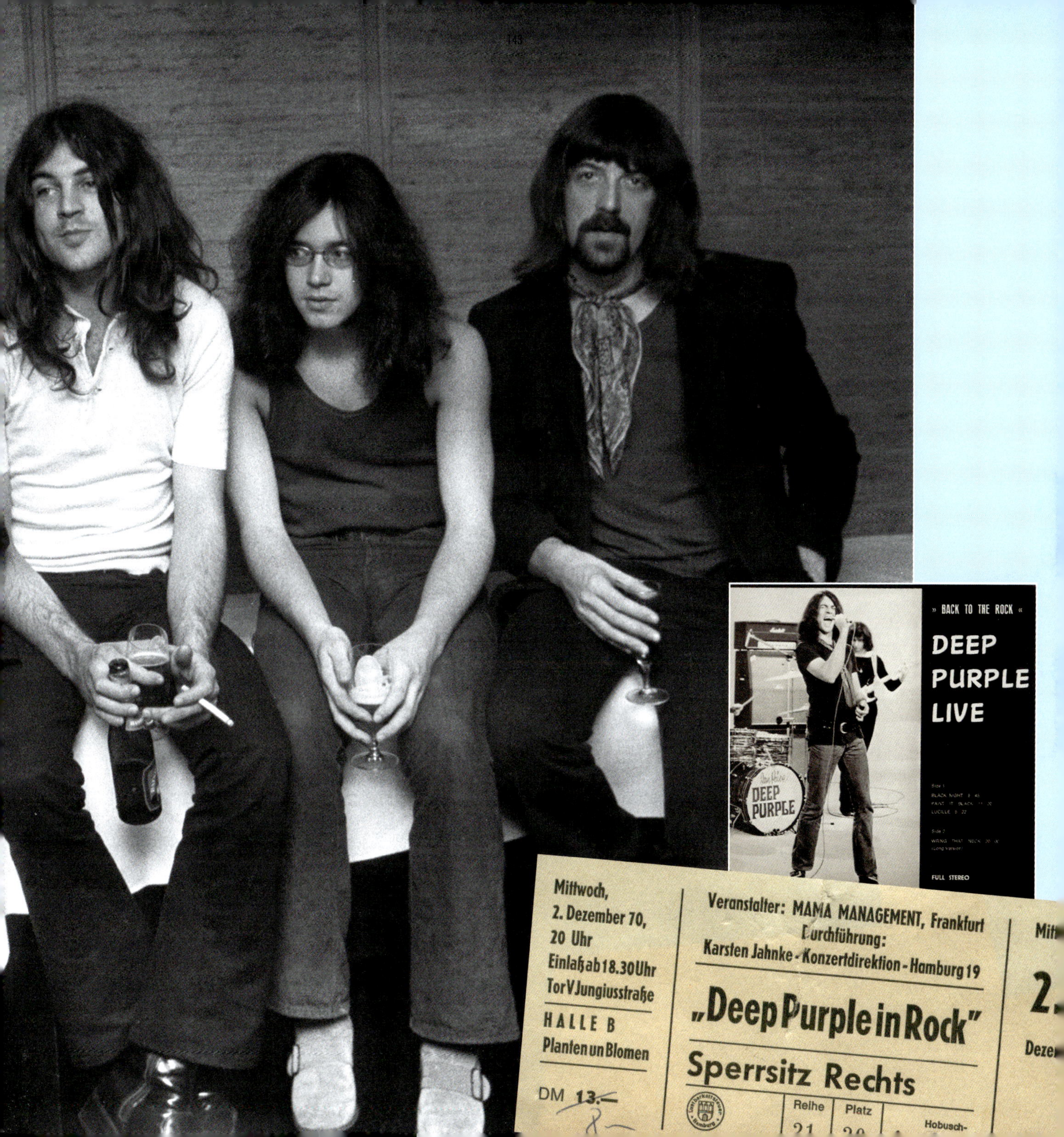

Mittwoch,
2. Dezember 70,
20 Uhr
Einlaß ab 18.30 Uhr
Tor V Jungiusstraße
HALLE B
Planten un Blomen
DM 13.–

Veranstalter: MAMA MANAGEMENT, Frankfurt
Durchführung:
Karsten Jahnke - Konzertdirektion - Hamburg 19

„Deep Purple in Rock"

Sperrsitz Rechts

Reihe | Platz

Hobusch-

Mitt
2.
Dezem

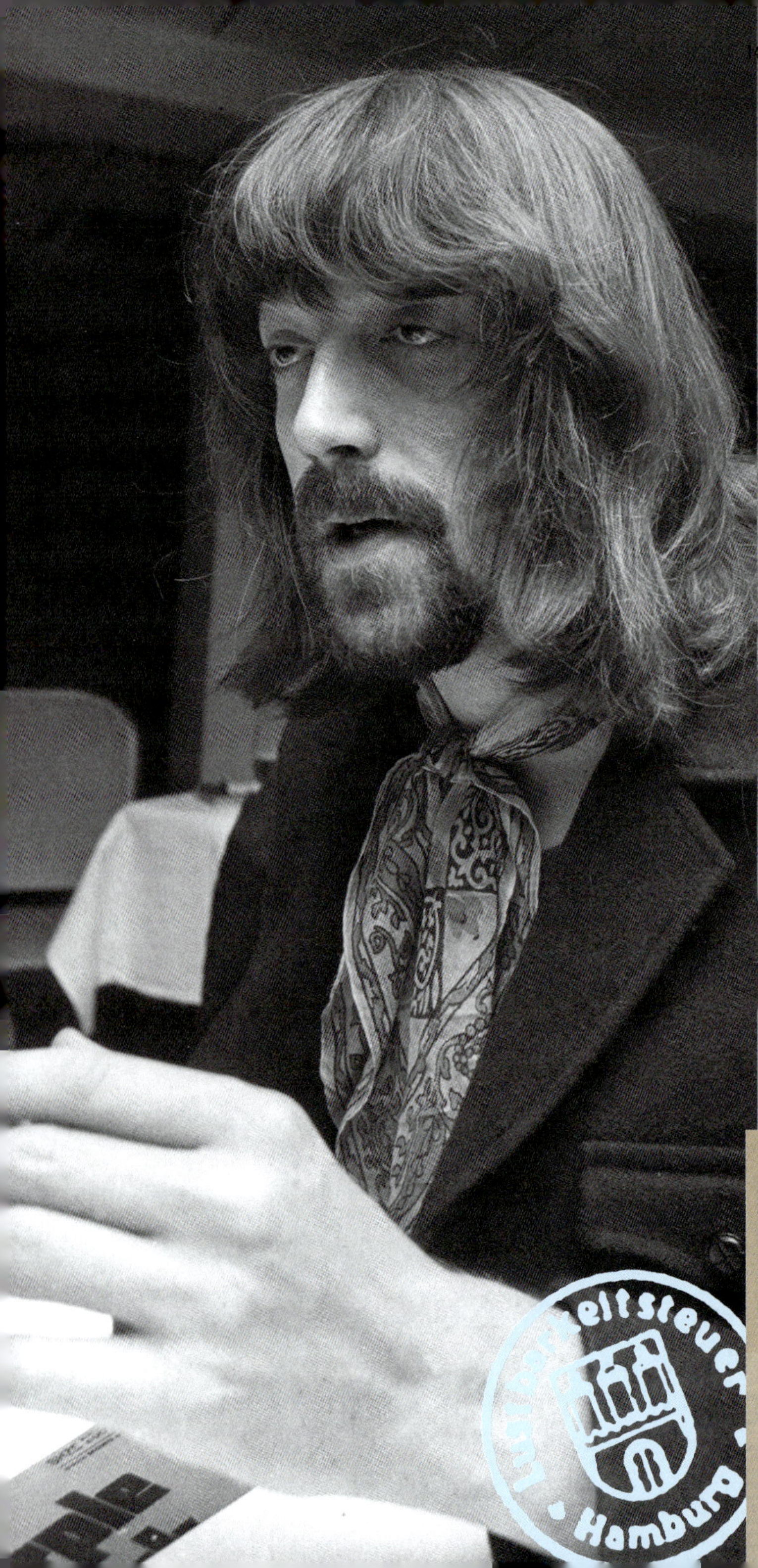

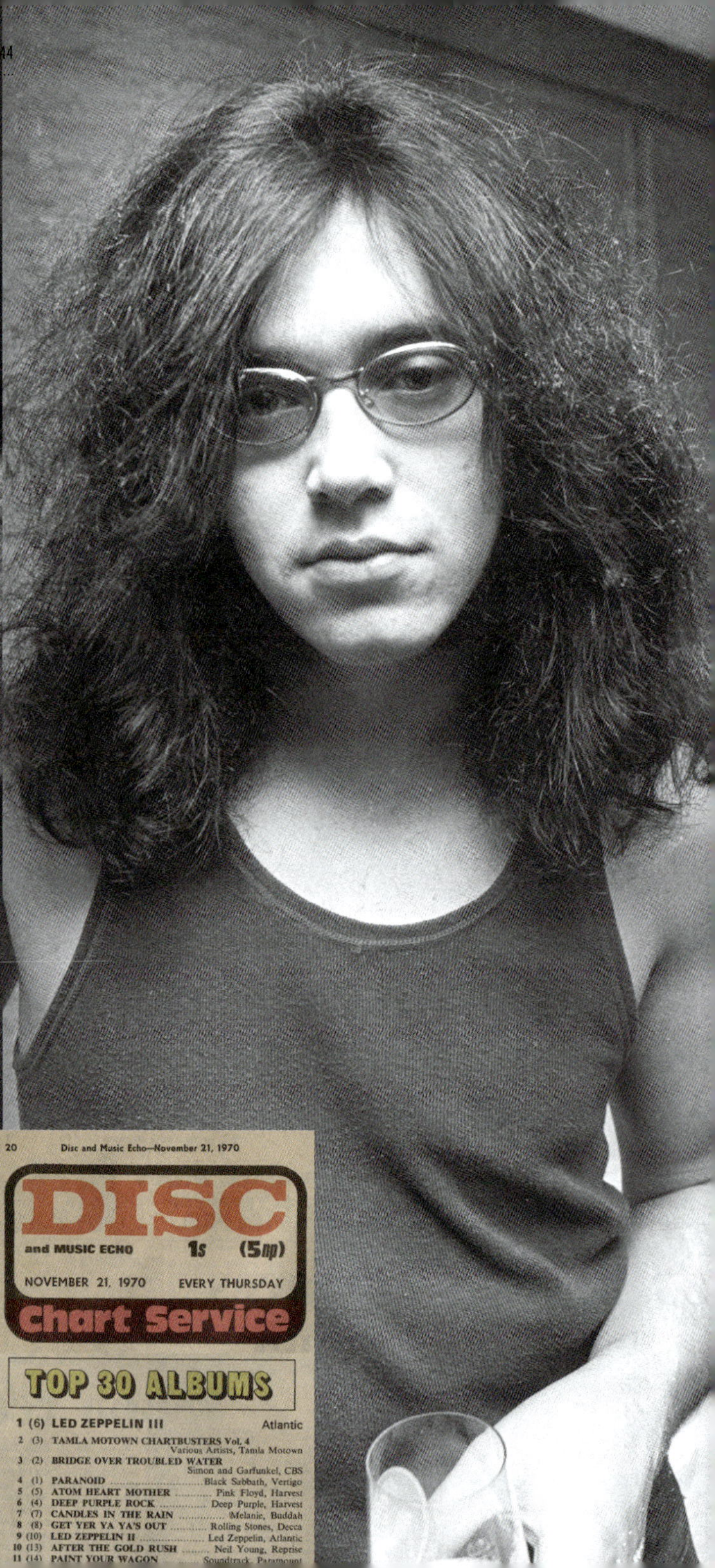

20 Disc and Music Echo—November 21, 1970

DISC and MUSIC ECHO 1s (5np)

NOVEMBER 21, 1970 EVERY THURSDAY

Chart Service

TOP 30 ALBUMS

1 (6) LED ZEPPELIN III — Atlantic
2 (3) TAMLA MOTOWN CHARTBUSTERS Vol. 4 — Various Artists, Tamla Motown
3 (2) BRIDGE OVER TROUBLED WATER — Simon and Garfunkel, CBS
4 (1) PARANOID — Black Sabbath, Vertigo
5 (5) ATOM HEART MOTHER — Pink Floyd, Harvest
6 (4) DEEP PURPLE ROCK — Deep Purple, Harvest
7 (7) CANDLES IN THE RAIN — Melanie, Buddah
8 (8) GET YER YA YA'S OUT — Rolling Stones, Decca
9 (10) LED ZEPPELIN II — Led Zeppelin, Atlantic
10 (13) AFTER THE GOLD RUSH — Neil Young, Reprise
11 (14) PAINT YOUR WAGON — Soundtrack, Paramount

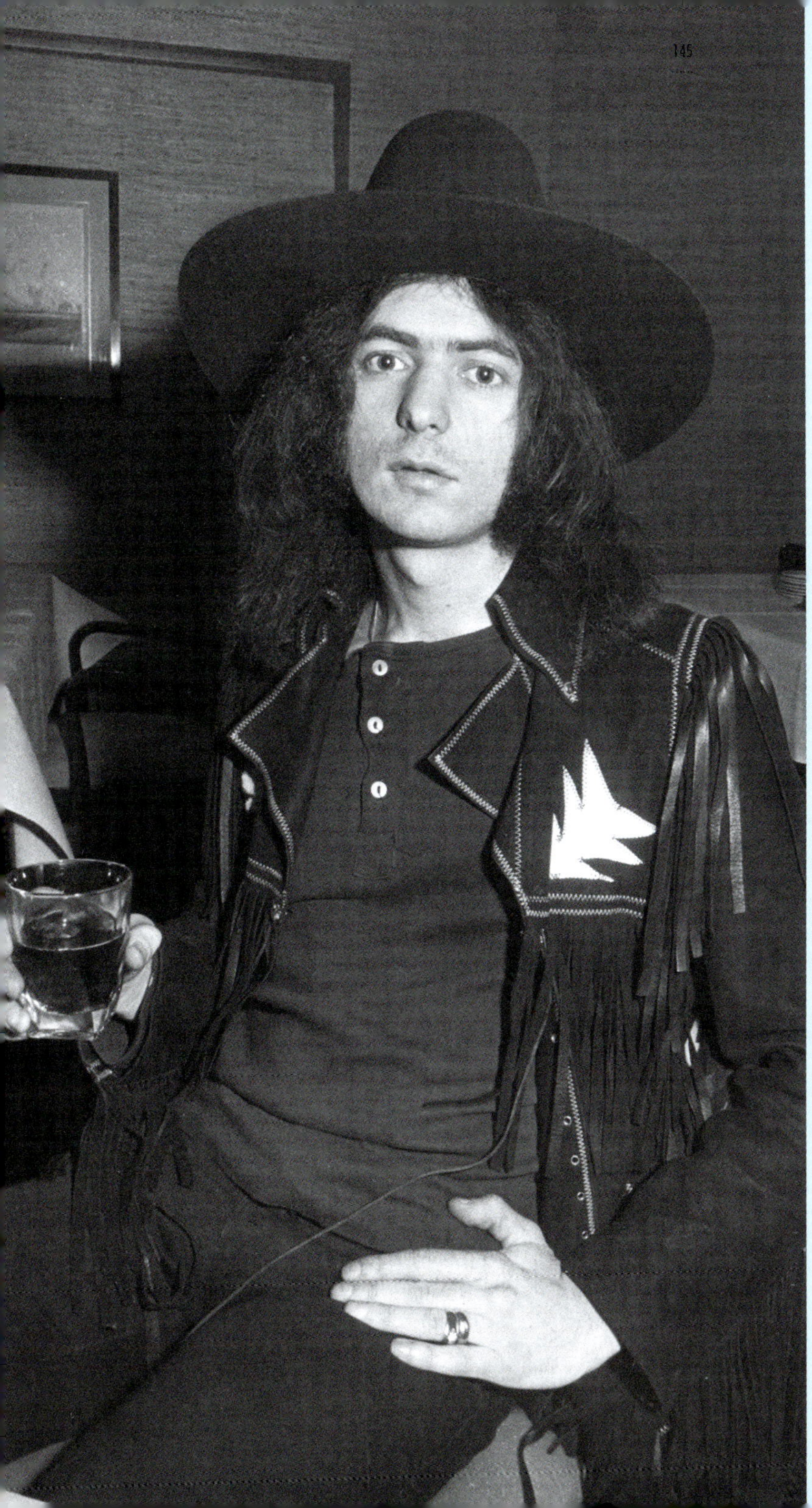

Fotos der Band vor einem Konzert in Hamburg.

unsere Moral war völlig am Boden, und in Frankreich schien überhaupt nichts zu funktionieren, weshalb wir uns vermutlich aufgelöst hätten, wenn wir noch zwei Tage geblieben wären."

Er war froh, ein paar Tage zu Hause zu bleiben. *„Letztes Wochenende in England zu spielen tat so gut. In Margate und dem Winter Gardens in Bournemouth, wo wir auftraten, klappte alles wie am Schnürchen."* (RG zu Jerry Gilbert in Sounds, November 1970)

Bei Margate handelte es sich um ein Hallenfestival, wo Purple am ersten Tag als Hauptattraktion auf die Bühne ging und „eine weitere markerschütternde Performance" hinlegte, wie Melody Makers Michael Benton schrieb.

Jon sagte im September 1970 in der Monatszeitschrift Beat Instrumental: *„Im Augenblick versuchen wir, uns anhand dessen weiterzuentwickeln, was wir mit Deep Purple In Rock gelernt haben. Es ist eine ganze Menge, die Arbeit an dem Album dauerte sechs Monate. Ganz ehrlich, es ist das erste, mit dem wir hundertprozentig zufrieden sind, und hat unser Selbstvertrauen gestärkt. Während der langen Zeit ist uns eine Menge über uns selbst, unsere Musik und unseren Stil klar geworden. Ich würde sagen, wir orientieren uns in Zukunft an dieser Grundlage."*

Jon wollte sich außerdem ein elektrisches Piano von Fender kaufen, es aber vorerst nicht live einsetzen. *„Ich werde es nicht sofort benutzen, sondern schrittweise einbinden. Nichtsdestoweniger habe ich das Gefühl, unserem Sound etwas Neues hinzuzufügen."* Von den Leslie-Boxen nahm er hingegen zusehends Abstand. *„Mir ist aufgefallen, dass ich weniger im eigentlichen Sinn spiele, wenn ich sie verwende. Hält man einen Akkord und schaltet sie ein, klingt das sehr aufregend, hat aber nichts mit Spielen zu tun."*

Eine längere Pause blieb der Band verwehrt. Nun brach sie in eine weitere Region auf, wo sie eine Vielzahl treuer Anhänger um sich scharen sollte: Skandinavien. Sie gaben vom 11. (Njårdhallen, Oslo) bis zum 16.11., also unmittelbar hintereinander, sechs Konzerte in Norwegen, Schweden und Dänemark, wobei sie 1.300 Meilen abstotterten. Das im Konserthuset in Stockholm wurde vom schwedischen Nationalradio für die Sendung „Tonkraft“ mitgeschnitten. Erstaunlicherweise blieben Purple Bootlegs der Show erspart, bis jemand die Aufnahme mehrere Jahre später wiederentdeckte und zunächst unter dem Titel *Murky Waters* herausbrachte, dann als *A Live Tribute To Wally* in einer edlen Pressung aus farbigem Vinyl. Nach der Restauration der Bänder erschien 1988 endlich das offizielle Livealbum *Scandinavian Nights*, später auch in neu gemasterter Form beim Label Sonic Zoom).

Die Songauswahl ist bemerkenswert: *Mandrake Root* dauert über 28 Minuten, *Wring That Neck* mehr als eine halbe Stunde, und selbst *Child In Time* kommt nicht unter 17 Minuten. Wer auf ausufernde Instrumentalpassagen stand, für den waren die Musikalität und Erfindungsgabe von Mk 2 zu jener Zeit schlicht das Höchste der Gefühle, auch wenn sich nichts an der Setlist geändert hatte.

Die Zeitung Dagens Nyheter berichtete von einer Pressekonferenz, bei der sich nur Gillan und Blackmore den Reportern stellten. Glover suchte nach seinem verlorengegangenen Gepäck, Paice hing in den Seilen, und Lord machte einen Spaziergang durch Stockholm, um sich das Meer anzusehen. Roadie Ian Hansford war dafür verantwortlich, dass sich die Musiker zeitig zu ihren Gigs vorbereiteten, buchte Hotelzimmer und gab „Taschengeld“ aus, wenn jemand Bares brauchte, doch selbst ihm war es nicht gelungen, alle zusammenzutrommeln. Auf die Frage hin, was es mit der Misshandlung ihrer Instrumente auf sich habe, kam die Antwort: *„Wir können richtig stinkig werden, wenn das Publikum nicht mitgeht, oder es passiert auf natürliche Weise als Höhepunkt eines gelungenen Auftritts. Manchmal passiert auch nichts dergleichen.“* Ein Journalist erkundigte sich nach dem nächsten Album und bekam *A Tribute To Wally* als vorläufigen Titel genannt. Das sollte ein Scherz sein, denn bei „Wally“ handelte es sich um einen nahezu universellen Aufruf bei Rockkonzerten, der vermutlich von einer Großveranstaltung herrührte, wo jemand seinen Freund Wally nicht mehr wiedergefunden und deshalb dessen Namen gerufen hatte.

Ian Gillan sagte *Speed King* als Lied über „jemanden, aus dem die Worte beim Singen sprudeln wie ein Wasserfall“ an. *Into The Fire* sei ihm zufolge „Rock and Roll mit heruntergelassenen Hosen, Rock and Roll von vorn bis hinten, durch und durch.“ Der Mitschnitt gehört zu den treffendsten Beispielen für Deep Purple live auf der Höhe ihres frühen Schaffens und zeigt anschaulich, warum man sich überall in Europa um Konzerte von ihnen riss. Stellenweise wird es haarsträubend intensiv. Der Sound ist zu Beginn von *Speed King* noch ein wenig unausgewogen, doch sobald sie diese Hürde genommen haben, scheinen die Mitglieder keine Sekunde lang nachzulassen. *Child In Time* reißt den Hörer mit in einen instrumentalen Strudel, während es immer vehementer und härter zugeht. Es gibt wohl nur wenige bessere Aufnahmen dieser Nummer[10]. Drei Tage später in Göteborg betrat Pete York von der Vorgruppe Hardin & York die Bühne während des Schlagzeugsolos mit einer Snare, um mit Paicey zu jammen. Nachdem ihr Transporter liegengeblieben war, durfte er das Kit seines Kollegen für ihren Einheizer-Gig benutzen.

Für Ende November waren weitere Headliner-Konzerte im Großbritannien geplant, doch jene in Hull, Wolverhampton und Bradford mussten abgesagt werden, weil sich Jon Lord am Rücken verletzte. Daraufhin versprach die Band per Zeitschriftenanzeige, den Termin in Bradford nachzuholen. Dies sollte 27 Jahre dauern, was in erster Linie daran lag, dass Leeds Town Hall der Hauptveranstaltungsort in West Yorkshire und nicht weit von Bradford entfernt war, weshalb Konzertagenturen selten das Risiko eingingen, beide Hallen zu reservieren, es sei denn, sie konnten sie ausverkaufen.

Kaum dass Jon wieder genesen war, konnte die Band am 22. November vor großem Publikum in der Fairfield Hall von Croydon auftreten. *Wring That Neck* dauerte dort unglaubliche 34 Minuten, was gleichwohl nicht jedermann beeindruckte. *„Sie halten die Teenybopper jetzt fest in der Hand. Als Inbegriff von Selbstgefälligkeit und Ignoranz gegenüber Zuschauerwünschen haben sie sich bewährt. Hätte Ritchie Blackmore den Eindruck nicht relativiert, wäre dieser Reporter gleich in die Black Night entschwunden …“* (Bill Kellow in Disc)

Purple benutzten nach wie vor ihren gebrauchten Mercedes-Kleinbus, um gemeinsam mit drei Roadies und ihrem Gerätepark, der nunmehr rund 8.000 £ wert war, durch die Gegend zu fahren. Wie um ihre Ausnahmestellung in Deutschland zu würdigen, spannten dortige Veranstalter die Gruppe für die längste zusammenhängende Reihe von Konzerten seit ihrer Gründung ein: 15 in ebenso vielen Tagen. Auf dieser Tour wurden *Speed King, Into The Fire* und *Child In Time* letztmals als eröffnendes Tripel dargeboten. Mit oftmals bis zu 2.000 Zuschauern waren die Shows oftmals auch besser besucht. Roger wusste nicht so recht, was er erwarten sollte: *„Bisher gab es eine Menge Ärger, also keine Ahnung, wie es jetzt wird. Ich halte es für falsch, gegen Publikumshysterie vorzugehen. Wenn der Öffentlichkeit gefällt, was man tut, ist das toll, auch wenn sie es auf unliebsame Weise hervorkehrt.“* (RG zu Jerry Gilbert in Sounds, November 1970) Ashton, Gardner, Dyke & Lieber eröffneten die meisten dieser Konzerte. Sie wurden nun auch von Purples Management betreut und standen kurz davor, einen Single-Hit zu landen. Die neue Agentur Mama Concerts hatte die Tour eingefädelt, doch das Pensum war offen gestanden unmenschlich, und die Organisation schlecht. Die Band reiste

10 SR im Fanclub-Magazin zur Neuauflage des Konzertalbums: „Diese Aufnahme gehört von jeher zu meinen liebsten, schon seit der Zeit, als die ersten Bootlegs auftauchten, doch die aktuelle Wiederaufbereitung hat zu einem klareren, satteren Klang geführt, dessentwegen man sich mitunter einbildet, es handle sich um ein Konzert aus der jüngeren Vergangenheit. Müsste ich mich zwischen dieser Scheibe und Made In Japan entscheiden … Na ja, hoffentlich kommt es nie so weit.“

scheinbar willkürlich kreuz und quer durchs Land, wobei sie auf dem Weg zu manchem Gig Städte passierte, wo sie einen oder zwei Tage später auftreten sollte. 3.700 km brachte sie dabei hinter sich. Zuerst spielte sie am 27.11. in der Offenbacher Stadthalle, zuletzt am 12.12. in der Stuttgarter Messehalle.

Die Strapazen machten sich allmählich bemerkbar. Jon war noch nicht gänzlich obenauf, und dann kollabierte Ian Gillan nach einer Show. Wohingegen er sich rasch erholte, wurde vor dem Auftritt in Lüdenscheid am 8. Dezember Ritchie krank. Die Vorband spielte, doch erst danach wurde durchgesagt, der Gitarrist sei angeschlagen, weshalb Deep Purple zu viert antreten würden. Trotz der Enttäuschung gaben die Zuschauer der Gruppe eine Chance. Sie schaffte mehr oder weniger vier Songs, ehe Gillan die Bühne verließ, weil er nicht mehr konnte. Nach einem Instrumental zogen sich auch die übrigen drei zurück. Die Fans dachten, sie würden nur eine Pause einlegen, doch als ersichtlich wurde, dass der Abend gelaufen war, kam es zu Ausschreitungen. Flaschen wurden auf die Bühne geworfen und trafen das Equipment, einige Personen kletterten hoch und reagierten sich an allem ab, was sie in die Hände bekamen. Laut

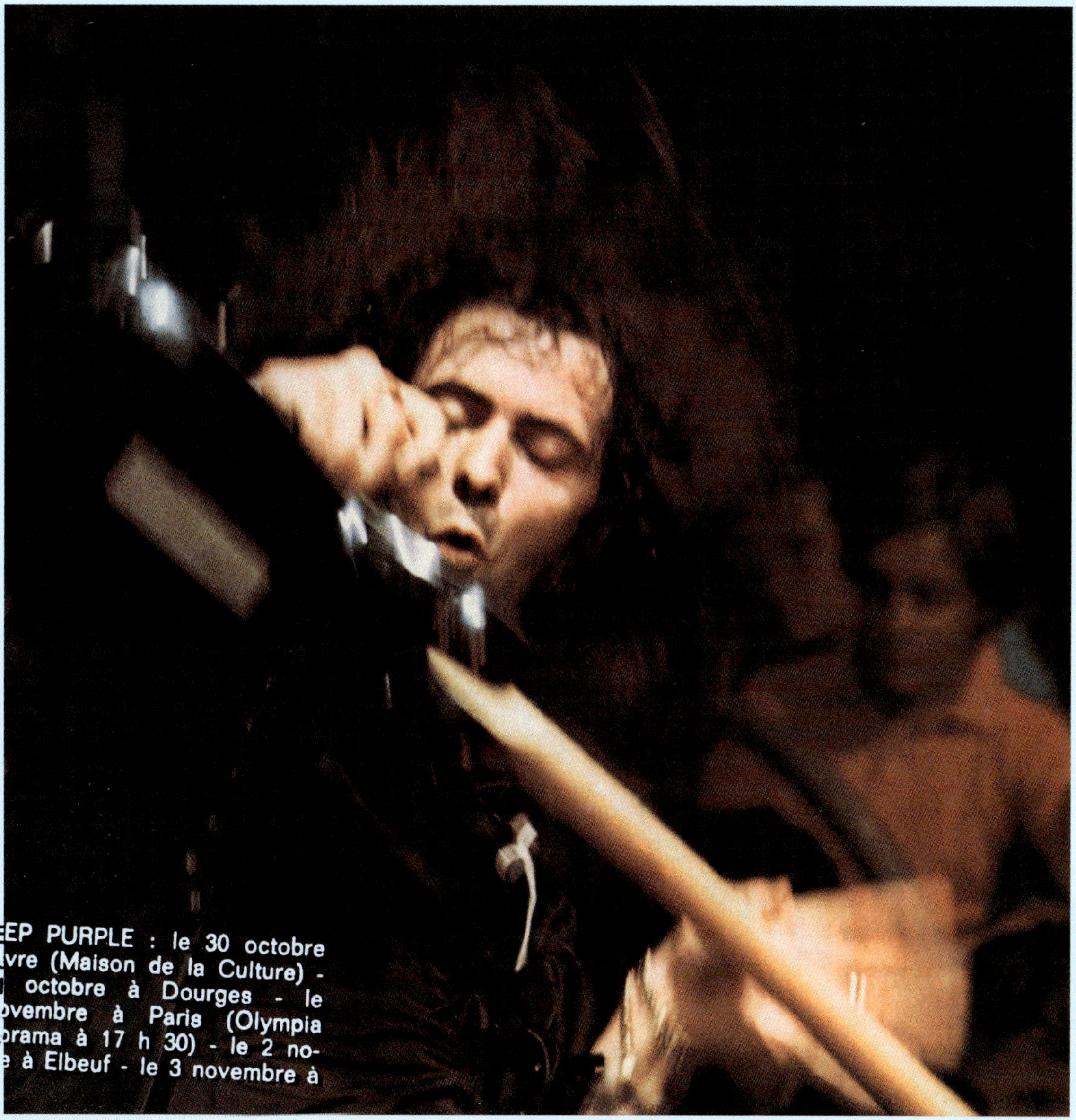

Berichten entstand ein Sachschaden von 45.000 DM, und ein halbes Dutzend verletzte sich. Ein Teil der Geräte ging kaputt. Ritchie kehrte per Flieger nach Hause zurück, und um weiteren Zwischenfällen vorzubeugen, ließ man die letzten Konzerte sausen.

Seinerzeit entwickelte sich in Deutschland eine noch kleine anarchistische Bewegung, und diese politischen Aufhetzer stifteten vor einigen Lokalen unter dem Vorwand Unruhe, Konzerte sollten generell kostenlos zugänglich sein. In einer Stadt musste ihr Aufmarsch mit Wasserwerfern gestoppt werden. Es gab Versuche, in Hallen einzubrechen, und eine wollten sie sogar anzünden. Ian Gillan wurde in Hamburg für die „Wochenschau" zu den Zwischenfällen befragt. *„Der starke Andrang, die Stimmung in den Sälen und all das finden wir großartig. Andererseits treiben sich jeden Abend, vor allem in Süddeutschland, viele Leute herum, die Unfrieden stiften, von wegen Musik dürfe nichts kosten und so weiter. Ich bin überzeugt davon, dass Bands auf lange Sicht hin keine Konzerte mehr geben werden, falls das so weitergeht. Man braucht Sicherheitskräfte mit Hunden – alles Mögliche, und Karten müssen statt fünf oder sechs zehn Mark kosten, um hinterher die Schäden beheben zu können."*

Die Protestierenden ließen sogar Flugblätter drucken, die auf Deep Purple und insbesondere die Organisatoren abzielten. Richard Green vom NME traf die Gruppe in Hamburg und unterhielt sich mit Ian Paice über Stress mit einem ominösen „Fräulein X". *„In Heidelberg hatten sie Rammböcke und wollten uns angreifen. Ich bekam richtig Angst. Wir saßen im Umkleideraum fest. Nicht auszudenken, was passiert wäre, wenn sie sich Zugang verschafft*

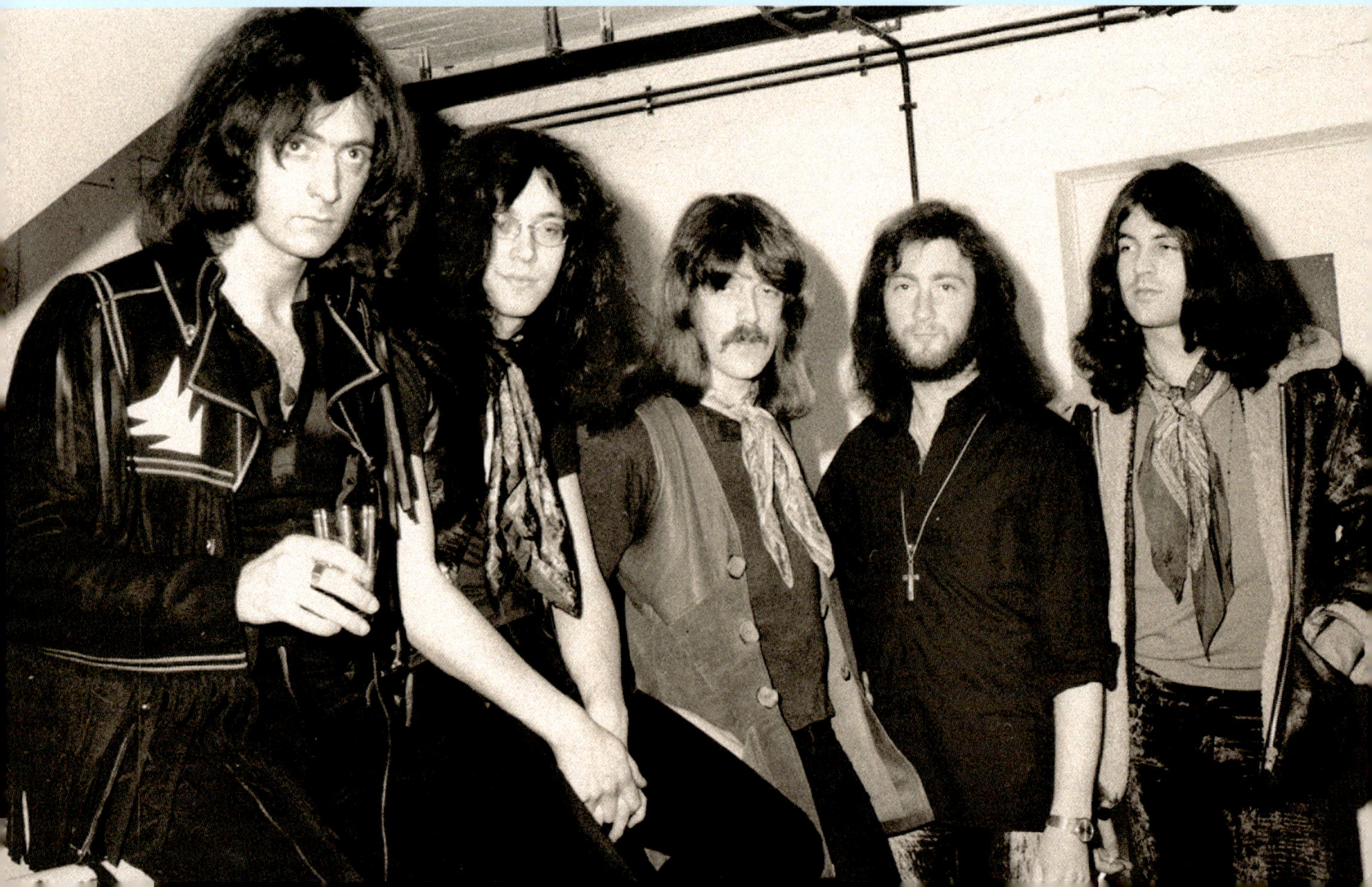

hätten … Wir sahen eine junge Frau, die in einem Auto mit Lautsprechern auf dem Dach herumfuhr, um die Randalierenden zu lenken. Sie sagte ihnen, was sie tun sollten und wo. Nach Heidelberg begegneten wir ihr in Hannover wieder. Dort hatten wir Hotelzimmer in einer höheren Etage, und sie warfen Steine gegen unsere Fenster.

Der einzige Einwand, den ich gegen Gratiskonzerte habe, besteht darin, dass wir Berufsmusiker sind und berechtigterweise für unsere Arbeit bezahlt werden. Ich bin gegen überhöhte Gagen, die manche Künstler anscheinend aufrufen, und auch gegen zu teure Eintrittspreise. Das sind die Hauptgründe dafür, dass Forderungen nach kostenloser Musik laut werden.“ (JL in Record Mirror, Oktober 1970)

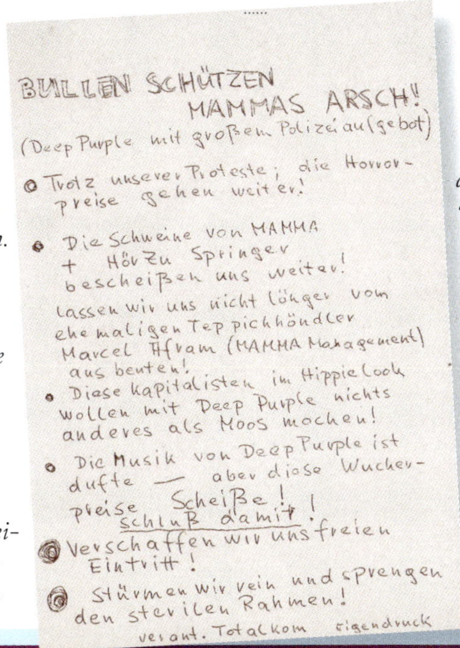

BULLEN SCHÜTZEN
MAMMAS ARSCH!
(Deep Purple mit großem Polizeiaufgebot)

- Trotz unserer Proteste; die Horrorpreise gehen weiter!
- Die Schweine von MAMMA + Hör Zu Springer bescheißen uns weiter!

Lassen wir uns nicht länger vom ehemaligen Teppichhändler Marcel Avram (MAMMA Management) ausbeuten!

- Diese Kapitalisten im Hippielook wollen mit Deep Purple nichts anderes als Moos machen!
- Die Musik von Deep Purple ist dufte — aber diese Wucherpreise Scheiße! Schluß damit!
- Verschaffen wir uns freien Eintritt!
- Stürmen wir rein und sprengen den sterilen Rahmen!

verant. Totalkom Eigendruck

Daheim im Königreich verschnauften alle kurz, während Ritchie wieder zu Kräften kam. Man dachte unverbindlich an, sich für die Aufnahmen an einem weiteren Album vorzubereiten, doch kaum jemand hatte Muße dazu. Zudem mussten sie sich die Frage stellen: Wieso die Eile? *In Rock* rangierte immer noch weit vorne in den britischen Top 20 und besetzte in Deutschland Platz eins der Charts, ja selbst *Black Night* hielt sich bis zum 27. Dezember unter den 50 bestverkauften Singles. In Deutschland brach der Gassenhauer weiterhin alle Rekorde, bloß dass er *Paranoid* nicht von der Eins drängen konnte. Wäre bloß einem Veranstalter gelungen, Purple und Sabbath gemeinsam touren zu lassen …

Die Liste der Top-50-Singles des Jahres 1970 vom britischen Marktforschungsinstitut BMRB erschien im Dezember, und unter den Stücken der führenden Rockacts – der Großteil war eher im Pop angesiedelt – stand *Black Night* auf einem sehr beachtlichen 18. Platz. *All Right Now* von Free hielt den 7. inne, für *Paranoid* hingegen war nur der 37. drin.

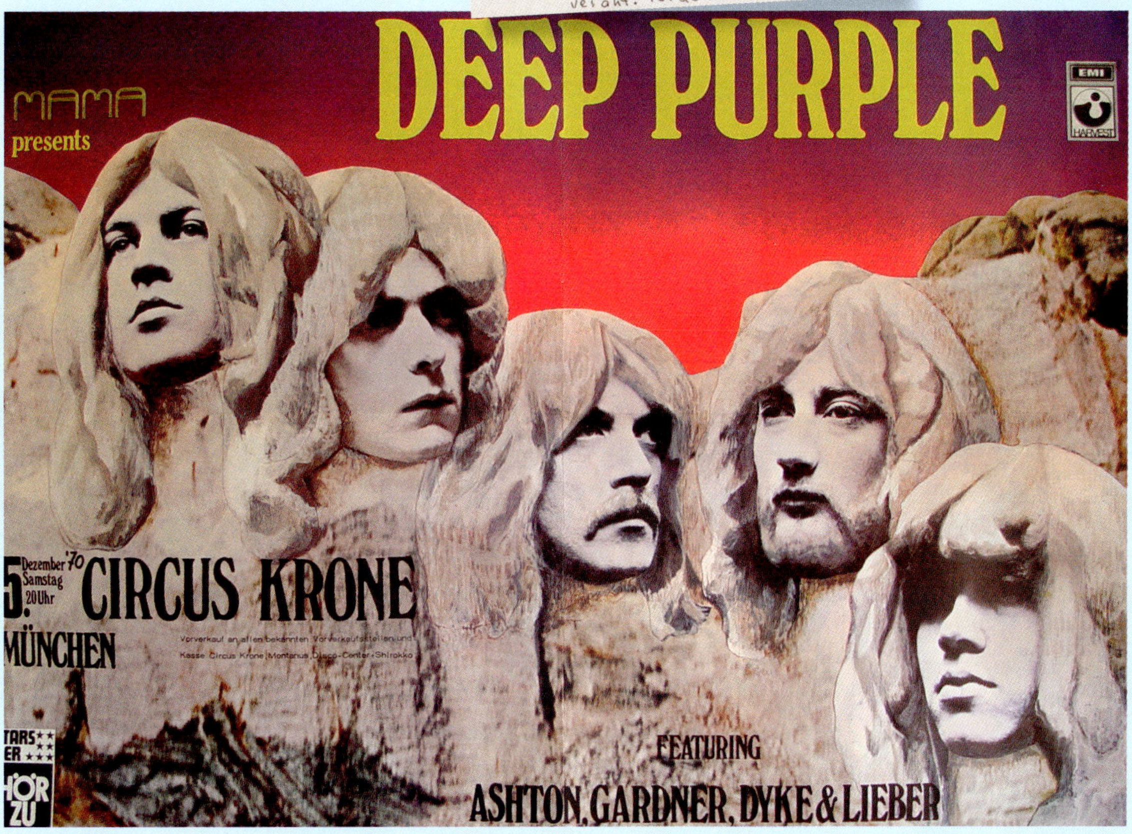

Come off it Deep Purple

SOONER or later, someone will see through all the instrument-smashing that Deep Purple perpetrate on stage. They're not the first to indulge in all this sham histrionics, but for my money they're the worst.

I'm not going to talk about starving children in Biafra or that kind of thing, but these displays of devastation are a complete waste of money. That is, Deep Purple's money and my money when I go to see them.

Simple fact is that they lay about themselves in this stupid way just to cover up their musical inadequacies. I suppose this'll draw a lot of criticism. But would Purple fans just stop and think before writing me a load of abuse? – JOHN HARDIMAN, Nelson Street, Glasgow E.1.

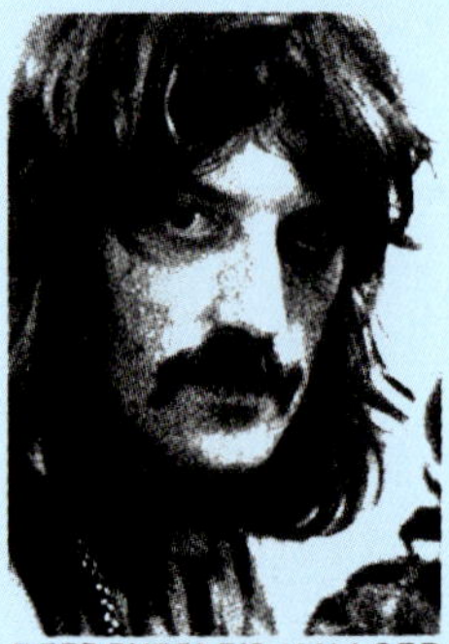

DEEP PURPLE'S JON LORD

CLAPTON NO, BUT RITCHIE YES..!

CLAPTON was good, now a new god raises his head, his name—Richie Blackmore. He's left Clapton standing in both guitar and stage performances. On "Doing their own thing" he was too good for words. People pay to watch as well as listen. As Mick Jagger said, "If you are not going to move about on stage, you might as well be behind the curtains." Clapton is the page boy—Blackmore is king.—**Phil Rainford, Lancaster Avenue, Liverpool 17.**

Kommt mal runter, Deep Purple
Früher oder später wird man hinter die Fassade des Instrumentenzertrümmerns schauen, das Deep Purple live veranstalten. Sie sind nicht die Ersten, die sich in diesem fadenscheinigen Theater ergehen, meines Erachtens aber die Schlimmsten.
Ich werde mich hier nicht zu hungernden Kindern in Biafra oder ähnlichen Missständen äußern, doch solche Gewaltdarstellungen sind reine Geldverschwendung. Das heißt: Es geht um Deep Purples und auch mein Geld, wenn ich ihre Konzerte besuche. Fest steht ganz einfach, dass sie ihre musikalischen Unzulänglichkeiten mit diesem Unsinn kaschieren wollen. Ich mache mich mit diesem Brief bestimmt unbeliebt, aber würden die Fans der Band bitte erst nachdenken, ehe sie darauf antworten und mich beschimpfen? – John Hardiman, Netson Street, Glasgow

CLAPTON NEIN, RITCHIE JA …!
Clapton war stark, doch jetzt erhebt ein neuer Gott sein Haupt. Sein Name: Ritchie Blackmore. Er lässt Clapton hinter sich, was sein Spiel und seine Bühnenpräsenz betrifft. In „Doing Their Thing" war er zu gut, um wahr zu sein. Man zahlt nicht nur für die Musik Eintritt, sondern will auch etwas zu sehen bekommen. Wie schon Mick Jagger sagte: „Wenn man sich bei Konzerten nicht bewegt, kann man sich genauso gut hinter einen Vorhang stellen." Clapton ist ein Waisenknabe gegen Blackmore. – Phil Rainford, Lancaster Avenue, Liverpool 17

1971

Das neue Jahr stand nahezu ganz im Zeichen des nächsten Albums. Die meisten Januartage verbrachten die Musiker mit Komponieren, Proben und Aufnehmen. Während sich *In Rock* über die kommenden Monate hinweg stetig weiterverkaufte, veränderten sich die Prioritäten der Band. Sie wollte unbedingt verhindern, dass sich die Produktion wie zuvor mit ständigen Unterbrechungen dahinzog.

Das Bühnenprogramm des Vorjahres kam Mitte Januar zum letzten Mal bei zwei Konzerten in den Niederlanden zur Aufführung, ehe es flexibler wurde. Ende des Monats begann eine längere Tournee durch Großbritannien, wobei *Into The Fire* durch das neue *Strange Kind Of Woman* ersetzt wurde. Der Standard von *In Rock* tauchte bei ein paar Shows im selben Jahr wieder auf, doch seine Tage waren gezählt. Um das Ganze zu entschlacken, gab die Band auch eines der beiden längeren Improvisationsvehikel auf, schien sich aber nicht zwischen ihnen entscheiden zu können, weshalb *Mandrake Root* vorübergehend verschwand, derweil *Wring That Neck* beibehalten wurde – bis man den Spieß umdrehte. Dies geschah nicht nur zur Auflockerung, sondern auch mit der Einsicht, dass es sie ausgelaugt hatte, zwei so lange Stücke auf Gedeih und Verderb nacheinander zu spielen.

Paint It Black durfte sich auch bald aus der Setlist verabschieden. Obgleich es seit den ersten Auftritten der Gruppe eine sichere Bank gewesen war, musste es nun *The Mule* weichen, einem weiteren neuen Track. Wer Drum-Solos schätzte, brauchte sich nicht zu grämen, denn Ian Paice erhielt hiermit einen neuen Spielplatz, um sich auszutoben. Blackmore schien einen Narren an dem Riff gefressen zu haben, denn es schlich sich auch in anderen Nummern ein, doch der Text blieb vorerst provisorisch. Da das Ausfeilen eine Zeitlang dauerte, kramte man *Paint It Black* einstweilen wieder hervor, doch nach ein paar Monaten schied es für immer aus.

Speed King blieb ihr Opener, wurde aber schon seit Ende '70 von einem kuriosen Intro namens *The Yodeling Song* oder *Swiss Made* eingeleitet. Popstar Eddie Grant hatte sich in einem Interview recht geringschätzig über Deep Purple geäußert und behauptet, sie hätten von seiner Bühnenshow abgekupfert. Das stimmte nachweislich nicht, und dies war Ian Gillans Retourkutsche, auch wenn das Publikum nicht begriff, worum es ging. Zum ersten Mal dürfte das Ding im November 1970 in der Fairfields Hall gespielt worden sein – „Wir spielen jetzt was von den Equals …" –, doch zu sehen (und zu hören), wie die Jungs auf die Bühne kamen und sich dann kurz in einer Art von Heavy-Rock-Gejodel ergingen, war bestimmt ein traumatisches Erlebnis. Gillan räumte später ein, es sei ein bisschen dümmlich gewesen, sprach sich aber entschieden gegen die Sitte gewisser Personen aus, Rockbands herabzuwürdigen, nur weil sie ein wenig Erfolg hatten.

„Led Zeppelin werden ständig diffamiert, obwohl sie eine klasse Band sind. Auch Black Sabbath scheinen in letzter Zeit in Verruf geraten zu sein. Mich widert der Snobismus momentan einfach an. So wie es aussieht, gehört man dem Underground nur an, wenn man völlig ignoriert wird. Klar, zu unseren Auftritten kommen 14- und 15-Jährige, doch ich bin mir sicher, die haben etwas dagegen, ‚Teenybopper' genannt zu werden." (IG zu Roy Shipston in Disc, Dezember 1970) In einem anderen Interview kam das Thema erneut zur Sprache: *„Wir spielen für jeden, der uns hören möchte. Falls das Publikum ausschließlich aus Kiffern besteht, ist mir das genauso recht wie ein Haufen Schüler, die zu Black Night tanzen und grölen.* (IG zu Richard Green, Dezember 1970)

Zusammen mit *Child In Time*, das wieder länger wurde und die Raffungen somit teils relativierte (später im Jahr dauerte es in Amerika manchmal an die 20 Minuten) und der erwähnten Single waren dies die einzigen Stücke aus den Sessions zu *In*

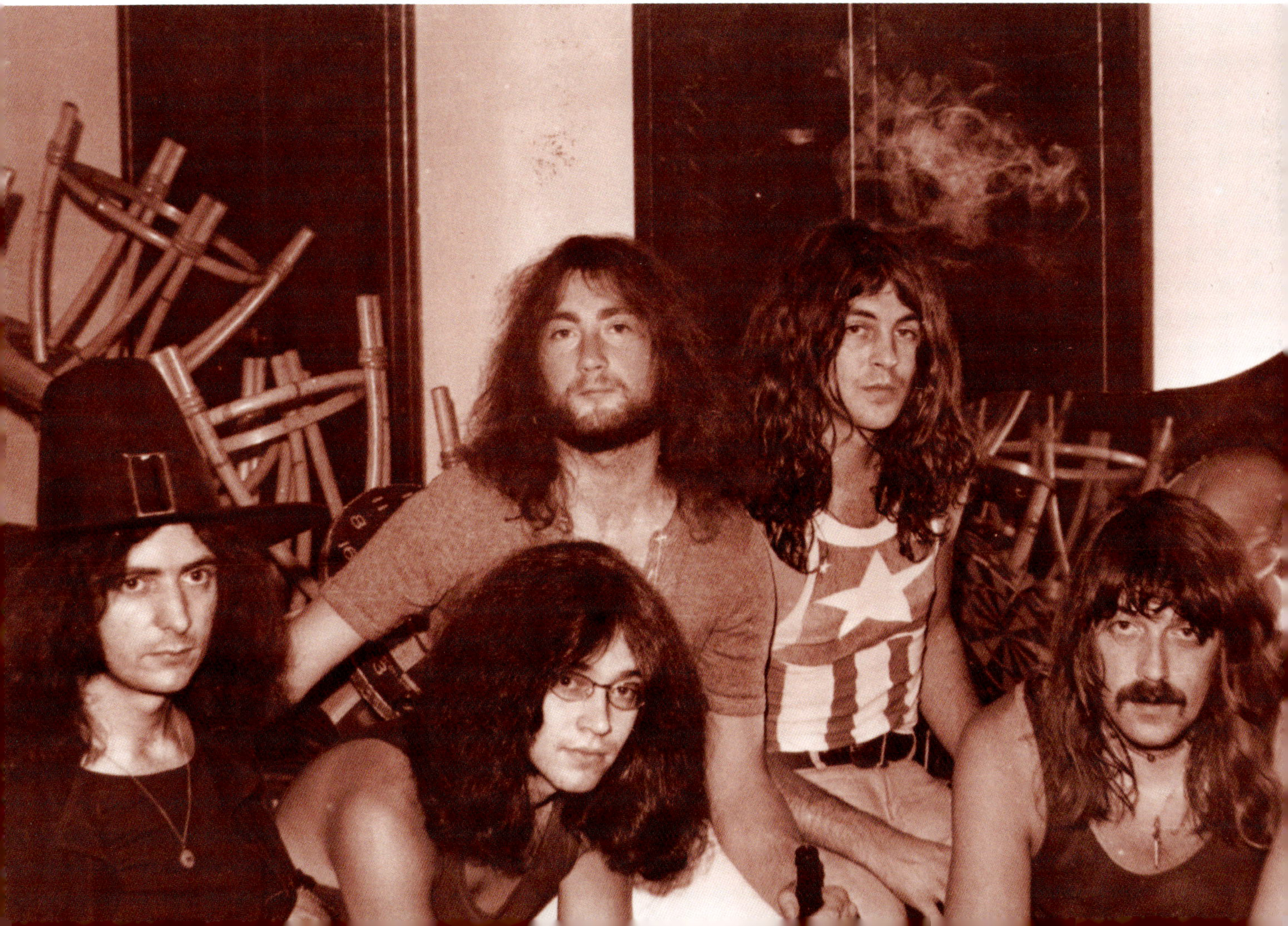

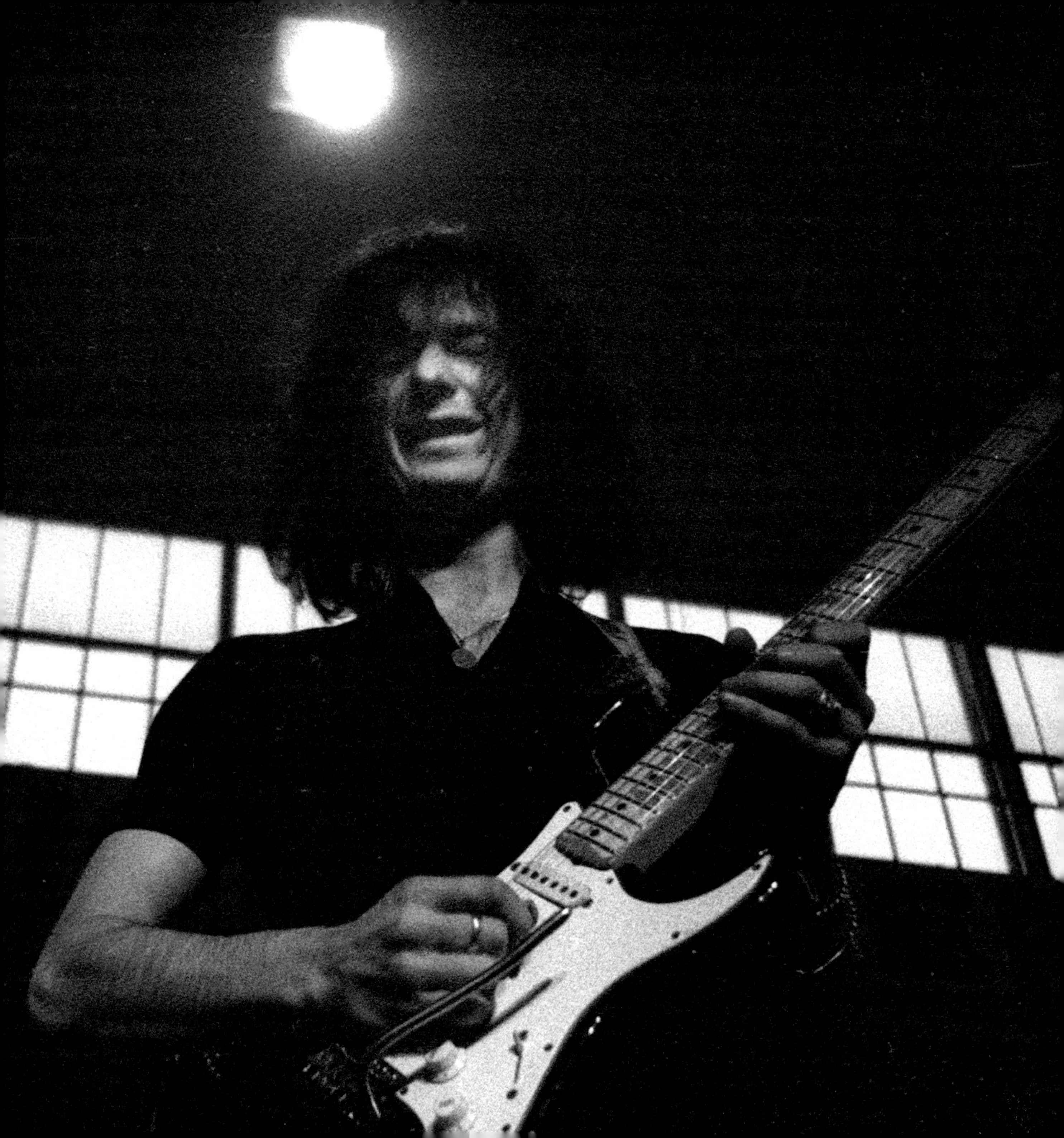

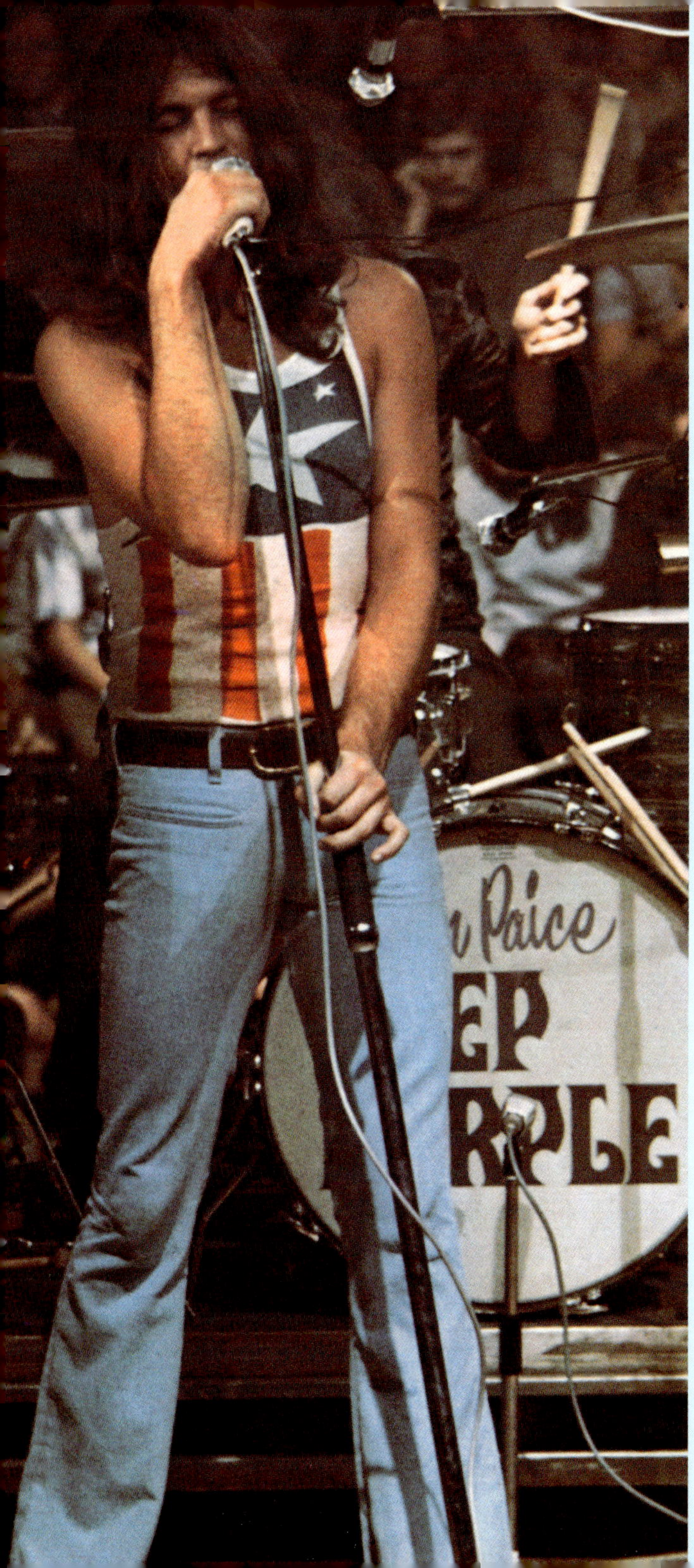

Rock, die im Programm blieben.

Im März '71 sagte Lord über das Album: „*Es war eine bewusste Zäsur. Wir wollten Material schreiben, hinter dem wir als Gruppe stehen konnten, und heraus kam ebendies. Im Grunde genommen war es das Gleiche wie live. Die Scheibe markierte den Umschwung, und der Punkt ist: Wir glauben an das, was wir gemeinsam tun.*"

Gillan schnitt im Gespräch mit dem NME im April des Jahres die Setlist an. „*Wir hätten schon vor vier, fünf Monaten neue Songs bringen können, doch bei den hiesigen Konzerten war uns danach zumute, In Rock ein letztes Mal zu würdigen. Voraussichtlich bleiben einige Nummern, die wir jetzt noch berücksichtigen, weiter im Programm; manche scheinen von sich aus dauerhafter zu funktionieren als andere.*"

Jon sprach 1971 im Sound über die Gefahr des Abgeschmackten, wobei er sich konkret auf *Speed King* bezog. „*[Manchmal] weißt du, dass es dir vor einem halben Jahr besser von der Hand gegangen ist als jetzt. Mag sein, dass es jetzt raffinierter daherkommt, aber man wird zum Abziehbild seiner selbst. Je länger man auf einer Nummer herumreitet, desto weiter bugsiert man sich in eine Sackgasse, außer die Band rollt sie im Proberaum neu auf und findet einen frischen Ansatz. Mit Speed King haben wir das dreimal getan.*"

Für Ian Gillan gehörten *Mandrake Root* und *Paint It Black* genauso zu *In Rock* wie die eigentlichen Songs des Albums. Davon wiederum blieb *Child In Time* die einzige Konstante bei Konzerten, und zwar bis zur Trennung von Mk 2 1973. Zu Beginn dieses Jahres schied es dann aus. *Black Night* blieb lediglich als Zugabe erhalten. Zum Zeitpunkt des Interviews mit dem Sänger war das Album nach wie vor in den Charts präsent, auch wenn es in dem April erhebliche Sprünge machte und abwechselnd auf den Plätzen zehn, 43, 21 und zwölf stand. Im Juni und August verabschiedete es sich langsam in die Top 30 und 40. Trotz hehrer Ambitionen gelang es Deep Purple nicht, den Nachfolger zeitnah einzureichen. *Strange Kind Of Woman* war im Februar '71 als Single erschienen, um die Wartezeit zu verkürzen, doch von der Veröffentlichung von *In Rock* bis zur Fertigstellung der nächsten Platte sollte genau ein Jahr vergehen. In der ersten Maihälfte gab die Band Konzerte in Australien, wodurch *In Rock* dort eine kurze Renaissance erlebte. Down under hatte es bereits dreimal in den Top 20 gestanden, doch im Zuge dieser Auftritte besetzte es am 26.6. die Spitze der Charts, derweil auch *Black Night* ein Verkaufsschlager blieb.

Anfang September wurden alle Mitglieder von Deep Purple bei der Internationalen Funkausstellung in Berlin für ihre Absatzzahlen mit Goldenen Schallplatten des Albums ausgezeichnet. In Deutschland erhielt man solche für 250.000 verkaufte Einheiten, also

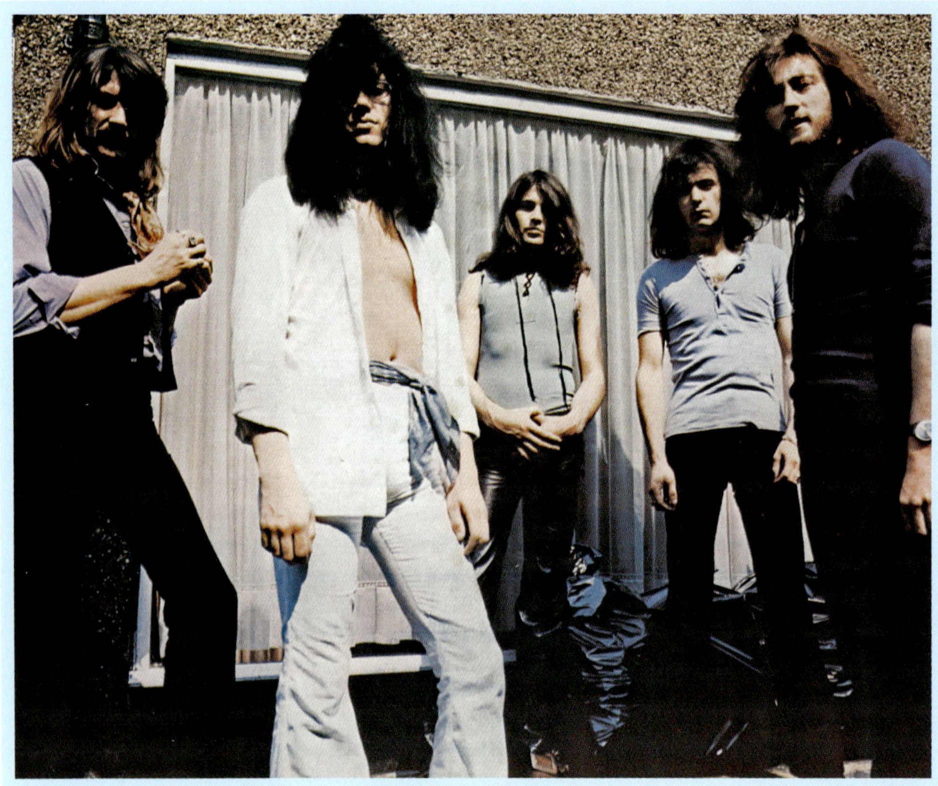

Dies war wirklich der Zapfenstreich für ein Programm, das die Gruppe knapp zwei Jahre lang begleitet hatte. Als sie im September 1971 wieder im Vereinigten Königreich performte, dominierten neue, teilweise unveröffentlichte Kompositionen, und eine kurze Zeitlang standen sie mit zwei Langspielern in den Top 30 (*Fireball*, der neue, stieg am 12. des Monats auf dem fünften Platz ein, während *In Rock* in derselben Woche noch den 28. besetzte; am 9.1.1972 stieg es ein letztes Mal auf der 31 ein). *„Ich bin sehr stolz auf das Album. Wir haben seinen Erfolg vorausgesehen, weil wir zuvor sechs Monate lang unterwegs gewesen waren, doch dass es ein solcher Dauerbrenner sein würde, ahnte niemand."* (RG im Melody Maker, Juni 1971) Während diese Worte in Druck gingen, steuerte die Band auf 150.000 verkaufte Exemplare der Scheibe zu. *„Wir rechneten damit, dass sie einschlagen würde, aber keiner von uns dachte daran, sie könne sich fast ein Jahr lang in den Charts halten. Ich vermute mal, dass wir mit jedem weiteren Auftritt mehr Hörer für uns gewinnen."* (IP in Sounds, Mai 1971)

durfte man von einem achtbaren Verdienst sprechen. Wahrscheinlich handelte es sich auch um die erste Verleihung für die Band, denn wiewohl der Erfolg von Hush in Amerika Edelmetall gerechtfertigt hätte, waren Tetragrammaton in finanzielle Nöte geraten, bevor sie sich um das runde Gold kümmern konnten. Als Produzent Derek Lawrence darauf pochte, ließ man eigens für ihn ein Exemplar pressen.

Die Vergabe bestätigte, dass alles, was die Musiker in die Band und das Album gesteckt hatten, gerechtfertigt war. Zudem sahen sie allmählich auch, dass nicht nur Kleckerbeträge von den Verkäufen hängenblieben. Tantiemen wurden stets verzögert ausgezahlt, weil Plattenfirmen üblicherweise vierteljährig abrechneten. Mancher gönnte sich einen Neuwagen oder ein Eigenheim. Ian Paice wurde Investor.

In Berlin mischten sich Deep Purple auch unter die internationale Gästeschar beim Galaabend der Schallplatte Pop und spielten ein paar Songs für die Fernsehsendung „Music Today", unter anderem ein aufbrausendes *Into The Fire*. Es dürfte dessen letzte Aufführung gewesen sein, und später im selben Monat bei zwei Festivals in Deutschland fungierte Speed King gleichfalls zum letzten Mal als Eröffnung.

Unabhängig davon, dass einige Fans heute Stein und Bein schwören, *Fireball* enthalte noch progressiveres, originelleres Material, sah sich die Band wegen einiger negativer Kritiken – auch seitens ihres Gitarristen – zu einer Analyse von *In Rock* veranlasst, um herauszufinden, was es so einzigartig machte. Dies hatte für ihre dritte gemeinsame Produktion *Machine Head* die Folge, dass die Songs wesentlich kompakter und zielgerichteter ausfielen, auch weil sie größtenteils von langer Hand ausgearbeitet und umso rascher in einer völlig anderen Situation aufgenommen wurden. Das Album war ebenfalls ein kommerzieller Erfolg, der den internationalen Stand der Band konsolidierte, und klingt noch heute ausgesprochen modern. *In Rock* wirkt hingegen wohl eher zeittypisch, entstanden unter Umständen, deren Zusammenspiel unkalkulierbar war und sich nicht wieder erzwingen ließ. Obgleich die späteren Mk-2-Alben jeweils auf ihre Weise ausgezeichnet sind, bleibt *In Rock* das wahre Schlüsselwerk der Band.

	Juli 1969	
10 7 69	Speakeasy London	UK
18 7 69	Coatham Hotel 'Jazz Club' Redcar	UK
20 7 69	Mothers Club Birmingham	UK
25 7 69	*Lyceum London* cancelled	*UK*
	August 1969	
11 8 69	BBC Radio recording session	UK
13 8 69	*Revolution Club London* cancelled rescheduled [20th]	*UK*
15 8 69	*Mayfair Ballroom Newcastle* cancelled rescheduled [?]	*UK*
16 8 69	*Rebeccas Birmingham* cancelled rescheduled [?]	*UK*
20 8 69	Revolution Club London	UK
22 8 69	Jazz Bilzen Festival, Bilzen	BE
23 8 69	Paradiso Amsterdam	NL
24 8 69	Paradiso Amsterdam	NL
25 8 69	Beat Club Bremen TV filming	D
26 8 69	Railway Hotel 'Klooks Kleek' West Hampstead	UK
29 8 69	BBC Radio recording session (afternoon)	UK
	'Midnight Court' Lyceum, Strand, London (evening)	UK
30 8 69	Kent Pop Festival Gravesend	UK
	September 1969	
5 9 69	Cue Club Göteborg	SE
6 9 69	Store Salen, Lund (8.00 pm 45 min set)	SE
	Hotel Stevns 'Club Dynamite - Midnight Show' Store Heddinge	DK
7 9 69	Fjordvilla, Roskilde [early show]	DK
7 9 69	Club Six, Kopenhagen [late show]	DK
9 9 69	*Marquee London* cancelled	UK
12 9 69	Queens Hall, Barnstaple	UK
13 9 69	Queens Hall, Narberth, Wales	UK
20 9 69	Winter GarDKs Malvern	UK
21 9 69	Coatham Hotel 'Jazz Club' Redcar	UK
24 9 69	Royal Albert Hall London - Concerto	UK
26 9 69	Recording David Frost Show	
27 9 69	Nottingham College of Education 'Coming up Ball' Nottingham	UK
28 9 69	Roundhouse 'Implosion' Camden London	UK
	Oktober 1969	
4 10 69	Kurhaus / Casino Lido 'Le Sabalier' Montreux	CH
6-8 10 69	Stuttgart TV filming P2 show	D
9 10 69	(unbekannt) Augsburg	D
10 10 69	Stuttgart TV filming	D
11 10 69	*Imperial College London* cancelled	*UK*
11 10 69	'Inernationales Essener Pop & Blues Festival' Grugahalle, Essen	D
12 10 69	Concertgebouw Amsterdam	NL
14 10 69	Star Club, Hamburg	D

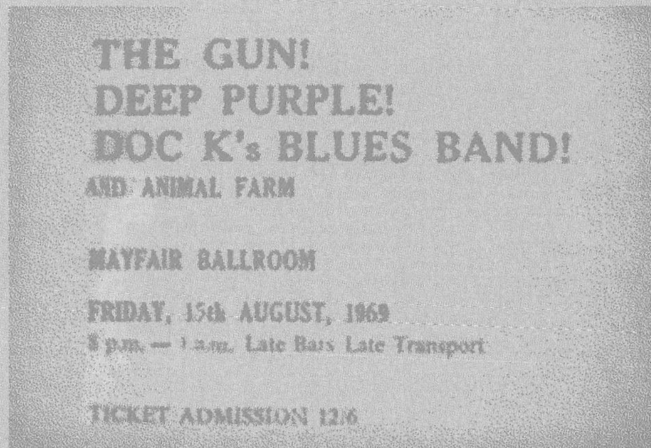

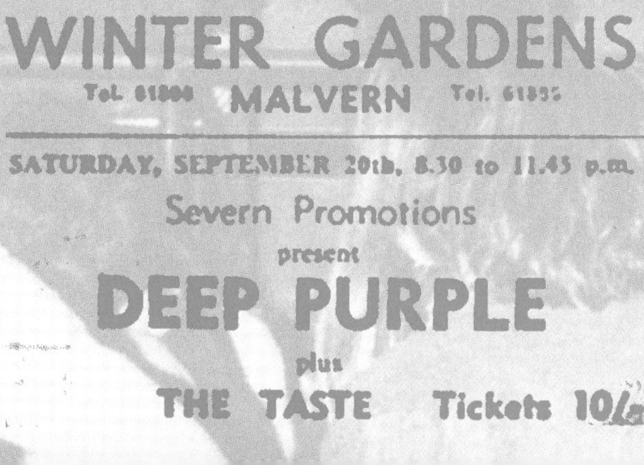

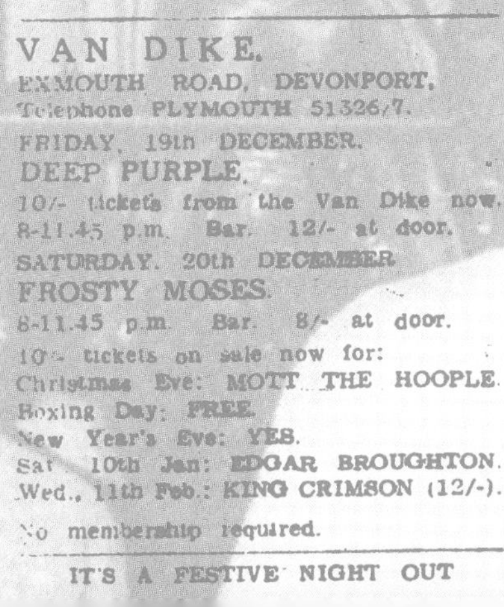

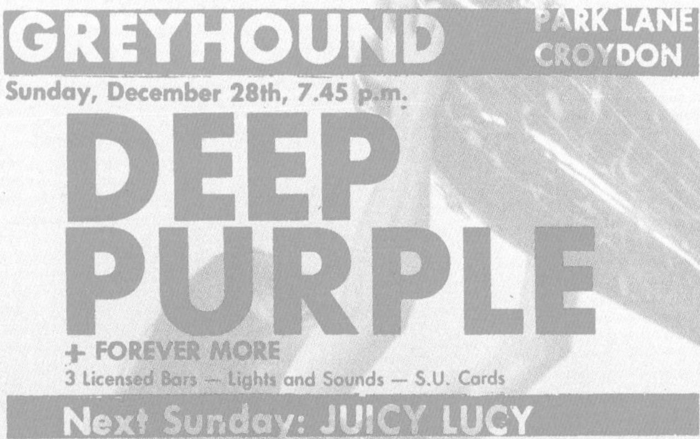

18.10.69 Studio
22 10 69 St Matthews Baths Hall IpCHch UK
24 10 69 Lyceum 'Midnight Rave Again!' Strand, London UK
25 10 69 Winter GarDKs Weston Super Mare UK
30 10 69 University Leeds UK
31 10 69 BBC Radio recording session UK

November 1969

1 11 69 New Bristol Centre, Mayfair Suite 'Teenpage Ball' UK
2 11 69 Lyceum 'The Sunday Lyceum' , Strand, London UK
4 11 69 Studio
7 11 69 Kings Head Romford UK
8 11 69 Leas Cliff Hall Folkestone UK
10 11 69 Art College Bath UK
13 11 69 Regency Theatre Newport UK
14 11 69 Aston View Birmingham UK
15 11 69 University Refectory Hall, Leeds UK
16 11 69 Kinema Dunfermline UK
17 11 69 Electric Gardens Glasgow UK
18 11 69 Edinburgh, unknown venue UK
21 11 69 Avery Hill College, Eltham, London UK
22 11 69 University Bradford UK
23 11 69 Wake Arms 'Groovesville' Epping UK
24 11 69 Bennett Concert Hall Birmingham UK
24 – 28 11 69 Studio
28 11 69 Guildford Civic Hall UK
29 11 69 Imperial College London UK
30 11 69 Roundhouse 'Polytechnic Arts Festival' Camden, London UK

Dezember 1969

4 12 69 Assembly Hall Worthing UK
5 12 69 Polytechnic Sunderland UK
6 12 69 UMIST, Manchester UK
7 12 69 St. Georges Hall Bradford UK
9 12 69 Keele University Stafford UK
10 12 69 University College London UK
11 12 69 Rye Royal Ballroom Bournemouth UK
12 12 69 The Flamingo Hereford UK
15 12 69 The Cosmopolitan Carlisle UK
18 12 69 The Flamingo Redruth UK
19 12 69 Van Dike Club Plymouth UK
20 12 69 Roundhouse 'The Village' Dagenham UK
21 12 69 Mothers Birmingham UK
28 12 69 Greyhound Croydon UK

Januar 1970

1 1 70 Studio
5 1 70 Les Anciennes Halles de Paris Pavilion 8, Paris (festival) F
6 1 70 Pavilion Ballroom, Worthing UK
10 1 70 University 'Coming up Dance' Reading UK
13 1 70 Studio
15 / 16 1 70 Studio Bellevue Amsterdam, TV filming NL
19 1 70 Civic Hall Dunstable UK
21 1 70 Big Apple Club Munich D
23 1 70 University of Lancaster Central Hall UK
24 1 70 Curzon Cinema Hatfield UK
29 1 70 Studio
30 1 70 Royal Albert Hall London [support] UK
31 1 70 Lawns Centre Cottenham UK

Februar 1970

3 2 70 Bremen TV filming D

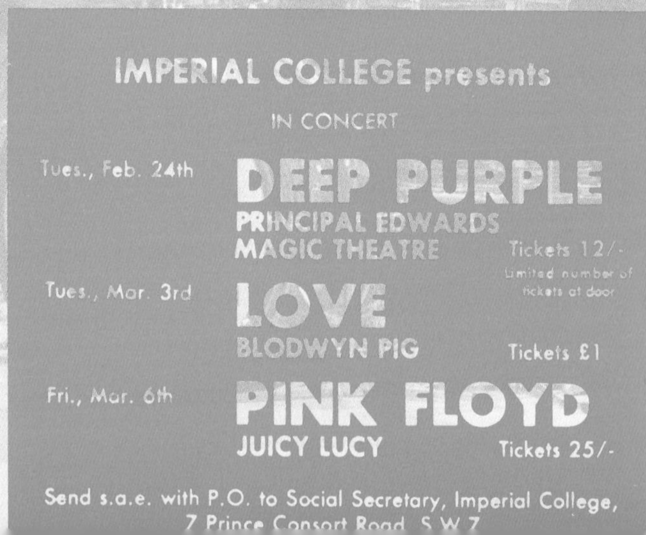

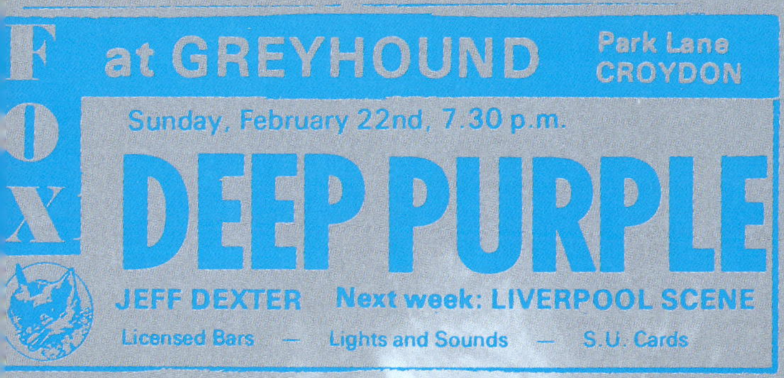

6 2 70	Technical College Waltham Forest	UK
7 2 70	Union Hall, University Leicester	UK
8 2 70	Mothers Club Birmingham	UK
13 2 70	University 'St Valentine's Day Massacre' Cardiff	UK
14 2 70	Free Trade Hall Manchester	UK
15 2 70	Boat Club Nottingham	UK
16 2 70	Kings Head Romford	UK
19 2 70	Paris Theatre, London. BBC Radio rec. In Concert	UK
20 2 70	Harris College, Public Hall Preston	UK
21 2 70	St Mary's College Twickenham	UK
22 2 70	Greyhound 'Croydon Blues Club' Croydon	UK
24 2 70	Imperial College London	UK
25 2 70	Anson Rooms Bristol University Bristol	UK
27 2 70	Tech Faculty Hall, Leeds Polytechnic Union Leeds	UK
28 2 70	Royal Philharmonic Hall Liverpool	UK
	März 1970	
4 3 70	Volkshaus Zürich	CH
6 3 70	Bern, Tanzdiele Matte	CH
7 3 70	Verkehrshaus der Schweiz Luzern	CH
11 3 70	Studio	
13 3 70	Empress Ballroom, Winter Gardens, Blackpool	UK
14 3 70	Winter Gardens Weston Super Mare	UK
15 3 70	Wake Arms 'Groovesville' Epping	UK
17 3 70	University Great Hall / Devonshire House Exeter	UK
20 3 70	Odeon Theatre Edinburgh	UK
21 3 70	Caird Hall Dundee	UK
22 3 70	Kinema Ballroom Dunfermline	UK
23 3 70	Music Hall Aberdeen	UK
24 3 70	Electric Garden Glasgow	UK
25 3 70	Town Hall Hamilton	UK
28 3 70	Roundhouse 'The Village' Dagenham	UK
30 3 70	Sportpalast 'Pop Progressive Peace Konzert' Festival Berlin	D
	April 1970	
4 4 70	Sporthalle 'Mulheim Progressive Pop Festival' Köln	D
6 4 70	Konzerthaus Vienna/Wien	AU
11 4 70	Central Hall Chatham	UK
13 4 70	Studio	
18 4 70	Technical College 'Rag Week' Ewell	UK
21 4 70	BBC recording session	
24 4 70	Kings Hall North Staffs Poly Stoke-on-Trent	UK
25 4 70	Bath, venue unknown	UK
	Mai 1970	
1 5 70	College of Art Brighton	UK
4 5 70	Studio	
9 5 70	Roundhouse 'The Village' Dagenham	UK
11 5 70	De Montfort Hall Leicester	UK
15 5 70	Chelmsford venue unknown	UK
16 5 70	Town Hall Birmingham	UK
17 5 70	Colston Hall Bristol	UK
18 5 70	Civic Hall Dunstable	UK
22 5 70	Dome Brighton	UK
25 5 70	Queen Elizabeth Hall 'Festival of Progressive Music' London (2 shows)	UK
28 5 70	Ostseehalle 'Das kleinste Superfestival der Welt' Kiel	D
29 5 70	Neue Welt Berlin	D
30 5 70	*Circus Krone München* cancelled	*D*
31 5 70	Rosengarten, Mannheim [? date not confirmed]	D
	Zollprobleme führten zu Terminverschiebungen	
	Juni 1970	
1 6 70	Rheinhalle Düsseldorf	D
2 6 70	Musikhalle Großer Saal Hamburg (2 shows)	D
5 6 70	**In Rock und Black Night in GB veröffentlicht**	
6 6 70	Grosser Sartory Saal Köln (2 shows)	D
7 6 70	Cirkus Krone Bau München	D
8 6 70	St Jakob Sportalle Basel	CH
9 6 70	Stadhalle Offenbach	D
10 6 70	Niedesachsenhalle, Kuppelsaal Hannover	D
12 6 70	Eel Pie Island 'Colonel Barefoot's Rock Garden' Twickenham	UK
14 6 70	Fairfield Hall Croydon	UK
16 6 70	Jesus College Cambridge	UK
17 6 70	Grampian TV filming	UK
19 6 70	John Dalton College Manchester	UK

20 6 70 University College Oxford UK
21 6 70 Waldstadion, Radrennbahn 'Open Air Rock Circus' Frankfurt D

Juli 1970

4 7 70 Bedford Town Football Ground, Blues at the Eyrie Festival Bedford UK
5 7 70 Lyceum 'Summer Sunday Scene', London UK
10 7 70 Reiterstadion Soers Europop Open Air Pop Festival Aachen D
11 7 70 Eissportstadion Große Halle 'Euro-Pop 70' München D
14 7 70 Manchester Granada TV filming Doing Their Thing UK
28 7 70 South Bank,Queen Elizabeth Hall 'South Bank Summer' London TV UK
31 7 70 Mayfair Ballroom Newcastle UK

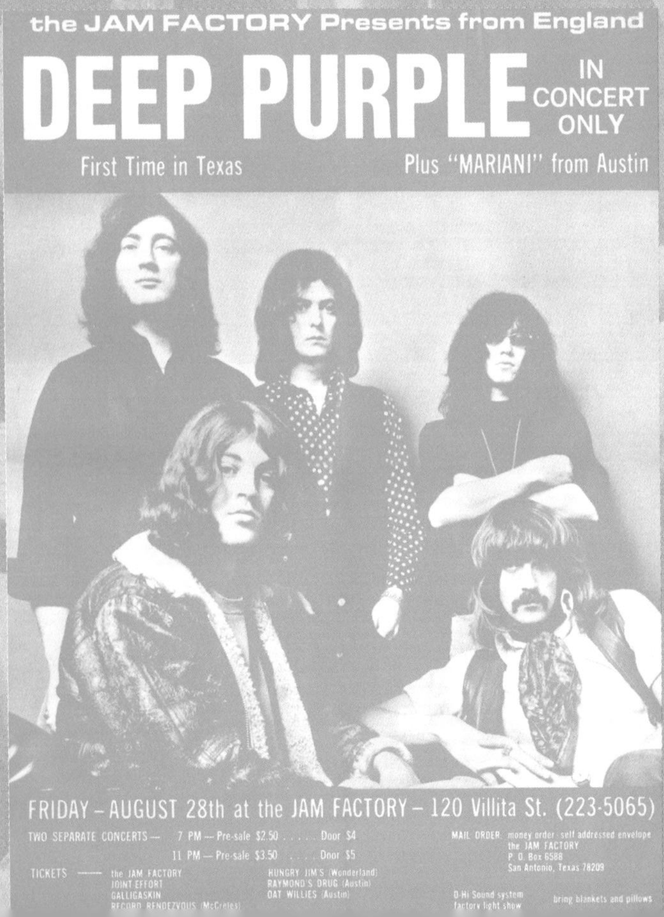

August 1970

1 8 70 *Chateau De Saint-Pons Progressive Music Festival* (Deep Purple cancelled) F
8 8 70 *Stade Municipal Saint Raphael Pop Festival* cancelled F
9 8 70 10th National Jazz & Blues Festival, Plumpton Racecourse UK
15 8 70 Rodeo Arena Island Grove Park Greeley Colorado USA
16 8 70 *Bulfrog Lake Trailer Park '2nd Bullfrog Music Festival' Estacada, Oregon,* cancelled *USA*
22 8 70 The Terrace Salt Lake City, Utah USA
\- 8 70 Pepperland San Raphael California [date unknown] USA
25 8 70 Hollywood Bowl, Los Angeles. Concerto USA
28 8 70 Jam Factory San Antonio (2 shows) Texas [no RB on 2nd show] USA
29 8 70 Civic Auditorium 'Summertime 70 Unifest' Albuquerque, New Mexico USA
30 8 70 Civic Centre/Auditorium PasaDKa USA

September 1970

6 9 70 Arras festival venue unknown F
9 9 70 BBC TV filming UK
17 9 70 Royal Festival Hall, London. Gemini Suite UK
23 9 70 BBC Radio UK recording session
25 9 70 Odeon Theatre Romford UK
26 9 70 St George's Hall, Main Hall Liverpool UK
28 9 70 Studio

Oktober 1970

2 10 70 UWIST Cardiff UK
3 10 70 University Southampton UK
2-4 10 70 Pop Festival Symbad, Lausanne, cancelled *CH*
6 10 70 University 'Freshers Hop' Leeds UK
8 10 70 La Taverne d'Olympia, Paris TV filming 'Musicorama' F
10 10 70 University Sheffield UK
12 10 70 *Eldorado* Tiffanys Edinburgh change of venue UK
13 10 70 *Electric Garden* Tiffanys Glasgow change of venue UK
14 10 70 Music Hall Aberdeen UK
15 10 70 Caird Hall Dundee UK
16 10 70 Top Rank Sunderland UK
17 10 70 University Manchester UK
21 10 70 Top Rank Swansea UK
date unknown : filming of Black Night promo
25 10 70 Theatre Du Huitieme Lyon F
26 10 70 Maison De La Culture Chambery F
27 10 70 Maison Des Arts Sochaux F

Date	Venue	Country
28 10 70	*Maison de la Culture Mulhouse* (DP cancelled)	*F*
30 10 70	Maison De La Culture Le Havre	F
31 10 70	Club Piblokto Dourges	F
	November 1970	
1 11 70	Olympia Paris	F
1 11 70	Gibus Club Paris (after hours show)	F
2 11 70	*Cinema Theatre Elbeuf* cancelled	*F*
3 11 70	*Cinema le Celtic Brest* cancelled	*F*
6 11 70	Winter Gardens Bournemouth	UK
7 11 70	Dreamland Ballroom Margate	UK
11 11 70	Njårdhallen, Oslo	NO
12 11 70	Konserthus Stora Salen Stockholm	SE
13 11 70	[unknown]	DK
14 11 70	KB Hallen Kopenhagen	DK
15 11 70	Konserthuset Göteborg	SE
16 11 70	Fyens Forum Odense	DK
18 11 70	*St George's Hall, Liverpool* [as 4 piece no JL] cancelled	UK
19 11 70	Belle Vue Manchester [as 4 piece no JL]	UK
20 11 70	*City Hall Hull* cancelled	UK
21 11 70	University College London	UK
22 11 70	Fairfield Hall Croydon	UK
23 11 70	*Civic Hall Wolverhampton* cancelled	*UK*
24 11 70	*St George's Hall Bradford* cancelled	*UK*
27 11 70	Stadthalle Offenbach	D
28 11 70	Neue Universitat Aula Heidelberg	D
29 11 70	Rheinhalle Düsseldorf	D
30 11 70	Mercatorhalle Duisburg	D
	Dezember 1970	
1 12 70	Niedersachsenhalle Hannover	D
2 - 3 12 70	Ausstellungspark Planten Un Blomen, Halle B Hamburg	D
4 12 70	Münsterlandhalle Münster	D
5 12 70	Circus Krone-Bau München	D
6 12 70	Saarlandhalle Saarbrücken	D
7 12 70	Meistersingerhalle Nürnberg	D
8 12 70	Schutzenhalle Lüdenscheid [as 4 piece no RB]	D
9 12 70	*Stadthalle Wuppertal* cancelled	*D*
11 12 70	Hüttensäle Würzburg	D
12 12 70	Messehalle Killesberg Stuttgart	D
17 12 70	*Dome Brighton* cancelled	*UK*
19 12 70	*Roundhouse 'The Village' Dagenham* cancelled	*UK*
	Januar 1971	
1 1 71	De Doelen Rotterdam	NL
2 1 71	Concertgebouw Amsterdam	NL

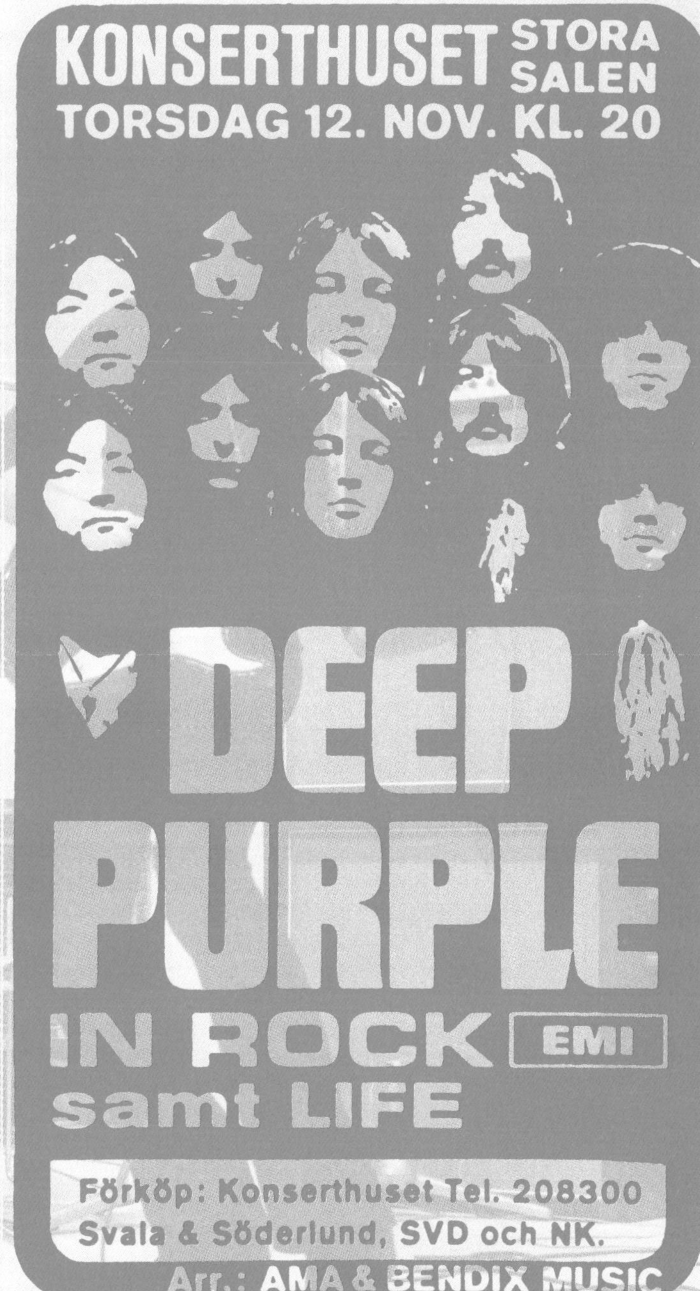

Album-Hüllen (S.164) v.l.n.r. oben: Griechenland, Korea, Frankreich (violette LP), UdSSR, Südafrika, Israel (Rückseite), Großbritannien (Picture-LP), Niederlande (grüne LP), Mexiko. Single-Hüllen (S.161) v.l.n.r. oben: Asien, Belgien, Dänemark, Mexiko, Italien, Israel, Spanien, Schweden, Jugoslawien

Album Vinyl

A: Speed King / Bloodsucker / Child In Time
B: Flight Of The Rat / Into The Fire / Living Wreck / Hard Lovin' Man

GB Version 1: Harvest SHVL 777: Juni 1970
Fotomontage mit den Köpfen der Mitglieder am Mount Rushmore; blauer Himmel, schwarze Schrift, Harvest-Logo. Rückseite identisch ohne Logo. Innenseite der Klapphülle Lyrics links, fünf Schwarzweißfotos und Text rechts. Anderes Label-Logo auf Einsteckhülle. Die allerersten Exemplare mit einfach umrandetem EMI-Logo auf Vorderseite (später zweifach), Plattenaufkleber ohne EMI-Logo (siehe unten). Druck von Garrod & Lofthouse, außen laminiert. Es gibt Fehlpressungen mit vertauschten Plattenseiten und umgekehrter Songreihenfolge auf A. Keine weiteren Informationen dazu.
GB Version 2: EMI Fame FA 3011 : Mai 1982 ohne Klappcover
Wie Version 1, Produktionsnotizen auf Rückseite. Fame-Logo. Kostengünstige Neuauflage.
GB Version 3: EMI EJ 26 03430 : Februar 1985 Picture-LP
Limitierte Picture-LP mit Cover von Version 1 inklusive Poster.

USA: Warner Bros WS 1877: 1970 mit Klappcover
Wie GB Version 1, Songtitel auf Rückseite, Mattdruck. Orgelintro von Speed King gekürzt, Aufkleber im Lauf der Jahre diversen Veränderungen bei Warner angepasst.

CAN Warner Bros WS 1877: 1970 mit Klappcover wie US-Pressung

JAP Version 1: Toshiba BP 80094: 1970 mit Klappcover
Nur kurz erhältliche Pressung für Warner Bros von Toshiba Music Industries. Grüner Warner-Aufkleber. Promo-Versionen in Rot (extrem rar), ansonsten schwarzes Vinyl.
JAP Version 2: Warner Bros P 8020 W: 1. Februar 1971
Wie Version 1, gepresst von Warner
JAP Version 3: Warner Bros P 10108W: 1975 wie oben

BE: Havest Sounds Superb 4M 036 91442: 1982 kein Klappcover
Rückseite wie GB Version 1 Innenseite rechts. Logo von Sounds Superb vorne

FRANKREICH Version 1: Harvest SHVL77W 2C 064 91442: 1970 mit Klappcover wie GB Version 1
F Version 2: Harvest DC 11: 1978 mit Klappcover, farbiges Vinyl
Wie Version 1, limitiert in Violett mit Aufkleber „Disque en couleur" vorne.
F Version 3: Harvest 2C 964 91442: 1978 mit Klappcover
Wie Version 1, Farben dunkler bei schlechterer Druckqualität. Hellblaue Rückenfalz, Nachpressung.
F Version 4: Fame EMI Pathe Marconi 1914421 PM 311: 183 ohne Klappcover

D Version 1: Harvest HÖRZU SHZE 288 : 1970 mit Klappcover
Vorderseite wie GB Version 1, aber mit weißem Himmel. Rötliches Hörzu-Logo oben links (spätere Exemplare mit Kopfhörer-Logo), erhältlich bis 1976.
D Version 2: Harvest SHVL 777 1C 062 91442: 1970 mit Klappcover
Wie GB Version 1 mit Electrola-Logo unter Harvest-Logo
D Version 3: Harvest SHVL 777 1C 072 91442 : 197? mit Klappcover wie Version 2
D Version 4: Fame 1A0 38 157051: 1983 ohne Klappcover

GR: Harvest 14C 062 91442: 1970-1982 ohne Klappcover
Vorderseite wie GB Version 1, schlechterer Druck mit rosa Gesichtern. Rückseite wie GB Version 1 Innenseite rechts. Rückenfalz weiß.

NL Version 1: Harvest 5C 062 91442: 1970 mit Klappcover wie GB Version 1
NL V2: Harvest 5C 062 91442: 1978 mit Klappcover, farbiges Vinyl
Hülle wie Version 1, limitiert in Grün.
NL Version 3: Harvest 1A 062 91442: 19?? mit Klappcover
Wie Version 1 mit vertauschtem Druck auf Innenseiten.
NL Version 4: Fame 1A 039 1575051: 19?? ohne Klappcover wie GB Version 2

IT Version 1: Harvest 3C 062 91442: 1970 mit Klappcover wie GB Version 1
IT Version 2: Harvest 3C 062 91442: 1970 ohne Klappcover
Vorderseite wie GB Version 1, Rückseite wie Version 1 Innenseite rechts.
IT Version 3: Harvest 3C 054 1914421: 19?? ohne Klappcover wie oben

ES Version 1: Harvest 1J 062 91442: 1970 mit Klappcover wie GB Version 1
ES Version 2: Harvest 1J 062 91442: 1970 ohne Klappcover
Vorderseite wie GB Version 1. Rückseite mit Fotos plus Titeln auf Englisch und Spanisch.
ES Version 3: Harvest 10C 046 091442: 1982 ohne Klappcover
Wie GB Version 2 mit Logo von Music For Pleasure. Rückseite Informationen auf Spanisch.

SE: Harvest SHVL 777: 1970 mit Klappcover wie GB Version 1

YUG: Jugoton LPSHAR 70470: 197? ohne Klappcover

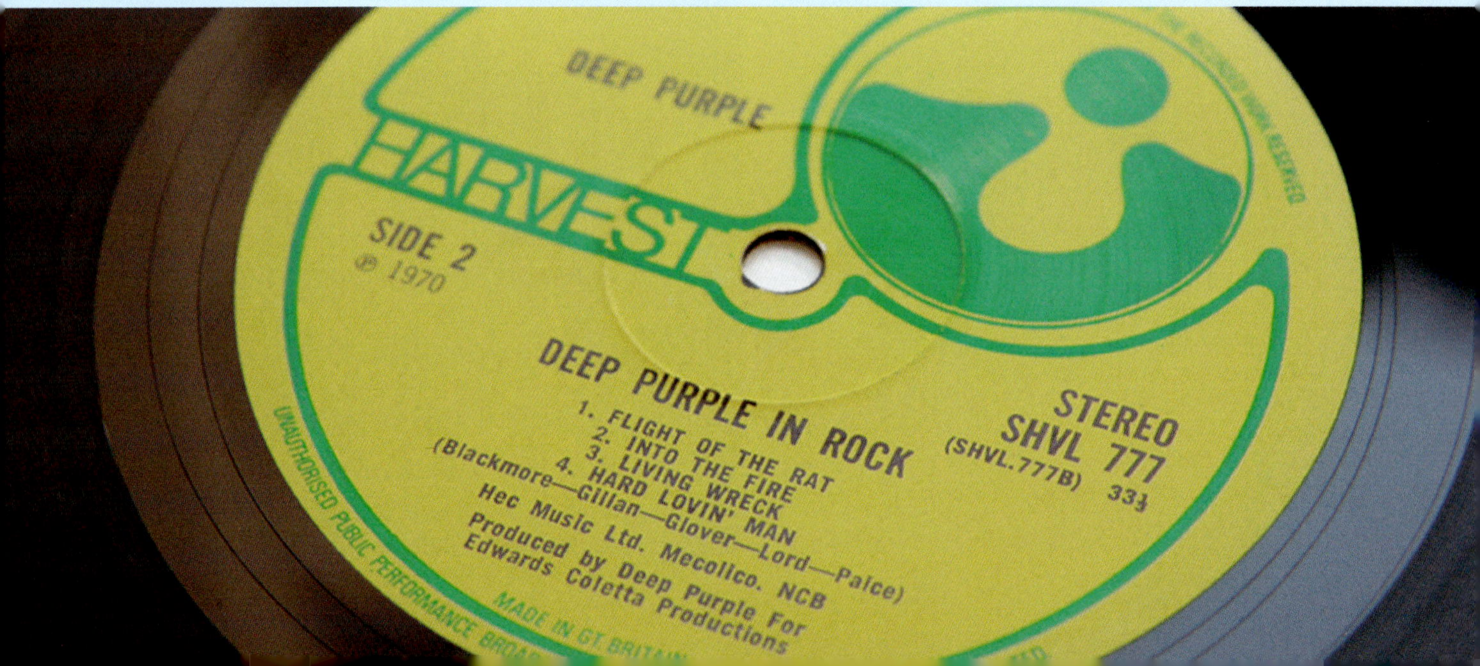

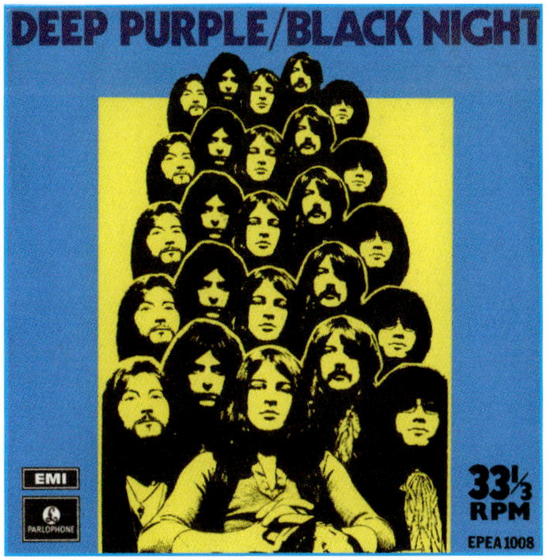
DEEP PURPLE/BLACK NIGHT
EMI
PARLOPHONE
33⅓ RPM
EPEA 1008

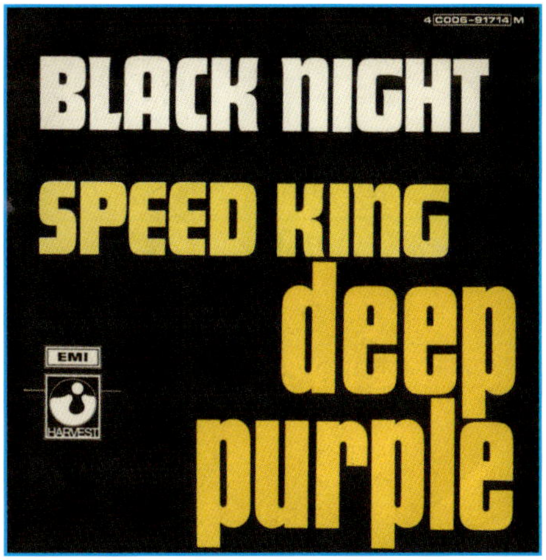
4 C006-91714 M
BLACK NIGHT
SPEED KING
deep purple
EMI
HARVEST

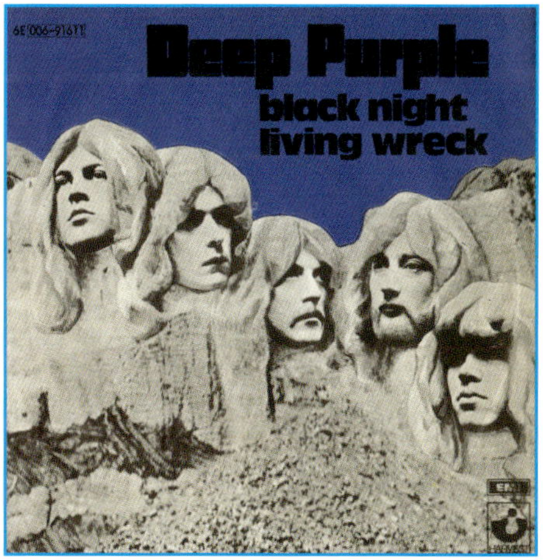
Deep Purple
black night
living wreck

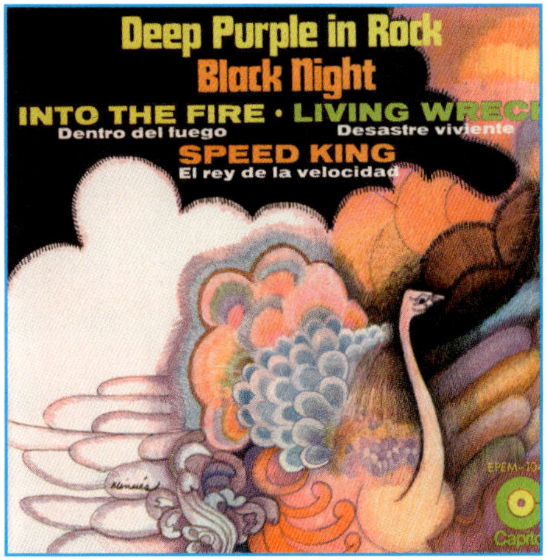
Deep Purple in Rock
Black Night
INTO THE FIRE · LIVING WRECK
Dentro del fuego
Desastre viviente
SPEED KING
El rey de la velocidad
Capitol

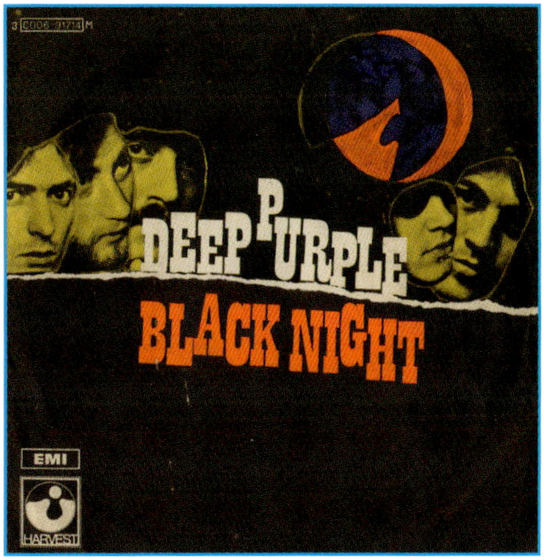
3 C006-91714 M
DEEP PURPLE
BLACK NIGHT
EMI
HARVEST

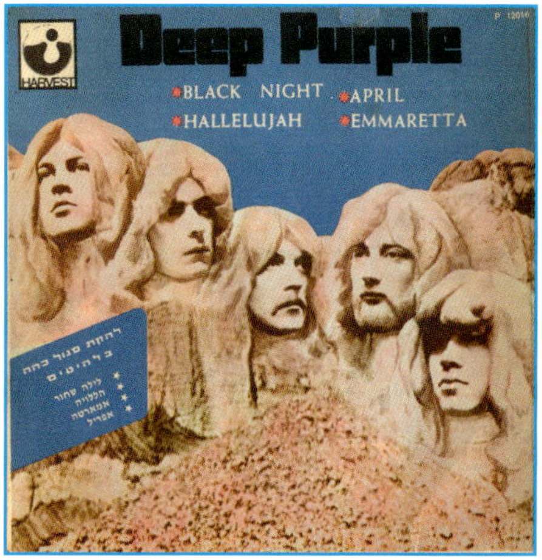
HARVEST
Deep Purple
BLACK NIGHT
APRIL
HALLELUJAH
EMMARETTA

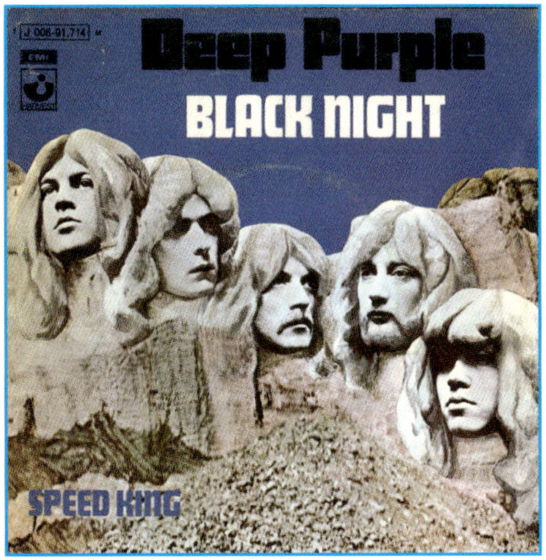
J 006-91.714
EMI
Deep Purple
BLACK NIGHT
SPEED KING

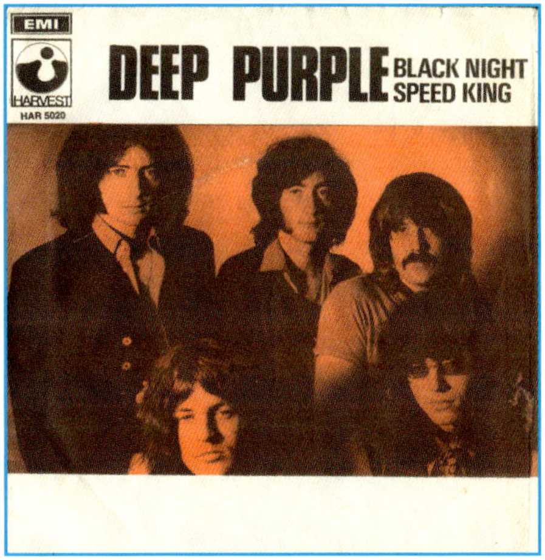
EMI
HARVEST
HAR 5020
DEEP PURPLE
BLACK NIGHT
SPEED KING

BLACK NIGHT
DEEP PURPLE
HARVEST
Jugoton

Taiwanesische Variante; angeblich wurde das Vinyl dieser Auflage offiziell von Warner in den USA gefertigt, versandt und vor Ort mit Hüllen für den Verkauf an US-Soldaten in Vietnam versehen.

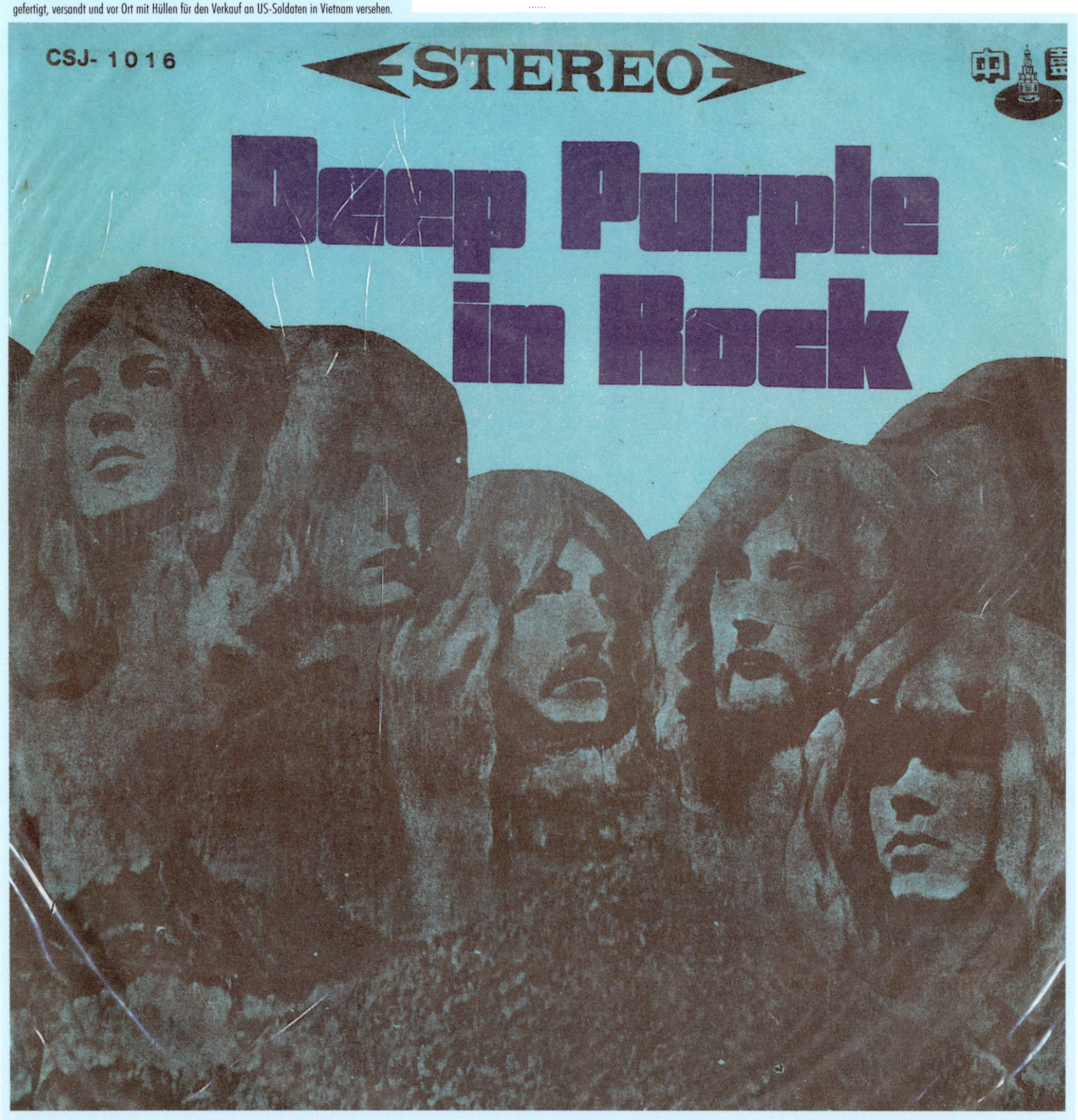

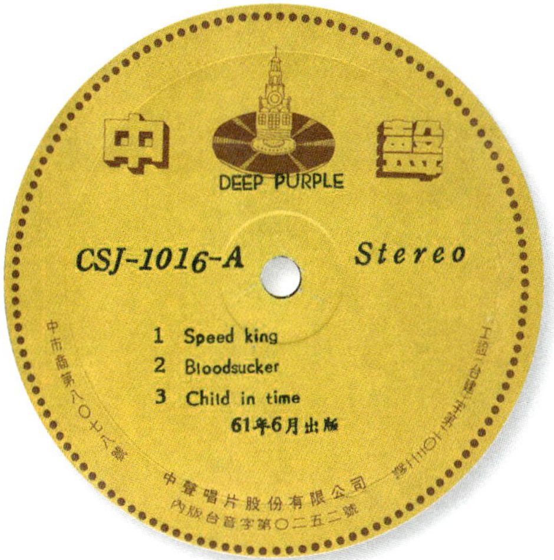

Vorderseite wie GB Version 1, aber wesentlich dunkler. Jugoton-Logo vorne. Rückseite wie GB Version 1 Innenseite rechts, Mattdruck auf dünner Pappe.

PL: LP 00186: 1990 ohne Klappcover (Piratenpressung)
Keine Label-Information, minderwertiges Artwork, kopiert von CD-Cover. Auflage von 5.000.

CSSR Version 1: Vydal Globus Int. 21 0096-2 311: 1991 Picture-LP
Picture-LP mit Cover von GB Version 1 auf beiden Seiten.
CSSR Version 2: Vydal Globus Int. GE0187: 1991, farbiges Vinyl
Grüne LP, eventuell nicht offiziell lizenziert.

RU: Antorn 00221: 1993 ohne Klappcover (Piratenpressung)
Artwork von GB Version 1 in niedriger Auflösung, Titel auf Englisch und Russisch. Gepresst in St. Petersburg.

TR: Stateside TLS6 SHVL777: 197?

AUS: Harvest SHVL 777: 197? ohne Klappcover
Vorderseite wie GB Version 1. Texte hinten Schwarz auf Weiß.
NZL Version 1: Harvest SHVL 777: 1970 ohne Klappcover
Vorderseite wie GB Version 1. Rückseite wie GB Version 1 Innenseite rechts.
NZL Version 2: Harvest SHVL 777 WRCE 1069: 197? ohne Klappcover
Wie Version 1. Veröffentlicht von World Record Club, LPs mit zwei verschiedenen Aufklebern kursieren.

MEX: Capitol SLEM 242: 197? mit Klappcover
Wie GB Version 1. Zusätzlich Black Night erster Song auf A-Seite. Speed King gekürzt wie in den USA.

PE: Odeon ELD 2057: 197? ohne Klappcover
Vorderseite wie GB Version 1, Odeon-Logo und „Linea Economica". Hinten wie GB Version 1 innen rechts.

AR Version 1: Harvest 6175 SHVL 777: 1971 ohne Klappcover
AR Version 2: EMI 5019 SHVL 777: 1971 ohne Klappcover wie BE
AR Version 3: EMI FAME 5019: 198? ohne Klappcover
Wie BE mit großem, rotem Fame-Llogo, Rückseite schwarzweiß.

BR: Harvest 31C 064 91442D: 1973 mit Klappcover

Wie GB Version 1, aber kräftiger Braunstich.
NI: Odeon 01.SHVL 777 : 19?? ohne Klappcover
Vorderseite wie GB Version 1, aber spiegelverkehrt. Rückseite wie GB Version 1 innen rechts. Ein Stereokanal setzt stellenweise aus, sodass man die Gitarre nicht mehr hört.

VEN: EMI SOLP 7141: 19?? ohne Klappcover

ISR: Portrait SHV 777: 19?? ohne Klappcover
Wie GB Version 1. Rückseite wie GB Version 1 innen rechts, Weiß auf Blau.

ZA Version 1: Harvest SHVLJ (D) 777: 197? mit Klappcover
Wie GB Version 1. Produktionsnotizen zentriert auf Innenseite rechts, fünf Schwarzweißfotos diagonal links verteilt. Keine Songtexte.
ZA Version 2: Music For Pleasure SRSJ 8115 (FD): 19?? ohne Klappcover
Vorderseite wie GB Version 1 mit Logo von Music For Pleasure und „original artists". Produktionsnotizen in Schwarzweiß hinten.
ZA Version 3: FAME (P) 5: 19?? ohne Klappcover
Wie oben mit Fame-Logo oben rechts.

Südostasien/MY/HKG: Harvest SHVL 777 : 1970 ohne Klappcover wie BE

KOR Version 1: Harvest OLE 459: 19?? ohne Klappcover
Vorderseite wie GB Version 1. Child In Time und Hard Lovin' Man fehlen aus kulturellen Gründen.
KOR Version 2: EMI EKPC 0020 FA 3011: 19?? ohne Klappcover
Vorderseite wie GB Version 1 verkleinert und schwarz umrahmt. „Deep Purple" oben, „In Rock" unten. Mit Textblatt, keine fehlenden Songs.

TWN Version 1: Union TD-1762: 19?? ohne Klappcover (Piratenpressung)
Wie GB Version 1, schlechter Farbdruck auf dünner Pappe.
TWN Version 2: CSJ 1016: 19?? ohne Klappcover (Piratenpressung)
Vorderseite wie USA, aber hellblau. Rückseite identisch in Rotbraun und Songtexte von GB Version 1 Innenseite in Weiß.

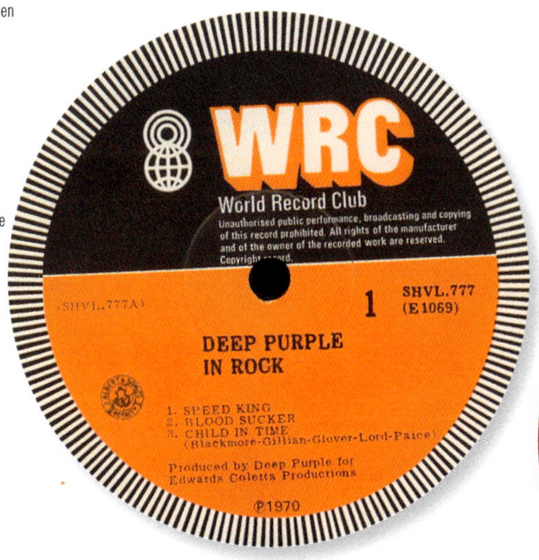

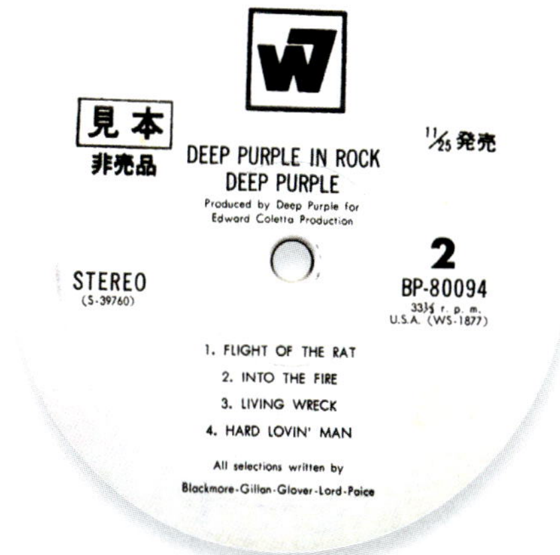

Unbekannte Herkunft: Hero Records: 19?? ohne Klappcover
Vorder- und Rückseite wie USA mit eingeschwärztem Logo von Warner Bros. Keine weiteren Informationen.

CD

JP: Warner Pioneer 20PZ 2603: 1989 Speed King gekürzt.
GB: EMI CDP 7.46.2392: 1986
Nordamerika Version 1: Warner Bros 1877.2: 1986 in hochformatiger Papphülle. Speed King gekürzt.
Nordamerika Version 2: Audio Fidelity AFZ051: Juli 2009 US-Remastering, 7 Tracks

25th Anniversary Edition

Remastering aus dem Abbey Road inklusive Bonustracks: Speed King (Klavierversion), Cry Free, Jam Stew (Instrumental), Flight Of The Rat (Remix), Speed King (Remix), Black Night (Remix) und drei Minuten Unterhaltungen aus dem Studio.
GB: EMI DEEPP1: Juni 1995
24-seitiges Booklet. CD-Jewelcase mit aufgedruckten Autogrammen vorne in Schwarz, Erstpressung („Swindon"-Schrift auf CD-Innenrand) mit digitalen Fehlern, zügige Nachpressung
(„EMI Uden"-Schrift auf CD-Innenrand).

Remastertes Vinyl

GB: EMI: Oktober 1995 2LP
Limitiert auf 2.000 Einheiten, Vinyl-Version der 25th Anniversary CD (siehe unten) mit Klappcover. Innenhüllen dem Artwork des CD-Booklets entsprechend, violette LPs.
Nordamerika: Friday Music FRM1877: 2011

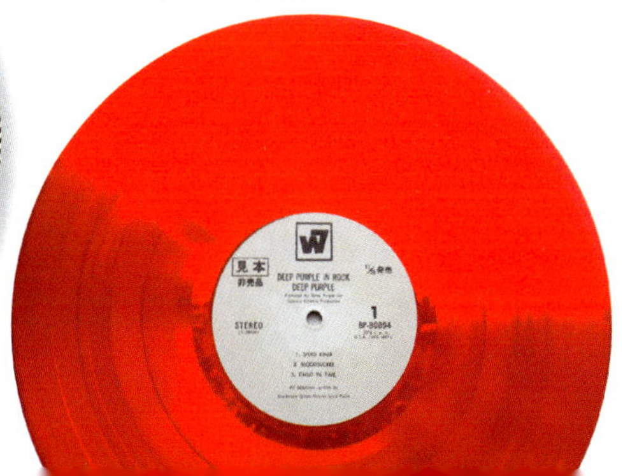

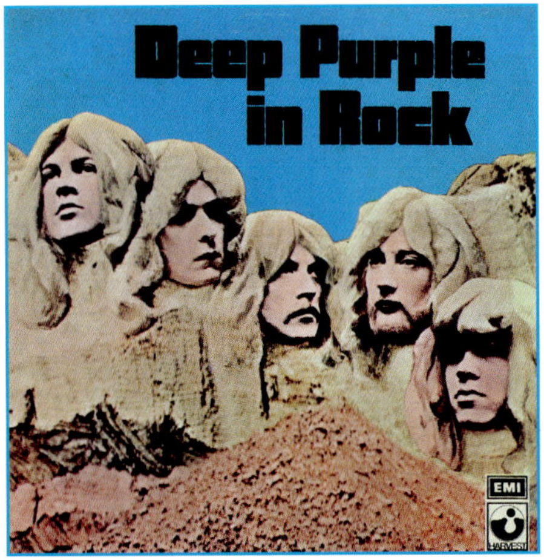
Deep Purple
in Rock

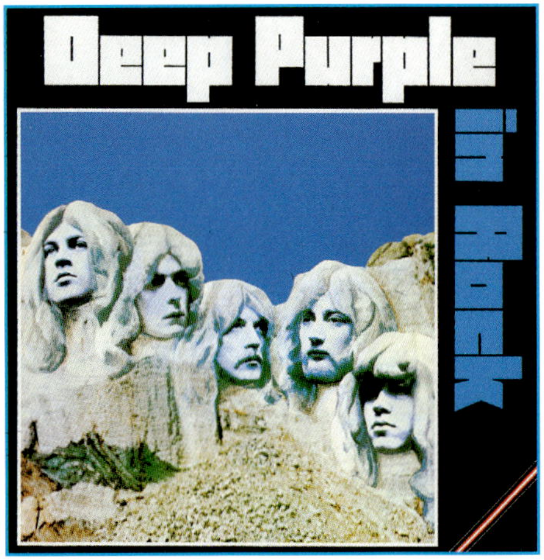
Deep Purple
in Rock

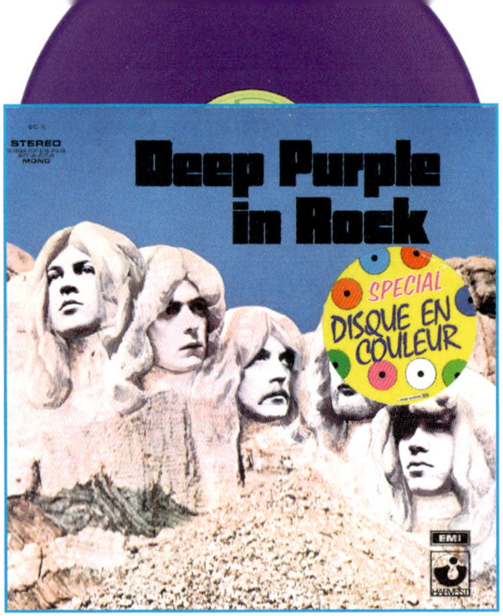
STEREO
MONO
Deep Purple
in Rock
SPECIAL
DISQUE EN
COULEUR

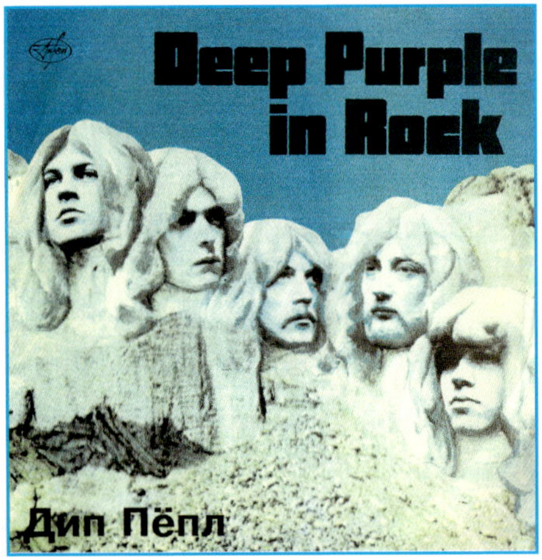
Deep Purple
in Rock
Дип Пёпл

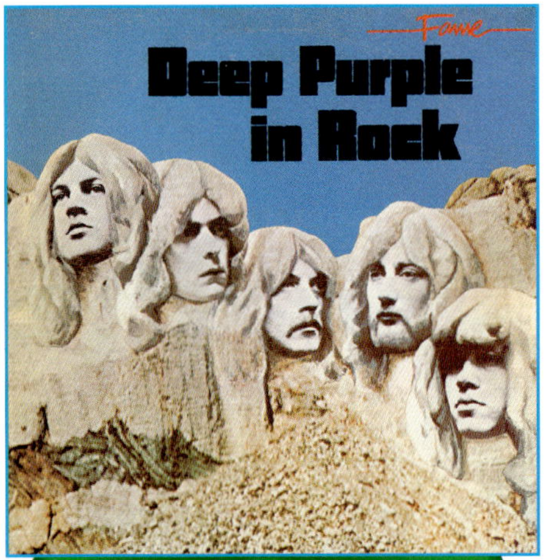
Deep Purple
in Rock

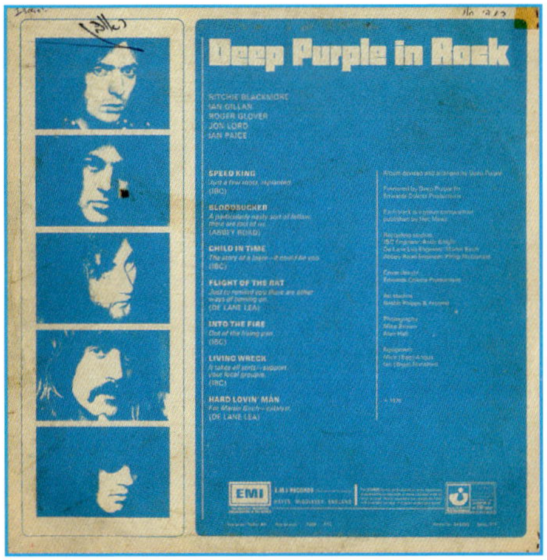
Deep Purple in Rock

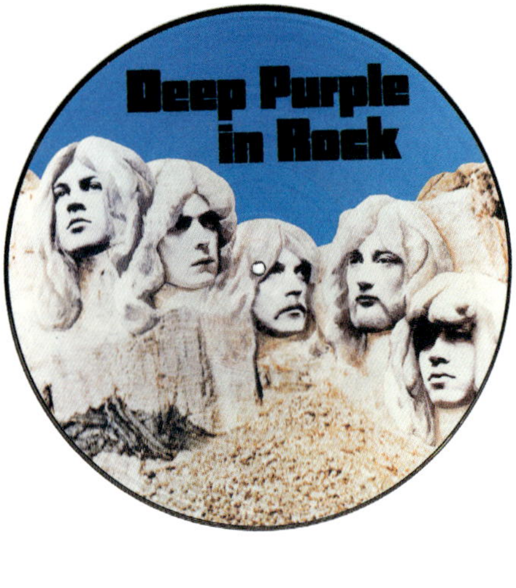
Deep Purple
in Rock

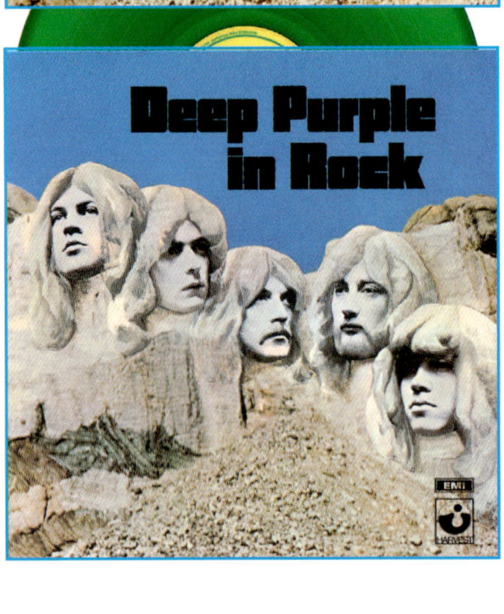
Deep Purple
in Rock

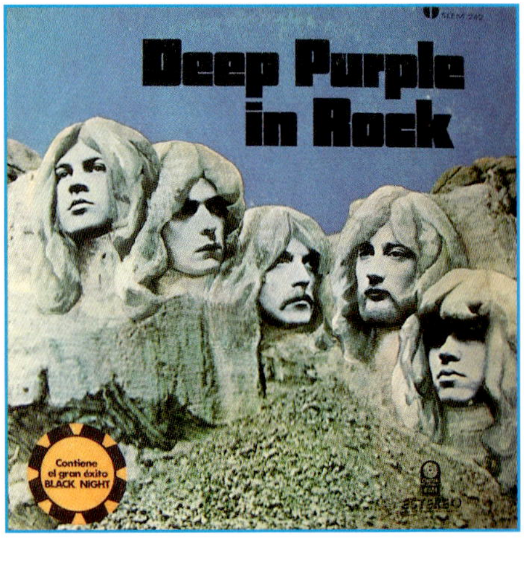
Deep Purple
in Rock
Contiene
el gran éxito
BLACK NIGHT

Anhang C • Chartplatzierungen von In Rock Juni 1970 bis Januar 1971

Wochenende	GB wöchentlich	D monatlich	NO wöchentlich	AUS wöchentlich	USA wöchentlich	Italy monatlich	SE wöchentlich	AU monatlich	F monatlich	JP wöchentlich
14 / 06 / 70	24									
21 / 06 / 70	**4**									
28 / 06 / 70	8									
05 / 07 / 70	9									
12 / 07 / 70	9									
19 / 07 / 70	10	7								
26 / 07 / 70	7		15							
02 / 08 / 70	8		?							
09 / 08 / 70	15		12							
16 / 08 / 70	8	3	16							
23 / 08 / 70	7		14							
30 / 08 / 70	6		16							
06 / 09 / 70	8		9				15			
13 / 09 / 70	38		13		198		15			
20 / 09 / 70	7	2	12		198		14			
27 / 09 / 70	**4**		12		164		13	9		
04 / 10 / 70	6		9		164		15	9		
11 / 10 / 70	10	**1**	11	17	160		15	9		
18 / 10 / 70	14		13	20	160		20	9		
25 / 10 / 70	5		11		158	**19**	17	9		
01 / 11 / 70	6		11		151		12	9		
08 / 11 / 70	6	1	9		**143**		**11**	9	**10**	
15 / 11 / 70	5		**5**		160		14	9		
22 / 11 / 70	6		6		155		12	9		**68**
29 / 11 / 70	13		5		165		16	4		
06 / 12 / 70	8		6		161		?	4		
13 / 12 / 70	16	1	6		171			4		
20 / 12 / 70	14		5		167			4		
27 / 12 / 70	14		5		165			4		
03 / 01 / 71	10		5		162			4		
10 / 01 / 71	8		5		181			4	21	
17 / 01 / 71	14	2	6		180			4		
24 / 01 / 71	7		7	17	180			4		
31 / 01 / 71	9		10	**11**	178			**1**		

Informationen zu den Charts sind nicht aus allen Regionen verfügbar, doch diese Tabelle vermittelt einen ungefähren Eindruck davon, wie erfolgreich das Album international war. Die Höchstplatzierung ist jeweils fettgedruckt. Der erste Eintrag markiert den Einstieg in die Charts des betreffenden Landes. Die britischen ergaben sich anhand der Verkaufszahlen einer Woche, die stets am darauffolgenden Donnerstag veröffentlicht wurden. In manchen Ländern wurden die Listen nur monatlich aktualisiert. In Australien erreichte In Rock später den ersten Platz. Wann genau es in Dänemark (8), Finnland (9) und den Niederlanden (21) gelistet wurde, wissen wir nicht.
1972 wertete der NME die Albumcharts von zehn Jahren aus, wobei die Scheibe, die sich insgesamt 54 Wochen lang in der Liste tummelte, den 18. Rang der Bestseller belegte. Von den höher platzierten Alben waren sechs Soundtracks oder Musical-Aufnahmen, und vier stammten aus der Sparte Easy Listening. Bei dem einzigen anderen aus dem Hardrock-Bereich in höheren Gefilden handelte es sich um Led Zeppelins zweites, das den fünften Platz innehatte. Davon abgesehen musste man bis zur 54 hinunterschauen, um mit dem dritten der Zeps ein weiteres zu finden.

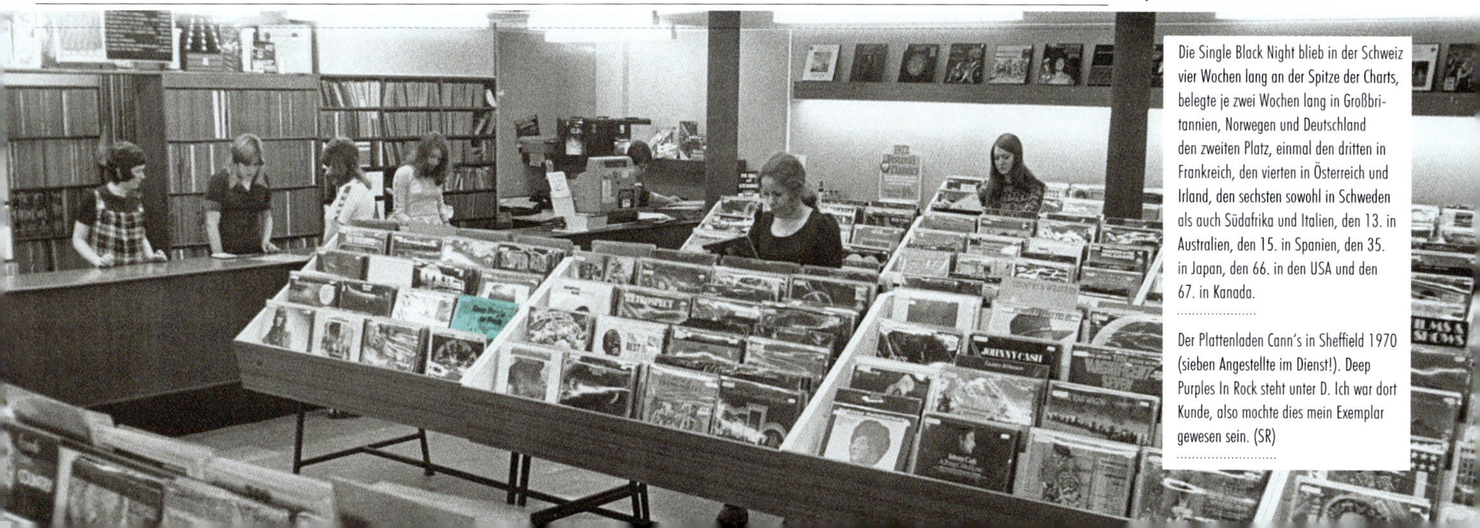

Die Single Black Night blieb in der Schweiz vier Wochen lang an der Spitze der Charts, belegte je zwei Wochen lang in Großbritannien, Norwegen und Deutschland den zweiten Platz, einmal den dritten in Frankreich, den vierten in Österreich und Irland, den sechsten sowohl in Schweden als auch Südafrika und Italien, den 13. in Australien, den 15. in Spanien, den 35. in Japan, den 66. in den USA und den 67. in Kanada.

Der Plattenladen Cann's in Sheffield 1970 (sieben Angestellte im Dienst!). Deep Purples In Rock steht unter D. Ich war dort Kunde, also mochte dies mein Exemplar gewesen sein. (SR)

Wait For The Ricochet • Danksagungen

Mein Dank an Andreas Schiffmann für die schwierige Übersetzungsarbeit und an Monika Koch vom Hannibal Verlag für die Veröffentlichung der deutschsprachigen Ausgabe. Und an Lutz Reinert und Yvonne Osthausen. SR.

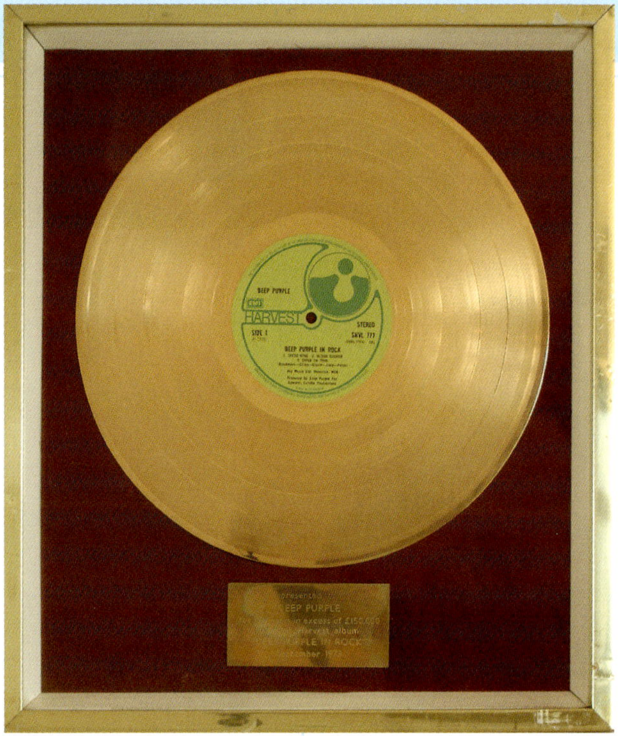

Diese frühe Goldene Schallplatte wurde im September 1973 verliehen. Deep Purple erhielten sie für einen Umsatz von 150.000 £ (heute ungefähr 1,5 Millionen) aus den Verkäufen von In Rock im Vereinigten Königreich.

Für die zweite Auflage:
Danke an John Tucker, Mark Craig, Tonny Steenhagen und Alexeij Kononow für ihre Mitarbeit an dieser überarbeiteten Version.

Danksagungen der Erstauflage:
Unser Dank für ihre Hilfe bei der Umsetzung dieses Buchprojekts gebührt folgenden Personen, die Interviews zur Verfügung stellten: Jon Lord, Tarquin Gotch, Roger Glover, Kat Rallis, Ian Gillan, Tony Edwards, Sally Day, Ian Paice, Andy Knight, Denis Blackham (Skye Mastering), und Nick Lauro (der sich auch an Kapitel 11 beteiligt hat).

Weitere größere oder kleinere Beiträge leisteten: Derek Lawrence, Cary Anning, Nigel Reeve, Abbey Road, Kevin Vanbergen, Simon Glinn, Dave Swallow (Bedford Town FC), Andrew Cornwall, Dirk Kahlar, Barry McKay, Brian Smith, Tonny Steenhagen, Ken Flegg, Martin Ashberry, Marc Brans, Matt Ford (Chartstats RIP), Christian Meyer zu Natrup, Lars Olsson Jerry Bloom, Alekseij Kononow, David Browne, Sheila Carter, Wasabi, Ian Hansford, Jim Watters, Brent Dehn, Bernt Küpper, Klaus Tiedge, Audie Philips, The Daily Mail, Alistair Young (The Ealing Club), Emma Groundwater (Hanwell Community Centre), Ann Warburton sowie in Bezug auf Ritchies Verstärker Konrad Stief, Matt Love, Nick Robinson, Tim Campbell, Chris Parsons und Richard Groothuizen.

Fotos: Holger Rudel, Nigel Abbott, Retna, Manfred Rinderspacher, Jean Jieme, Getty Images, Melody Maker, Wolfgang Heilemann, Tony Barrow International, Deutsche Presseagentur GmbH, SKR Pictures, SBS, Okej Magazine, Derek „Blue" Weaver, Rex Features, Russell Berger. Wir haben die jeweiligen Urheberrechte so weit möglich berücksichtigt. Jegliche Korrekturen nehmen wir selbstverständlich in zukünftigen Ausgaben auf. Weitere Fotos und Erinnerungsstücke stammen von Darker Than Blue Archives, Simon Robinson und Tonny Steenhagen.

Konzertliste: Chris Charlesworth (ursprünglich aus der illustrierten Biografie der Band), Martin Ashberry (Onlineliste). Tonny Steenhagen (Deep Purple Ticketmuseum). Simon Robinson (Darker Than Blue Archives). Mike Richards (Analyse von Deep Purples Konzertmitschnitten) und Dirk Kahler.

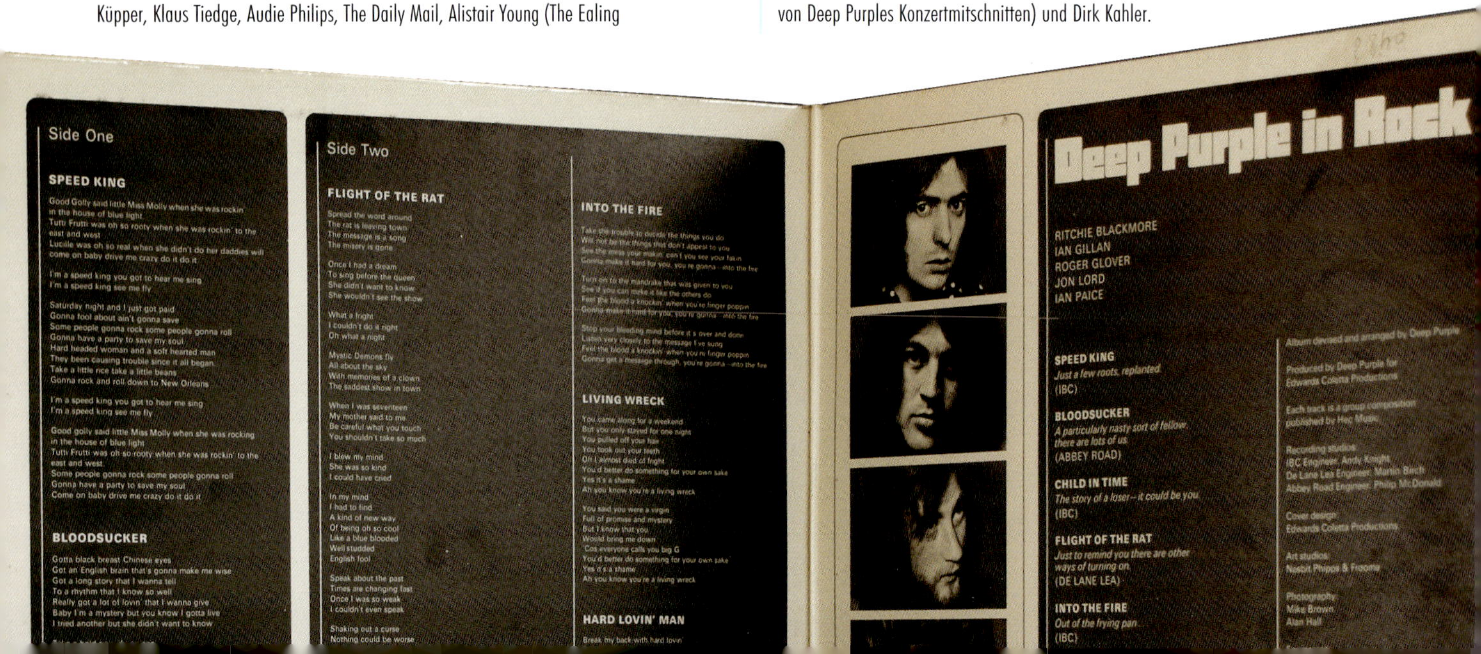

Persiflagen des Covers von In Rock

Die Bedeutung eines klassischen Albums lässt sich auch daran messen, wie oft sein Cover nachempfunden oder parodiert wurde. Beispielsweise weiß man von mehr als 200 Variationen auf das Cover der Beatles-LP Abbey Road. Deep Purples In Rock kratzt zwar nicht daran, doch das Motiv diente anderen häufiger als Vorlage, sei es für eine Hommage, aus Spott oder einfach nur als Kopie. Im Folgenden ein Teil davon, oben links geht's los …

The Hard-Ons, eine Single von 1991 über Waterfront Records (Artwork: Dickcheese Comic Company): Witzige Umdeutung der berühmten Fotomontage, gleichwohl man das Original kennen muss, um überhaupt einen Sinn dahinter zu erkennen.

King Curlee, ein japanischer Gitarrist mit einer Vorliebe sowohl für Deep Purple als auch Parodien: Er coverte auf seinem 2005er Album über Fun House Records u.a. Highway Star (Artwork: Akihiko Musha).

Krautschädel, eine österreichische Rockband, mit ihrem 2007 bei Sony erschienenen Album Im Kraut (Artwork: Ronald Putzker und Gina Steffen).

Sogar **Ian Gillan** war zu Scherzen aufgelegt und gab diese nicht sonderlich feinsinnige Anspielung auf seine ehemaligen Mitmusiker für seine Solosingle No Good Luck in Auftrag. Sie erschien 1990, kurz nachdem sie ihn gefeuert hatten. Da Teldec sie nach kurzer Zeit mit einer neuen Hülle veröffentlichten, ist diese Version ziemlich rar. Dass fürs Artwork ein gewisser Repo Zest angegeben wurde, dürfte ein Wortspiel gewesen sein (gleichlautend mit „repossessed", Dt. „wieder angeeignet").

Ein Tribut der Deutschrocker **Prollhead**: Fordert Tribut kam 1995 über Virgin auf den Markt (Artwork: Jörn Zimmermann, Foto: Bela Hoche).

Das gemischtgeschlechtliche belgische Duo **Vive La Fête** nahm live in Mexiko eine zehnminütige Coverversion von Child In Time auf, unerwartet originalgetreu mit authentischem Orgelsound, langen Gitarrensolos, Schreien und mehr. Vor allem in Sachen Drums hat die Nummer aber einen modernen Anstrich, weshalb Ian Paice, der Schlagzeugcomputer stets verpönt hat, sie wohl hassen würde. Surprise Records brachten sie 2006 heraus, der Gestalter des Covers ist nicht bekannt.

Das DVD-Motiv aus Japan bleibt ein Rätsel, und zum Schluss haben wir noch den Sampler Strassenkreuzer In Rock von 2003. Gehört haben wir die beteiligten Bands nicht, doch das Artwork stammt von Arthur Engler und Wolfgang Gillitzer, Michael Matejka war Fotograf.

Viele dieser Abbildungen finden sich auch in Covered! Classic Sleeves And Their Imitators von Jan Bellekens, erschienen im Verlag Easy On The Eye Books. Das Buch enthält viele weitere Beispiele für Wiederverwertungen berühmter Albumcover.

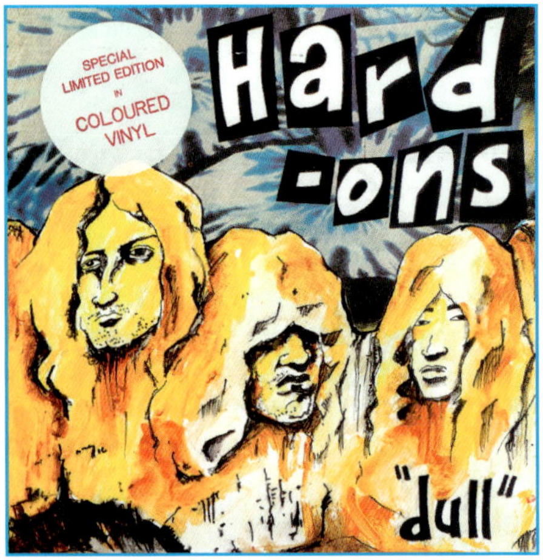
SPECIAL LIMITED EDITION IN COLOURED VINYL
Hard-ons
"dull"

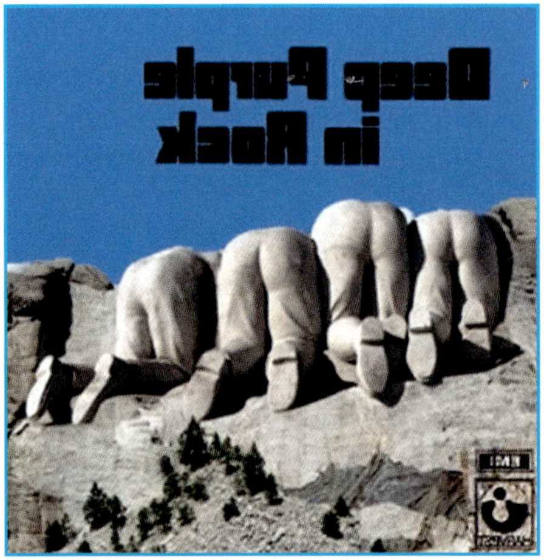
Deep Purple
in Rock

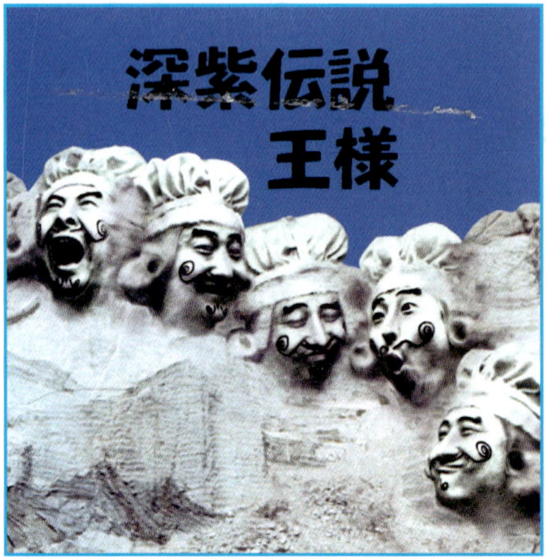
深紫伝説
王様

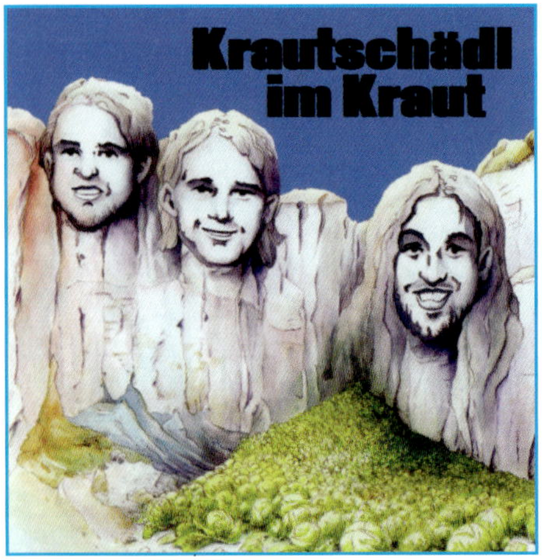
Krautschädl
im Kraut

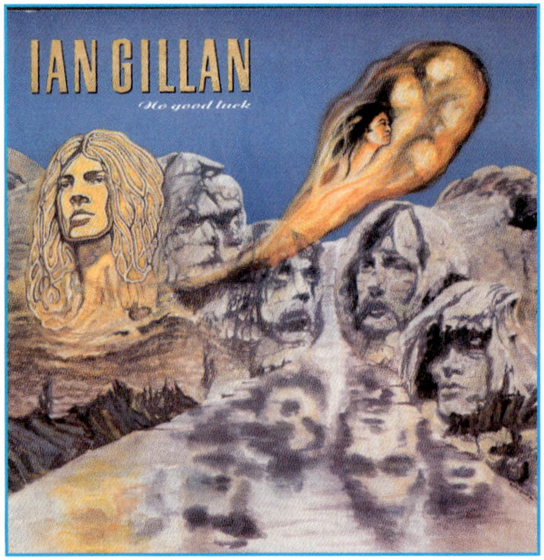
IAN GILLAN

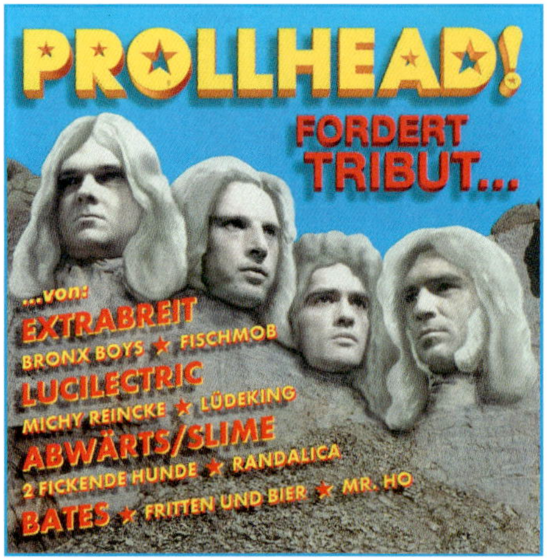
PROLLHEAD!
FORDERT
TRIBUT...
...von:
EXTRABREIT
BRONX BOYS ★ FISCHMOB
LUCILECTRIC
MICHY REINCKE ★ LÜDEKING
ABWÄRTS/SLIME
2 FICKENDE HUNDE ★ RANDALICA
BATES ★ FRITTEN UND BIER ★ MR. HO

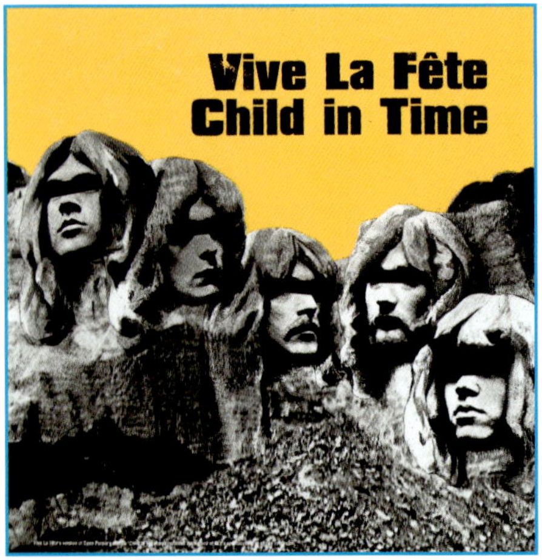
Vive La Fête
Child in Time

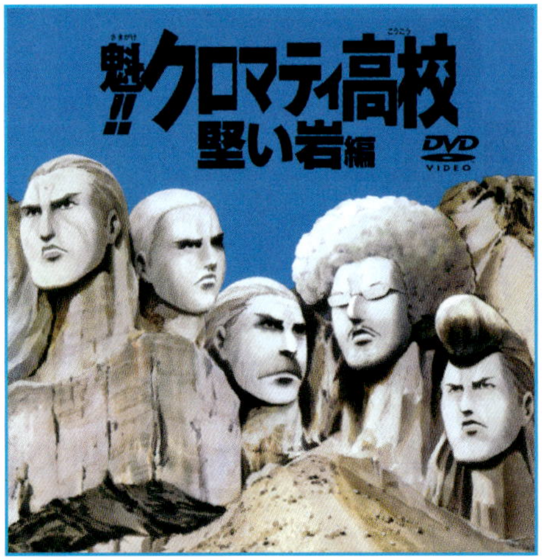
魁!!クロマティ高校
堅い岩編
DVD VIDEO

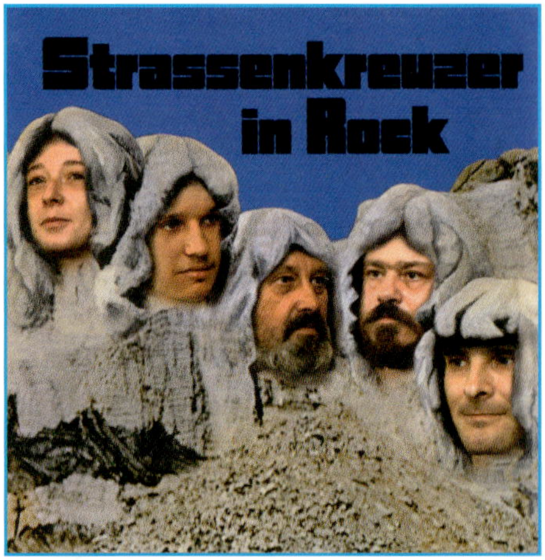
Strassenkreuzer
in Rock